Fundamentos inabaláveis

Dados Internacionais de Catalogação na Publicação (CIP)
(Câmara Brasileira do Livro, SP, Brasil)

Geisler, Norman L.
 Fundamentos inabaláveis: resposta aos maiores questionamentos contemporâneos sobre a fé cristã: clonagem, bioética, aborto, eutanásia, macroevolução / Norman Geisler e Peter Bocchino ; tradução Heber Carlos de Campos. − São Paulo : Editora Vida, 2003.

 Título original: *Unshakable foundations*
 Bibliografia
 ISBN 978-85-7367-623-5

 1. Apologética 2. Cristianismo − Miscelânea 3. Ética cristã 4. Perguntas e resposta I. Bocchino, Peter. Gisela II. Título.

02-6636   CDD-239

Índice para catálogo sistemático:
1. Apologética : Cristianismo   239
2. Questões polêmicas : Cristianismo   239

Norman L. Geisler
&
Peter Bocchino

Fundamentos inabaláveis

Vida

Vida

Editora Vida
Rua Conde de Sarzedas, 246 – Liberdade
CEP 01512-070 – São Paulo, SP
Tel.: 0 xx 11 2618 7000
atendimento@editoravida.com.br
www.editoravida.com.br
@editora_vida /editoravida

Coordenação Editorial: Reginaldo de Souza
Edição: Rosa Ferreira
Tradução: Heber Carlos de Campos
Diagramação: Editae
Capa: Douglas Lucas

FUNDAMENTOS INABALÁVEIS
© 2001, de Norman Geisler e Peter Bocchino
Título do original: *Unshakable foundations*
Edição publicada pela Bethany House Publishers
(Mineapolis, Minnesota, EUA)

Todos os direitos desta edição em língua portuguesa são reservados e protegidos por Editora Vida pela Lei 9.610, de 19/02/1998.

É proibida a reprodução desta obra por quaisquer meios (físicos, eletrônicos ou digitais), salvo em breves citações, com indicação da fonte.

■

Exceto em caso de indicação em contrário, todas as citações bíblicas foram extraídas da *Nova Versão Internacional* (NVI)
© 1993, 2000, 2011 by International Bible Society, edição publicada por Editora Vida.
Todos os direitos reservados.

Todas as citações bíblicas e de terceiros foram adaptadas segundo o Acordo Ortográfico da Língua Portuguesa, assinado em 1990, em vigor desde janeiro de 2009.

■

As opiniões expressas nesta obra refletem o ponto de vista de seus autores e não são necessariamente equivalentes às da Editora Vida ou de sua equipe editorial.

Os nomes das pessoas citadas na obra foram alterados nos casos em que poderia surgir alguma situação embaraçosa.

Todos os grifos são do autor, exceto os indicados.

1. edição: 2003
1ª *reimp.*: jul. 2006
2ª *reimp.*: abr. 2010
3ª *reimp.*: jan. 2017
4ª *reimp.*: jan. 2021
5ª *reimp.*: maio 2023

Esta obra foi composta em A *Garamond*
e impressa por Promove Artes Gráficas sobre papel
Offset 63 g/m² para Editora Vida.

Sumário

Agradecimentos	7
Introdução	9
1. A lógica	15
2. A verdade	27
3. As cosmovisões	53
4. A ciência	69
5. O cosmos	85
6. A origem da vida	111
7. A macroevolução	145
8. Projeto inteligente	177
9. A lei	199
10. A justiça	223
11. Deus e o mal	245
12. Jesus e a história	269
13. A divindade de Jesus Cristo	305
14. A ética e a moral	333
15. O verdadeiro significado da vida e o céu	369
16. A verdadeira miséria e o inferno	393
Apêndice: Respostas baseadas nos primeiros princípios a questões éticas	401
Bibliografia	429

Agradecimentos

Dedicamos este livro com carinho a nossas esposas, Barbara e Therese, que nos têm apoiado com fidelidade e amor no decorrer dos anos. Somos especialmente gratos pelo encorajamento delas durante a produção deste trabalho.

Registramos nosso reconhecimento especial a Bill e Charlotte Poteet, que trabalharam na preparação gramatical inicial do manuscrito para que pudéssemos enviá-lo à editora. Somos também muito agradecidos a Wayne House por gastar tempo fazendo revisão do capítulo sobre lei e por suas sugestões úteis. Ademais, seríamos remissos se não agradecêssemos a todos os alunos de apologética, que durante os anos nos ajudaram com várias sugestões a tornar este livro tanto prático quanto significativo.

Por fim, desejamos expressar nosso apreço a Steve Laube por acreditar nesta obra e a todas as pessoas talentosas da Bethany House Publishers que acompanharam este projeto até o final. Em particular, somos agradecidos aos diligentes esforços e às louváveis habilidades de redação de Christopher Soderstrom.

Acima de tudo, devemos muito a nosso Deus, que nos tem dado a graça de ser capazes de raciocinar a respeito dele mesmo e de sua criação. O próprio Deus nos convida a chegar em sua presença para "refletir juntos" com ele (Is 1.18), e é nossa esperança que o leitor se ocupe dele e de seu convite gracioso.

Introdução

O universo me rodeia com o espaço e me absorve como a um átomo; pelo pensamento compreendo o mundo.

—Blaise Pascal

Em 28 de janeiro de 1986, quase todos nos Estados Unidos observaram pela televisão o lançamento do ônibus espacial *Challenger*. Embora os lançamentos de ônibus espaciais já se tivessem tornando acontecimento rotineiro, esse foi singular, pois entre os sete tripulantes do *Challenger* estava Christa McAuliffe, uma professora de escola secundária do estado de New Hampshire. Depois de 73 segundos do lançamento, o entusiasmo se transformou em horror, e o mundo testemunhou o acontecimento mais trágico da história da exploração espacial. O *Challenger* explodiu e deixou em seu rastro uma trilha de fumaça que acompanhou a espaçonave até cair no oceano com toda a tripulação sem vida. A investigação do acidente revelou que a causa da explosão era muito simples: um defeito num anel que serve de lacre. Apesar de ser um componente simples, o lacre tinha de desempenhar uma função especial e crítica. Fora projetado para isolar o combustível sólido dos gases do foguete que saíam do tanque principal de combustível. Contudo, seu projeto defeituoso, somado às condições ambientais extremas, afetou-lhe a integridade funcional. Esse lacre defeituoso permitiu que gases de alta combustão vazassem através da junta alimentadora de tensão do foguete. Uma vez que esses gases quentes entraram em contato com o tanque de combustível externo do ônibus, a explosão fatal era iminente.

Talvez o aspecto mais desconcertante dessa catástrofe seja que os engenheiros da NASA haviam advertido os diretores do controle da missão a respeito do iminente perigo um pouco antes do lançamento. Não obstante a preocupação dos engenheiros, manteve-se a decisão de continuar com o lançamento — todos os sistemas a postos! Outras questões e pressões tiveram prioridade sobre as possibilidades de haver um desastre fatal. Afinal o ônibus espacial tinha muitos sistemas de apoio para garantir a segurança da tripulação. Infelizmente, a tripulação do ônibus espacial se colocou nas mãos daqueles que tomaram a decisão errada e, por conseguinte, nenhum de seus integrantes sobreviveu.

Escrevemos este livro com o intuito de evitar que você, leitor, cometa erro semelhante no que diz respeito a sua vida espiritual. À medida que continua a aprender, formal ou informalmente, você se encontra em situações que podem trazer sérias conseqüências com respeito às decisões que toma acerca do que acredita ser verdadeiro. Professores, colegas, companheiros e outros podem desafiá-lo a reavaliar suas convicções à luz do que lhe ensinam ou dizem. Portanto, nós lhe imploramos: não deposite sua confiança nas mãos de qualquer um! Este livro oferece razões confiáveis para crer que o cristianismo é intelectualmente perfeito.

Como auxílio para demonstrar-lhe por que isso é verdade, vamos nos reportar a Aristóteles, que há muito tempo observou que todo campo do conhecimento começa com certas verdades, a que ele se referiu como *primeiros princípios*. Os primeiros princípios *não* são conclusões obtidas no final de um conjunto de premissas, mas, sim, premissas básicas, das quais se retiram as conclusões. São axiomas, premissas — verdades auto-evidentes. São tão obviamente razoáveis que não exigem nem admitem prova direta. Os primeiros princípios estão além da prova direta porque são tidos como verdadeiros com base em sua natureza auto-evidente e inevitável. Também não podem ser refutados; qualquer tentativa (em qualquer campo de estudo) resultará apenas em afirmações auto-anuláveis.

Aristóteles também explicou que esses primeiros princípios foram os *fundamentos inabaláveis* sobre os quais todo o pensamento e o conhecimento repousam. Este livro pretende reafirmar as observações de Aristóteles e em seguida mostrar que os primeiros princípios conduzem tão-somente ao Deus da Bíblia.

No capítulo 1, o apresentaremos à *Lógica* e ao primeiro princípio de todo o conhecimento: a lei da não-contradição. A natureza universal e inevitável dessa lei simples mas profunda leva-nos a questionar-lhe a origem e razão definitiva. A resposta a essa pergunta é que deve haver alguma Mente suprema que existe como fundamento das leis do pensamento humano. No capítulo 2, examinaremos as noções populares de agnosticismo, pluralismo e relativismo. À medida que analisarmos cada uma à luz da lei da não-contradição, mostraremos como são, em última análise, auto-anuláveis. Em seguida explicaremos por que é razoável crer que a verdade absoluta existe, definindo a *verdade* como afirmação, idéia, símbolo ou expressão que equivale à (corresponde a) realidade. O capítulo 3 dá uma breve descrição das *cosmovisões* e explica como elas afetam as convicções e a conduta dos indivíduos. Também incluímos um teste para avaliar a credibilidade das declarações da verdade que as várias cosmovisões fazem e oferecemos algumas sugestões a respeito de como tratar dessas questões de visão de mundo.

No capítulo 4, embarcamos numa viagem pela *ciência*. Nossa meta é obter entendimento básico dos fundamentos sobre os quais a ciência se constrói, suas limitações com respeito ao conhecimento e de como aplicar o método científico à questão das origens. No capítulo 5 a *cosmologia* é usada para discutir sobre a natureza e a estrutura do universo. A pergunta sobre sua origem — a saber, se necessita ou não de uma causa — é respondida nesse capítulo. Alega-se que, com base no primeiro princípio da ciência e o apoio da evidência, é mais razoável crer que o universo é finito. Assim, é necessário concluir que uma causa infinita e eternamente poderosa o trouxe à existência. No capítulo 6 explicamos por que é razoável crer que essa causa infinita e eternamente poderosa deve também ser inteligente. Nosso raciocínio se baseia na ciência da teoria da informação, uma vez que ela se relaciona com a *origem da vida*.

O capítulo 7 dedica-se a analisar vários modelos de origens e responder às questões sobre macroevolução. Apresentam-se razões e evidências para demonstrar que a macroevolução não é um modelo de origem viável. No capítulo 8, mostramos por que a macroevolução teísta decepciona por não fornecer raciocínio científico nem evidência empírica necessários para dar suporte a suas reivindicações. Por isso, nos voltamos para a única saída lógica — o modelo do *projeto inteligente* — e argumentamos em favor de sua credibilidade como o modelo mais plausível de origem.

O capítulo 9 trata de *Lei* e da mudança da teoria legal norte-americana do entendimento clássico da lei natural para uma teoria que encontra sua origem na razão humana — a lei positiva. O exame dessa mudança inclui a identificação dos sinais de perigo que em última instância ameaçam não somente a estabilidade do sistema de justiça criminal, mas também nossos simples direitos humanos básicos. O capítulo 10 usa um contexto histórico (Alemanha nazista) para revelar como o conceito errado da natureza humana (macroevolução) e a lei (estabelecida apenas sobre a razão humana) violam os direitos humanos. Além disso, mostramos como a promotoria argumentou em favor da *Justiça*, em Nuremberg, com base no conhecimento intuitivo das "leis superiores" que transcendem os governos. O fundamento dessa lei superior é um Legislador superior — o Criador — que concedeu à humanidade um valor intrínseco que nenhum governo ou pessoa tem o direito de tirar. No final desse capítulo, concluímos que faz sentido crer que vivemos num universo teísta. Contudo, se existe um Deus infinitamente poderoso e justo, por que existe o mal? Onde o mal se originou? Deus o criou? O capítulo 11 examina as questões a respeito da natureza de *Deus* e o problema do *mal*.

Identificado o problema do mal e tendo em vista que cremos que a resposta ao problema veio à terra dois mil anos atrás na pessoa de Jesus Cristo, voltamo-nos para a *história* — capítulo 12 — a fim de descobrir a resposta. Contudo, a interpretação adequada dos fatos históricos depende da convicção de que a história é conhecível e que podem ocorrer milagres. Depois de mostrar que a história é de fato conhecível e os milagres são possíveis num universo teísta, apresentamos as evidências que sustentam a autenticidade dos documentos do Novo Testamento e a confiabilidade de seus autores. Tendo demonstrado que o Novo Testamento relata os fatos da vida de *Jesus* e seus ensinos, passamos para o capítulo 13, no qual examinamos suas declarações de sua confiabilidade, especialmente as referentes a sua *divindade*, e olhamos para as evidências que ele ofereceu para provar suas declarações de ser Deus. As três linhas de evidência oferecidas são 1) o cumprimento das profecias do Antigo Testamento a seu respeito; 2) sua vida sem pecado e cheia de atos miraculosos; e 3) sua ressurreição dentre os mortos. Se de fato Jesus é Deus, o que ele diz sobre o problema da humanidade é verdadeiro.

No capítulo 14, voltamos a Jesus e sua análise da condição humana, mas fazemos isso depois de tratar da crença muito difundida de que a *ética* e a *moral* são puramente subjetivas e meramente questão de sentimentos ou instinto. Apresentamos um resumo de vários argumentos de C. S. Lewis para refutar essas crenças populares. Em seguida, voltamos novamente a atenção para Jesus e ouvimos o que ele tem a dizer a respeito de ética, da causa essencial da doença moral da humanidade, e da cura permanente para essa doença. A decisão que se toma de aceitar ou rejeitar os ensinos de Jesus acarreta conseqüências temporais e eternas: um destino de bem-aventurança eterna ou miséria eterna. Cada pessoa deve decidir individualmente se crê ou não em Jesus.

No capítulo 15, examinamos mais de perto as conseqüências mencionadas anteriormente. Nossa discussão centraliza-se naquilo que dá significado supremo à vida. Mostramos por que o *verdadeiro significado* não pode ser encontrado fora do relacionamento amoroso com Deus. Deus nos projetou para funcionar com o combustível da própria pessoa dele, e fora dele não pode haver nenhum sentido "definitivo" — apenas estados temporários de realização superficial.

Aos que aceitam a cura de Jesus para a doença moral da humanidade, aguarda-os um estado eterno de alegria verdadeira no *céu*. Entretanto, aos que rejeitam Deus, aguarda-os um lugar de *verdadeira miséria*, que durará para sempre. A Bíblia refere-se a esse estado eterno de miséria como *inferno*. O capítulo 16 pretende mostrar brevemente por que o inferno faz sentido e que é decorrência da natureza santa, justa e amorosa de Deus.

Além desses capítulos, incluímos um apêndice intitulado "Respostas baseadas nos primeiros princípios a questões éticas". Os tópicos tratados no apêndice são aborto, eutanásia, questões biomédicas e clonagem humana.

É nossa esperança que suas dúvidas e perguntas sejam respondidas em algum lugar nas páginas deste livro e que, como conseqüência, você possa entender melhor por que sua fé repousa sobre *fundamentos inabaláveis*. Também oramos para que esta obra ajude a fomentar em você uma intrepidez que não seja defensiva, para que você seja uma testemunha confiante ao compartilhar o evangelho de Jesus Cristo.

Capítulo um

A LÓGICA

Os fundamentos da lógica devem ser tão transculturais quanto a matemática, à qual os princípios da lógica estão associados. Os princípios da lógica não são ocidentais nem orientais, mas universais.

—Mortimer J. Adler

Que são primeiros princípios?

Numa série de ensaios chamado "Lógica" ou "Órganon", Aristóteles estabeleceu a diferença entre as formas válidas e inválidas de raciocínio humano. Seu objetivo era tornar claros os passos pelos quais um conjunto de conhecimentos deve ser construído logicamente. Aristóteles mostrou que cada ciência começa com certas verdades óbvias que ele chamou de *primeiros princípios*, explicando como esses primeiros princípios constituem o fundamento sobre o qual repousa todo conhecimento. Primeiros princípios são as verdades fundamentais das quais se deduzem ilações e sobre as quais se baseiam as conclusões. São autoevidentes e podem ser concebidos como princípios tanto subjacentes como diretores dos princípios de uma concepção de mundo.

Cosmovisão é semelhante a uma lente intelectual através da qual enxerga-se o mundo. Se alguém olha através de uma lente vermelha, o mundo lhe parece vermelho. Se outro indivíduo olha através de uma lente azul, o mundo lhe parece azul. Portanto, a pergunta a que devemos responder é: "Qual a cor de lente (cosmovisão) correta para ter a visão correta do mundo?". Antes de descobrir isso, uma pergunta mais fundamental precisa ser respondida: "Há somente uma lente intelectualmente justificável através da qual o mundo pode ser visto com precisão?". Em outras palavras: "Há somente uma visão de mundo verdadeira?".

Se a nossa cosmovisão é tão digna de confiança quanto nossas primeiras suposições e as inferências lógicas que deduzimos delas, este deve ser o lugar por onde começar. Uma vez que, devido a sua natureza fundamental, os primeiros princípios não podem ser evitados, devemos ser capazes de usá-los como base comum ou pontos de partida com qualquer pessoa razoável antes de discutir sua cosmovisão. Se empregarmos um processo de raciocínio correto, devemos ser capazes de descobrir qual a cosmovisão mais confiável.

Essa abordagem dos "primeiros princípios" vai formar a base para a nossa metodologia, que parece ter sido preterida ou esquecida por muitos pensadores contemporâneos. Mortimer J. Adler observa uma distinção importante entre os pensadores modernos e algumas das grandes mentes filosóficas do passado, especificamente Aristóteles e Tomás de Aquino:

> Em cada caso a correção de um erro ou o conserto de uma deficiência na filosofia de Aristóteles e de Aquino repousa sobre os princípios subjacentes e controladores do pensamento aristotélico e tomista. Na verdade, a descoberta desses erros ou deficiências quase sempre surge de uma atenção especial e conduz a um entendimento mais profundo daqueles princípios.
>
> Nisso se assenta o que para mim é a diferença notável entre as falhas que encontrei na filosofia moderna e as da tradição do pensamento de Aristóteles e de Aquino. Os erros e as deficiências neste ou naquele pensamento do filósofo moderno surgem ou de seu entendimento equivocado ou, o que é pior, de sua ignorância total dos *insights* e distinções indispensáveis para chegar à verdade — *insights* e distinções que foram tão frutuosos na obra de Aristóteles e Aquino, mas que os filósofos modernos os têm ignorado ou entendido erroneamente, ou até desprezado. Ademais, os erros ou deficiências no pensamento deste ou daquele filósofo moderno não podem ser corrigidos apelando a seus próprios e mais importantes princípios, como no caso de Aristóteles e Aquino. *Ao contrário, são normalmente seus princípios — seus pontos de partida — que incorporam os pequenos erros no começo, que, como Aristóteles e Aquino tão bem conheciam, trazem essas sérias conseqüências no final.*[1]

A maioria dos cristãos responde rapidamente a uma cosmovisão oposta criticando-a *na conclusão* de um argumento. Mortimer Adler corretamente observa que, na maioria das vezes, os erros acontecem *no começo*. Isso significa que

---

[1] *A second look in the rearview mirror*, p. 240 (grifo do autor).

devemos focalizar esses "pontos de partida" empregados pelos filósofos, professores, autores e céticos para ver se existe algum erro em seus fundamentos (as suposições mais básicas).

Se Aristóteles estava certo quando disse que os primeiros princípios formam os fundamentos de todo conhecimento (disciplinas acadêmicas), é essencial que aprendamos a identificá-los e usá-los para dar suporte a nossa fé em Cristo. Esse não é o único método que pode ser empregado para defender e comunicar o cristianismo, mas o consideramos um dos melhores meios de construir pontes da verdade para alcançar os que rejeitam nossas convicções. Se conseguirmos entender bem os primeiros princípios, estaremos a caminho de estabelecer a base comum com aqueles que se opõem ao teísmo cristão. Se esses primeiros princípios de pensamento de fato refletem a natureza do Deus da Bíblia, como argumentaremos, os questionadores e os ouvintes opositores naufragarão se os rejeitarem. Isto é, *eles devem ou negar a validade dos primeiros princípios sobre os quais as disciplinas acadêmicas estão baseadas — minando assim todo o conhecimento —, ou concordar com a credibilidade intelectual desses primeiros princípios e com ela a solidez intelectual do teísmo.*

Por que começar com a lógica?

A tarefa total diante de nós é construir uma lente através da qual possamos enxergar adequadamente a realidade (definida como "aquilo que é").[2] Uma lente intelectual contém muitas hipóteses, mas sua capacidade focal real pode-se encontrar nas leis que guiam o pensamento humano.

Todo mundo usa a lógica para pensar a respeito da vida. A realidade de nossa existência, portanto, é o objeto de foco para essa lente. Todas as pessoas vez ou outra já pararam para pensar no fato de existirem: a existência e a razão humanas são dois pressupostos fundamentais que todos os seres humanos têm em comum. Essas duas suposições são inevitáveis. Para

Criar uma lente intelectual descobrindo os primeiros princípios

---

[2] Estamos empregando a palavra *realidade* para significar aquilo que existe independente de nossa mente e exteriormente a ela. Essa visão se chama *realismo*. No capítulo 2, vamos mostrar como o agnosticismo (doutrina segundo a qual ninguém pode saber nada a respeito da realidade) é autoanulável e o realismo é inevitável.

negar a existência e a razão, o indivíduo teria de usar a razão para pensar a respeito dessa negação. Ademais, tem de existir uma pessoa para se ocupar do processo de raciocínio. Portanto, a existência e a razão devem ser o ponto de partida de qualquer pesquisa honesta e imparcial da verdade.

Nossas reflexões a respeito de nossa existência levantam uma das questões mais fundamentais da filosofia: "Por que existe algo em vez de absolutamente nada?".[3] No momento que começamos a usar a capacidade focal da razão para ponderar acerca de nossa existência, damos início à tarefa filosófica de construir uma lente intelectual. Com isso em mente, o ponto mais sensível por onde começar é adquirir conhecimento das leis que orientam o modo correto de pensar. Se nossos processos de pensamento forem incorretos, quase sempre nos conduzirão a conclusões falsas. Se a razão humana é o ponto focal de uma lente intelectual, logo ela só será boa se estiver limpa e polida. Se não estiver, corre-se o risco de ter uma visão obscurecida da realidade.

Quando pensamos sobre o pensar, automaticamente nos ocupamos da disciplina acadêmica conhecida por *Lógica*. A lógica é o ramo da filosofia que compreende o entendimento das leis que regem nosso processo intelectual. A lógica é a ordem que a razão descobre quando pensa sobre o pensar. Portanto, é a pré-condição necessária para todo pensamento. Uma vez que os indivíduos de todos os lugares se empenham no ato de pensar, e que todo pensamento se baseia na lógica, pode-se seguramente admitir que a lógica é uma prática universal. Uma vez estabelecida a capacidade focal da razão e livre de qualquer obstrução, podemos aplicá-la aos fatos da realidade e pôr em foco uma cosmovisão. tendo em vista que todo conhecimento depende de um ato de pensamento, a lógica deve ser o ponto de partida para construir nossa lente intelectual.

Qual o princípio primeiro da lógica?

Podem duas verdades opostas reivindicar-se verdadeiras? Alguns responderiam afirmativamente. A posição destes se apóia na filosofia do *pluralismo*. O pluralista insiste, por exemplo, que os cristãos vêem a realidade de um modo e os hindus vêem a mesma realidade de outro modo. Conclui daí que ambas as visões são verdadeiras. Contudo, neste ponto, não estamos interessados no motivo por que dois grupos de indivíduos abraçam visões diferentes, mas em se suas conclusões opostas acerca da realidade podem ser igualmente corretas. Podem tan-

---

[3]V. *An introduction to metaphysics*, capítulo 1, de Martin Heidegger.

to a afirmação cristã (o mal é real) quanto a negação oposta do hinduísmo (o mal é uma ilusão) estar corretas? Se uma visão do mal é verdadeira, a outra deve necessariamente ser falsa. As duas declarações a respeito do mal não podem ser verdadeiras e as duas não podem ser falsas.

Outro modo de perceber isso é analisar a palavra *tolerância*. O oposto de tolerância é intolerância. Imagine que estejamos dando uma aula de filosofia da religião e deixemos claro que cremos que o cristianismo é correto e o hinduísmo é errado. Não levará muito tempo para sermos rotulados de *intolerantes*. Todavia, os que se opõem a nós se autoproclamam tolerantes porque crêem que todas as religiões são verdadeiras, o *oposto* do que cremos. Quando se reconhece que a posição intolerante é oposta à tolerante, estabelece-se desse modo a credibilidade do primeiro princípio de todo conhecimento, *a lei da não-contradição*.

Quando os que se opõem aos cristãos reconhecem a natureza auto-evidente da lei da não-contradição, é como colocar no devido lugar a primeira peça da nossa lente intelectual. Estabelece-se um ponto de contato mútuo e importante para todos os indivíduos que crêem algo a respeito de determinada coisa. Em outras palavras, assumir *qualquer* visão antagônica de *qualquer* questão, seja expressamente ou por pensamento não verbalizado, é equivalente a submeter-se ao poder e à validade da lei da não-contradição. *É forçoso admitir que essa lei da lógica é verdadeira, porque todas as outras conclusões a respeito da realidade necessariamente dependem dela.*

O estudo formal (acadêmico) da lógica não é para todos, e está além do escopo deste livro delinear as regras das inferências lógicas (chamadas silogismos) ou envolver-se numa análise de como evitar as falácias formais e informais.[4] Entretanto, é preciso no mínimo adquirir algum conhecimento funcional da lei da não-contradição. Ela é o princípio lógico mais poderoso que se pode aprender. *Todo pensamento (seja sobre física ou sobre metafísica) é semelhante na medida que é governado por esse princípio primeiro fundamental da lógica — a lei da não-contradição.*

A LEI DA NÃO-CONTRADIÇÃO É INEVITÁVEL?

A lei da não-contradição é auto-evidente e inevitável. Além disso, *deve ser empregada em qualquer tentativa de negá-la*. Deve ser admitida como verdadeira

---

[4]Para saber mais sobre as leis da lógica, entre elas as falácias formais e informais, v. *Come let us reason*: an introduction to logical thinking, de N. L. Geisler e R. M. Brooks.

por qualquer um que queira pensar ou dizer algo significativo. É necessária para fazer qualquer espécie de distinção, afirmação ou negação. Por exemplo, se alguém dissesse: "Eu nego a lei da não-contradição", seria o oposto a dizer: "Eu afirmo a lei da não-contradição". No próprio ato de negar a lei da não-contradição, o indivíduo precisa utilizá-la. A afirmação: "Vocês, cristãos, são intolerantes porque não aceitam todas as religiões como verdadeiras!". é o oposto de ser tolerante e aceitar como verdadeiras todas as reivindicações de verdade religiosa! (Daqui por diante abreviaremos a expressão "lei da não-contradição" com as iniciais LNC).

A LNC é tão poderosa que não podemos evitá-la nem nos esconder dela. Seu alcance focal intuitivo foi fortemente atado aos processos intelectuais de todos os seres humanos. Se alguém dissesse: "Não existe essa coisa chamada verdade, e a LNC não tem sentido", esse alguém teria feito duas coisas. Primeiro, teria assumido que sua posição é verdadeira e oposta à falsa, e desse modo aplica a LNC (o que, obviamente, indica que a LNC faz sentido, porque sua posição supostamente tem sentido). Segundo, teria violado a LNC afirmando que *não existe essa coisa chamada verdade*, enquanto, ao mesmo tempo e no mesmo sentido, insistisse que *há essa coisa chamada verdade* — a verdade de sua própria posição. Fazendo assim, ela automaticamente valida a LNC.

Até agora fomos expostos a três convicções básicas que devem ser pressupostas como verdadeiras para cada cosmovisão. A primeira é o fato da realidade: ela é inegável. A segunda é que todo indivíduo que pensa acerca da realidade imediatamente supõe que a razão aplica-se à realidade. A terceira é que as duas primeiras necessariamente dependem da mais fundamental verdade auto-evidente, a validade da LNC.

Visto que a LNC é o ponto focal da lente intelectual em construção, a confiabilidade dessa lente fica dependente da clareza e integridade de cada componente acrescido daí por diante. Conseqüentemente, antes de continuar, é preciso responder a algumas perguntas sobre a relação entre a lógica e a realidade, e sobre a natureza universal da lógica. Tudo o que concluímos e tudo o que vamos concluir daqui para frente depende das respostas a essas perguntas.

E SE TUDO NÃO FOR NADA ALÉM DE ILUSÃO?

Se tudo fosse ilusão, a busca da verdade seria uma tarefa sem sentido. Vamos começar respondendo a essa pergunta, esclarecendo o significado dos termos *realidade* e *ilusão*. As palavras que usamos e recebemos de outras pessoas com quem dialogamos devem ser entendidas a fim de haver boa comunicação. Quando atribuímos palavras (símbolos) para corresponder a certos aspectos da realidade (referentes), estamos aplicando outra lei da lógica chamada *lei da identidade* (doravante, LID). Esta lei afirma que uma coisa é o que afirmamos que é: A é A. O princípio correlato, a lei do terceiro excluído (LTE), declara que ou é A, ou não-A (jamais as duas coisas). Todo raciocínio válido repousa sobre esses princípios. Eles são absolutos e sem eles não seria possível o raciocínio. Os símbolos ou as palavras podem ser próprios de uma língua ou cultura específica, mas desde que se refiram à mesma realidade, o significado pode ser, e é, universal. As declarações universais são traduzidas em todas as línguas por declarações universais.

Portanto, as leis fundamentais da lógica são válida universalmente, e, quando empregadas devidamente, LNC, LTE, e LID agem como as engrenagens lógicas principais que formam a cadeia poderosa de transmissão do processo de raciocínio que produz o modo de pensar correto. Mais adiante neste volume, veremos como essas duas leis aparentemente simples podem ser usadas para nos auxiliar na defesa de nossas convicções dos ataques das mais apaixonadas objeções ao cristianismo. Por enquanto, basta observar como a LID pode ser aplicada para determinar se a realidade existe ou se ela é ilusão.

Por todo este capítulo empregamos as palavras *existência* e *realidade* como sinônimos porque "ser real" é existir e "existir" é ser real. A palavra *realidade* denota aquilo que existe e manifesta certos atributos (quer pensemos a respeito desses atributos ou não). A realidade *é*, independentemente do nosso conhecimento dela. Por exemplo, a gravidade existe, ela é parte da realidade. Mesmo se Sir Isaac Newton jamais tivesse definido a gravidade e não tivéssemos nenhum conhecimento da existência dela, ela não cessaria de existir. Quando nos esquecemos da realidade da gravidade, podemos ser abruptamente lembrados dela se tropeçamos num degrau ou escorregamos numa casca de banana. A realidade, do mesmo modo que a gravidade, é algo que existe não importa o que pensamos: *a realidade é independente de nossa mente*.

Podemos também demonstrar que a realidade existe analisando a palavra *ilusão*. Define-se ilusão como *percepção enganosa da realidade*. Quando se diz que algo é ilusão, quer-se dizer que a ilusão falseia o que é real. Contudo, se a realidade objetiva não existisse para fornecer o contraste, não haveria modo algum de saber coisa alguma a respeito da ilusão. Em outras palavras, para saber se estamos sonhando, devemos ter alguma idéia do que significa estar acordado, só assim podemos comparar os dois estados. Do mesmo modo, só se sabe o que é ilusão porque se tem alguma idéia do que significa ser real. Se tudo fosse de fato ilusão, nunca poderíamos saber nada a respeito dela. *A ilusão absoluta é impossível!* Portanto, é lógico concluir que é ilusão crer que a realidade é ilusão.

E SE A LÓGICA NÃO SE APLICA À REALIDADE?

Já definimos lógica como a ordem que a razão descobre quando se pensa sobre o pensar e descobrimos que a lógica é um pré-requisito necessário a todo pensamento. Quando refletimos sobre a natureza da realidade e em seguida fazemos declarações de verdade a respeito do que descobrimos, nossas declarações de verdade serão lógicas (com sentido) ou ilógicas (sem sentido). Por isso, a primeira pergunta a fazer ao indivíduo que acredita que a lógica não se aplica à realidade é: "O que você supõe ser verdadeiro a respeito da lógica e da realidade?". A primeira suposição que esse indivíduo deve fazer para responder a essa pergunta é que é uma pergunta lógica acerca da realidade e, portanto, digna de uma resposta lógica.

Do mesmo modo, presume-se que a contra-pergunta desse indivíduo "E se a lógica não se aplica à realidade?" é uma pergunta lógica acerca do que existe (realidade). Portanto, o indivíduo admite que a lógica se aplica à realidade. Mas, nesse caso, a pergunta contém uma contradição implícita (viola a LNC) e, conseqüentemente, não tem sentido. Conseqüentemente, se essa não fosse uma pergunta lógica a respeito da realidade, não seria necessário respondê-la. Se esse indivíduo realmente não acredita que a lógica se aplica à realidade — que tudo da realidade não faz sentido —, então nada deve fazer sentido, até sua própria pergunta.

Uma vez que todo indivíduo usa a lógica para pensar a respeito da realidade, todos automaticamente admitem que a lógica se aplica à realidade. Quando alguém nega essa verdade, também confirma a verdade da LNC no processo da negação. Por conseguinte, sua negação passa a ser auto-anulável e voltamos novamente ao ponto em que começamos: a *lógica é inevitável*. C. S. Lewis explicou a total inutilidade de tentar dar conta da realidade sem o uso da razão quando disse:

Uma teoria que explicasse tudo mais no universo inteiro, mas que tornasse impossível crer que nosso pensamento era válido, seria absolutamente inócua. Pois essa mesma teoria teria sido alcançada através do raciocínio, e se este fosse inválido ela seria então destruída. Destruiria as suas próprias credenciais. Tratar-se-ia de um argumento provando que argumento algum é sólido — uma prova de que não existem provas — o que é tolice.[5]

E SE FOSSE EMPREGADA A LÓGICA ORIENTAL?

Alguns dizem que há outra espécie de lógica, a lógica oriental, que sustenta a idéia de que a realidade, no seu âmago, abriga contradições. Entretanto, tentar impor limitações a qualquer lei universal também é auto-anulável. Imagine alguém que acreditasse numa concepção oriental da gravidade. Para esse indivíduo, a gravidade deve submeter-se a uma mudança radical porque é vista à luz da cultura oriental. Por mais absurda que essa idéia possa parecer, o mesmo é verdade para qualquer indivíduo que acreditasse que a lógica pode submeter-se a alguma mudança radical em decorrência de sua localização geográfica.

Dizer que a lógica se altera de acordo com a posição do observador é subverter o sentido da palavra *lógica*. A lógica oriental afirma que a realidade pode ser lógica e ilógica. Mas se alguma coisa é lógica e também ilógica, é uma contradição e não faz sentido algum. Logo, de acordo com a lógica oriental, tudo em última análise é sem sentido. Todavia, se em última análise, tudo fosse sem sentido, o mesmo aconteceria com a distinção entre a lógica ocidental e a lógica oriental. Se não houvesse base nenhuma para julgar entre o pensamento correto e o incorreto, não haveria modo nenhum de concluir que a lógica oriental é mais precisa que a lógica ocidental. Além disso, não haveria modo nenhum de concluir que a visão oriental da realidade é mais acurada do que a visão ocidental da realidade. O único modo de fazer essa asserção seria admitir que a realidade não aceita contradições e existe independentemente de nossas opiniões. Mas, se isso é verdadeiro, então *as leis da lógica, em particular a* LNC, *devem ser universais.*

Portanto, não existe isso de lógica oriental e lógica ocidental. Não importa onde o processo intelectual ocorra nem em que cultura esteja envolvido — a lógica é a mesma. Mortimer J. Adler sublinha essa universalidade: "Os fundamentos da lógica devem ser tão transculturais quanto a matemática, com a

---

[5] *Milagres*, p. 15.

qual os princípios da lógica estão associados. Os princípios da lógica não são ocidentais nem orientais, mas universais".[6]

Qualquer pessoa que visita o extremo oriente observa que os computadores operam do mesmo modo que no ocidente. A lógica empregada em regiões como a Índia é idêntica à lógica usada nos Estados Unidos, porque a lógica é de caráter universal, e suas leis são universais. Quando pensamos sobre a natureza da realidade, nos ocupamos do que se chama de *metafísica* (o que está além do físico). A metafísica trata da existência e da não-existência de realidades não-físicas. Quando aplicada à metafísica, a lógica declara que não podem coexistir contradições na realidade. Por exemplo, *ou* Deus existe, *ou* Deus não existe: os dois fatos não podem ser verdadeiros e ambos não podem ser falsos (LTE). A visão oriental da realidade, que é no geral a visão panteísta,[7] aceita a forma metafísica da LNC. Se assim não fosse, os panteístas poderiam ser ateístas. Entretanto, os panteístas não são ateístas porque crêem que *ou* existe Deus (Brahman), *ou* não existe nenhum Ser supremo, mas não crêem em ambas as declarações. Acreditam que *ou* os ateus, *ou* os panteístas estão certos, mas não os dois. *Ou* o universo é tudo que existe, uma realidade material e nada mais (ateísmo), *ou* existe um Ser supremo (Brahman), que é o universo. A matéria é *ou* ilusão (no caso do panteísmo), *ou* é real (no caso do ateísmo), mas não os dois.[8] Os habitantes do oriente usam o mesmo tipo de lógica que os habitantes do ocidente: a lógica humana.

Anteriormente observamos que as leis da lógica são necessárias para fazer qualquer espécie de distinção, afirmação ou negação. O próprio ato de fazer distinção entre o pensamento oriental e o ocidental depende dessa lei universal. Dizer que há uma concepção oriental *oposta* à concepção ocidental depende da validade e da natureza universal dessa lei da lógica. É inequívoco: temos de concluir que a LNC é tão universal quanto o próprio ato de pensar.

PODEM-SE APLICAR AS LEIS DA LÓGICA COMO TESTE DA VERDADE?

Sir Alexander Pope observou corretamente que pouco conhecimento é coisa perigosa! Esse clichê pode ser verdadeiro em nosso caso se deixarmos de indicar

---

[6] *Truth in religion:* the plurality of religions and the unity of truth, p. 36.
[7] O panteísmo é explicado no capítulo 3. Basicamente, o panteísta crê que Deus permeia todas as coisas e é encontrado em todas elas. Deus é o mundo, e o mundo é Deus.
[8] Como se disse anteriormente, isso se chama em linguagem técnica de *lei do terceiro excluído* (LTE), que é uma lei irmã da LNC.

a limitação principal da lógica. Quando usamos a lógica como o ponto focal de nossa lente intelectual, devemos ser muito cuidadosos para reconhecer que sua eficácia se limita a encontrar erro somente. A função da lógica (i.e., a função da LNC) é corrigir o raciocínio falho, ou a argumentação sem fundamento e, portanto, é um teste negativo da verdade. Essa é uma característica muito importante: *a lógica em si jamais nos ajudará a encontrar a verdade, mas somente nos ajudará a detectar o erro. O que é verdadeiro deve ser lógico, mas o que é lógico não é necessariamente verdadeiro.*

A declaração "dois mais dois é igual a quatro" é lógica. Do mesmo modo, a afirmação "dois duendes mais dois duendes são quatro duendes" também é lógica. Ambas as afirmações são lógicas, contudo, a segunda afirmação não significa que de fato existem duendes. Seria preciso testar para verificar se há alguma evidência que dê apoio à declaração de que duendes são reais. Conseqüentemente, o que é real ou verdadeiro deve ser lógico, mas o que é lógico não é necessariamente real ou verdadeiro.

Se a lógica por si só apenas detecta o erro, como se pode descobrir a verdade? Este livro foi planejado de modo a responder a essa pergunta com base no conhecimento acumulado e a aplicação dos primeiros princípios fundamentais dos diversos campos do saber (disciplinas acadêmicas) da forma que são aplicados à realidade. Em outras palavras, veremos que uma vez que esses primeiros princípios se juntem adequadamente, como peças de um quebra-cabeça, eles nos mostrarão qual é a cosmovisão mais razoável ou verdadeira. Depois é questão de encontrar respostas às perguntas que fazem sentido dentro dos parâmetros dessa cosmovisão e se adaptam da maneira mais coerente com aquilo que conhecemos mediante nossas experiências da vida. Entretanto, a aplicação cumulativa dos primeiros princípios à realidade não deve violar os princípios previamente estabelecidos. Por exemplo, quando identificamos o primeiro princípio da ciência e tiramos conclusões dele, ele não deve violar os primeiros princípios da lógica ou da filosofia. Trataremos com mais detalhes desse teste da verdade nos capítulos que se segue

Capítulo dois

A verdade

Que é a verdade?

—Pilatos

Que é a verdade?

Segundo Aristóteles, a filosofia começa com o desejo natural que todos têm de conhecer a verdade. Todavia, o desejo de conhecer a verdade é uma coisa, mas encontrar a verdade é outra completamente diferente. As aparências podem ser enganosas, muitas coisas parecem verdadeiras, mas na realidade não são. À primeira vista, uma haste de aço imersa numa vasilha de água parece torta, mas não é torta. Ora, se é tão fácil ter uma percepção errada da verdadeira natureza das coisas físicas, o que dizer da verdade acerca das coisas metafísicas?

A metafísica se preocupa com questões como, por exemplo, a existência e a natureza de Deus. Mas como esperar encontrar respostas verdadeiras a perguntas referentes à verdade sobre a existência e a natureza da realidade se os fatos físicos, tangíveis, podem causar tanto engano? Antes de começar a responder a essa pergunta, é preciso responder às questões mais fundamentais a respeito da capacidade de conhecer a realidade e a natureza da verdade.

Se se busca a verdade com seriedade, deve-se aprender a aplicar corretamente a filosofia à vida. Podemos não nos sentir à vontade com o termo "filosofia", mas usamos filosofia o tempo todo. Quando pensamos a respeito da vida, usamos a lógica, e a lógica é um ramo da filosofia. Não se trata de usar a filosofia, mas de usá-la correta ou incorretamente. Alguns acham que a filosofia se reserva para as pessoas com alto nível de escolaridade, mas essa idéia não é verdadeira. Mesmo os que instrução muito limitada são capazes de acompanhar um raciocínio. C. S. Lewis nos lembra:

> Os indivíduos sem escolaridade não são pessoas irracionais. Descobri que eles vão agüentar e podem acompanhar muito de uma argumentação prolongada se você caminhar devagar. Em geral, na verdade, a novidade desse procedimento (pois raramente se encontraram nessa circunstância antes) dá-lhes prazer.[1]

Lewis compartilhava da convicção dos antigos gregos de que a filosofia, por definição, tem de ser prática e significativa. Entendiam os helênicos que a filosofia era tão útil para o artesão inculto da época quanto para o estudioso metafísico. Logo, não precisamos nos desviar, independentemente da história escolar do indivíduo, a filosofia pode vir a ser uma ferramenta muito importante.

A palavra *filosofia* é composta de duas palavras gregas: *phileo*, "eu amo", e *sophia*, "sabedoria". É interessante observar que *phileo* significa a espécie de amor que se tem por um amigo. O verdadeiro filósofo ama a sabedoria como se fosse uma amiga muito íntima. Os gregos combinaram essas duas palavras com a intenção de designar um tipo característico de exercício mental, o exercício da razão na busca da verdade. Pode-se também compreender a filosofia como uma inquirição e análise das realidades fundamentais de nossa existência, entre estas as próprias palavras e os conceitos que constituem a linguagem cotidiana.

Aliás, filosofia é o empenho de empreender um exame racional e consistente das reivindicações de veracidade de qualquer sistema de crença. Todavia, se a verdade não existe, por que se importar com a filosofia? Pense em todos os filósofos e livros de filosofia do mundo hoje. Se a disciplina acadêmica da filosofia é esvaziada da verdade, então os filósofos estão numa busca vã. Deve haver algo gravemente errado com os filósofos que escrevem e falam a respeito do amor por um amigo chegado que não existe!

A primeira e principal hipótese que deve fazer todo aquele que procura respostas é: podem ser encontradas respostas verdadeiras. Alguns negam que existem respostas verdadeiras. O problema com essa concepção é que ela se

---

[1]*God in the dock*, p. 99.

presume verdadeira; se fosse, seria uma premissa auto-anulável. Se um indivíduo acredita que todas as visões da realidade são falsas, então sua visão também deve ser falsa, porque se fosse verdadeira, todas as visões não seriam falsas. *Negar a existência da verdade é confirmar-lhe a existência — a verdade é inevitável!* Portanto, a declaração de que se podem fazer declarações verdadeiras a respeito da realidade é uma declaração justificável racionalmente.

Se a verdade e a realidade são inevitáveis, então de que modo elas se relacionam? Qual é a ligação entre a natureza da verdade e a natureza da realidade? No capítulo 1, usamos a lei da gravidade para ilustrar uma verdade. Dissemos que mesmo se Newton não tivesse descrito a gravidade, a realidade da existência dessa lei não se alteraria, isto é, a existência da gravidade não depende de nosso conhecimento dela. Se a realidade existe independentemente de nosso conhecimento, então a verdade deve estar ligada ao processo de investigação e descoberta de um atributo da realidade. Quando investigamos e descobrimos algum aspecto da realidade e fazemos afirmações precisas a respeito dele, falamos a verdade. De modo contrário, quando fazemos declarações que supostamente correspondem à realidade, mas não correspondem, não falamos a verdade.

O que é a verdade? Por definição, *a verdade é a expressão, o símbolo ou a declaração que corresponde ao seu objeto ou referente* (i.e., aquele ao qual se refere, seja um conceito abstrato ou uma coisa concreta). Quando a afirmação ou expressão diz respeito à realidade, ela deve corresponder à realidade para ser verdadeira. Não obstante, há muitas declarações e concepções da realidade; por que deveriam os cristãos crer que têm a única opinião correta? As pessoas não deveriam interpretar a realidade por si mesmas e pessoalmente decidir o que é verdadeiro individualmente? No que diz respeito a religião, a verdade não é questão de preferência pessoal e portanto relativa?

A VERDADE É RELATIVA?

A visão relativa da verdade ficou profundamente enraizada na mentes e no coração das pessoas do nosso tempo, principalmente nos círculos acadêmicos. O pensamento relativista nos influenciou tanto que agora se considera antiintelectual crer na verdade absoluta. A maioria dos educadores e estudantes considera a verdade obsoleta, não absoluta. Allan Bloom, autor de um dos livros mais convincentes que retratam a deterioração da educação superior, disse:

> Há uma coisa de que um professor pode estar absolutamente certo: quase todo aluno que ingressa na universidade acredita, ou diz que acredita, que a

verdade é relativa. Quando essa convicção é posta à prova, pode-se contar com a reação dos alunos: não vão compreender. O fato de alguém considerar essa proposição não auto-evidente o deixa perplexo, como se questionasse que 2 + 2 = 4. Isso são coisas de que não se fala.

Os contextos e experiências sociais dos alunos são os mais variados que os Estados Unidos podem oferecer. Uns são religiosos, uns ateus; uns são de esquerda, outros, de direita; uns pretendem ser cientistas, outros, humanistas ou profissionais, ou ainda homens de negócios; alguns são pobres, outros ricos. São uniformes apenas no relativismo e na fidelidade à igualdade. E ambos se relacionam com a intenção moral. A relatividade da verdade não é uma reflexão teórica, mas um postulado moral, a condição de uma sociedade livre, ou assim a enxergam. Todos eles foram equipados bem cedo com essa estrutura, que é o substituto moderno para os direitos naturais inalienáveis que eram a base norte-americana tradicional para uma sociedade livre. Que isso é uma questão moral para os estudantes revela-se pelo caráter da resposta deles quando desafiados: uma combinação de descrença e indignação: "Vocês são absolutistas?" — a única alternativa que eles conhecem, pronunciada no mesmo tom que "Vocês são monarquistas?" ou "Vocês acreditam em bruxas?" [...]

O relativismo é necessário para a abertura; e isso é uma virtude, a única virtude, a que toda educação primária dedicou-se a inculcar por mais de cinqüenta anos [...]

O crente verdadeiro é o perigo real. O estudo da história e da cultura ensina que todo o mundo estava louco no passado; os homens sempre pensaram que estavam certos, e isso levou a guerras, perseguições, escravidão, xenofobia, racismo, e chauvinismo. A questão não é corrigir os erros e ser realmente certo. Pelo contrário, é não pensar de modo nenhum que se está certo.

Os alunos, naturalmente, não podem defender a opinião deles. É algo em que foram doutrinados. O melhor que conseguem fazer é indicar todas as opiniões e culturas que existiram e existem. Que direito, perguntam, tenho eu ou qualquer outro de dizer que um indivíduo é melhor que os outros? [...] O propósito da formação escolar deles não é torná-los letrados, mas muni-los de uma virtude moral — a abertura.[2]

Se essa análise é correta, e cremos que é, como podemos defender a visão cristã da credibilidade da verdade absoluta? Para piorar as coisas, alguns professores

---

[2] *The closing of the American mind*, p. 25-6. Publicado em português com o título *O declínio da cultura ocidental*: da crise da universidade à crise da sociedade.

estão determinados a minar as convicções religiosas dos alunos. Certo professor disse à sua classe:

> Nossa ética se baseia na crença antiga de que há forças sobrenaturais que operam no mundo, que essas forças sobrenaturais fornecem a base da ética, e temos responsabilidade moral baseada no livre-arbítrio. Tudo isso é falso. E mesmo aqueles que acham que é verdadeiro devem reconhecer que não há mais consenso sobre essas crenças [...] Digo aos meus alunos religiosos para olharem para os colegas que estão sentados em cada lado deles na sala de aula [...] A probabilidade é de que pelo menos um deles não compartilhe da crença de que Deus proporciona o fundamento definitivo para a ética. Não há volta para um mundo em que nossa ética se baseie numa revelação daquilo que Deus exige de nós.[3]

A convicção do cristão na verdade absoluta e no Deus da Bíblia normalmente não é tolerada nos círculos intelectuais seculares. Em geral há uma forte pressão dos colegas, professores e amigos incrédulos para fazer os cristãos abandonarem suas convicções e aceitar a idéia de que a estreiteza do pensamento deles é a mesma mentalidade que em última análise causa imitações grotescas das cruzadas medievais e de toda espécie de perseguições. Para entender melhor com que se parece esse tipo de ambiente, considere o seguinte roteiro imaginário.

A VERDADE ABSOLUTA É INTOLERANTE?

Imagine que você é um aluno universitário e é sua primeira semana no campus. Geralmente, esse é um período de novas experiências e de fazer novas amizades. Hoje é seu segundo dia de aula e você está esperando o professor aparecer na classe. Cálculo é difícil, mas você sabe que se sairá bem estudando muito. Literatura parece algo divertido, já que o professor disse que a maior parte do curso consiste em resenhas críticas dos livros de sua escolha. Mas a aula de que você vai participar agora, esperada com muita ansiedade de sua parte, pois não imagina o que vai ouvir. Você não tem muita segurança em introdução à filosofia. Não sabe o que vai ser dito e como você vai reagir. Por isso conforta-se com a idéia de que uma aula de filosofia numa instituição altamente reconhecida como essa lhe vai oferecer orientação sólida no que diz respeito a encontrar respostas às questões finais. Bem, você saberá logo, porque o professor está entrando na classe.

---

[3]G. Liles, citando o biólogo da Universidade Cornell, William Provine, no artigo The faith of an atheist, MD, março/1994, p. 61.

— Oi, pessoal, eu sou a professora Leslie Stone e quero dar-lhes as boas-vindas à aula de filosofia. Gostaria de usar o tempo de hoje para nos conhecermos uns aos outros. Por isso, por favor, pensem em seus conceitos sobre verdade e se preparem para compartilhá-los com o resto da sala. Vocês são livres para dizer no que crêem acerca de Deus, do universo, do bem e do mal, ou qualquer outra coisa que acham pode ajudar-nos a conhecer suas convicções religiosas pessoais.

Tudo bem, e agora? Seu medo era que algo assim ocorresse! Ouça seus colegas de classe — ninguém disse nenhuma palavra a respeito da Bíblia nem de Jesus, e já é quase a sua vez. Bem, a professora Stone disse para você se sentir à vontade para compartilhar o que você crê. Apronte-se, é sua vez!

— Meu nome é John Tate, e sou do Texas. Cresci num lar religioso, com pais muito carinhosos que me ensinaram a crer na Bíblia como a Palavra de Deus. Creio que Deus criou o universo, como está escrito no livro de Gênesis, e que ele também criou Adão e Eva. Creio que Adão e Eva desobedeceram a Deus e todo ser humano que nasceu desse momento em diante herdou a natureza pecaminosa. Portanto, todos nós nascemos maus e temos inclinação natural para o pecado, o que é a notícia ruim. É ruim porque, conforme as Escrituras, cada todos estão condenados ao inferno. Contudo, a notícia boa é que Deus enviou seu Filho, Jesus, para nos salvar da punição eterna. Jesus morreu pelos nossos pecados e tornou possível nosso ingresso no céu. Jesus deixou bem claro que ele é o único caminho para Deus.

É, não foi tão ruim assim. A professora Stone agradeceu e passou direto para o próximo aluno. Isso não vai ser tão desagradável quanto você imaginava. Restam apenas alguns alunos, e talvez você seja capaz de perguntar à professora Stone se pode compartilhar seu testemunho pessoal...

Bem, esse foi o último aluno, e a professora Stone ainda tem algum tempo de aula, essa poderia ser a sua oportunidade. Espere, a professora Stone está se preparando para dizer alguma coisa.

— Muito bem, pessoal, agora que ouvimos o que cada um crê, eu gostaria que levantassem as mãos em resposta à minha próxima pergunta. Tendo em vista que o que é verdadeiro para uma pessoa pode não ser verdadeiro para outra, quantos de vocês acham que devemos ser tolerantes com as convicções religiosas uns dos outros? Em outras palavras, quantos acreditam que toda verdade religiosa é pessoal e, portanto, relativa?

Oh, não! E agora? Todas as mãos estão levantadas na sala, e você é o único que não concordou. A professora Stone está olhando diretamente para você. O que você vai dizer?

— Tate.

— Sim, professora Stone.

— Tate, eu não o vi levantar a mão. Como é que todo mundo aqui reconhece a verdade do que eu disse, menos você?

— Eu não sei, professora Stone. A única coisa que sei é que todos nós não podemos estar certos. Creio que devemos respeitar uns aos outros, mas como podem todas as nossas respostas ser igualmente verdadeiras?

— Bem, sr. Tate, bem-vindo ao curso superior e a minha aula. Deixe-me gastar alguns minutos para explicar por que toda verdade religiosa é relativa.

— Há uma antiga parábola a respeito de seis hindus cegos que tocavam um elefante. Essa parábola pode ajudá-lo a compreender a questão. Um cego tocou o lado do corpo do elefante e disse que era um muro. Outro cego tocou a orelha do elefante e disse que era uma grande folha de árvore. Outro segurou uma das pernas do elefante e pensou que fosse o tronco de uma árvore. Outro ainda segurou a tromba do elefante e disse que era uma cobra. Outro cego tocou uma das presas de marfim e pensou que se tratava de uma lança. Finalmente, outro cego tomou a cauda do elefante nas mãos e julgou estar segurando uma corda. Todos os cegos estavam tocando a mesma realidade, mas compreendiam-na de maneiras diferentes. Eles todos tinham o direito de interpretar o que tocaram de acordo com o seu modo pessoal, mas o objeto tocado era o mesmo elefante.

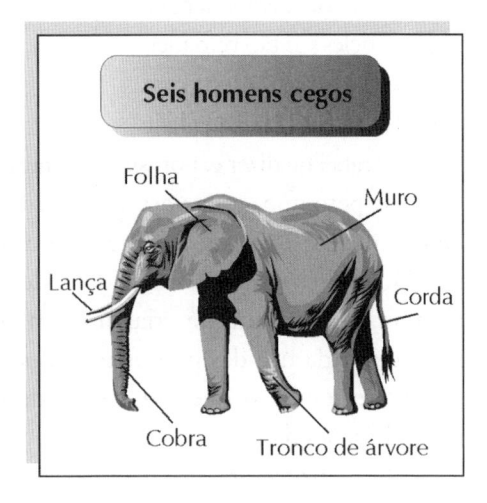

Seis homens cegos

Folha / Muro / Lança / Corda / Cobra / Tronco de árvore

— Veja, sr. Tate, uma vez que todos somos cegos para a realidade que pode existir além de nosso mundo físico, devemos interpretar essa realidade a nossa própria maneira. Do mesmo modo que a parábola ilustra, as diferentes religiões têm diferentes interpretações da realidade, mas a realidade é a mesma. Ela parece ser uma coisa para o budista e outra para o muçulmano. O cristão a vê de um modo, e o hindu de outro, e assim por diante. A realidade é uma, mas as maneiras de enxergá-la são muitas. Há muitos caminhos que o podem levar ao topo de uma montanha.

— Semelhantemente, você acabou de ouvir os seus colegas de classe compartilharem suas opiniões pessoais sobre a realidade última, cada um certo de acordo com os próprios olhos. Portanto, devemos aceitar a opinião de cada um e ser tolerantes com todos. Jesus não disse: "Ama o próximo como a ti mesmo"? Olhe ao redor, Tate. Estes são os seus colegas de classe. Você quer amá-los, ou quer condená-los ao inferno por causa de sua crença na verdade absoluta? Você precisa aprender que há ódio bastante no mundo e que o único modo de viver em paz é amar, tolerar e respeitar as convicções religiosas dos outros. Você deve entender que as idéias deles são tão verdadeiras para eles quanto a sua é para você. Eles enxergam a verdade no que acabei de dizer e, por isso ergueram a mão.

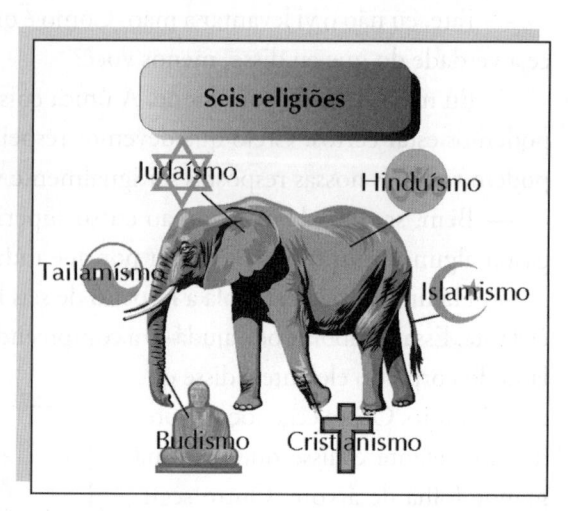

— Espero que agora você esteja pronto para concordar com o restante dos companheiros de classe, sr. Tate, porque não queremos ser intolerantes religiosos. Ou queremos? Esta escola defende o *pluralismo* e a *tolerância* como ferramentas valiosas para de criar um ambiente liberal, onde os alunos possam aprender cada um das preferências pessoais diferentes dos outros. Isso não o ajuda a entender o que estou dizendo com respeito à natureza relativa das reivindicações da verdade religiosa?

— Sim, professora Stone, posso enxergar a verdade no que a senhora falou.

— Que bom, Tate! Nosso tempo já terminou, e a classe está dispensada.

Precisamos olhar para alguns obstáculos que impedem as pessoas de crer na verdade absoluta. O pluralismo é a primeira barreira, por isso vamos começar com o entendimento do que ele é e de como afeta os acadêmicos.

Que é pluralismo?

Uma instituição superior de ensino é o lugar onde se esperam encontrar as respostas certas a algumas das mais importantes questões da vida. Todavia, a universidade secular costuma estar nos últimos lugares da lista em que se encontram essas respostas acerca da busca da verdade absoluta. Os alunos cristãos que chegam a essas escolas normalmente se encontram num ambiente que oferece muitas respostas diferentes às mesmas questões essenciais da vida. Essa posição filosófica é conhecida como pluralismo.

O pluralismo contemporâneo manifesta-se principalmente como a diversidade que se encontra numa sociedade multicultural. Certamente, há muito que ganhar com o aprendizado dos vários modos que o mundo é visto, mas como isso se relaciona com a verdade? No que diz respeito à filosofia, o pluralismo ensina que todas as idéias são verdadeiras, mesmo as que são opostas entre si. A visão pluralista da realidade corrói insidiosamente o cristianismo, que ensina que as concepções não podem ser todas verdadeiras. Em fim, apenas uma é verdadeira, e tudo o que se lhe opõe é falso.

O pluralismo religioso consiste num sistema de crenças que admite a coexistência de uma diversidade de pensamentos, valores e convicções considerados, principalmente, produtos da família do indivíduo, de sua cultura e sociedade. Como no diálogo imaginário anteriormente proposto, o professor que ensina essa filosofia lhe dirá que você deve aprender a aceitar as visões alternativas da realidade como verdadeiras e ter prazer no fato de outros poderem enriquecer sua visão da vida oferecendo-lhe uma nova perspectiva da realidade. Portanto, de acordo com o pluralismo religioso, somente faz sentido as mesmas questões cruciais terem respostas diferentes se tudo depende do modo que o indivíduo enxerga o mundo. Posso enxergar o mundo azul. Outro pode crer que o mundo é amarelo. Outro ainda percebe o mundo como vermelho. Conseqüentemente, as respostas às questões últimas da vida terão a cor e a tendência de acordo com o modo que o mundo é visto.

Com efeito, temos muitas das mesmas questões últimas sobre a vida, como estas: Deus existe? O que é a verdade? Por que estamos aqui? O que é o mal e por que ele existe se há um Deus amoroso? O que dá sentido à vida? Segundo o pluralismo, as respostas a essas perguntas dependem de como se vê o mundo. Uma vez que essa espécie de verdade é relativa e de foro pessoal, ninguém deve crer que há apenas um modo de enxergar o mundo. *O pluralismo é a conclusão lógica de uma visão relativa da verdade.* É também a negação das leis da lógica, porque insiste que tanto A como não-A podem ser verdadeiros.

A batalha pela verdade absoluta se inicia no momento que começamos a responder às questões últimas com respostas absolutas baseadas na visão cristã histórica do mundo. Para os estudantes, é uma batalha muito difícil, considerando o ambiente em que vivem. Muitos professores e colegas de classe não hesitam em ensinar que dar respostas do estreito ponto de vista cristão é problemático. Não demora muito para dizerem, direta ou indiretamente, que os cristãos não são os únicos detentores da verdade e que ter essa visão de mundo não passa de uma forma religiosa de discriminação. Esse tipo de intolerância não se tolera, e os alunos são aconselhados a abrir a mente e se livrar de tão estreita e tendenciosa visão da realidade. São exortados a abandonar a crença numa Bíblia arcaica e fazer parte da esfera da educação superior, onde vivem as pessoas inteligentes. A única visão tolerada nesses círculos acadêmicos é a que concorda com o pluralismo.

O PLURALISMO DEVE SER ACOLHIDO NO MEIO ACADÊMICO?

A palavra *universidade* é baseada no conceito de unidade da verdade, a "única entre muitas". Houve um tempo em que se acreditava que havia uma *unidade* global na *diversidade* (i.e., uni-versidade) que formava a base das disciplinas acadêmicas. Esse fundamento para a verdade também se baseava em absolutos. Agora, porém, não se tolera mais essa compreensão, , e a universidade passou a ser *pluriversidade*. Agora existe uma pluralidade na diversidade que não considera a verdade como um todo harmonioso a ser buscado e descoberto entre as diversas visões de mundo — e acreditar nessa idéia equivale a praticar heresia acadêmica. Há três palavras a incluir em nosso vocabulário acerca da verdade se quisermos ser acadêmica, social e politicamente corretos. São elas *pluralismo*, *tolerância* e *liberalismo*.

Entretanto, é de vital importância entender quando faz sentido empregar e valorizar esses termos e quando não. Mortimer J. Adler explica:

> Pluralismo, tolerância e liberalismo (o tipo de liberalismo doutrinário) são termos do século vinte que têm poucos antecedentes no pensamento moderno, principalmente no do século dezenove, e nada se conhece deles na Antiguidade nem na Idade Média.
>
> Os liberais doutrinários do século vinte abraçam o pluralismo e a tolerância como se fossem valores desejáveis, aos quais não se devem impor restrição nem qualificações quando aplicados à vida da sociedade e do pensamento [...] O pluralismo é a política desejável em todas as esferas de ação e pensamento, exceto onde se exige unidade. Quando se exige unidade, o pluralismo deve ser limitado [...]
>
> Na esfera dos assuntos sujeitos ao pensamento e à decisão individuais, o pluralismo é desejável e tolerável somente naquilo que diz respeito ao gosto, não à verdade. As preferências em relação ao que se come ou veste, aos tipos de dança, costumes sociais, estilos de arte, entre outras, não suscitam perguntas acerca da verdade. Nesses casos, o pluralismo sempre existiu na terra [...] Quando em determinada cultura ou sociedade tenta-se reger a

conduta dos indivíduos no que diz respeito ao gosto, esse regime tende a um controle monolítico das preferências e decisões pessoais.

A reação contra esse regime monolítico ou totalitário é a força motivadora da intrépida defesa liberal da tolerância da diversidade em todas as questões em que os indivíduos têm o direito de ser livres para expressar suas preferências pessoais e agir de acordo com elas. Essas questões dizem respeito à vontade do indivíduo. Mas quanto às questões de âmbito intelectual, as quais envolvem a verdade não o gosto, o pluralismo insistente é intolerável [...] Mas essa intolerância é simplesmente problema de natureza pessoal. Não exige suprimir opiniões falsas que os outros ainda possam sustentar [...] Exige somente discussão contínua entre indivíduos [...]

Aplicar o pluralismo com relação a valores tão desejáveis e toleráveis equivale a repudiar todos os juízos de valor, como se eles se referissem às preferências individuais, não à verdade. Se, porém, os julgamentos prescritivos que fazemos sobre como conduzir nossa vida e nossa comunidade — julgamentos estes que contêm a palavra "deve" — podem ser verdadeiros ou falsos, então eles são sujeitos à unidade da verdade, tanto quanto nossos julgamentos na matemática e nas ciências empíricas.[4]

Queremos ser claros em dois pontos críticos que Adler enfatizou. Basicamente, *há lugar para o pluralismo na sociedade com respeito a questões de gosto*, e Adler deu razões sólidas por que isso faz sentido numa sociedade livre. Em contrapartida, *não há lugar para o pluralismo quando se trata de decidir sobre questões que dizem respeito à verdade*, que implicam unidade de pensamento. Portanto, queremos chamar atenção para esta pergunta: "As idéias filosóficas e religiosas são questões de *gosto* ou de *verdade*?".

O modo mais simples de responder a essa pergunta é deixar os que acreditam que a verdade é uma questão de gosto decidir por si mesmos. Digamos que estamos tendo uma discussão com algumas pessoas que crêem que todas as afirmações filosóficas e religiosas são meramente questão de preferência individual. Se este é o caso, essas pessoas não deveriam defender-se quando discordamos delas. Se se põem a defender a idéia de que essas afirmações são questão de preferência (ou mesmo acreditam que suas afirmações são verdadeiras!), a verdade se revela. Por que haveriam de ficar transtornadas se preferimos uma idéia a outra em matéria de gosto?

---

[4] *Truth in religion*, p. 1-4.

Por exemplo, se dissessem "Não existe esse negócio de verdade com respeito à filosofia", poderíamos simplesmente perguntar: "Sua afirmação é verdadeira?". O indivíduo intelectualmente sincero deve enxergar a natureza autofrustrante de sua afirmação. Portanto, *as afirmações filosóficas são matérias relacionadas à verdade*. Mas e a religião? As declarações da religião pertencem à esfera do gosto e das preferências pessoais? Imagine novamente que você é John Tate e vamos dar uma olhada bem de perto naquilo que foi dito em sua aula.

Sua professora sustentou veementemente que as crenças religiosas são questão de gosto, de preferências pessoais. Ela crê que, quando se trata de religião, o que é verdadeiro para um indivíduo necessariamente não é para outro. O modo mais fácil de verificar a validade dessa convicção é simplesmente aplicar esse conceito a ele próprio e constatar se passa em seu próprio teste. Você pode realizar essa tarefa fazendo a pergunta certa à professora Stone,[5] como: "A sra. acredita que o que é verdadeiro para um indivíduo não é necessariamente verdadeiro para outro. Então sua idéia é verdadeira para a senhora ou é verdadeira para mim e para os outros alunos da classe também?".

Se a opinião da professora Stone fosse verdadeira somente para ela, porque ela prefere crer que se trata de gosto pessoal, por que, então, estava tentando convencê-lo de que tem de ser verdadeira para a classe toda? Se as convicções religiosas são apenas questão de preferência, não faz sentido algum a professora Stone argumentar que a opinião dela é verdadeira para todos. *O ponto de vista dela faz sentido apenas se ela realmente sustenta a convicção de que as crenças religiosas são questões referentes à verdade*. Ambas as posições não podem ser verdadeiras ao mesmo tempo e no mesmo sentido, isso viola a LNC. A professora Stone se contradisse ao pregar uma visão pessoal da tolerância ao mesmo tempo que estava sendo intolerante com a crença de John na verdade "religiosa" absoluta. Está claro que as idéias filosóficas *e* religiosas são questões pertinentes à verdade, não ao gosto ou às preferências individuais.

Por conseguinte, é intelectualmente legítimo dar razões para a verdade de uma visão de a realidade ser oposta à outra. E, por isso, as instituições de educação superior não devem abraçar o pluralismo no que concerne às idéias filosóficas e religiosas. Os alunos e professores têm de ter a liberdade de compartilhar e debater essas questões, que, em última análise pertencem ao âmbito do intelecto porque são problemas relativos à verdade, não ao gosto.

---

[5] Para aprender a fazer as perguntas certas, leia o cap. 3.

Dissemos que a verdade é uma expressão, um símbolo, ou uma declaração que corresponde ao seu referente (i.e., àquilo a que se refere, seja um conceito [abstrato] ou um objeto real [concreto]. Para que uma afirmação ou expressão a respeito da realidade seja verdadeira, deve corresponder à realidade. Entretanto, essa definição de verdade presume que podemos conhecer alguma coisa a respeito da realidade. Por isso, antes de continuar, devemos sustentar a verdade dessa hipótese e mostrar que aqueles que crêem que a realidade não pode ser conhecida laboram em erro.

Agnosticismo — que é isso?

Pense no que significa saber que uma coisa existe. A existência é o fato mais básico a respeito de alguma coisa. Retire-se a existência, e nada resta. Não obstante, muita gente crê que determinada coisa existe e ao mesmo tempo crê que é impossível saber algo a respeito dessa coisa. Essa maneira de ver se chama *agnosticismo*. A palavra *agnosticismo* literalmente significa "nenhum conhecimento". Thomas Henry Huxley inventou o termo em 1869 para denotar a atitude filosófica e religiosa daqueles que dizem que as idéias metafísicas não podem ser provadas nem refutadas. As duas formas básicas de agnosticismo são representadas por aqueles que crêem que *não se conhece* a realidade (é o agnosticismo "moderado" ou ceticismo) e aqueles que declaram que *não se pode conhecer* a realidade (agnosticismo "extremado"). Mais adiante, mostraremos ao agnóstico moderado por que alguns aspectos fundamentais da realidade são cognoscíveis. Mas a visão do agnóstico extremado deve ter resposta antes de prosseguirmos nossa busca da verdade.

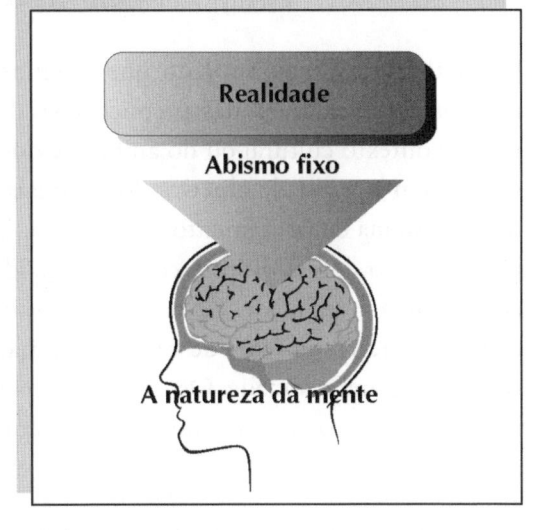

Immanuel Kant, o filósofo do século dezoito (1724-1804), estabeleceu a idéia conhecida como agnosticismo extremado. O princípio central do agnosticismo extremado é que, embora saibamos *que* a realidade existe, *o que* é a realidade em si (sua essência) não se pode conhecer pela razão humana. Embora Kant tenha escrito séculos atrás, seus escritos formaram muito da base da filosofia moderna. Foi sua pena que pôs um fim abrupto ao raciocínio metafísico (oferecendo razões para a existência de Deus). Kant traçou a linha que estabelece o limite para a razão humana, linha esta que fixou um abismo intransponível entre o que a realidade é em si e a nossa capacidade de conhecê-la como tal.

Para ajudar a visualizar o produto da filosofia de Kant, pense na realidade última como o que existe realmente além do mundo físico. Segundo Kant, nosso raciocínio jamais poderá atravessar o abismo *daquilo que vemos* para *o que realmente é* e responder à pergunta "O que é isso?". Conseqüentemente*, pode-se saber *que* a realidade existe, mas *o que* a realidade realmente é em si não se pode conhecer. Para concordar com Kant, precisaríamos crer que as categorias da mente formam ou estruturam a realidade para nós, mas não podemos nunca saber verdadeiramente o que ela é. Enxergamos a realidade apenas *como ela se nos apresenta* depois de termos moldado a "matéria-prima" da realidade por intermédio das categorias e formas da mente e dos sentidos.

A maioria dos filósofos que vieram depois de Kant adotou seu *agnosticismo metafísico*. Mais tarde, alguns argumentaram que se não podemos saber se as idéias correspondem à realidade, toda verdade deve ser relativa ao modo individual de nossa mente interpretar a realidade. Disso, o conceito moderno de verdade chamado *relativismo* (toda verdade é relativa), no devido tempo, deu origem ao *pluralismo* (todas as visões são verdadeiras).

Relativismo e pluralismo fazem sentido?

O relativismo é mais sutil do que o agnosticismo extremado, porque os relativistas crêem que todas as concepções da realidade são verdadeiras dentro do contexto cultural ou do ambiente do indivíduo. Se as idéias não correspondem à realidade objetiva, logo jamais podemos estabelecer a verdade de um sistema de pensamento sobre outro. Uma opinião pode ter coerência lógica dentro de seu próprio conjunto de idéias, mas isso não significa que corresponda à realidade. Se não podemos conhecer a realidade, é razoável crer que as reivindicações de verdade no máximo refletem um aspecto diferente da mesma realidade. Os relativistas não acreditam que haja apenas um mapa verdadeiro, ou cosmovisão, que corresponda de fato à realidade.

---

*No original, o autor faz um trocadilho, substituindo a primeira sílaba de *consequently* (conseqüentemente) pelo nome do filósofo Kant, originando "Kantsequently" (o que no inglês produz melhor efeito, já que a pronúncia é quase idêntica). (N. da E.)

Cosmovisão é um conjunto de convicções, um modelo que procura explicar toda a realidade, não apenas alguns aspectos dela.

De acordo com o relativismo, todas as opiniões descrevem a mesma realidade de diferentes perspectivas, pois os diferentes pontos de vista do mesmo objeto podem produzir diferentes resultados. Por exemplo, um observador que olha um objeto de um determinado ângulo pode enxergá-lo, como ele é, um cilindro. Contudo, se outra pessoa olhasse para o mesmo cilindro de outro ângulo, ele poderia parecer um círculo. Ainda outra pessoa poderia enxergá-lo como um retângulo de um terceiro ponto de vista. O cilindro não muda de forma, a diferença está na mente do observador. Por isso, os relativistas crêem que há muitos modos igualmente válidos de ver a mesma realidade.

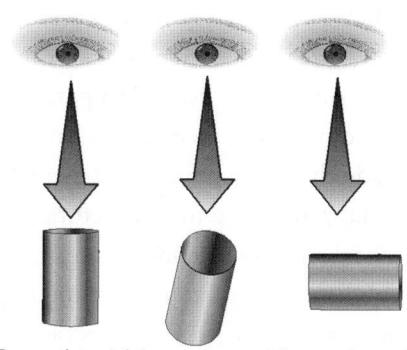

Perspectiva n.º 1 Círculo — Perspectiva n.º 2 Cilindro — Perspectiva n.º 3 Retângulo

No roteiro imaginário que apresentamos anteriormente, um aluno cristão foi exposto ao pluralismo numa aula de filosofia. A professora disse:

> Uma vez que todos somos cegos para a realidade que pode existir além deste mundo físico, podemos interpretar essa realidade à nossa própria maneira [...] As diferentes religiões têm interpretações diferentes da realidade, mas a realidade é a mesma. Parece uma coisa para o budista e outra para o muçulmano. O cristão a enxerga de um jeito, e o hindu, de outro, e assim por diante. A realidade é uma, mas as idéias sobre ela são muitas. Há muitos caminhos que o podem conduzir ao topo da montanha.

Mas se cada opinião indica a verdade em tudo que afirma acerca da realidade, como podemos descobrir o que é realmente verdadeiro?

Por exemplo, os relativistas e os pluralistas religiosos nos convidam a acreditar que o ateísmo indica a verdade quando os ateístas declaram que Deus não existe, e que o teísmo indica a verdade quando os teístas declaram que Deus existe. Os relativistas querem que aceitemos tanto a crença panteísta de que Deus é o mundo quanto a tese teísta de que Deus não é o mundo. Mas como algo pode existir como o mundo e não como o mundo — ao mesmo tempo e no mesmo sentido? De outro modo, como pode alguma coisa existir e ao mesmo tempo não existir? Se todos cressem que todos os princípios de todas as cosmovisões são verdadeiros, o que significaria a palavra verdade? Se todas as opiniões sobre a realidade são verdadeiras, todas as opiniões sobre a realidade também devem ser falsas e, em última análise, não haveria nada que dizer a respeito de coisa alguma. Se todas as afirmações indicam a verdade, então nada indica a verdade — *apontar para todas as direções é o mesmo que não apontar para nada*! Isso se chama absurdo porque não tem sentido e viola a lógica (a LNC), e a lógica é necessária para haver sentido.

Com isso em mente, queremos verificar quais declarações a respeito da realidade lhe correspondem mais precisamente que as outras. Para realizar essa tarefa, primeiro temos de refutar a declaração do agnosticismo extremado de Kant de que a realidade é essencialmente incognoscível. Tendo em vista que o pluralismo se liga ao relativismo e que o relativismo é um desdobramento do agnosticismo, as três concepções se mantêm ou caem todas juntas. Antes de criticar essas três concepções é importante fazer uma distinção com respeito ao pluralismo. Uma vez entendida essa distinção, estaremos mais bem preparados para avançar nossa argumentação a favor da verdade absoluta.

Agnosticismo, relativismo e pluralismo são verdadeiros?

O defeito fundamental na posição do agnosticismo extremado de Kant é sua pretensão de ter conhecimento daquilo que ele declara ser incognoscível. Em outras palavras, se fosse verdade que a realidade não pode ser conhecida, ninguém, Kant inclusive, a conheceria. O agnosticismo extremado de Kant se resume à declaração: "Eu sei que a realidade é incognoscível". Portanto, precisamos fazer algumas perguntas básicas a respeito do agnosticismo de Kant: A idéia de Kant é verdadeira somente para ele ou de fato corresponde à realidade? Se a idéia de Kant não corresponde à realidade, ela é falsa? Se o agnosticismo de Kant corresponde à realidade, então como é que podemos saber o fato mais essencial acerca da realidade — *que uma coisa existe* — mas não podemos saber nada a respeito *do que é a realidade?* Se o conhecimento acerca da realidade é impossível para qualquer um, então também deve ser impossível para Kant.

Se a realidade fosse de fato incognoscível, como Kant saberia que isso era verdade? Já demonstramos que a existência é o fato mais essencial que pode ser declarado de uma coisa. Retire-se a existência, e nada resta. Pense nisto: a verdade que se infere das seqüências de pensamento de Kant nos diz que ele tinha de aplicar a razão à realidade para concluir outras verdades acerca *do que* é a realidade além de sua determinação de *que* a realidade existia.

Verdade ou seqüências de Kant

1. Kant *sabe* que uma coisa real, em si mesma, existe do outro lado do abismo fixo.
2. Kant *sabe* que essa realidade é a causa de todas as aparências (efeitos) na mente humana.
3. Kant *sabe* que essa realidade é poderosa bastante para causar efeito universal.

Isso é certamente um *conhecimento* crítico a respeito da realidade, o que vai de encontro à declaração do agnosticismo.

Não é possível saber meramente *que* a realidade existe sem saber algo a respeito *do que* ela é. Todo conhecimento requer ter noção de algum atributo do objeto que está sendo conhecido. É impossível afirmar *que* uma coisa existe sem declarar simultaneamente algo a respeito do que ela é.

Por exemplo, se alguém apresentasse um *dispositivo* eletrônico desconhecido na sala de aula (v. ilustração), imediatamente saberíamos alguns fatos a respeito dele — mesmo sem conhecer sua função. Saberíamos que o dispositivo existe; é físico; tem determinada cor e forma; mostradores iluminados; funciona com energia elétrica; etc. Não podemos saber *que* ele é sem saber algo a respeito *do que* ele é (mesmo que não saibamos por que é). Portanto, *o agnosticismo extremado é autofrustrante e falso*. A verdade acerca da realidade é que ela existe e podemos saber algo a respeito dela. Logo, somos capazes de descobrir alguns outros atributos da realidade e discernir que cosmovisão lhe corresponde mais precisamente.

Achamos justo dizer que os relativistas e pluralistas, com efeito, crêem na verdade absoluta. Eles podem negar isso, mas não podem escapar da realidade desta hipótese: os diálogos a respeito da verdadeira natureza da realidade (metafísica) só têm sentido se as opiniões diferentes podem ser comparadas com a verdadeira realidade. Em outras palavras, alguém que tenta defender uma posição ("toda verdade é relativa" ou "o pluralismo é verdadeiro") sobre outra ("a verdade absoluta existe" ou "o pluralismo é falso") automaticamente presume que no final apenas uma opinião é verdadeira porque corresponde com mais precisão à realidade. C. S. Lewis ilustrou esse ponto utilizando um mapa.[6] Explicou que se duas pessoas desenhassem um mapa de Nova York, o único meio de dizer que um mapa é melhor que o outro é comparar os dois com o lugar real que existe, a própria Nova York. A verdadeira realidade de Nova York é o padrão pelo qual os mapas devem ser medidos. Se Nova York não existisse ou se fosse impossível saber alguma coisa a respeito dela, como poderíamos concluir que um mapa é melhor ou mais exato que o outro?

Um jeito de ilustrar o absurdo da "relatividade absoluta" é imaginar que estamos sentados num trem que está preste a deixar a estação. Nosso destino é uma cidade ao norte do lugar onde estamos. Junto ao nosso está parado outro trem também pronto para partir. Um segundo olhar nos mostra que está ocorrendo um movimento, mas não temos certeza de qual dos trens está-se movendo. É o nosso trem que está se movendo ou é o outro? O único meio de responder a essa pergunta é olhar para um ponto fixo, uma árvore ou um prédio, do lado de fora da janela. O que acontece se a árvore ou o prédio começar a se mover também? Seria impossível dizer quem ou o que está em movimento de fato e em que direção. A única conclusão a que podemos ter dessa situação é que ocorre movimento. Se tudo estivesse em movimento, como saberíamos se estamos nos movendo na direção de nosso destino (a verdade)? Não poderíamos afirmar se estamos fazendo progresso (desenvolvendo uma visão melhor da realidade). Poderíamos apenas concluir que ocorre o movimento (pensamento). Lewis aplicou essa lógica à ética quando disse:

> Se as coisas podem melhorar, isso significa que deve haver algum padrão absoluto do bem acima e fora do processo cósmico do qual esse processo pode se aproximar. Não faz sentido falar em "ficar melhor" se melhor significa simplesmente "aquilo em que nos estamos transformando" — seria como alguém se congratular por alcançar seu destino e definir seu destino como "o lugar a que chegou".[7]

Do mesmo modo, não faz sentido nenhum dizer que o relativismo ou o pluralismo representa um modo melhor de ver a realidade que a posição que crê em absolutos, se essas duas posturas não forem comparadas em relação a um ponto fixo ou padrão absoluto. Sem ponto fixo, só faz sentido dizer que essas posições são diferentes uma da outra e nenhuma é melhor que a outra. Por isso, os

---

[6] *Cristianismo puro e simples*, p. 7.
[7] *God in the dock*, p. 99.

relativistas e os pluralistas não podem rotular logicamente de errada uma posição incompatível com a deles. Podem dizer com lógica apenas que a outra posição é diferente. Todavia *no instante que decidem que eles estão certos e os que crêem em absolutos estão errados, têm de concluir logicamente que existe algum padrão absoluto, mesmo que não o admitam expressamente*. Por conseguinte, o relativismo e o pluralismo não podem ser verdadeiros.

É CONFIÁVEL ATER-SE À VERDADE ABSOLUTA?

Agora aplique a ilustração do trem ao que estamos tentando realizar neste livro. Estamos numa jornada à procura da verdade — a verdade é o nosso destino. Mas se toda verdade é relativa, como saberemos se estamos seguindo na direção correta? Não faz sentido dizer que estamos progredindo em nossa busca se não existir um ponto fixo (realidade imutável) pelo qual avaliamos o nosso progresso. Todos têm um ponto fixo (ou um *absoluto*), até os relativistas. De outra forma, não poderiam afirmar que têm uma visão correta da realidade. Os defensores do relativismo podem expressar — e freqüentemente o fazem — suas convicções de modos sutis e velados. Entretanto, quando expressos em português claro, seus absolutos ficam mais óbvios.

Pense nisto: por que os relativistas argumentam a favor da verdade de suas próprias posições? Em outras palavras, se não há uma concepção da realidade melhor que a outra e todas são tão-somente diferentes umas das outras, por que se importar argumentando a favor da verdade do relativismo — a menos, naturalmente, que os relativistas creiam que de fato têm a melhor visão da realidade! Considere os escritos de um famoso relativista, Joseph Fletcher (um dos signatários do Manifesto Humanista II). Em seu livro *Situation ethics* [*Ética situacional*], Fletcher diz: "O situacionista evita palavras como 'nunca', 'perfeito', 'sempre' e 'completo' como evita a praga, como evita 'absolutamente'".[8]

O que Fletcher está de fato dizendo é 1) "nunca ninguém deve usar a palavra 'nunca'; 2) "deve-se sempre evitar empregar a palavra 'sempre'; e 3) "deve-se negar *absolutamente* todos os 'absolutos'".[9] Negar a validade dos absolutos viola a lógica (LNC) e é autofrustrante.

Uma vez que é autofrustrante crer que todas as visões da realidade são falsas ou relativas e é contraditório crer que todas as visões da realidade são verdadei-

---

[8] P. 43-4.
[9] Norman L. GEISLER, *Is man the measure?*, p. 180.

ras, a única opção lógica é crer que algumas dessas visões representam a realidade de modo melhor e mais preciso que as outras. Portanto, *para que uma investigação filosófica tenha sentido, é forçoso crer na verdade absoluta*. Crer que existe uma realidade cognoscível, transcendente e imutável (um ponto fixo ou referente) faz sentido. Sobre isso, já demonstramos que a verdade acerca da realidade pode ser conhecida ou descoberta. Como entender as outras características da realidade e formular um teste para julgar as outras declarações de verdade a respeito dela é o próximo passo de nossa caminhada.

COMO SE PODE CONHECER A VERDADE A RESPEITO DA REALIDADE?

Uma vez que a realidade é cognoscível, é preciso primeiro aprender a utilizar os primeiros princípios para saber que declarações a respeito da realidade são verdadeiras. A disciplina acadêmica que procura investigar qual visão da realidade é verdadeira chama-se *epistemologia*. A epistemologia é o estudo sistemático da natureza, das fontes e da validade da teoria do conhecimento (grego *epistéme*, "conhecimento", e *logia*, "tratado" ou "discurso"). Como se afirmou anteriormente, a lógica em si pode-nos dizer o que é falso, mas não pode determinar o que é verdadeiro. A lógica se preocupa com o problema específico e formal do raciocínio válido; a epistemologia trata da natureza do raciocínio correto em relação à verdade *e* do processo de conhecer o verdadeiro. É o ramo da filosofia que diz respeito aos métodos de conhecer a verdade, utilizando a lógica como teste negativo. A epistemologia trata dos modos que justificam as convicções, isto é, os modos que podem testar nossas convicções e verificar se elas constituem conhecimento.

Mortimer J. Adler, autor e filósofo célebre, escreveu extensamente sobre algumas das maiores idéias filosóficas debatidas através dos séculos. Ele é provavelmente mais bem conhecido pela publicação de *Great books of the western world* [*Os grandes livros do mundo ocidental*]. Juntamente com esse projeto, Adler produziu o *Syntopicon*, dois volumes contendo 102 artigos sobre "os 102 objetos do pensamento que em conjunto definiram o pensamento ocidental durante mais de 2 500 anos [...] Esses artigos [...] permanecem como peça central dos *Great books of the western world* da Enciclopédia Britânica".[10] Com relação à busca da verdade, Adler defende a posição de que a verdade é um todo harmonioso, ou uma esfera, constituída de muitas partes. Contudo, cada parte

---

[10] *The great ideas*: a lexicon of western thought, primeira sobrecapa.

dessa esfera coesa da verdade difere quanto ao método pelo qual é descoberta. Ele chama essa idéia de *princípio da unidade da verdade*. Adler diz que "todas as diversas partes do todo da verdade devem ser compatíveis umas com as outras a despeito da diversidade dos meios pelos quais são alcançadas ou recebidas".[11]

Adler se refere ao que se conhece como a coerência da verdade toda. Aplicaremos essa teoria e estabeleceremos um método de teste que nos vai permitir descobrir a verdade acerca da realidade de uma maneira que sustente o princípio da unidade da verdade (*coerência*). O procedimento que estamos propondo implica identificar os primeiros princípios das disciplinas acadêmicas que constituem as várias partes da esfera da verdade. Procedendo assim, também devemos nos empenhar para verificar se a coerência (unidade) delas está assegurada. Por exemplo, *o que descobrimos ser verdadeiro de acordo com os primeiros princípios da ciência deve ser coerente com as verdades anteriores estabelecidas pelos primeiros princípios da lógica e da filosofia, e não violá-los.* (Como mostramos, a LNC é preeminente.) À medida que continuamos a descobrir, identificar e unir os primeiros princípios das outras disciplinas acadêmicas e formar uma lente intelectual, começamos a ver que as diversas partes da

---

[11] *Truth in religion*, p. 105.

esfera da verdade podem-se unir para formar um todo coerente. Uma vez completamente montada essa lente, podemos olhar através dela e fazer certas inferências que vão *corresponder* à realidade global existente. Esses dois elementos da epistemologia (coerência e correspondência) vão constituir nosso método de testar as declarações de verdade de uma determinada cosmovisão.

Ao conceber esse teste metodológico, podemos pensar nele juntando todas as partes (primeiros princípios) da lente intelectual de maneira coerente e coesa. Pouco a pouco, as características mais essenciais da realidade vão aparecer em foco, à medida que se fazem as inferências corretas com o auxílio dessa lente. Essa visão da realidade (cosmovisão) passa a ser para nós a estrutura interpretativa por meio da qual os fatos deste mundo podem ser explicados.

Já temos três partes da lente juntas, os primeiros princípios da lógica (LNC, LTE, e LID) e a filosofia (o ponto fixo da realidade imutável). A LNC, no sentido estrito, é absolutamente a primeira na ordem do saber, pois todo conhecimento humano depende dela. Logo, merece ser a peça central da lente, uma vez que será utilizada em todas as disciplinas acadêmicas. Todo campo do conhecimento depende do uso correto da LNC para ter validade. O ponto fixo na filosofia é o que nos dá a credibilidade acadêmica para continuar nossa busca da verdade. Os outros ramos do conhecimento humano também têm associados consigo primeiros princípios no sentido que cada princípio é primeiro como fonte, e base, desse ramo específico do conhecimento humano. Os primeiros princípios que buscamos são os pontos de partida fundamentais, ou verdades auto-evidentes, das disciplinas acadêmicas: ciência, direito, história e ética. Se conseguirmos demonstrar que cada parte da lente intelectual representa algum atributo essencial da natureza da realidade, então a lente intelectual passará a ser o padrão pelo qual devemos testar todas as declarações de verdade acerca do mundo.

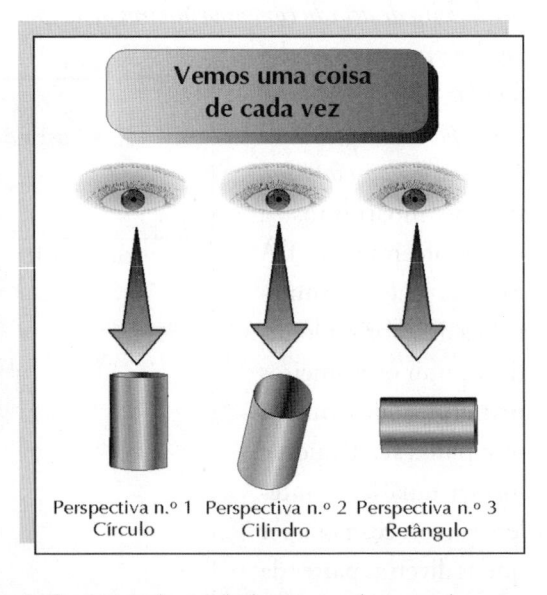

Para concluir, será útil pensar na ilustração do cilindro já mencionada quando se falou do relativismo e do pluralismo. Concordamos que alguns aspectos de um objeto são questão de perspectiva, porque dependem de quem observa, como ilustra a figura ao lado. Contudo, insistimos que não tem sentido declarar que todas as idéias são simplesmente uma questão de perspectiva. Por exemplo, não é questão de perspectiva que o cilindro existe como o percebemos — a realidade de fato do cilindro é o que dá a cada perspectiva sua validade. A perspectiva n.º 2 dá uma idéia mais clara ou melhor das características do cilindro que a perspectiva n.º 1 ou a perspectiva n.º 3. Mas dizer que a perspectiva n.º 2 é a mesma realidade que perspectiva n.º 1 ou a perspectiva n.º 3 — que o cilindro é um círculo ou um retângulo — não faz nenhum sentido. Pelo contrário, faz pleno sentido dizer que cada perspectiva tem alguma verdade, e a perspectiva n.º 2 nos dá um retrato mais definido do que se percebe. Se estivermos procurando o ponto de vista que nos dá compreensão clara do que o objeto realmente é, então a perspectiva n.º 2 é melhor que a perspectiva n.º 1 ou que a perspectiva n.º 3. Obviamente, somos finitos e só podemos enxergar o cilindro todo observando-o parte por parte, diferente de Deus, que o enxerga por inteiro de qualquer ângulo.

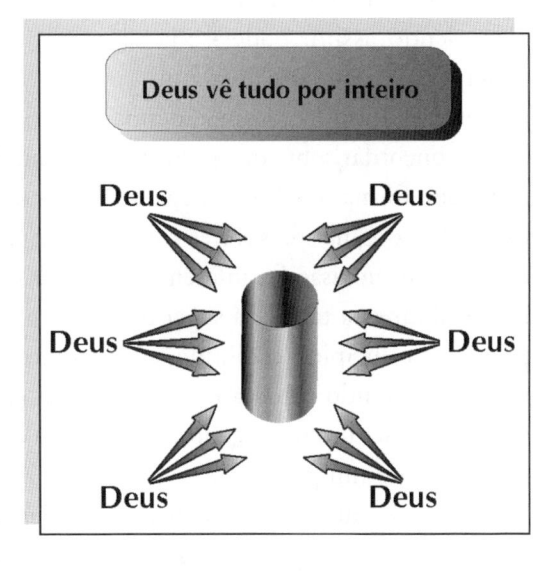

Voltemos também à ilustração do elefante. A professora Stone contou a parábola ilustrada na qual diferentes religiões têm diferentes interpretações da realidade, mas a realidade é a mesma. (Parece uma coisa para o budista e outra para o muçulmano. O cristão a vê de um modo, e o hindu, de outro, e assim por diante.) Antes de falar sobre essa parábola, precisamos explicar que as religiões e filosofias podem ser examinadas à luz da cosmovisão à qual pertencem. Em outras palavras, a cosmovisão fornece a infra-estrutura ou fundamento básico para as várias religiões e filosofias da vida, como exemplifica o gráfico ao lado. Portanto, em vez de analisar cada religião e filosofia de vida, podemos examinar a cosmovisão sobre a qual uma determinada religião ou filosofia se edifica. Uma vez que cada cosmovisão tem convicções centrais opostas às demais, logo, logicamente apenas uma cosmovisão pode ser verdadeira, as outras devem ser falsas. Os principais dogmas do ateísmo, panteísmo e teísmo (as cosmovisões considerada neste livro) serão explicados no capítulo 3.

Quanto à parábola do elefante, os relativistas precisam presumir o conhecimento da totalidade do elefante a fim de saber que cada pessoa tocou uma parte dele. Não se pode conhecer *o elefante todo* de uma só perspectiva, mas pode-se ver suas várias partes *de uma perspectiva de cada vez*. Do mesmo modo que no exemplo do cilindro, Deus vê o elefante *por inteiro*. Para nós, cada ângulo por onde se observa o elefante mostra uma parte diferente dele. Sendo assim, poder-se-ia pensar que quando um ateu, um panteísta e um teísta tocam a mesma parte do elefante, todos devem ser capazes de concordar sobre que parte é essa. Além disso, uma vez que os primeiros princípios formam os fundamentos sobre os quais todo conhecimento se constrói, até os dogmas dessas três cosmovisões, temos de ser capazes de demonstrar qual cosmovisão faz inferências corretas e chega a conclusões verdadeiras. Para realizar essa tarefa, já sugerimos uma prova metodológica que utiliza os primeiros princípios, explicados no capítulo 3. No momento, estamos meramente mostrando como a mesma parte do elefante (realidade) não pode ser uma coisa para um teísta e também ser uma coisa completamente oposta para um ateísta ou um panteísta.

COSMOVISÕES E RELIGIÕES

ATEÍSMO	PANTEÍSMO	TEÍSMO
Taoísmo	Hinduísmo	Judaísmo
Jainismo	Nova Era	Islamismo
Humanismo secular	Zen-budismo	Cristianismo

Visto que somos seres finitos e não podemos enxergar o todo da realidade de uma vez, nossa perspectiva da realidade é necessariamente limitada por nossa finitude. Mesmo assim, cremos que é possível ter conhecimento suficiente da realidade para encontrar as respostas a algumas das questões mais importantes da vida sem deter conhecimento exaustivo da realidade. Aplicando a lógica e a filosofia, já definimos a existência da realidade fixa e cognoscível. Mantendo a analogia do elefante, digamos que acabamos de tocar a orelha e o lado do elefante (dois aspectos da realidade) e, visto que usamos os primeiros princípios para tocar essas partes, não há nenhuma cosmovisão particular nem nenhum preconceito religioso implícito. Portanto, empregando os primeiros princípios de outras disciplinas como mecanismo sensório, podemos prosseguir fazendo inferências e tirando conclusões a respeito da realidade do mesmo modo. Nossa primeira conclusão acerca da realidade, isto é, que ela existe e é cognoscível, é conhecida como *realismo*.

Atingir esse primeiro ponto de verificação conhecido por realismo significa que fizemos progresso significativo em nossa jornada rumo à verdade. Chegamos a ele aplicando os primeiros princípios da lógica e da filosofia à realidade que inegavelmente sabemos que existe. Para ir mais além em nossa peregrinação, não podemos recuar. Em outras palavras, agora que estabelecemos a verdade desses princípios e as conclusões tiradas com o auxílio deles, não poderemos negá-los dentro da lógica em nenhum momento futuro para tentar fugir da realidade que descobrimos. Desse ponto não há retorno, e é nesse ponto que podemos definir a natureza da verdade.

A verdade por sua própria natureza é:

Não-contraditória — não viola as leis básicas da lógica.

Absoluta — não depende de tempo, lugar nem condição nenhuns.

Revelada — existe independentemente de nossa mente; não a criamos.

Descritiva — é a concordância da mente com a realidade (correspondência).

Inevitável — negar-lhe a existência é confirmá-la (estamos presos a ela).

Imutável — é o padrão fixo pelo qual se verificam as declarações de verdade.

Continuaremos a aplicar o teste mencionado antes às várias convicções que cada cosmovisão sustenta como verdadeira. É assim que vamos descobrir qual cosmovisão tem a explicação correta da realidade.

A primeira coluna da tabela ao lado arrola a questão de acordo com cada disciplina acadêmica que será utilizada neste livro. As colunas à direita das disciplinas arrolam as teses de cada cosmovisão: ateísmo, panteísmo e teísmo, respectivamente. Até aqui demonstramos que seria autofrustrante crer que a verdade é relativa. Como indica o quadrado superior direito, em destaque na tabela, apenas *o teísmo concorda com as conclusões tiradas dos primeiros princípios da lógica e da filosofia*. Conseqüentemente, podem se eliminar o agnosticismo extremado e o agnosticismo moderado/ceticismo,[12] uma vez que são autofrustrantes ao declarar que sabem que não podem saber nada e não duvidam de que devem duvidar de tudo.

Dentro em pouco vamos aplicar nosso teste da verdade a cada cosmovisão no que concerne a suas teses com relação ao cosmos: a origem do universo, a origem da vida e a origem das novas formas de vida. No entanto, antes de empregar a disciplina acadêmica da ciência para decidir que mundividência do cosmos é verdadeira, devemos primeiro adquirir a devida compreensão do que é cosmovisão (mundividência, visão de mundo) e de como ela afeta as convicções e as atitudes de um indivíduo. Portanto, vamos observar mais de perto o significado do termo *cosmovisão* e o que declaram as cosmovisões ateíta, panteísta e teísta.

---

[12]Os *agnósticos* declaram saber que não podem saber. Os *céticos* não duvidam de suas dúvidas, nem retiram o julgamento sobre sua reivindicação de que devemos retirar o julgamento.

Capítulo Três

As cosmovisões

Idéias têm conseqüências.
—Richard M. Weaver

Que é cosmovisão?

Já dissemos que a *cosmovisão* é análoga à lente intelectual através da qual as pessoas vêem a realidade e que a cor da lente é um fato fortemente determinante que contribui para o que elas crêem acerca do mundo. Além disso, *cosmovisão* é um sistema filosófico que procura explicar como os fatos da realidade se relacionam e se ajustam um ao outro. Uma vez reunidos os componentes da lente, ela focalizará o plano geral da realidade que dá a estrutura na qual as partes menores da vida se harmonizam. Em outras palavras, a cosmovisão dá forma ou colore o modo que pensamos e fornece a condição interpretativa para entender e explicar os fatos de nossa experiência.

Ainda mais importante que entender o que é uma cosmovisão, e mais crítico, é compreender as conseqüências lógicas associadas a viver de acordo com as convicções que uma determinada cosmovisão sustenta como verdadeira. Essa reflexão nos leva a nossa próxima pergunta.

Por que as cosmovisões são importantes?

Uma vez que nossas idéias influenciam nossas emoções, reações e conduta, é particularmente importante para nós conhecer aquilo em que cremos e por quê. Pense no tipo de conseqüências históricas que advêm direta e logicamente de uma cosmovisão — as crenças ou convicções. Um homem, Adolf Hitler, apelou para o povo de seu país a fim de obter apoio para avançar na realização lógica da cosmovisão deles. Disse:

> O mais forte deve dominar, não se igualar ao mais fraco, o que significaria o sacrifício de sua própria natureza superior. Somente o indivíduo que é fraco de nascimento pode entender este princípio como cruel. E, se faz isso, é meramente porque é de natureza mais fraca e de mente mais obtusa, pois se essa lei não direcionasse o processo de evolução, o desenvolvimento superior da vida orgânica não seria concebível de forma alguma [...] Se a Natureza não deseja que os indivíduos mais fracos se igualem aos mais fortes, deseja ainda menos que uma raça superior se misture com uma inferior, porque nesse caso todos os seus esforços, ao longo de centenas de milhares de anos, para estabelecer um estágio evolutivo mais alto do ser, podem-se traduzir em inutilidade.[1]

Hitler referia-se a essa solução da natureza como "totalmente lógica". De fato, era tão lógica para os nazistas que eles construíram campos de concentração para levar a cabo suas convicções acerca da raça humana como "nada além do produto da hereditariedade e do ambiente" ou, como os nazistas gostavam de dizer, "do sangue e do solo".[2] Auschwitz era um desses campos de concentração onde os preceitos teóricos foram aplicados ao mundo real. Se estivéssemos visitando Auschwitz hoje, poderíamos andar nos corredores de alguns edifícios onde veríamos o impacto inimaginável que uma cosmovisão pode causar (e de fato causou) sobre todo o mundo. A maioria dos visitantes não está preparada e fica chocada ao ver as fotos de mulheres grávidas e de criancinhas que foram torturadas até a morte por oficiais nazistas. Lembrando os cinqüenta anos da libertação de Auschwitz, a revista *Newsweek* publicou como matéria de capa uma entrevista com o general Vasily Petrenko, o único comandante sobrevivente das quatro divisões do Exército Vermelho, que cercou e libertou Auschwitz:

> Petrenko era um veterano endurecido de uma das piores batalhas da guerra. "Eu havia visto muita gente morta", Petrenko diz. "Havia visto muitas pessoas penduradas e muitas queimadas. Mas ainda não estava preparado para Auschwitz." O que o espantou sobremaneira foram as crianças, algumas

---
[1] *Mein kampf,* p. 161-2.
[2] Viktor FRANKL, *The doctor and the soul:* introduction to logotherapy, cci.

ainda em idade tenra, que foram deixadas para trás na fuga rápida. Essas crianças eram os sobreviventes dos experimentos médicos perpetrados pelo dr. Josef Mengele, médico do campo, e os filhos dos prisioneiros políticos poloneses recolhidos após a malfadada revolta em Varsóvia.³

A citação de *Mein kampf* [*Minha vida*], bem como este breve excerto do *Newsweek*, deve ser um lembrete de que as cosmovisões levam a conclusões e conseqüências. As convicções fortes de homens como Hitler e Mengele mostram que a maneira de ver o mundo (cosmovisão) pode mudar a face deste mundo. Entender o que as diferentes cosmovisões ensinam e a conseqüência lógica de cada uma é crucial. Por isso, pretendemos resumir alguns dogmas centrais das cosmovisões examinadas neste livro a fim de averiguar-lhes as convicções e constatar quais têm credibilidade. Mas há muitos outros modos de ver a realidade. Parece que pode haver tantas cosmovisões quantas pessoas há no mundo. Assim, antes de ir aos princípios principais das cosmovisões que discutiremos, vamos identificar quais deles pretendemos examinar.

Quantas cosmovisões existem?

Há sete cosmovisões: teísmo, ateísmo, panteísmo, panenteísmo, deísmo, politeísmo, e o deísmo limitado. Sabemos que todas essas cosmovisões se difundiram em nossa cultura e existem, de uma forma ou de outra, em praticamente todas as faculdades seculares ou campus universitários dos EUA e de muitas do restante do mundo. Neste livro vamos investigar somente as três cosmovisões mais influentes em nossa cultura ocidental: ateísmo, panteísmo e teísmo.⁴

Consideremos primeiro a cosmovisão em que se insere o cristianismo ortodoxo, o *teísmo*. O teísmo ensina que há somente um Ser infinito e pessoal, que está além deste universo físico finito. Os teístas crêem que os atributos do Deus da Bíblia podem ser parcialmente conhecidos por meio da natureza, do mesmo modo que os atributos de um artista podem ser reconhecidos em sua pintura. A Bíblia informa-nos que Deus plantou com raízes profundas no coração e na mente de todo ser humano um conhecimento indelével de alguns de

---

³Jerry Adler, The last days of Auschwitz, *Newsweek*, 16/1/1995, p. 47.
⁴O deísmo limitado é abordado brevemente no cap. 11 com referência ao livro *Quando coisas ruins acontecem a pessoas boas*, do rabino Harold Kushner. Para mais informação a respeito das cosmovisões, v. *When skeptics ask*, capítulo 3, de N. L. Geisler e R. M. Brooks.

seus atributos, conhecimento este claramente perceptível na observação da natureza:

> Pois o que de Deus se pode conhecer é manifesto entre eles, porque Deus lhes manifestou. Pois desde a criação do mundo os atributos invisíveis de Deus, seu eterno poder e sua natureza divina, têm sido vistos claramente, sendo compreendidos por meio das coisas criadas, de forma que tais homens são indesculpáveis.[5]

A luta pela verdade concentra-se no que Deus revelou a todas as pessoas a respeito de si próprio. De acordo com o teísmo bíblico, esse versículo deixa claro que Deus vai considerar cada indivíduo, sem levar em conta sua cultura ou sociedade, responsável pelo que revelou de si por intermédio da natureza. Os primeiros dois capítulos da Carta aos Romanos nos ajudam a entender exatamente o que Deus revelou claramente: ele é a fonte de poder eterno e infinito que causou e sustém a existência do universo e sua divina natureza é a base para a ética. Entretanto, Deus também diz que essa verdade tem sido suprimida pela má condição moral dos indivíduos, não por causa da ignorância intelectual.

EM QUE DIFEREM AS COSMOVISÕES?

A discordância mais fundamental entre as cosmovisões baseia-se na existência e na natureza de Deus. Num livro que registra um debate entre um ateu e um teísta, Peter Kreeft faz a seguinte observação a respeito da existência de Deus:

> A idéia de Deus tem guiado ou enganado mais vidas, mudado mais a história, inspirado mais músicas e poesias e filosofias que qualquer outra coisa, real ou imaginada. Tem feito mais diferença na vida humana neste planeta, tanto individual como coletivamente, do que nada jamais fez.[6]

Para obter algum entendimento das diferenças principais existentes entre o ateísmo, o panteísmo e o teísmo, precisamos apenas definir cada cosmovisão e arrolar suas doutrinas principais. O motivo dessa comparação é demonstrar a natureza logicamente impossível das declarações essenciais de verdade que cada cosmovisão tem a respeito de Deus, da realidade, da humanidade, do mal e da ética. Recomenda-se algum estudo adicional de cada cosmovisão, mas os prin-

---

[5]Romanos 1.19,20.
[6]J. P. MORELAND & Kai NIELSEN, *Does God exist?*, p. 11.

cípios aqui expostos vão servir para o nosso propósito. Por fim, vamos verificar qual conjunto de princípios de uma cosmovisão condiz mais precisamente com as verdades fundamentais usadas como base para cada campo acadêmico do conhecimento estudado aqui neste livro.

Em que acreditam os ateístas?

O *ateísmo* acredita que não existe Deus nenhum, seja no próprio universo, seja além dele. O universo ou cosmos é tudo o que existe ou existirá, ele é autosustentável. Entre os mais famosos ateus estão Karl Marx, Friedrich Nietzsche, Sigmund Freud e Jean-Paul Sartre. Seus escritos tiveram tremenda influência sobre o mundo. Esses homens expressaram suas idéias de modos diferentes, mas todos sustentaram a convicção básica de que Deus não existe. Entre os principais ensinos do ateísmo estão os seguintes:

- Deus — Não existe. Existe somente o universo.
- Universo — É eterno; ou casualmente veio a ser..
- Humanidade (origem) — Evoluímos, somos compostos de moléculas e não somos imortais.
- Humanidade (destino) — Não temos nenhum destino eterno e seremos aniquilados.
- Mal (origem) — É real, causado pela ignorância humana.
- Mal (destino) — pode ser derrotado pelo homem por meio da educação.
- Ética (base) — É criada pela humanidade e fundamentada na própria humanidade.
- Ética (natureza) — É relativa, determinada pela situação.

Em que acreditam os panteístas?

Outra visão de mundo importante é a crença de que Deus *é* o universo. Essa visão se chama *panteísmo*, manifesta-se na forma popular como Movimento Nova Era. Para o panteísta não há criador além do universo, criador e criação são dois modos diferentes de enxergar a mesma realidade, e em última análise existe apenas uma realidade, não muitas realidades diferentes. Deus permeia todas as coisas e se encontra em todas elas. Nada existe à parte de Deus: Deus é o mundo e o mundo é Deus; Deus é o universo e o universo é Deus. Há diferentes tipos de panteísmo, representados por certas correntes do hinduísmo, do budismo zen e da Nova Era. As idéias desses grupos diferem a respeito de como Deus e o mundo se identificam, mas todos crêem que Deus e o mundo são um. Entre os principais ensinos do panteísmo estão:

- DEUS — É um, infinito, normalmente impessoal; ele é o universo.
- UNIVERSO — É uma ilusão, uma manifestação de Deus, o único que é real.
- HUMANIDADE (origem) — O verdadeiro eu (atmã) do homem é Deus (Brahman).
- HUMANIDADE (destino) — Nosso destino é determinado pelos ciclos da vida, o carma.
- MAL (origem) — É uma ilusão causada pelos erros da mente.
- MAL (destino) — Será reabsorvido por Deus.
- ÉTICA (base) — Os princípios éticos se baseiam em manifestações inferiores de Deus.
- ÉTICA (natureza) — Os princípios éticos são relativos, transcendem a ilusão do bem e do mal.

EM QUE ACREDITAM OS TEÍSTAS?

Por sua vez, o *teísmo* é a cosmovisão que sustenta a crença de que o mundo é mais do que apenas o universo físico (ateísmo). Ao mesmo tempo, os teístas não aceitam a idéia de que Deus é o mundo (panteísmo). Crêem na existência de Deus e vêem sua existência como o componente essencial da cosmovisão teísta. Os teístas estão convencidos de que o universo teve uma Causa Primeira sobrenatural infinitamente poderosa e inteligente, um Deus infinito que está além do universo e nele se manifesta. Esse Deus é o Deus pessoal, separado do mundo, que criou o universo e o sustém. Os teístas crêem que Deus pode agir no universo de maneira sobrenatural. As religiões tradicionais, judaísmo, islamismo e cristianismo, representam o teísmo. Entre seus principais fundamentos estão:

- DEUS — É um só, pessoal, moral, infinito em todos os seus atributos.
- UNIVERSO — É finito, criado pelo Deus infinito.
- HUMANIDADE (origem) — Somos imortais, criados e sustentados por Deus.
- HUMANIDADE (destino) — Por escolha seremos eternamente separados de Deus ou viveremos eternamente com ele.
- MAL (origem) — É a privação ou imperfeição causada pela escolha.

- MAL (destino) — Será finalmente derrotado por Deus.
- ÉTICA (base) — Os princípios éticos se baseiam na natureza de Deus.
- ÉTICA (natureza) — Os princípios éticos são absolutos, objetivos e prescritivos.

QUE É CONFUSÃO DE COSMOVISÕES?

Nosso juízo de certas questões da vida depende de como vemos o mundo. Nossa cosmovisão influencia nossas conclusões por causa das suposições que fazemos quando a formulamos. Por exemplo, os ateístas, que decidiram que a macroevolução é responsável pela vida que observamos no universo, baseiam sua teoria em suposições puramente naturalistas feitas dentro da cosmovisão ateísta. Conseqüentemente, concluíram eles que não existe Deus algum. Ao mesmo tempo, os teístas podem olhar as mesmas evidências e mostrarem que a única resposta para a existência de vida inteligente no universo observável é a ação de uma Causa Primeira (Deus) inteligente. Os mesmos fatos do universo são disponíveis para o ateu e para o teísta, todavia, as sua conclusões são inconciliáveis. Essas respostas incompatíveis resultam do que chamamos *confusão de cosmovisões*. Uma vez que nossos juízos a respeito da vida são influenciados por nossa cosmovisão, e as diferentes cosmovisões chegam essencialmente a respostas diferentes às mesmas questões, que caminho tomaremos daqui para frente?

Sugerimos lançar um olhar mais próximo na estrutura da lente intelectual (cosmovisão) empregada para interpretar os dados sob investigação e adquirir algum conhecimento de como se constitui essa lente. Entender as hipóteses que constituem a estrutura principal das cosmovisões é um aspecto essencial para aprender a transmitir nossas convicções a várias cosmovisões sem interpretá-las erroneamente através de lentes de outras cores. Portanto, esta lente é o ponto de partida para a busca do terreno comum: os princípios empregados na formulação de toda e qualquer cosmovisão. À primeira vista, as cosmovisões apresentadas acima parecem não compartilhar muitos atributos. Todavia, como as lentes, elas são feitas de superfície curva de vidro e cada uma tem um ponto focal. Por essa razão, somos capazes de encontrar algumas hipóteses comuns sobre as quais construir uma discussão lógica antes de argumentar a respeito de qual interpretação das evidências é a correta. O que queremos dizer é que um bom modo de dialogar com as cosmovisões é fazer as perguntas corretas.

Por que é tão importante fazer perguntas?

Há muitas boas razões para fazer perguntas sinceras num diálogo. Uma delas é que a pergunta sincera permite ao outro perceber que estamos genuinamente interessados na opinião dele. Lembre-se de que a meta final da apologética (dar razões da nossa fé) é confirmar e defender nossas convicções gentilmente, na esperança de que Deus leve os indivíduos a um relacionamento com ele por intermédio de Jesus Cristo. Apenas vomitar respostas ou desafiar antipaticamente as pessoas com a fé cristã não vai ajudar a construir nenhum relacionamento com aqueles que precisam conhecer a Deus. Portanto, é essencial reconhecer que uma pergunta devidamente colocada, *feita em atitude de amor e preocupação*, pode ser muito mais eficaz do que apenas tentar provar um ponto e vencer uma discussão.

Já se disse com razão que alguém pode ganhar uma discussão, mas perder o oponente nesse processo. Fazer o tipo certo de perguntas pode ajudar a desarmar um diálogo potencialmente explosivo e transformá-lo numa discussão eficaz. Quando se está emocionalmente envolvido numa questão, fica cada vez mais difícil seguir um argumento lógico. A confusão pode ficar tão grande que o resultado é normalmente uma discussão que "produz mais calor que luz". Nossa tarefa principal é fugir do aspecto emocional do diálogo e procurar estabelecer uma base comum para haver comunicação útil. A sala de aula é simplesmente o tipo de lugar onde as emoções podem fugir ao controle, de modo que vamos usar essa arena para observar o que pode acontecer quando um professor ou um colega de classe questiona o cristianismo.

Imagine-se como aluno de uma faculdade cujo professor de biologia sabe que você crê que Deus criou o universo. Um dia ele decide pedir-lhe que justifique sua posição perante a classe e pergunte: "Como você consegue acreditar na Bíblia se ela contradiz tudo o que conhecemos como científico? Por exemplo, a ciência demonstrou que é impossível ocorrer milagres. Apesar disso você prefere crer nos milagres registrados na Bíblia a acreditar na ciência. Por quê?". O que você responderia a esse professor? Quase todos nós fomos ensinados a responder a perguntas com respostas. Entretanto, esta nem sempre é a abordagem mais sábia. Pode acontecer que a pergunta do seu professor de biologia precise ser mais bem entendida. O filósofo Peter Kreeft diz:

> Não há nada mais sem sentido que a resposta a uma pergunta não plenamente entendida, ou não totalmente exposta. Somos impacientes demais

com perguntas e, por isso, muito superficiais na apreciação das respostas.[7]

Em vez de dar uma resposta imediata à pergunta do professor, talvez seja mais sábio esclarecer a posição dele primeiro, fazendo uma pergunta *para ele*. Mas a sua pergunta tem de ser muito boa, senão poderá ver-se envolvido numa conversa emocionalmente carregada. Por essa razão, queremos apresentar um método que o vai ajudar a fazer os tipos certos de perguntas em circunstâncias difíceis. São perguntas planejadas para neutralizar uma discussão potencialmente carregada de emoção.

COMO LIDAR COM QUESTÕES DE COSMOVISÃO?

Antes de tudo, devemos ter em mente que nem toda pergunta é feita com sinceridade. Porém, devemos procurar responder ao que parece uma pergunta insincera da maneira mais amável e verdadeira. Podemos não vencer o proponente da pergunta, mas podemos influenciar os que estão em torno esperando a nossa resposta. É altamente improvável, por exemplo, que um professor diante de uma classe seja convencido da verdade do cristianismo nessa situação. Contudo, Deus pode usar essa situação para influenciar a mente de outros alunos. O princípio essencial que queremos ensinar acerca de fazer o tipo certo de pergunta diz respeito à mudança do foco da discussão de uma questão particular para um princípio geral da verdade que subjaz ao assunto em questão. Consideramos isso a chave mestra para desbloquear o diálogo. Uma vez de posse dessa chave, devemos ser capazes de abrir a mente de nossos ouvintes com a mudança de uma simples pergunta! Sugerimos o emprego deste método em todas as situações em que for possível. Contudo, o sucesso dele depende não de fazer apenas *algumas* perguntas, mas de fazer as perguntas *corretas*.

Perguntas: A chave mestra para desbloquear a mente

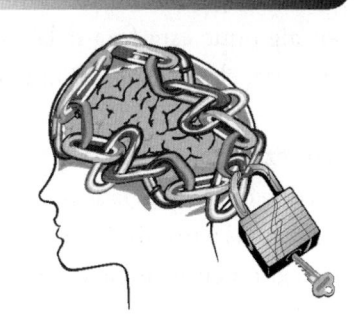

Mais uma vez imagine-se na aula de biologia que mencionamos antes. Agora, em vez de responder ao professor com uma resposta, vejamos o que acontece se você lhe responder com a pergunta certa.

---

[7]*Making sense out of suffering*, p. 27.

Seu professor perguntou-lhe: "Como você consegue acreditar na Bíblia se ela contradiz tudo o que conhecemos da ciência? Por exemplo, a ciência demonstrou que é impossível ocorrer milagres. Apesar disso você prefere crer nos milagres registrados na Bíblia a acreditar na ciência. Por quê?". Vamos supor que a esta altura do semestre você já descobriu que seu professor é um naturalista — crê que fora da natureza não existe nada. Como você espera que ele venha a crer na Palavra de Deus se Deus não existe? Da mesma maneira, como pode um naturalista acreditar em milagres, ou atos de Deus, se não há Deus nenhum que possa agir? Dizer-lhe os motivos por que você crê que a Bíblia é verdadeira — porque ela é a Palavra de Deus — pode servir apenas para isolá-lo dele e do resto da classe. Aonde você pode ir daqui para frente?

A esta altura não existe solo comum entre o seu professor e você. Por isso, é hora de fazer a pergunta correta para mudar a discussão desse assunto específico (a credibilidade da Bíblia e dos milagres) para um princípio geral de verdade por detrás dele. Isso exporá a suposição escondida na pergunta do seu professor. Para fazer isso, você precisa pensar em que o seu professor, como naturalista, crê e encontrar um meio de lhe fazer uma pergunta que ponha vocês dois num território compartilhado.

Visto que a lógica é uma área fundamental, em que há base comum, sugerimos que você utilize um dos primeiros princípios da lógica, como a lei da não-contradição (LNC), por exemplo, para formular a pergunta certa. O professor fez uma afirmação muito confiante e crucial quando disse: "Milagres são impossíveis". Você pode observar, contudo, que ele nunca lhe deu uma definição de milagre. Logo, para começar certifique-se de que você e seu professor concordam na definição dos termos importantes que vocês vão empregar. Peça-lhe para definir o que quer dizer com *milagre*. Muito provavelmente ele responderá algo como isto: "Milagre é um acontecimento na natureza causado por algo que está fora dela". Uma vez que crê que não existe nada além da natureza, ele é *forçado* a concluir que os milagres são impossíveis.[8]

Você acabou de detectar a suposição dele: ele crê que não existe nada fora da natureza e que a ciência demonstrou isso. Além do mais, como naturalista, ele acredita que a ciência se preocupa apenas com a natureza e, por isso, está restrita às causas naturais dos eventos da natureza. Seu professor, portanto, definiu a não existência de milagres, mas *não com o emprego do método científico, mas com*

---

[8]Para uma análise filosófica mais aprofundada desse tópico, consulte *Miracles and modern thought*, de Norman L. Geisler, e *Milagres*, de C. S. Lewis.

uma hipótese filosófica. Como pode a ciência provar que algo não existe fora da natureza se, segundo seu professor, a ciência não pode ir além da natureza? Há alguma coisa errada aí! Seu professor está aplicando a disciplina acadêmica errada a essa questão sobre milagres. C. S. Lewis explicou como a ciência não pode provar a falsidade do miraculoso:

> [O] método científico meramente mostra (o que ninguém que eu conheça jamais negou) que se os milagres de fato ocorreram, a ciência, como ciência, não pode provar, nem negar, a ocorrência deles. Aquilo em que não se pode confiar para recorrer não é assunto para a ciência: é por isso que a História não é considerada ciência. Não se pode constatar o que Napoleão fez na batalha de Austerlitz pedindo-lhe que venha e realize outra vez a batalha num laboratório com os mesmos combatentes, no mesmo campo de batalha, com as mesmas condições climáticas e na mesma época. É preciso ir aos registros. Com efeito, não provamos que a ciência exclui os milagres: provamos apenas que a questão dos milagres, como inúmeras outras, exclui o tratamento laboratorial.[9]

Seu professor não somente foi não-científico quando afirmou que milagres são impossíveis, mas também cometeu uma falácia lógica chamada *assumir veracidade para não discutir*. Comete-se essa falácia quando se discute num círculo. Lewis assinalou que se alguém afirma que é impossível ocorrer milagres, esse alguém precisa ter conhecimento de que todos os relatos de milagres são falsos. Todavia, o único jeito de saber se todos os relatos de milagres são falsos é saber de antemão que jamais ocorreu nenhum milagre de fato, porque isso é impossível.[10] A única saída a esse raciocínio circular é estar aberto à possibilidade de que os milagres ocorreram de fato. Pensando nisso, você também pode considerar a possibilidade de pedir a seu professor que defina o termo *natural*, embora ele não tenha utilizado essa palavra na pergunta que lhe fez. Vamos aplicar a definição de Lewis e ver aonde ela nos leva.

> Se o "natural" significa aquilo que pode ser enquadrado numa classe, obedece a uma norma, pode ter paralelo, pode ser explicado por referência a outros eventos, então a própria natureza como um todo *não* é natural. Se milagre significa aquilo que simplesmente precisa ser aceito, a realidade

---

[9] *God in the dock*, p. 134.
[10] *Milagres*, p. 96.

irrespondível que não dá explicação de si, mas simplesmente *existe*, então o universo é um grande milagre.[11]

A única coisa que o seu professor crê que existe é o universo, e então, por definição, vem a ser o maior milagre de todos. Não estamos querendo dizer que ele vai concordar com você. Estamos demonstrando como lidar com esse tipo de problema. Pedir esclarecimento leva a pergunta original do seu professor de volta a um princípio comum em que você pode conseguir construir pontes da verdade para a visão de mundo cristã. Você pode partilhar com seu professor que se ele concorda com a definição exposta sobre *milagre* e *natural*, vocês têm uma convicção comum. De fato, mais tarde você pode justificar como a Bíblia está em harmonia com o método científico, porque ela é coerente com o princípio da causalidade. Em Gênesis 1.1, a Bíblia declara que Deus é a Causa não-causada do universo finito.[12]

Esperamos que esse roteiro que acabamos de propor tenha ajudado a demonstrar quanto pode ser útil para orientar a direção de uma discussão fazer o tipo certo de pergunta. Nosso objetivo é transferir o ônus da prova de nós para os que nos questionam. Pedindo esclarecimento e usando a LNC, podemos pedir aos nossos indagadores que definam seus termos, o que por sua vez pode obrigá-los a refletir sobre suas suposições. Conforme se assinalou acima, procurar a definição dos termos *milagre* e *natural* e sondar até que as suposições fossem expostas mostrou que esse professor ou raciocinava em círculo, ou aceitava o maior de todos os milagres — o universo. Esse método e esse processo de raciocínio podem ou não influenciar um professor de faculdade, mas pode por certo fazer diferença no modo que os outros ouvintes vão perceber aquilo em que cremos. Pode ser uma ferramenta muito poderosa, mas não espere ser capaz de dominá-la num período curto de tempo, vai ser necessário prática e perspicácia para usá-la eficazmente em situações da vida real. De novo, o sucesso dele depende não meramente de fazer perguntas quaisquer, mas de fazer as perguntas certas.

Como formular as perguntas certas?

Fazer as perguntas certas depende de nossa capacidade de conhecer e utilizar com propriedade os preceitos gerais (os primeiros princípios) relacionados ao

---

[11]*God in the Dock*, p. 36.
[12]O princípio da causalidade, no que se refere à origem do universo, é examinado mais aprofundadamente no cap. 4.

problema específico que se está discutindo. Lembre-se de que quando as crenças se tornam convicções, o aspecto pessoal introduz um diálogo em que as emoções podem-se aprofundar muito! A pergunta correta pode trazer a conversa de volta à base comum, um primeiro princípio, sobre a qual há mais probabilidade de ocorrer uma discussão sadia. Com isso em mente, estamos chamando as perguntas corretas de *perguntas de princípio*.

Uma pergunta de princípio pode catapultar uma conversa do nível emocional e subjetivo para o nível racional e objetivo. Questionar princípios em vez de crenças pessoais a fim de comprometer as pessoas com conceitos, e não com convicções faz diferença! Lembre-se: nosso primeiro objetivo é trabalhar a partir de suposições compartilhadas. Devemos nos esforçar para encontrar o princípio primeiro relacionado à questão em pauta. Vamos procurar ilustrar o que queremos dizer empregando essa técnica a uma questão conhecida a respeito da capacidade de Deus criar uma pedra maior do que ele possa carregar.

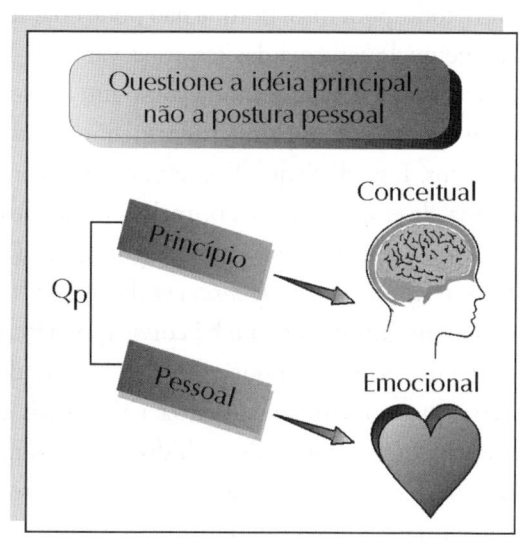

Volte novamente a sua escola imaginária. Agora você vai encontrar um aluno chamado Tom que está irritado porque não se conforma com sua crença aparentemente absurda em Deus. Ele mal pode esperar a oportunidade de o constranger na frente de outros alunos interessados em ouvir mais a respeito de sua fé. Um dia, enquanto você almoça com alguns daqueles alunos receptivos, Tom decide sentar-se à sua mesa e dizer:

— Você se importa se eu lhe fizer algumas perguntas?

Você reage dizendo que as perguntas dele são bem-vindas.

Tom então pergunta:

— Jesus não disse em Mateus 19.26 que 'para Deus todas as coisas são possíveis?'

— Sim — você responde.

Tom continua — Você acredita que Deus é todo-poderoso e pode fazer tudo?

Novamente sua resposta é positiva.

Tom imagina que o tão esperado momento está chegando e, com um risinho sarcástico, pergunta:

— Certo. Deus pode criar uma rocha tão grande que ele próprio não possa levantá-la?

Você avalia a pergunta por um instante e pensa com você: "Se eu responder 'sim', estarei admitindo que Deus é poderoso bastante para criar a pedra, mas não o suficiente para movê-la! Porém, se disser 'não', estarei admitindo que Deus não é todo-poderoso, porque não pode criar uma pedra de tal magnitude". Parece que qualquer uma das respostas vai forçá-lo a violar a LNC e contradizer sua concepção de Deus, definida como um Ser todo-poderoso. Parece também que Tom está usando os primeiros princípios para desacreditar você e sua concepção de Deus. É verdade que Tom está falando corretamente do poder de Deus, mas estaria ele empregando os primeiros princípios corretamente?

Antes de examinarmos as perguntas de Tom, lembre-se de que *agora não é hora de apelar para a ignorância* dizendo a Tom que ele está querendo usar o raciocínio humano e que há coisas que não podemos compreender a respeito de Deus. Nem tampouco deve dizer que de algum modo Deus está isento dessa questão. Isto apenas daria a Tom mais combustível emocional para pensar em outros assuntos escolhidos para levantar com você e atingir o objetivo dele de desacreditar sua fé na frente dos outros colegas. Em vez disso, você deve concentrar-se nessa questão e pensar numa pergunta sobre princípio que desvie a conversa de uma base *emocional* instável para um solo *conceitual* firme.

Vamos retomar a pergunta de Tom e aplicar a ela o que aprendemos com o uso correto da LNC. Tom quer que Deus crie uma pedra tão grande que o próprio Deus não a possa erguer. O que Tom na verdade está pedindo para Deus fazer? Para saber, precisamos definir e esclarecer o emprego das palavras de Tom. A primeira pergunta que vem à mente é: "De que tamanho é a pedra que Tom quer que Deus crie?". Bem, Tom quer que Deus crie uma pedra tão grande que seria impossível ao próprio Deus movê-la. Ora, que tamanho uma pedra poderia ter para que Deus não fosse capaz de movê-la? Qual é a maior entidade física que existe? Obviamente, a maior entidade física é o universo, e independentemente de quanto se expanda, o universo será sempre limitado, uma realidade física finita — uma realidade que Deus pode "carregar". Mesmo se Deus criasse uma pedra do tamanho de um universo em expansão constante, Deus ainda seria capaz de erguê-la e controlá-la. A única opção lógica é Deus criar algo que exceda o seu poder de carregar e de controlar. Mas, uma vez que o poder de Deus é infinito, ele teria de criar uma rocha de proporções infinitas! Esta é a chave: Tom quer que Deus crie uma pedra, e uma pedra é um objeto físico, finito. Como pode Deus criar um *objeto* que é *finito* por *natureza* e dar a ele um tamanho infinito? Há alguma coisa terrivelmente errada na pergunta de Tom. Então vamos aplicar corretamente a LNC para analisá-la.

É lógica e concretamente impossível criar uma coisa finita fisicamente e fazer que ela seja *infinitamente* grande! Por definição, uma coisa infinita, não-criada não tem limites, e uma coisa finita, criada tem. Conseqüentemente, Tom acabou de perguntar se Deus pode criar uma pedra infinitamente finita, isto é, uma pedra que tem limites e, ao mesmo tempo e no mesmo sentido, não tem limites. A pergunta dele, portanto, viola a LNC e vem a ser absurda. Tom achava que estava fazendo uma pergunta muito importante, que poria o cristão num grande dilema. Em vez disso, ele apenas conseguiu mostrar a própria incapacidade de pensar com clareza.

Agora que temos entendimento claro da pergunta de Tom, é só uma questão de formular uma pergunta de princípio a fim de que o erro dele se revele. Que tal esta: "Tom, qual é o tamanho da pedra que você quer que Deus crie? Se você me disser o tamanho dela, eu lhe direi se ele pode criá-la". Bem, podemos continuar perguntando até que as respostas se aproximem do tamanho do universo e finalmente introduzam a idéia da infinitude. Uma vez que Tom chegue ao ponto em que comece a enxergar o que está realmente pedindo para Deus fazer — criar uma pedra infinita —, é necessário mostrar-lhe que está pedindo que Deus faça algo logicamente irrelevante e impossível. Deus não pode criar uma pedra infinitamente finita assim como não pode criar um círculo quadrado. Ambos são exemplos de *impossibilidades intrínsecas*. Comentando sobre a impossibilidade intrínseca e um Deus todo-poderoso, C. S. Lewis disse:

> É impossível [o intrinsecamente impossível] em todas as condições e em todos os mundos e para todos os agentes. "Todos os agentes" aqui incluem o próprio Deus. Sua onipotência significa poder para fazer tudo o que é intrinsecamente possível, não para fazer o intrinsecamente impossível. Pode-se atribuir milagres a ele, mas não, absurdos.[13]

Nem toda pergunta que se faz é automaticamente significativa apenas por ser uma pergunta. A pergunta pode parecer significativa, mas devemos testá-la com os primeiros princípios para verificar se é válida. Seja cuidadoso, portanto,

---
[13] *The problem of pain*, p. 28.

não apressado demais, para responder às perguntas. Você pode ficar completamente enrolado ao tentar encontrar uma resposta irrefutável à pergunta que não possui relevância lógica. Lembre-se do que disse Peter Kreeft: "Não há nada mais sem sentido que a resposta a uma pergunta não plenamente entendida". Faremos bem em prestar atenção nesta advertência e utilizar o nosso entendimento dos primeiros princípios antes de dar nossa resposta.

Apresentamos os princípios lógicos, como a LNC, por exemplo, aos quais sempre se pode recorrer em situações como a que se apresentou anteriormente. Para ser eficaz, é preciso praticar essa metodologia e combiná-la com sólida compreensão da LNC até que se torne um hábito firmemente enraizado. Questionar as suposições e empregar a LNC a fim de detectar o erro é essencial para manter um diálogo que caminhe em direção à verdade.

No final do capítulo sobre lógica assinalamos que a função primária da lógica é corrigir o pensamento incorreto, ou o raciocínio infundado, e, portanto, um teste negativo da verdade. Também dissemos que o propósito deste livro é que o entendimento cumulativo aqui apresentado e a aplicação dos primeiros princípios fundamentais dos diversos campos do conhecimento nos ajudem a descobrir que cosmovisão é mais razoável ou verdadeira. Como já demonstramos, e como a tabela ao lado ilustra, as cosmovisões não podem ser todas verdadeiras.

Depois, é questão de encontrar respostas às perguntas que fazem sentido dentro dos parâmetros dessa cosmovisão e se ajustam com mais coerência àquilo que conhecemos com nossa experiência de vida. Uma vez que muitas pessoas crêem que apenas o que é cientificamente verificável é verdadeiro, comecemos com a disciplina da ciência — o assunto de nosso próximo capítulo.

	Ateísmo	Panteísmo	Teísmo
Verdade	Relativa. Não há absolutos	Relativa a este mundo	Existe a verdade absoluta
Universo	Sempre existiu	Não é real, mas, ilusão	Realidade criada
Deus	Não existe	Existe, mas é incognoscível	Existe, e é cognoscível
Direito	Relativo, determinado pela humanidade	Relativo a este mundo	Absoluto, objetivo e revelado
Mal	Ignorância humana	Não é real, mas, ilusão	Coração egoísta
Ética	Criada pela humanidade. Situacional	Relativa, transcende o bem e o mal	Absoluta, objetiva, prescritiva

Capítulo quatro

A ciência

*As coisas melhores de conhecer são os primeiros princípios
e as causas. Pois deles e por meio deles podem-se
conhecer todas as outras coisas.*

—Aristóteles

Ciência e questão de fé?[1]

Muitos acreditam que só o que é cientificamente verificável é verdadeiro. Infelizmente, nenhum experimento científico pode averiguar essa asserção, pois é uma declaração de natureza *filosófica*, não científica. Além disso, a ciência se baseia na lógica, e nenhum experimento científico pode verificar a lógica. Ao contrário, pressupõe-se que a lógica é um componente válido do método científico. Logo, antes de aplicar o método científico, precisamos entender o fundamento sobre o qual a disciplina da ciência repousa.

A palavra *ciência* literalmente significa "conhecimento". Origina-se do verbo latino *scio* ("saber"*). Entretanto, a ciência pressupõe uma certa ordem interdependente de conhecimento, e ignorar essa ordem ou abusar dela pode levar a inferências e conclusões altamente questionáveis no que se refere à realidade. Precisamos ter consciência de que *a disciplina ciência baseia-se em certos primeiros princípios e hipóteses estabelecidos na filosofia*. Essas hipóteses (ou pres-

---

[1] A resposta a essa pergunta foi inicialmente apresentada num artigo de Peter Bochino, intitulado *Keep the faith*. O artigo aparecia com o nome *Just thinking* num comunicado da primavera de 1996, distribuído por Ravi Zacharias International Ministries.

Scio (*scire*), em latim clássico, significa saber. O verbo "saber" do português deriva de *sapere*, "ter sabor" (N. da E).

supostos) são de natureza metafísicas[2] e têm prioridade sobre toda investigação científica. Um filósofo da ciência resume:

> A filosofia funciona como o cimento armado da ciência fornecendo-lhe suas pressuposições. A ciência (pelo menos como a maioria dos cientistas e filósofos a entende) presume que o universo é inteligível, e não caprichoso, que a mente e os sentidos nos informam acerca da realidade, que a matemática e a linguagem podem ser aplicadas ao mundo, que o conhecimento é possível e que há uma uniformidade na natureza que justifica as inferências indutivas do passado sobre o futuro e dos casos examinados, como o dos elétrons, por exemplo, sobre os casos não-examinados, e assim por diante [...] Todas essas pressuposições são filosóficas por natureza.[3]

Qual é a justificativa lógica para essas suposições metafísicas da ciência? Os nossos pensamentos são meramente um produto de reações químicas do cérebro? Se a razão e a lógica *são* em última análise redutíveis a puras reações químicas, como decidir entre a lógica boa e a má? Que suposições são razoáveis e quais não são? G. K. Chesterton observou que sem alguma base para raciocinar, o processo de raciocínio seria um mero ato de fé:

> É um ato de fé asseverar que os nossos pensamentos têm alguma relação com a realidade. Se você simplesmente é cético, deve, mais cedo ou mais tarde, fazer-se a seguinte pergunta: "Por que *uma coisa* está certa; a observação e a dedução? Por que a boa lógica não pode ser tão enganosa quanto a má lógica? Ambas são movimentos no cérebro de um chimpanzé confuso".[4]

Já confirmamos que os primeiros princípios são verdadeiros por auto-evidência. Estão além de toda prova direta. Os primeiros princípios não precisam de mais justificações; se precisassem, o processo de justificação teria de continuar indefinidamente. Conseqüentemente, devemos voltar a algum ponto de partida como base para a própria razão. Se não, acabaremos tentando justificar toda justificativa e explicar toda explicação. C. S. Lewis nos dá uma ilustração clara do absurdo dessa tarefa:

> Não se pode continuar "explicando" indefinidamente: acaba-se descobrindo que se explicou a própria explicação. Não se pode continuar "enxergando

---

[2] O adjetivo "metafísico" vem de uma palavra grega que significa "além da física". A metafísica trata daquilo que é real, do que existe.
[3] J. P. MORELAND, *Christianity and the nature of science*, p. 45.
[4] *Orthodoxy*, p. 33. Publicado em português com o título *Ortodoxia*.

através" das coisas para sempre. O problema todo de ver através de uma coisa é ver uma coisa através dela. É bom que a janela seja transparente, porque a rua ou o jardim do outro lado é opaca. E se se enxergasse através do jardim também? Não adianta tentar "enxergar através" dos primeiros princípios. Se se enxerga através de tudo, então tudo é transparente. Mas um mundo transparente é um mundo invisível. "Enxergar através" de todas as coisas é o mesmo que não enxergar nada.[5]

Em última análise, os primeiros princípios do pensamento só têm justificativa racional se houver uma Mente que forneça a base para a existência deles. Como tão habilmente afirma Lewis:

> A razão de alguém foi levada a ver coisas com a ajuda da de outro, e não perdeu nada com isso. Continua então em aberto a questão se a razão de cada indivíduo existe absolutamente de si mesma ou resulta de alguma causa (racional) — isto é, de alguma outra razão. Essa outra razão poderia provavelmente depender de uma terceira, e assim por diante. Não importa até que ponto este processo continuasse desde que você descobrisse a razão originando-se na razão a cada estágio. Somente quando somos solicitados a crer na razão surgida da não-razão é que devemos fazer uma pausa, pois, se não fizermos isso, todo pensamento será posto em dúvida. Fica portanto evidenciado que mais cedo ou mais tarde você deve admitir uma razão que exista absolutamente de si mesma. O problema está em você ou eu podermos ser uma tal razão auto-existente.[6]

O próprio fato de que a lógica pode ser válida ou inválida pressupõe um padrão de lógica que vai além do pensamento humano. Conseqüentemente, *para que a ciência seja sólida, ela deve manter a fé que tem na razão, e o raciocínio correto logicamente depende da existência de uma entidade pensante (Deus)*. Portanto, essa entidade necessariamente deve ser a *causa primária* ou base racional para todos os primeiros princípios, entre eles as hipóteses científicas. Uma vez que a pesquisa científica não é isolada das hipóteses filosóficas, é preciso examinar essas hipóteses para verificar se são válidas. O princípio primeiro da ciência é um pressuposto filosófico sobre o qual a disciplina ciência repousa: é conhecido por *princípio da causalidade*.

---

[5] *The abolition of man*, p. 91.
[6] *Milagres*, p. 27.

O QUE É O PRINCÍPIO DA CAUSALIDADE?

O princípio da causalidade afirma que *todo evento tem uma causa adequada*. Esse princípio é firmemente acoplado com a busca de explicações e, mesmo as coisas simples que observamos, como as cores do arco-íris, por exemplo, devem ter uma causa. Logo, quando queremos explicação para o aparecimento do arco-íris, estamos na verdade procurando a causa dele.

Além disso, quando procuramos a causa de um evento, há alguns tipos de causas que podem ser isoladas. Na ilustração podemos observar dois tipos de causas: uma causa secundária (ou instrumental) e a causa primária (eficiente). Isaac Newton foi o primeiro a usar um prisma para revelar que a luz solar pode-se dividir e, com isso, produzir um espectro de cores. O espectro de cores que emana do prisma é o efeito que observamos da luz passando através dele. O efeito — o espectro de cores — tem uma causa secundária (instrumental), o prisma. Contudo, também tem uma causa primária (primeira), a luz solar. A cor é inerente à luz solar (causa primária), e o prisma é a causa instrumental (causa secundária) pela qual a luz se dispersa. Tecnicamente, entretanto, o sol é causado e, portanto, precedido de energia, de modo que a questão última a ser respondida é: "O suprimento de energia do universo é infinito e, portanto, sempre existiu, ou é finito e por isso certamente teve um começo?" Em outras palavras, "A energia é a causa primeira de todo o universo, ou há uma causa anterior a ela?".

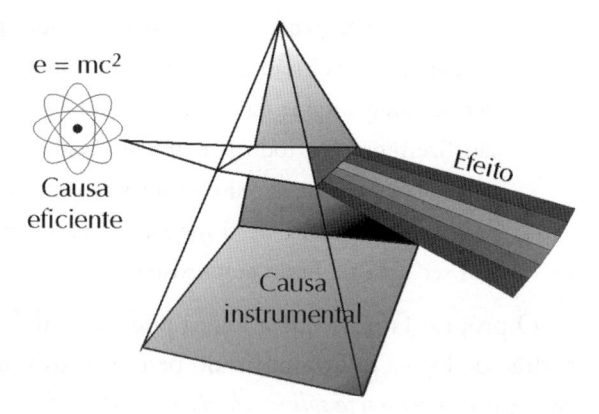

Antes de empregar o princípio da causalidade para responder a essa pergunta, precisamos verificar sua credibilidade, visto que é o primeiro princípio da ciência. Devemos nos recordar também de que *o princípio da causalidade é filosófico por natureza* e, como tal, afirma que *para todo efeito deve haver uma condição necessária e suficiente*. Os efeitos não ocorrem sem causas. Isso vale para tudo o que é finito e vem à existência, até o universo. O pai da ciência moderna, Francis Bacon (1561-1626), disse: "O verdadeiro conhecimento é o conhecimento das causas".[7] Se o universo é finito e teve um começo, então precisa ter uma causa — *se* o princípio da causalidade é um princípio válido. Uma imperfeição no princípio da causalidade seria equivalente a um colapso fatal no fundamento da ciência.

O PRINCÍPIO DA CAUSALIDADE É CONFIÁVEL?

David Hume (1711-1776) era um cético que cria que todo conhecimento vem através dos cinco sentidos. A associação causal, segundo Hume, não é de uma coisa *causada* por outra, é de uma coisa *seguida* por outra. Ele declarou que nossa crença acerca da causalidade é baseada na experiência, que é baseada no costume, que depende de conjunções repetidas, não associações causais observadas.[8]

Devemos observar, contudo, que Hume não negou realmente o princípio da causalidade em si. Antes, desafiou a base que alguns tinham para afirmar esse princípio. Também declarou a incerteza de saber quais causas precedentes são causas de quais efeitos. Por exemplo, podemos verificar que B segue A (A, B), mas não podemos verificar A causando B (A→B). Hume acreditava que podemos conhecer apenas as *conjunções* habituais, ou relações, em vez das *associações* causais reais.

Hume não disse que não há nenhum causa para um efeito. Disse que não podemos ter certeza de qual causa provoca qual efeito. Vemos eventos relacionais de rotina acontecer constantemente, mas não observamos o que na realidade os causa. Por exemplo, o sol levanta-se regularmente *após* o canto do galo, mas por certo não *porque* o galo canta. Conseqüentemente, Hume argumentou pela suspensão de todos os julgamentos acerca das associações causais reais. Repetimos, Hume, com efeito, acreditava que há uma associação causal. Ele até foi longe ao dizer que é "absurdo" negar o princípio da causalidade: "Jamais fiz uma proposição tão absurda como essa, que qualquer coisa pode surgir sem nenhuma causa".[9]

Nossa resposta a Hume e a outros que sustentam a mesma posição concentra-se na certeza desse tipo de ceticismo. Dito de modo simples, está-se pedindo que não tenhamos certeza de nada da realidade? Se for isso, então não se nos pede para suspender o julgamento a respeito de toda visão da realidade, *exceto esta*?

---

[7] *Novum organum*, p. 121.
[8] *An enquiry concerning human understanding*, p. 43. Publicado em português com o título *Investigação sobre o entendimento humano*.
[9] *The letters of David Hume*, org. J. Y. T. Grieg, 1:187.

Talvez devamos, pelo contrário, ser céticos com respeito ao ceticismo. Além disso, não é um julgamento a respeito da realidade dizer que todos os julgamentos a respeito da realidade devem ser suspensos? A verdade é que *Hume presumiu causalidade em todo o seu argumento*. De fato, sua própria negação da causalidade implica uma associação causal necessária em seu processo de raciocínio. De outra forma, como poderia ter sabido com certeza que suas conclusões estavam corretas? Sem presumir uma base (causa) necessária, sua negação é sem sentido. Também postulou implicitamente que seu argumento (a causa) pode ser usado para convencer aqueles que crêem em associações causais a se tornarem céticos como ele próprio (efeito), ou por que se importar em escrever livros? Por essas razões, podemos dizer que as afirmações de Hume são auto-anuláveis.

A física quântica refruta a causalidade?

Alguns cientistas argumentam que o princípio da causalidade não é válido à luz da moderna física quântica. Dizem que o princípio da causalidade se rompe no nível subatômico da realidade e citam o *princípio da incerteza* de Heisenberg como a base de sua opinião[10]. Portanto, de acordo com esses cientistas, se a causalidade não existe no nível mais fundamental da realidade (o nível subatômico), ele deve ser igualmente inexistente em todos os outros níveis. Em outras palavras, se a causalidade não existe no menor nível da realidade, por que deveria existir no nível maior — a causa do universo?

Num debate com um teísta, Bertrand Russell (1872-1970) comentou a relação entre o princípio da incerteza e a aplicação da causalidade à origem do universo. Disse:

> Não vejo nenhuma razão qualquer que seja para supor que o todo [universo] tenha alguma causa [...] O conceito de causa não é aplicável ao todo [universo] [...] Devo dizer que o universo está aí, e isso é tudo [...] Não quero parecer arrogante, mas de fato me parece que eu consigo conceber coisas que você diz que a mente humana não consegue conceber. Quanto às coisas não terem causa, os físicos nos asseguram que as transições quânticas individuais nos átomos não têm nenhuma causa.[11]

---

[10] O princípio da incerteza, ou princípio da indeterminação, refere-se à restrição da precisão ao medir partículas subatômicas. Ninguém pode determinar simultânea e precisamente a posição (localização) e o momento (velocidade) de um elétron.

[11] John Hick, *The existence of God*, p. 175-6.

Diante disso, pode-se pensar à primeira vista que o princípio da causalidade deve ser suspenso. Entretanto, *o princípio da incerteza não destrona o princípio da causalidade*. Se o fizesse, seria auto-anulável. Se o princípio da causalidade não fosse válido, *todas* as conclusões científicas seriam questionáveis, visto que a causalidade é fundamental para a disciplina ciência. Como a física quântica é parte da ciência, ela também deve enquadrar-se nessa categoria, pois como pode ser isso, que a única vez que a ciência pode ter certeza de suas conclusões é nos experimentos que confirmam a incerteza? Parece-nos que esses cientistas se equivocaram na interpretação do princípio da incerteza e na sua aplicação, que basicamente afirma que a posição e o momento de uma partícula subatômica não podem ser determinados simultaneamente.[12]

Em *Truth in religion* [*Verdade em religião*], de Mortimer J. Adler há um capítulo intitulado "A realidade em relação à teoria quântica". Os parágrafos seguintes são relevantes para o nosso aprendizado.

> É logicamente necessário ter em mente um ponto que os físicos quânticos parecem esquecer ou fazer vista grossa quanto a ele. Na mesma época em que o princípio da incerteza de Heisenberg foi estabelecido, os físicos quânticos reconheceram que as medições experimentais intrusivas que forneciam os dados usados nas formulações matemáticas da teoria quântica *conferiram aos objetos e eventos subatômicos seu caráter indeterminado* [...]
>
> Deus sabe a resposta, como declarou Einstein no início de sua polêmica com Bohr quando disse que Deus não joga dados, o que implicava que a realidade subatômica *não-examinada* é uma realidade determinada [...]. Se Deus conhece ou não a resposta, a ciência experimental *não sabe*. Nem tampouco a filosofia sabe com certeza. Mas pode dar uma boa razão para pensar que a realidade subatômica é intrinsecamente determinada. A razão é que os teóricos da física quântica reconhecem mais de uma vez que suas medições intrusivas e perturbadoras são *a causa da indeterminação* que eles atribuem aos objetos e eventos subatômicos. Segue, portanto, que a indeterminação não pode ser intrínseca à realidade subatômica [...]
>
> Einstein estava certo quanto à teoria quântica ser uma narrativa inconclusa da realidade subatômica. Mas estava errado em pensar que a inconclusão podia ser remediada por meios à disposição da ciência. Por quê? Porque a

---

[12]O princípio da incerteza não deve ser entendido como *o princípio da não-causalidade* nem confundido com ele, no que diz respeito aos efeitos que ocorrem sem causas.

questão a que a teoria quântica e a pesquisa subatômica não podem responder é uma questão para a filosofia, não para a ciência.[13]

Os cientistas fariam bem em se lembrar de que o princípio da incerteza é baseado na validade do princípio da causalidade. É auto-anulável crer que o princípio da causalidade não é confiável com base no princípio da incerteza, pois a causalidade, como demonstramos, é pré-condição necessária para revelar o princípio da incerteza. Conseqüentemente, *o princípio da causalidade é filosoficamente sólido e permanece firme como o primeiro princípio da ciência.*

Podemos dizer com confiança, portanto, que o princípio da causalidade é um princípio válido para aplicar tanto quando observamos o espaço interior (*e.g.*, o funcionamento de um átomo) como quando observamos o espaço exterior (*e.g.*, o funcionamento do universo). Tendo comprovado sua confiabilidade, queremos agora saber se o princípio da causalidade é aplicável à existência provável de uma Causa Primeira muito além do universo espaço-tempo. Em outras palavras, pode o princípio da causalidade responder à questão concernente à realidade da existência de Deus?

A CAUSALIDADE APLICA-SE A DEUS?

Em sua argumentação referente a uma Causa Primeira, Bertrand Russell também assinalou que se os cristãos querem ser tão inflexíveis em insistir na procura de uma causa para tudo que existe, então a Causa Primeira (Deus) também deve ter tido uma causa. Contou que seu pai o ensinara que a pergunta "quem me fez?" não pode ser respondida, uma vez que é imediatamente seguida por outra pergunta: "Quem fez Deus?". Se todas as coisas devem ter uma causa, então Deus também deve ter uma causa. Se alguma coisa pode existir sem uma causa, pode ser tanto o mundo como Deus.[14]

A objeção de Russell pode ser respondida observando que ele definiu incorretamente o princípio da causalidade e cometeu uma falácia lógica chamada *erro de categoria*. O princípio da causalidade não diz que *tudo* precisa de uma causa. Antes, diz que aquilo que é *finito* e *limitado* precisa de uma causa, isto é, qualquer coisa que teve um começo deve ter tido uma causa. Russell confundiu duas categorias separadas e distintas.

---

[13]*Truth in religion*, p. 93-100.
[14]*Por que não sou cristão*, p. 20.

Enxergar e sentir sabores, por exemplo, representam duas categorias diferentes. A cor é percebida pela visão e é irrelevante ao paladar. Logo, a pergunta "qual é o gosto da cor verde?" é sem sentido. O mesmo é verdadeiro para a pergunta "quem fez Deus?". Isso mistura a categoria finita com a categoria infinita. Somente as coisas ou entidades finitas precisam de uma causa. Elas tiveram um começo e passaram a existir. Um ser infinito, como Deus, não tem nenhum começo. Um ser infinito deve sempre ter existido e é, portanto, não-causado. Se fosse o caso de o universo sempre ter existido, então ele não teria necessidade de ter tido uma causa. Porém, se é possível demonstrar que o universo é finito e teve um começo (assunto do próximo capítulo), então é possível concluir que ele deve ter tido uma causa.

Deus é um ser autocausado?

Jean Paul Sartre (1905-1980) argumentou que o princípio da causalidade afirma que tudo deve ter uma causa, quer dentro, quer fora de si mesmo. Portanto, devemos presumir que se chegarmos a uma causa além deste mundo (i.e. Deus), essa causa deve ter em si mesma uma causa para sua existência. Isto é, Deus deve ser um ser autocausado. Mas é impossível um ser autocausado uma vez que para causar-se a própria existência, teria de existir anteriormente a sua própria existência.

Sartre comete o mesmo erro que Russell definindo incorretamente o princípio da causalidade. Como se observou anteriormente, o princípio da causalidade não afirma que tudo necessita de uma causa, mas, sim, que as coisas finitas necessitam. Todavia, Sartre está correto em afirmar que um ser autocausado é impossível. O que, então, é Deus? Se Deus não é causado nem autocausado, o que ele é? A única alternativa lógica é aquela que a maioria dos teístas se concorda: Deus é um ser *não-causado*. Um ser não-causado sempre existiu e não precisa de nenhuma causa. Deus é a Causa Primeira de todas as coisas finitas que vêm à existência, e não há nada anterior a Deus como Causa de todas as coisas finitas porque Deus sempre existiu. Conseqüentemente, a conclusão de Sartre, de que a causalidade deve levar a um ser autocausado impossível, não procede.

Entendido apropriadamente, o princípio da causalidade nos leva de volta a algo que deve ser a Causa Primeira, a Causa não-causada de toda coisa finita que existe. Estamos afirmando que Deus sempre existiu como a Causa Primeira do universo, enquanto, de outro lado, os ateístas e naturalistas insistem em que o universo sempre existiu. Antes de definir qual é a cosmovisão correta, devemos determinar se o método científico pode ser utilizado para revelar a causa dos eventos passados, como, por exemplo, a origem do universo. Todos os cientistas podem não concordar em todos os aspectos de como empregar o método científico com respeito aos eventos passados, mas devem concordar nos primeiros princípios, que são necessários para as inferências pertinentes a ser feitas a respeito dos eventos passados. Assim, vimos que o princípio da causalidade é um estatuto fundamental que tem de ser aceito por qualquer pessoa que se compromete com a disciplina ciência. Com isso em mente, vamos analisar com mais detalhes o método científico.

A ciência pode determinar as causas passadas?

A ciência nos fornece conhecimento no sentido que ela trata da observação e operação do mundo físico e dos eventos reproduzíveis. Se um evento pode ser reproduzido e serem feitas observações, então os princípios da filosofia e das leis da ciência podem ser usados para descobrir o que causa os efeitos. Essa procura das causas dos efeitos observáveis é *ciência operacional*. É uma espécie de ciência que se preocupa com as causas (ações) e com os efeitos (reações) dos funcionamentos atuais do mundo físico. Por essa razão, a ciência operacional limita-se a descobrir as causas secundárias ou naturais por um padrão regular de eventos. Quando se trata dos eventos passados, que não ocorrem mais , outra espécie de ciência deve ser aplicada. Essa espécie de método científico pode ser chamada de *ciência das origens*.

A ciência das origens é comparável à *ciência forense*, que supervisiona os tipos de investigações dos eventos que não foram observados e não são reproduzíveis. Esse tipo de evento chama-se *singularidade*. Tudo de que se precisa para pressupor uma causa inteligente para uma singularidade passada é demonstrar que eventos semelhantes do presente podem ser constantemente associados a uma causa inteligente. Os investigadores de homicídio freqüentemente usam este método para investigar assassínios e responder a perguntas como estas: Qual a causa da morte? Foi acidente ou foi um evento planejado? Aconteceu por acaso, ou foi conseqüência de um agente inteligente? Desde que a base para a reconstrução forense de um fato passado seja uma ligação causal regularmente observada — observada no presente — o objeto dessa especulação pode ser uma singularidade não reproduzível. Nos capítulos que se seguem, aplicaremos essa prática científica a essas singularidades, como a origem do universo e a origem da vida.

Por ora, é essencial entender que a ciência operacional e a das origens estão ligadas por um princípio filosófico chamado *princípio da uniformida-*

de (ou *analogia*). Esta é outra hipótese filosófica pela qual a ciência associa o presente ao passado e faz previsões acerca do futuro. Com respeito à ciência das origens, *o princípio da uniformidade afirma que o presente é a chave para entender o passado*. Se as observações do presente indicam que sempre é necessário um tipo de causa para produzir determinado tipo de efeito, o princípio da uniformidade nos diz que um tipo semelhante de evento no passado deve ter tido um tipo semelhante de causa como se observa no presente. Se os cientistas não forem claros em diferenciar entre a ciência operacional e a ciência das origens e não empregarem o princípio da uniformidade, seus resultados certamente serão muito seguramente enganosos. Portanto, somos obrigados a não violar os princípios da causalidade e da uniformidade quando empregamos o método científico para responder a questão de origens. Ainda, em quanto a ciência pode retroceder no passado? Pode ser usada legitimamente para determinar se Deus criou o universo espaço-temporal?

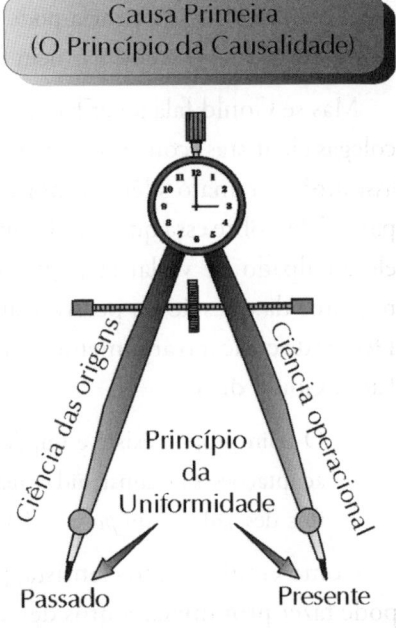

A CIÊNCIA DAS ORIGENS PODE AFIRMAR A EXISTÊNCIA DE DEUS?

A questão última das origens que desafia tanto a filosofia quanto a ciência é o que Peter Kreeft chama de "pergunta obsessiva", feita pelo filósofo Martin Heidegger: "Por que não há nada antes do nada?".[15] Em outras palavras, porque existimos? Deus criou este universo, ou ele sempre existiu? Cremos que os primeiros princípios da filosofia e da ciência, devidamente aplicados a essas perguntas, podem-nos oferecer respostas dignas de confiança. Contudo, muitos cientistas modernos crêem que a ciência não pode afirmar nem negar a existência de Deus. Por exemplo, Stephen Jay Gould, professor de Harvard e paleontólogo, disse:

---

[15] *Three philosophies of life*, p. 9.

A ciência simplesmente não pode (por seus métodos legítimos) julgar sobre a questão da possível superintendência de Deus sobre a natureza. *Nem a afirmamos nem a negamos; simplesmente não podemos falar sobre isso como cientistas* [...] A ciência pode trabalhar apenas com explicações naturalistas, ela não pode confirmar nem negar outros tipos de agentes (como Deus).[16]

Mas se Gould fala a verdade, por que ele (juntamente com muitos de seus colegas cientistas) continua escrevendo e falando tão prolificamente sobre esse assunto? Se reina o silêncio, por que continuamos a ouvir tanta oposição da parte deles sobre essa questão? Com todo o devido respeito ao professor Gould, ele é culpado de violar suas próprias regras, pois fez muitos comentários a respeito "da questão da possível superintendência de Deus sobre a natureza". Depois de criticar o argumento de projeto para a existência de Deus de William Paley, Gould disse:

> O bom projeto existe e implica a produção para seu propósito atual, mas as adaptações são construídas naturalmente, por evolução lenta em direção a fins desejados, *não por um* fiat *divino imediato*.[17]

Como Gould, como cientista, pode saber se isso é verdade se a ciência não pode fazer pronunciamentos desse tipo? Muitos cientistas, inclusive Gould, não somente "julgam a questão da possível superintendência de Deus sobre a natureza", mas também escrevem como se tivessem paixão por usar a ciência para chegar a termos com essa questão acerca da existência de Deus. Na introdução ao livro de Stephen Hawking, *A brief history of time* [*Uma breve história do tempo*], Carl Sagan diz:

> Este também é um livro a respeito de Deus [...] ou talvez da ausência de Deus. A palavra Deus cobre estas páginas. Hawking embarca numa busca para responder à famosa pergunta de Einstein sobre se Deus teve alguma escolha para criar o universo. Hawking tenta, como afirma explicitamente, entender a mente de Deus.[18]

Albert Einstein também falou da criação da natureza por Deus. Disse:

> Quero saber como Deus criou este mundo. Não estou interessado neste ou naquele fenômeno, no espectro deste ou daquele elemento. Quero conhecer

---

[16]Impeaching a self-appointed judge, *Scientific American*, julho/1992 (grifo do autor).
[17]*Eight little piggies:* reflections in Natural History, p. 144.
[18]P. x.

os pensamentos dele, o resto é detalhe [...] Deus não joga dados com o universo.[19]

Nosso único objetivo em mencionar essas duas eminentes mentes científicas do século vinte é refutar a afirmação dogmática de Gould de que a ciência não pode confirmar nem negar a existência de Deus. Não estamos dizendo que Hawking e Einstein estão-se referindo ao Deus da Bíblia. Todavia há uma longa história de grandes cientistas que inauguraram alguns campos do conhecimento científico invocando uma Causa Primeira, como, por exemplo, Arquiteto do Universo e Autor das leis da natureza. Segue uma lista dos nomes desses cientistas e o campo da ciência que inauguraram:[20]

- Johanes Kepler (1571-1630) — Mecânica celeste, astronomia física
- Blaise Pascal (1623-1662) — Hidrostática
- Robert Boyle (1627-1691), Química, Dinâmica dos gases. Nicolaus Steno (1638-1687) — Estratigrafia.
- Isaac Newton (1642-1727) — Cálculo, Dinâmica.
- Michael Faraday (1791-1867) — Teoria magnética.
- Charles Babbage (1792-1871) — Ciência da computação.
- Louis Agassiz (1807-1873) — Geologia glacial, Ictiologia.
- James Young Simpson (1811-1870) — Ginecologia.
- Gregor Mendel (1822-1884) — Genética.
- Louis Pasteur (1822-1895) — Bacteriologia.
- William Thomson (Lord Kelvin) (1824-1907) — Energética, Termodinâmica.
- Joseph Lister (1827-1912) — Cirurgia anti-séptica.
- James Clerk Maxwell (1831-1879) — Eletrodinâmica, Termodinâmica estatística.
- William Ramsay (1852-1916) — Química isotópica.

Stephen Jay Gould afirma que a ciência é neutra quanto ao ponto de vista metafísico, todavia ninguém pode separar a ciência da metafísica. Já explicamos como a ciência está baseada nos primeiros princípios da metafísica, que não se justificam definitiva e racionalmente sem admitir a existência de Deus. De fato, os naturalistas precisam admitir que algum tipo de razão é anterior à natureza no que se refere a *usarmos a razão para moldar o nosso conceito de natureza*. C. S. Lewis explica:

---

[19]Ronald W. CLARK, *Einstein:* the life and times, p. 37-8.
[20]Norman GEISLER e J. Kerby ANDERSON, *Origin science*, p. 39-40.

> ... O raciocínio é dado antes da natureza e é dele que depende nosso conceito da mesma. Nossos atos dedutivos antecedem nossa imagem da natureza, quase como o telefone antecede a voz amiga que ouvimos através dele. Quando tentamos enquadrar esses atos na idéia da natureza, fracassamos. O item que colocamos no quadro com o rótulo "Razão" sempre acaba sendo de algum modo diferente da razão que possuímos e exercemos enquanto o colocamos nele.
>
> A descrição do pensamento como um fenômeno evolutivo sempre faz uma exceção tácita a favor do conceito que temos no momento.[21]

Lewis pôs o dedo na ferida de uma coisa que os naturalistas são muito pressionados a explicar — a racionalidade humana. Esta parece ser independente da natureza no sentido de que a descrição da natureza depende dela. Em outras palavras, raciocinamos sobre a natureza de um modo que é independente da natureza. É semelhante a organizar as peças de um quebra-cabeça chamado "natureza" e a única peça que não se pode colocar no quebra-cabeça é a racionalidade humana, porque está sendo utilizada para formar o quebra-cabeça!

Por conseguinte, os naturalistas são forçados a definir os pensamentos humanos como produtos (ou subprodutos) de meras secreções do cérebro e conseqüentemente reduzem os pensamentos a puras reações químicas *não-racionais*. Mas como podem pensamentos, inferências, *insights* e conhecimento *racionais* ser simples resultado de química? É possível que o ato de raciocinar dependa de algo mais que meras reações químicas do cérebro? É possível que ocorrências mentais, como os pensamentos racionais, não sejam puramente a conseqüência de um fenômeno físico? É possível que a razão humana, em particular as leis da lógica, esteja ancorada fora da natureza, na razão divina, e o que observamos na natureza seja o resultado de uma racionalidade maior que a racionalidade humana? Concordamos com C.S. Lewis quando diz que

> ... os atos de raciocínio não estão interligados com o sistema de integração total da natureza como todos os demais itens se acham interligados nela. Eles se associam a ela de um modo diferente; da mesma forma que o conhecimento de uma máquina se acha certamente ligado a ela, mas não da mesma maneira que suas peças têm conexão com as outras. O conhecimento de uma coisa não é uma das partes dessa coisa. Neste sentido algo além da natureza entra em operação quando raciocinamos. Não estou afir-

---

[21] *Milagres*, p. 24.

mando que a percepção como um todo deva ser necessariamente colocada na mesma posição. Prazeres, dores, temores, esperanças, afetos e imagens mentais não o são. Não haveria nenhum absurdo em considerá-los como partes da natureza. A distinção que temos de fazer não é entre [...] razão e natureza: a fronteira que não surge onde termina o "mundo exterior" e onde começa o que eu deveria chamar geralmente de "eu", mas entre a razão e todo o acúmulo de eventos não-racionais, quer físicos ou psicológicos...

... o pensamento racional não faz parte do sistema da natureza. Em cada homem deve existir uma área (por menos que seja) de atividade que fica fora ou independente dela. Em relação à natureza, o pensamento racional continua "de si mesmo" ou existe "por si mesmo". Não se segue, porém, que o pensamento racional exista *absolutamente* por si mesmo. Ele poderia independer da natureza, dependendo entretanto de outra coisa; pois não é a simples dependência mas sim a dependência do irracional que destrói a credibilidade do pensamento.[22]

Concluímos que só faz sentido dizer que a justificativa da razão humana deve-se basear num Ser racional externo à natureza. Pretendemos demonstrar como a ciência, em particular os campos da cosmologia e da biologia molecular, aponta diretamente para uma Causa Primeira (o universo como um todo) infinitamente poderosa e inteligente. Mas alguém pode argumentar que uma vez que se invoca Deus para o método científico, o resultado é devastador e mina todas as investigações científicas. Não é o caso, como vamos explicar.

Apelar para um Criador anula o método científico?

Os princípios e as leis que utilizamos no método científico são as causas *secundárias* que explicam muito do que observamos no funcionamento diário do universo. A idéia de que recorrer a um Criador no método científico vai anular o método mostrou-se falsa tanto na prática quanto na história. Já demos uma lista de pais de várias disciplinas da ciência cuja crença num Criador na verdade os motivou a investigar mais profundamente e prosseguir o estudo do mundo natural como o produto acabado lógico de seu Planejador. Francis Bacon, por exemplo, era inspirado pela doutrina teísta da criação. Concentrou-se nas

---

[22]Ibid., p. 25, 27.

causas secundárias (leis naturais) científicas usadas por Deus para operar o universo. Bacon substituiu o método dedutivo de Aristóteles por um método mais indutivo e experimental, que estabelecia uma direção nova para a ciência moderna. Crer num Criador que opera por meio de causas secundárias não prejudica a ciência. Na verdade, essa crença ajudou a inspirar grandes pensadores e também a ciência a avançar significativamente.

A questão a que estamos procurando responder está relacionada a encontrar a causa primária das leis naturais. Por exemplo, a causa da queda de uma pedra pode ser explicada simplesmente como o resultado da lei universal da gravidade, uma causa natural, que as puxa para o centro da terra. A gravidade é uma parte da realidade física e uma das leis fundamentais da física. Entretanto, a gravidade é o resultado da força de atração entre dois objetos quaisquer do universo que têm massa, ou substância. Além disso, pode-se pensar em massa como a medida da quantidade de matéria de um corpo. Contudo, matéria é uma substância material, que tem extensão no espaço e no tempo e também pode ser considerada uma forma especializada de energia ($E=mc^2$). Pense nessas associações causais:

1. A causa da queda de uma pedra é a gravidade.
2. A gravidade é uma força de atração causada pela massa.
3. A massa é uma medida da matéria e matematicamente é equivalente à energia, que é causada por…?

Bem, qual é a causa da energia no cosmos? Ela precisa de uma causa? Se a energia é matéria, e o universo é feito de matéria, ele é infinito? Há limite para o universo? A posição de Carl Sagan — "o Cosmos é tudo o que existe ou sempre existiu ou sempre existirá"[23] — verdadeira? O cosmos é a causa de todas as outras coisas, até a vida humana e a racionalidade? O cosmos pode, como um todo, ser explicado por causas puramente naturais? Trataremos dessas perguntas no capítulo 5.

---

[23]*Cosmos*, p. 4.

Capítulo cinco

O cosmos

Se a existência do cosmos na sua totalidade precisa ser explicada e se não puder ser explicada por causas naturais, então devemos esperar explicá-la pela existência e ação de uma causa sobrenatural.

—Mortimer Adler

O cosmos necessita de alguma causa?

Dois homens caminhavam por uma floresta quando subitamente depararam com uma esfera de vidro sobre o tapete de limo verde. Não havia nenhum outro som além do barulho dos passos deles, e certamente não havia sinal da presença de outras pessoas. Mas ambos percebiam que a dedução mais óbvia da evidência da esfera era que alguém a colocara ali. Um desses homens era um cientista cético, treinado na concepção moderna das origens, e o outro era um leigo.

O leigo questionou:

— E se essa esfera fosse maior, talvez de três metros de diâmetro, você ainda diria que alguém a colocou aqui?

Naturalmente, o cientista concordou que uma esfera maior não afetaria seu julgamento.

— Bem, o que aconteceria se a esfera fosse enorme — uns dois quilômetros de diâmetro? — indagou o leigo.

O amigo respondeu não somente que alguém a teria posto ali, mas também que se faria uma investigação para descobrir o que levou esse alguém a fazer isso.

O leigo então se aventurou a mais uma pergunta:

— O que aconteceria se a esfera fosse tão grande quanto o universo? Ainda assim ela precisaria de uma causa?

— Claro que não — retrucou o cético. — O universo simplesmente está aí.[1]

É possível acreditar, como disse Bertrand Russel, que "o universo simplesmente está aí" e não precisa de nenhuma causa? Se esferas pequenas precisam de causa e esferas maiores precisam de causa, uma esfera muito maior não precisa de uma causa também? Essa é a pergunta a que estamos procurando responder. Por enquanto, observe como um detetive observador e lógico se porta numa investigação.

Por meio da pena de Arthur Conan Doyle, Sherlock Holmes tem fascinado mentes em todo o mundo com o emprego de lógica aparentemente simples quando é capaz de examinar as evidências, desvendar o mistério e resolver o caso. Investigando um pouco mais profundamente a metodologia de Holmes, vamos descobrir como ele consegue associar as pistas com os primeiros princípios e com as causas. Num episódio de assassinato, a polícia havia procurado pistas em toda parte, mas não se encontrou nenhuma impressão digital e nenhuma outra evidência que indicasse a presença de um assassino. Mas Holmes acreditava por experiência que nenhum fenômeno natural podia ser a causa da morte e estava determinado a vasculhar aquele quarto até conseguir encontrar alguma evidência.

Seguindo uma diligente pesquisa, Holmes acabou encontrando o que procurava. Era tão óbvia que os policiais passaram por cima: uma mancha de sangue muito pequena, mas significativa, na parede. Para todos os outros que haviam vasculhado o local, era apenas outra mancha de sangue, mas não para Holmes. Holmes encontrou uma pista crucial na mancha de sangue: uma impressão digital que pertencia ao assassino.

O que causou o universo? Ele foi causado por algum fenômeno natural? É autocausado? Sempre existiu (não-causado)? Ou alguma coisa ou alguém o causou? *Se o universo teve um começo, então ele necessita de uma causa primeira.* Apelar para causas naturais — as leis da natureza como justificativa da origem do cosmos — parece tão absurdo quanto concluir que a esfera de vidro descoberta na floresta fosse o resultado de algum fenômeno natural. Da mesma forma podemos excluir a idéia de um universo autocausado, por ser impossível. Ser autocausado exige ter existido (a fim de ser a causa) e não ter existido (a fim de ser causado) ao mesmo tempo.

A pergunta seguinte é "o universo sempre existiu?". Ou ele teve um começo, ou Carl Sagan estava certo ("O Cosmos é tudo que existe ou sempre existiu,

---

[1] Adaptado de *Whan skeptics ask*, p. 211, de N. L. Geisler e R. M. Brooks.

ou sempre existirá".). Os cosmólogos naturalistas nos dizem que ou o cosmos veio *do* nada *por meio* do nada, ou sempre existiu. Mas é impossível ao nada produzir algo. Portanto, a única alternativa naturalista plausível para esses cosmólogos é crer que o universo deve ter existido sempre.

Cremos que as evidências científicas substanciam a tese de que o universo teve um início. Reafirmamos, se teve um início, então deve ter tido uma causa. Procuraremos argumentar por um entendimento adequado e a aplicação da ciência das origens, que vão demonstrar que a Causa do cosmos repousa fora do reino dos fenômenos naturais. Conforme C. S. Lewis brilhantemente declarou:

> De qualquer ponto de vista, o verdadeiro início deve ter sido fora do processo ordinário da natureza. Um ovo que não veio de nenhum pássaro não é mais natural do que um pássaro que tenha existido desde toda a eternidade. E visto que a seqüência ovo-pássaro-ovo não nos leva a nenhum começo plausível, não é razoável procurar a real origem em algum lugar totalmente fora da seqüência? É preciso sair do mundo da seqüência dos motores, e entrar no mundo dos homens, para encontrar o real originador do Foguete. Não é igualmente razoável procurar fora da natureza para encontrar o real Originador da ordem natural?[2]

Houve um início para o universo? As leis que descobrimos na natureza, que ordenam e estruturam o universo, são baseadas na mente de um Projetista, ou existem por si mesmas? Há apenas duas alternativas para investigar: Ou o universo não teve nenhum começo e, portanto, é não-causado, ou o universo teve um começo e, conseqüentemente, precisa de uma causa. O princípio da causalidade afirma que tudo que tem um começo deve ter uma causa. Se podemos confirmar que o universo teve um começo, então devemos procurar fora da natureza para encontrar o tipo de causa necessária para trazê-lo à existência. Por onde devemos começar? Um bom começo é diferenciar entre dois campos da ciência. Um campo trata daquilo a que o cosmos se assemelha, e o outro, trata de sua origem.

QUAL É A DIFERENÇA ENTRE COSMOLOGIA E COSMOGONIA?

A *cosmologia* (teoria do cosmos) é o ramo da astronomia que trata da natureza e da estrutura do universo como um todo. É o componente *ciência operacional* da astronomia. Como tal, a cosmologia se preocupa com as causas e os efeitos

---

[2] *God in the dock*, p. 211.

do atual funcionamento do universo físico. Por outro lado, quando procuramos explicar a origem do universo, entramos em outra disciplina científica conhecida como *cosmogonia*. A cosmogonia (origem do cosmos), o componente *ciência das origens* da astronomia, preocupa-se em formular teorias que dão conta da origem do universo como um todo. É de vital importância para nós ter em mente que qualquer modelo válido da origem do universo deve ser baseado no princípio da uniformidade: o presente é a pista para o passado.

Imagine, por exemplo, que estamos sentados no galho de uma árvore segurando um serrote e decidimos usar o serrote para cortar o galho sobre o qual estamos. Seria tolice: nós, o galho e o serrote nos esborracharíamos no chão. Se a árvore representasse o campo da astronomia, o galho, o campo da cosmologia e o serrote, o campo da cosmogonia, as conseqüências seriam as mesmas. Ou seja, se fôssemos desenvolver uma teoria sobre a origem do cosmos (cosmogonia) que não se conformasse às leis e aos princípios da ciência, nem se conformasse à evidência observacional do universo que sustenta essas leis e esses princípios (cosmologia), nossa teoria acabaria por auto-anular-se. O princípio da uniformidade (discutido no capítulo 4) estipula que as leis e a ciência dos princípios de funcionamento não devem ser violados quando investigamos as origens. Portanto, as conclusões sólidas, baseadas em leis e princípios da ciência, e nas evidências da observação, devem servir como fundamento para qualquer teoria válida das origens.[3]

Depois de estabelecer uma estrutura cosmológica confiável e ligar o presente ao passado por meio do princípio da uniformidade, devemos ser capazes de testar os vários modelos de origem para verificar qual é filosoficamente mais sólido e cientificamente mais confiável. Esse teste se utiliza daquilo que conhecemos dos princípios e das leis da ciência e das evidências da observação da cosmologia. Já identificamos o princípio da causalidade como o primeiro princípio filosófico da ciência. A tarefa que está diante de nós é indicar sua contraparte empírica (observável). Em outras palavras, precisamos identificar a principal lei empírica da ciência e combiná-la com o princípio da causalidade e com outras evidências da cosmologia.

Qual é a principal lei da ciência?

Todos — e tudo — estão envelhecendo e ficando cada vez mais deteriorados. Vemos que isso é uma verdade universal. Conseqüentemente, as pessoas mor-

---

[3]Isso é verdadeiro para a origem do universo, a origem da primeira forma de vida, e a origem de novas formas de vida.

rem, os carros enferrujam, os edifícios caem, as paisagens sofrem erosão, e nossos recursos naturais se exaurem gradativamente. Independentemente de quanto tentemos, nunca seremos capazes de reverter esse processo e trazer de volta as coisas a seu estado altamente organizado e não corrompido. As coisas e os sistemas estão constantemente se decompondo e se movendo na direção de um estado de maior desorganização. Podemos consertar os carros, pintar as casas e refazer o pavimento das rodovias, mas sempre vai haver uma força contrária em funcionamento — desfazendo persistentemente o que fazemos. Essa tendência à deterioração é a conseqüência da lei universal da física conhecida como *segunda lei da termodinâmica*.[4]

Termodinâmica é a disciplina científica que estuda o calor (*termo*) e sua capacidade de realizar trabalho mecânico (*dinâmica*). Os efeitos da segunda lei da termodinâmica são diretamente observáveis de um conjunto avassalador de evidências científicas. O maior poder dessa lei é sua capacidade de predizer que a desordem universal (juntamente com a diminuição da energia utilizável) finalmente prevalecerá. Isto significa que à medida que o tempo passa, o universo acabará ficando sem energia utilizável e vai atingirá um estado de desordem definitiva. Quando observamos a natureza e a estrutura do universo do ponto de vista da cosmologia, essa lei científica tem primazia sobre as outras. Portanto, devemos aplicá-la como nossa contraparte empírica do princípio primeiro da causalidade e entender suas implicações referentes à cosmologia e à origem do cosmos (cosmogonia).

Imagine encontrar um contêiner cheio de bolinhas de gude enfileiradas organizadamente. Se pegássemos o contêiner e o sacudíssemos por um determinado tempo, ele ficaria parecido com a figura do lado direito. Se esse contêiner representa um sistema fechado e isolado (sem interferência de fora), independente de quanto tempo o tenhamos sacudido, de acordo com a segunda

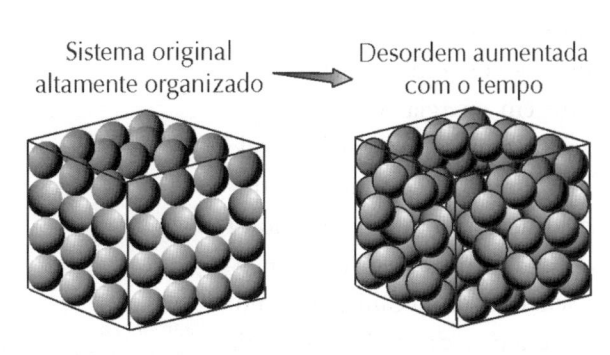

---

[4]A primeira lei da termodinâmica (a lei da conservação da energia) afirma que a quantidade *real* de energia do universo físico permanece constante, enquanto a segunda lei afirma que a quantidade *utilizável* dessa energia fixa está diminuindo constantemente.

lei da termodinâmica, as bolinhas de gude jamais serão capazes de retornar ao seu estado altamente organizado original. O estado final delas será a desordem.

A razão simples pela qual sabemos que esse estado final de desordem vai ocorrer é o poder universal e a qualidade de predição dessa lei. Por definição, a segunda lei ocorre somente nos sistemas fechados e isolados, e todos os sistemas fechados e isolados finalmente acabarão em estado de desordem. O termo técnico que os cientistas empregam para medir o nível de desordem de um sistema é *entropia*. O contêiner original da figura da esquerda está num estado baixo de entropia (desordem) porque é um sistema altamente organizado. De modo contrário, depois de decorrido certo período de tempo, o contêiner da direita atinge um estado de alta entropia porque seu nível de desordem aumentou significativamente. A descoberta da segunda lei como a principal lei em funcionamento no universo significou que os cientistas tiveram de tratar o universo como um sistema fechado, isolado. Do fato de a segunda lei da termodinâmica vir a permear e dominar finalmente todo o cosmos, surge a pergunta seguinte.

O COSMOS ESTÁ PERDENDO SUA ENERGIA UTILIZÁVEL?[5]

Antes de passar para um sistema tão grande como o universo, vamos examinar de que maneira a segunda lei afeta um sistema mecânico bem conhecido, como o automóvel, por exemplo. Se formos construir um motor, vamos projetá-lo de tal modo que ele conserve o nível de desordem (na forma de energia dissipada) no mínimo. Como o motor do carro queima gasolina, o calor gerado pelo processo de combustão é convertido em energia mecânica, que aciona as rodas do carro. De modo ideal, todo o combustível que colocamos no tanque do motor deveria ser convertido diretamente em energia mecânica para movimentar o carro. Se 100% da energia pudessem ser diretamente convertidos em potência para

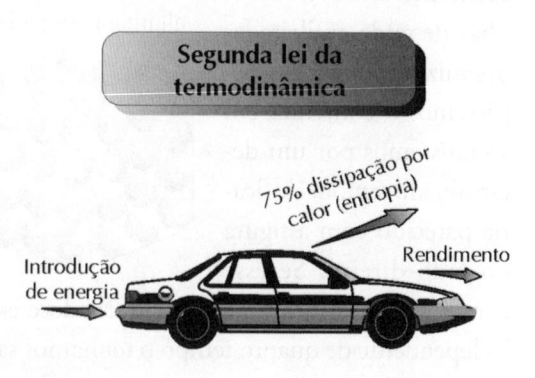

---

[5] A resposta a essa pergunta foi originariamente registrada no artigo de Peter Bacchino intitulado "In the beginning". Esse artigo surgiu em 1996 num comunicado oficial chamado *Just Thinking*, distribuído pelo Ravi Zacharias International Ministries.

o carro, teríamos construído um sistema altamente organizado sem nenhuma quantidade de desordem (entropia) na forma de combustível desperdiçado.

Para manter as contas equilibradas, devemos ter em mente que a quantidade total de energia que entra nesse carro deve ser igual à quantidade total de energia que sai dele — qualquer que seja a forma de conversão. Esta lei é conhecida como a *primeira lei da termodinâmica* e assegura a conservação da energia. Infelizmente, a segunda lei da termodinâmica não nos permite construir um carro 100% eficiente (sem desperdício de energia). Na verdade, a energia de um motor tem somente 25% de eficiência. No final, apenas 25% da gasolina que colocamos no tanque de um automóvel se convertem em energia mecânica que impulsiona o carro. Aonde os outros 75% vão parar? Obedecem à segunda lei e são irradiados do carro na forma de energia térmica dissipada — partículas de gasolina sem combustão que saem pelo escapamento, atrito de peças mecânicas e dos pneus na pista, e outras perdas de calor. Portanto, o motor de automóvel típico funciona num alto nível de desordem ou de dissipação de energia (entropia), e à medida que o tempo passa o carro acabará ficando sem combustível.

A gasolina dos carros sempre acaba — é isso que se espera dos automóveis. Esse fato não é devastador porque o automóvel é um sistema aberto, e podemos reabastecê-lo no próximo posto. Contudo, o mesmo não acontece com o universo como um todo. Ao mesmo tempo que sabemos que o universo está ficando sem energia utilizável, não temos nenhuma evidência de que exista um posto de combustível cósmico. Os cosmólogos tratam o universo como um gigantesco motor sem nenhuma fonte externa de energia que o alimente. Isso significa que a quantidade total de energia utilizável do universo é fixa e está diminuindo à medida que o tempo passa (a fissão nuclear está ocorrendo por todo o universo).

Podemos imaginar o universo como uma grande ampulheta que está ficando sem energia utilizável.

Como mostra a ilustração, a porção da parte inferior da ampulheta contém energia *não-utilizável*. Isto significa que em algum ponto muito anterior no tempo, o universo deve ter existido num estado altamente organizado, o que se coaduna bem com o que sabemos acerca do universo e da segunda lei da termodinâmica. De acordo com a segunda lei, é previsto que o universo fique sem energia utilizável, semelhante às bolinhas de gude (da ilustração anterior), que acabaram ficando num estado de grande desordem. Conseqüentemente, à medida que os "grãos" de energia utilizável são usados e passam para a condição de não-utilizáveis, a desordem aumenta e a energia utilizável diminui.

Quando consideramos as conseqüências de um universo que obedece à segunda lei, há uma única conclusão lógica: o universo ficará enfim sem energia utilizável. Uma vez que não há nenhum lugar de onde o universo possa receber mais combustível, podemos concluir que *vivemos num universo finito*. Os cosmólogos reconhecem que algum dia não haverá mais energia disponível no universo para seu próprio funcionamento. Entregue à própria sorte, a temperatura do universo inteiro finalmente cairá para congelantes -273ºC (-460F), temperatura conhecida como *zero absoluto*. Em outras palavras, o tempo do universo está-se esgotando e, em algum ponto no futuro, nosso motor gerador de calor cósmico vai parar de funcionar repentinamente, o que significa congelamento.

Os cientistas podem escapar da segunda lei da termodinâmica?

Dissemos que a cosmologia é o componente de ciência operacionalda astronomia, e a segunda lei da termodinâmica é a lei central empregada pelos cosmólogos para descrever a natureza do universo. O que se quer dar a entender é que os teóricos podem resolver passar por cima de uma lei ou um princípio científico quando desenvolvem a teoria das origens, mas um modelo válido das origens não pode escapar das garras da segunda lei. Se desconsideram a segunda lei, para ser logicamente coerentes, os cientistas também devem ignorar as outras leis da ciência do funcionamento do universo. Não importa quanto possa ser complexo ou exótico um modelo das origens, se viola a segunda lei, deve ser rejeitado como modelo científico confiável das origens.

Paul Davies, professor de física matemática da Universidade de Adelaide, Austrália, diz que enquanto alguns cientistas tentam escapar da segunda lei da termodinâmica, muitos cientistas apenas confirmaram sua natureza absolutamente fundamental. Em essência, Davies diz que todo cosmólogo sincero e sério deve lidar com a segunda lei e decompô-la em fatores em sua teoria das origens. Ele cita Arthur Eddington, contemporâneo de Einstein e ex-professor de astronomia na Universidade de Cambridge, sobre a impossibilidade de evitar o surgimento implacável do caos.

> A lei que garante que a entropia sempre aumente — a segunda lei da termodinâmica — detém, penso eu, a posição suprema entre as leis da

Natureza. Se lhe mostrarem que sua teoria favorita do universo está em desacordo com as equações de Maxwell — melhor para as equações de Maxwell. Se estiver em contradição com a observação — bem, esses experimentos de fato estragam as coisas às vezes. Mas se for constatado que sua teoria é contra a Segunda Lei da Termodinâmica, não posso lhe dar esperança alguma. Não sobra nada para ela senão cair em colapso na mais profunda humilhação.[6]

Roy Peacock, professor visitante de ciências aeroespaciais da Universidade de Pisa e uma autoridade em termodinâmica, escreveu uma resposta ao livro de Stephen Hawkin, *Uma breve história do tempo*. O livro do professor Peacock, *A brief history of eternity* [*Uma breve história da eternidade*], foi escrito com a intenção de demonstrar como as descobertas astronômicas, combinadas com as leis da termodinâmica, conduzem logicamente à conclusão de que o universo é finito. Explica:

> A Segunda Lei da termodinâmica é provavelmente a mais poderosa peça de legislação do mundo físico. Em última análise, ela descreve todo processo que descobrimos: é o tribunal de apelação final em qualquer disputa relacionada a ações e procedimentos, sejam gerados naturalmente, sejam inspirados pelos homens. Ela conclui que em nosso universo há redução global da ordem, perda de energia disponível, medida como aumento da entropia. Logo o estoque disponível de organização está se exaurindo. Semelhante a uma bateria de lanterna que está se descarregando, a energia útil está se dissipando em entropia, nada mais resta para usar […] Portanto, para vivermos num universo em que a Segunda Lei da termodinâmica atua, ele precisa ser um universo que tem um ponto de partida, uma criação.[7]

A segunda lei da termodinâmica é a "instância máxima de apelação". Se as descobertas astronômicas também podem ser trazidas ao tribunal como evidência suplementar de um cosmos criado, então é apenas lógico concluir além de toda dúvida razoável que o universo é finito e precisa de uma causa. Somadas à segunda lei da termodinâmica, há muitas evidências empíricas que dão apoio à natureza finita do cosmos. As duas peças mais surpreendentes dos dados são apresentadas a seguir (Demonstrações A e B).

---

[6] *The cosmic blueprint*, p. 20.
[7] P. 106.

Que evidências dão apóio a crença num universo infinito?

Demonstração A — O eco da radiação

Arno Penzias e Robert Wilson, dois físicos da Bell Telephone Laboratories, descobriram que a terra é banhada por um tênue brilho de radiação. Por essa descoberta foram laureados com o Prêmio Nobel em 1978.[8] As medidas tomadas por Penzias e Wilson demonstraram que a terra não podia possivelmente ser a fonte desse brilho de radiação. Os dados indicaram que eles haviam encontrado radiação depositada por uma explosão inicial do começo do universo comumente conhecida como *Big-bang*.

Para ter uma noção do brilho de radiação de um evento passado, pense no que vemos quando desligamos um aparelho de televisão numa sala escura. A televisão continua a brilhar (irradiar) mesmo depois de ter sido desligada da fonte de energia (elétrons). O brilho no tubo da televisão é o *eco de radiação*, causado pelo feixe de elétrons que bombardeava a tela enquanto a TV estava ligada.

Embora Penzias e Wilson tenham ganhado o Prêmio Nobel, houve céticos que resistiram à idéia de um início e quiseram desacreditar o que esses físicos descobriram questionando a exatidão dos dados. Contudo, dentro de poucos anos os cínicos foram calados por outra descoberta, que foi celebrada como uma das mais, senão a mais importante, da história da cosmologia.

Em 18 de novembro de 1989, um satélite chamado COBE ("cosmic background explorer") foi lançado ao espaço com sucesso levando a bordo instrumentos capazes de medir o eco de radiação deixado pelo *big-bang* — se de fato ele aconteceu. O COBE foi projetado para medir a intensidade da radiação e seu formato global a fim de determinar o que a produziu. Logo após o lançamento, a missão de controle, localizada no Instituto Goddard para Estudos Espaciais da NASA, começou a receber dados do COBE, que seriam analisados nos anos seguintes. Em abril de 1992, o relatório final dos dados do COBE foi tornado pública e festejado como sem precedentes — chamado até de o Santo Graal da cosmologia. George Smoot, astrofísico da Universidade da Califórnia, disse: "Para o religioso, é como olhar para Deus".[9] A missão COBE mapeou com sucesso um quadro da radiação de pano de fundo cósmica causada pela explosão inicial do universo. Stephen Hawking chamou essa descoberta de "a mais

---

[8] Stephen W. HAWKING, A brief history of time [*Uma breve história do tempo*], p. 42.
[9] Michael D. LEMONICK, Echoes of the Big-bang, *Time*, 4/5/1992, p. 62.

importante descoberta do século, senão de todas as épocas".[10] *O aspecto mais convincente dessa radiação de pano de fundo é o fato de que apresentava o padrão exato e o comprimento de onda para a luz e o calor de uma explosão que, pelos cálculos, era da magnitude do Big-bang.* Portanto, submetemos essa evidência de observação como Depoimento A a favor de uma teoria das origens que afirma que o universo teve um começo.

Demonstração B — O universo em expansão

Se estivéssemos de pé num elevador subindo, teríamos a sensação de ser mais pesados. O aumento da velocidade (aceleração) produz um efeito que nos empurra para o chão do elevador, o que indica a atuação sobre nós de uma força análoga à da gravidade. Imagine agora esse elevador em algum lugar no espaço exterior acelerando na mesma velocidade da força da gravidade na terra. Se o elevador não tivesse nenhum painel transparente e tivesse um suprimento de oxigênio, não seríamos capazes de dizer se estávamos num elevador sobre a terra ou em algum lugar no espaço. Além disso, se o elevador fosse uma nave espacial viajando numa velocidade que exercesse a mesma magnitude de força que a força da gravidade na terra, não haveria nenhum jeito de saber a diferença entre estar no espaço e estar na terra.

Essa idéia, que a aceleração e a gravidade são de alguma forma equivalentes num nível mais profundo, é a asserção principal da *teoria geral da relatividade* de Einstein. Interessante, sim. Mas o que a gravidade e a aceleração têm a ver com a cosmologia e a origem do universo?

Investigando a origem e a natureza da gravidade e associando-a a um universo em aceleração, a teoria geral da relatividade predisse que o universo teve um começo e está-se expandindo em todas as direções. Logo, se a teoria de Einstein provou ser válida, então o universo está realmente se expandindo. Se fosse possível reverter essa expansão e voltar no tempo o universo ficaria cada vez menor e mais denso até terminar em nada. Foi isso que perturbou Einstein: sua própria teoria exigia um começo (ou ponto de partida inicial) para o universo.

Em 1917, Einstein publicou sua teoria num trabalho chamado "Considerações Cosmológicas sobre a Teoria Geral da Relatividade". Contudo, ao descobrir a solução para suas equações, Einstein decidiu introduzir em sua teoria um dispositivo matemático simples chamado *constante cosmológica*. Fez isso

---

[10]Cit. por George Smoot e Keay Davidson, *Wrinkles in Time*, p. 283. A citação original pode ser encontrada no *London Times*, 25/4/1992, p. 1.

porque a solução exigia um universo finito e em expansão, o que era uma ofensa para ele. Essa constante representava uma contra-força que impedia o universo de explodir — mantendo-o estável e imutável no tempo. Infelizmente, a introdução da constante cosmológica em suas equações veio a ser um dos maiores erros de Einstein, documentada em livro por um dos mais eminentes astrônomos dos Estados Unidos, Robert Jastrow.

Robert Jastrow fundou o Instituto Goddard para Estudos Espaciais da NASA e serviu durante 20 anos como seu diretor. Também recebeu a Medalha de Excelência em Realização Científica. No livro *God and the astronomers* [*Deus e os astrônomos*], Jastrow resumiu as reações dos cientistas à idéia do universo finito em expansão. Ele transmitiu os achados de um matemático russo, Alexander Friedman, que descobrira que o renomado Einstein havia cometido um grave erro em seus cálculos: num determinado ponto, Einstein de fato tinha feito uma divisão por zero! Jastrow também menciona a reação de um astrônomo holandês, Willem de Sitter, que reconheceu prontamente que a solução das equações de Einstein prediziam um universo em expansão. Jastrow continua a observar a reação de Einstein:

> A esta altura, sinais de irritação começaram a aparecer entre os cientistas. Einstein foi o primeiro a reclamar. Ele estava perturbado com a idéia de um Universo que explode, porque isso indicava que o mundo teve um começo. Numa carta a Sitter — descoberta numa caixa de relatórios antigos em Leiden há alguns anos — Einstein escreveu: "Esta circunstância [um universo em expansão] me irrita". E noutra carta sobre o universo em expansão, disse: "Admitir essas possibilidades parece sem sentido". Curiosamente essa linguagem é emocional para a discussão de algumas fórmulas matemáticas. Suponho que a idéia de um início no tempo tenha incomodado Einstein por causa de suas implicações teológicas.[11]

De acordo com a teoria geral da relatividade de Einstein, o universo é finito e está-se expandindo em todas as direções. A partir de 1919, a relatividade geral tem sido verificada empiricamente por inúmeros experimentos da ciência operacional. A primeira prova observacional da relatividade geral preocupou-se com a previsão de que um raio de luz se inclinaria sob a influência de uma grande massa semelhante à do sol.

---

[11] P. 20-1.

De acordo com a relatividade geral, um raio de luz tem peso e é atraído em direção a uma grande massa do mesmo modo que um objeto é puxado para a terra. Em 1919, durante um eclipse total do sol, o efeito da massa solar sobre um grupo de estrelas brilhantes foi medido antes e depois de o sol ter estado nas proximidades das estrelas. Quando se compararam as posições verdadeiras e as aparentes das estrelas, descobriu-se que os resultados eram exatamente o que a teoria previa. Essa constatação deu a Einstein reconhecimento internacional.

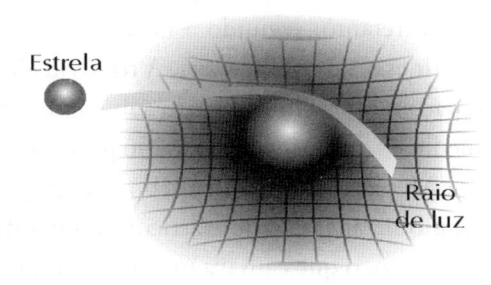

Outra observação, que veio a se tornar a prova mais convincente da relatividade geral, lidava com as medidas da forma precisa das órbitas planetárias. A relatividade geral predizia que um objeto maciço (um planeta ou o sol) literalmente deformaria o espaço ao redor dele. Conseqüentemente, a estrutura curva do espaço criaria uma depressão ou poço de gravidade, que por sua vez teria efeito sobre as rotas orbitais dos planetas. Por exemplo, se derrubássemos um objeto pesado, como uma bala de canhão, sobre uma peça de elástico estirado, como mostra a figura, isso causaria uma cavidade muito profunda.

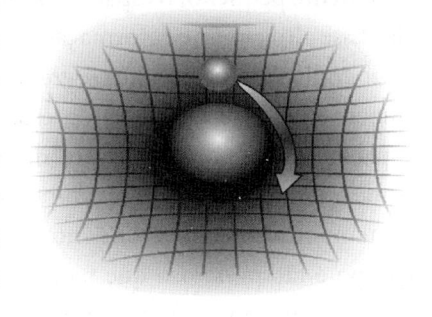

A curvatura máxima, ou deformação do elástico, ocorre mais próximo da superfície da bala de canhão. Se rolássemos uma bolinha de gude (um objeto mais leve) na direção da bala de canhão, a estrutura elástica deformada puxaria a bolinha de gude para mais perto da superfície da bala de canhão. Embora a ilustração seja bidimensional, é análoga à deformação do espaço produzida pela massa de objetos do tamanho dos planetas. Essa descrição foi formulada pela teoria de Einstein e resolveu um mistério essencial associado à órbita do planeta Mercúrio.

Mercúrio é o planeta mais interior de nosso sistema solar porque é o mais próximo do sol. Quando a validade da relatividade geral estava sendo considerada, a órbita de Mercúrio era um mistério para os astrônomos. Ela não se alinhava com o que as leis de Newton previram: a órbita de Mercúrio se alteraria *ligeiramente* todo ano devido à influência gravitacional de outros planetas. A alteração real medida foi maior que o valor previsto pela teoria de Newton. Essa observação levou os astrônomos a considerar a idéia da existência de outro planeta mais próximo do sol, o que responderia por esse comportamento de Mercúrio.

Entretanto, segundo a nova teoria de Einstein não havia necessidade de existir esse suposto planeta. A relatividade geral previa a curvatura extrema do espaço nas proximidades do sol, o que seria responsável pela discrepância. As medições da órbita de Mercúrio provaram que Einstein estava certo. À medida que Mercúrio se aproximava do poço de gravidade próximo da superfície do sol (como na analogia do elástico/ bolinha de gude/bala de canhão), seguia essa depressão, o que causava uma mudança marcante em sua órbita. Os cientistas também fizeram medições extremamente precisas das posições das órbitas da Terra, de Marte e Vênus e descobriram que são precisamente o que a relatividade geral previa. É importante observar que as equações de Einstein representam um *refinamento* dos cálculos de Newton, não a *contradição*. Essa diferença ou refinamento é insignificante para objetos pequenos, mas crucial para um objeto do tamanho de um planeta.

Talvez a previsão mais impressionante da relatividade geral seja a idéia de que uma se massa suficientemente grande se concentrasse num volume suficientemente pequeno, o espaço em torno desse objeto seria seriamente deformado. Esse alto grau de deformação no espaço produziria um fenômeno que veio a ser conhecido por *buraco negro* (negro é o nome que atribuímos ao material que absorve todas as cores do espectro da luz). A tremenda deformação do espaço (análogo a um buraco) de um buraco negro resulta num campo gravitacional alto correspondente. Esse campo é tão poderoso que nada, nem mesmo a luz, pode gerar energia suficiente para escapar de sua força gravitacional.

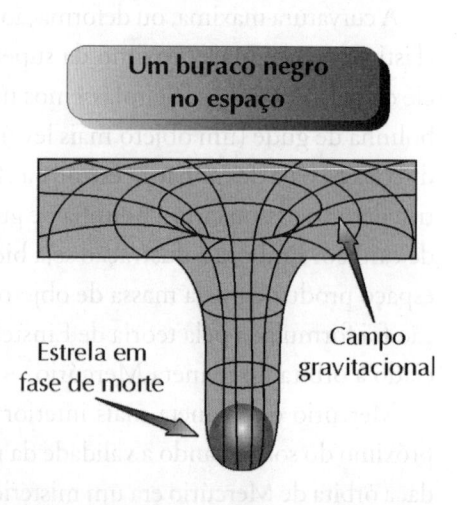

Quando uma estrela, como o sol, por exemplo, começa a atravessar seus estágios finais de morte, atinge um ponto em que entra em colapso gravitacional total. Em outras palavras, a única energia restante na estrela é sua força gravitacional, que por fim faz a estrela entrar em colapso sobre si mesma. Finalmente, quando o *momentum gravitacional* da estrela em implosão aumenta e seu volume diminui, forma-se um buraco negro. O campo gravitacional do buraco negro se torna tão intenso que nada pode escapar dele. Um buraco negro é igual a um aspirador de pó cósmico gigante, absorve tudo que esteja dentro de seu alcance.

Uma vez que por sua própria natureza um buraco negro literalmente não deixa nenhuma evidência visível para ser observada, os astrônomos deduzem que os buracos negros existem de seus efeitos gravitacionais sobre outros corpos celestiais. Os astrônomos também podem detectar a emissão de raios X e raios gama emitidos pela matéria que cai nos buracos negros. Em junho de 1994, o telescópio espacial Hubble foi usado para inferir a realidade de um buraco negro maciço no núcleo da galáxia M87.[12] Mais recentemente, um grupo de astrofísicos do Centro Harvard-Smithsonian de Astrofísica, em Cambridge, Massachusetts, concluiu que há um buraco negro supermaciço na região profunda da galáxia espiral NGC 4258. Conforme o *Science News*,

> Os astrônomos reportaram repetidamente evidências de que os buracos negros passeiam furtivamente nos centros das galáxias. Entretanto, as descobertas mais recentes de modo algum resolvem o caso, muitos cientistas asseveram. Usando uma rede de rádiotelescópios de dimensões continentais, uma equipe nipo-americana relatou na última semana "evidências convincentes" de que o centro de uma galáxia relativamente próxima abriga um buraco negro cuja solidez equivale a 40 milhões de sóis.[13]

A prova direta da existência de buracos negros agora veio à superfície pela observação da energia que se dissipa de volumes de espaço sem nenhum vestígio. Os astrônomos foram capazes de observar a matéria cair nos buracos negros e "desaparecer para sempre", observando a "radiação emitida das proximidades", o que ajuda os "astrônomos a demonstrar que os objetos mais estranhos do cosmos [os buracos negros] são realidade".[14]

Portanto, os buracos negros oferecem uma forte evidência observacional em favor da teoria geral da relatividade. Acrescente-se essa evidência às predições de desvio dos raios de luz e das órbitas dos planetas, e podemos concluir com razão que a teoria da relatividade geral é uma teoria válida. De fato, por meio de experimentos muito sofisticados, a relatividade geral foi confirmada até pelo

---

[12]R. COWEN, Repaired Hubble Finds Giant Black Hole, *Science News*, vol. 145, n.o 23, 4/6/1994.
[13]Idem, New Evidence of Galactic Black Hole, *Science News*, vol. 147, n.o 3, 21/1/1995, p. 36.
[14]Jean-Pierre LASOTA, Unmasking Black Holes, *Scientific Ammerican*, maio/1999, p. 42.

menos cinco pontos decimais.[15] Com base na solidez da relatividade geral, podemos corretamente conjeturar que o universo teve um começo e está-se expandindo em todas as direções.

Cremos, portanto, que Carl Sagan estava filosófica e cientificamente incorreto ao concluir que o universo sempre existiu. Dissemos que a ciência operacional deve preparar o terreno para um modelo válido da ciência das origens. Por essa razão, para crer no modelo de Sagan é preciso estar disposto a questionar o princípio da causalidade e a segunda lei da termodinâmica. Além do mais, também é preciso ignorar as evidências observacionais conclusivas do eco de radiação e da teoria geral da relatividade obtidas do campo da cosmologia. Portanto, com a confirmação dos dados apresentados acima e sua coerência com os princípios da causalidade e uniformidade, a segunda lei da termodinâmica, e os princípios da ciência operacional, concluímos que *o universo teve um início e, portanto, é finito.*

QUE MODELO DAS ORIGENS SE HARMONIZA MELHOR COM AS EVIDÊNCIAS COSMOLOGIAS?

Conforme se mencionou anteriormente, qualquer modelo válido das origens nunca deve violar os princípios bem estabelecidos e leis da ciência e deve ser coerente com as evidências observáveis obtidas da cosmologia. A estrutura cosmológica agora foi determinada e leva à conclusão lógica e direta de que o universo é finito e deve ter tido um início. A razão mais convincente para essa conclusão é a segunda lei da termodinâmica. Além disso, os dados reunidos implicam que o universo em expansão é uma conseqüência direta de sua explosão inicial, para vir à existência, em algum ponto do passado. Portanto, a idéia que propomos como o modelo das origens mais válido, e mais amplamente aceito entre os cosmólogos, é o do *big-bang*. Entretanto, rejeitamos as pretensões naturalistas freqüentemente associadas ao modelo *big-bang*.

O modelo *big-bang* é em geral é mal-interpretado como uma teoria que afirma que em algum ponto do passado, e num certo local do espaço, uma partícula preexistente e superdensa de matéria repentinamente explodiu. Entretanto, devemos nos lembrar de que *o espaço e o tempo também eram parte dessa partícula superdensa* — o universo todo, inclusive o espaço entre as estrelas e os planetas, estava condensado nela. Uma vez que espaço, tempo e matéria são interdependentes, eles também devem ter sido criados simultaneamente.

---

[15]Para uma lista de verificações observáveis da relatividade geral, v. *The fingerprint of God*, de Hugh Ross, p. 46-7.

É a esse ato inicial da criação que nos referimos quando dizemos "modelo *Big-bang*". Incluído nesse modelo das origens está uma causa que é coerente com as evidências cosmológicas e as leis da ciência e é a conclusão lógica delas. Isto é, *uma Causa infinita não-causada que também deve ser eterna* (fora do tempo) causou o evento da criação inicial que fez existir o universo de espaço-tempo. Além disso, o *big-bang* não foi apenas uma explosão antiga qualquer. Uma forte evidência dá a entender que ele foi uma detonação cósmica orquestrada. Esse evento tinha de ter precisamente o equilíbrio correto de forças a fim de produzir o universo em que vivemos. O físico teórico John Polkinghorne, um colega de Stephen Hawking, observa:

> Na expansão primitiva do universo tinha de haver um equilíbrio estreito entre a energia expansiva (que separava as coisas) e a força da gravidade (que puxava as coisas). Se a expansão dominasse, a matéria se separaria demasiadamente rápido para ocorrer a condensação em galáxias e estrelas [...] [A possibilidade de nossa existência] requer equilíbrio entre os efeitos de expansão e contração, que em épocas muito antigas na história do universo (o tempo do Planck) tinha de ser diferente da igualdade por não mais do que 1 em 10^{60}. Os "alfabetizados" em matemática ficarão maravilhados com tamanho grau de precisão. Para "não-alfabetizados" em matemática, vou tomar emprestada uma ilustração de Paul Davies do que essa precisão significa.[16] Ele assinala que é o mesmo que mirar um alvo de 2,5 cm de largura do outro lado do universo observável, vinte bilhões de anos-luz de distância, e acertar bem no centro.[17]

Toda essa exatidão parece indicar fortemente que esse poder eterno e infinito também deve ser cognoscível, dada a magnitude da precisão observada ao fazer existir o universo. O que pode ter causado essa espécie de explosão? Como Mortimer J. Adler disse: "SE a existência do cosmos como um todo precisa ser explicada e SE não pode ser explicada por causas naturais, ENTÃO devemos esperar encontrar sua explicação na existência e na ação de uma causa sobrenatural".[18] A afirmação de Adler exige uma Causa Primeira que tenha agido de uma dimensão da realidade completamente livre de qualquer constrangimento, independente das dimensões de nosso universo de espaço-tempo, e preexistente

---

[16] *God and the new physics*, p. 179.
[17] John POLKINGHORNE, *One world*, p. 57.
[18] *How to think about God*, p. 131.

a ele. Uma vez que é impossível o nada produzir algo, algo deve ter existido desde sempre como a Causa Primeira do universo. Além disso, essa Causa Primeira deve ser eterna (fora do tempo, visto que o tempo é parte do universo finito) e poderosa bastante para ser responsável pela origem e existência do universo. Também é altamente provável que essa Causa também seja inteligente[19] (e, posto que é infinita, deve ser infinitamente inteligente). Portanto, concluímos que *a Superforça que fez o universo existir é uma entidade sobrenatural infinitamente poderosa, eterna e inteligente.*

Por que a superforça fez existir o cosmos?

Crer que o cosmos teve um começo e, portanto, uma Causa Primeira é confiável. Por isso, a pergunta básica "por que existe alguma coisa em vez de não existir absolutamente nada?" é respondida do seguinte modo: alguma coisa existe agora porque uma Superforça com os atributos observados acima a criou. Nossa presença é um acidente, ou a Supermente por detrás do universo teve um propósito ao criar-nos? Paul Davies postula que a "ciência pode explicar o mundo, mas nós ainda temos de explicar a ciência". Prossegue:

> As leis que capacitam o universo a existir espontaneamente parecem elas próprias ser o produto de um projeto extraordinariamente engenhoso. Se a física é o produto de um projeto, o universo deve ter um propósito, e as evidências da física moderna indicam-me fortemente que o propósito nos inclui.[20]

Quando consideramos a questão do propósito, estamos considerando a questão de uma *causa final*. Contudo, quando levantamos a questão de uma causa intencional, estamos na verdade levantando a questão de uma *causa inteligente e eficiente*. Paul Davies está certo? Somos o produto de uma causa inteligente? Richard Dawkins crê que somos "máquinas de sobrevivência — veículos robô programados cegamente para preservar as moléculas egoístas conhecidas como genes".[21] Seríamos nós meramente um subproduto acidental de alguma superforça infinita sem nenhuma inteligência? Se fôssemos causados por alguma superforça suprema e sem objetivo, então a questão do propósito fica sem

---

[19] Vamos apresentar uma tese mais substancial para uma conclusão altamente provável de que essa Causa é inteligente no capítulo 6.
[20] *Superforce*, p. 243.
[21] *The selfish gene*, prefácio. Publicado em português com o título *O gene egoísta*.

significado. Na verdade, deseja-se saber por que surge a questão de por que existimos. Se Dawkins está certo, por que meros robôs moleculares ponderam acerca dessas questões? Há uma Supermente que projetou em nosso ser o desejo e a inteligência de fazer esse tipo de perguntas? Cremos que há, e dedicamos o próximo capítulo para a justificativa de uma Causa Primeira infinita, eterna, todo-poderosa e superinteligente.

(Observação: Se você concorda com nossa conclusão conforme declarada há pouco, pode querer ir diretamente para o capítulo 6. Entretanto, pode querer familiarizar-se com vários modelos das origens que tentam escapar da conclusão de que o universo teve um início. Se é esse o caso, continue lendo para ver como os primeiros princípios da filosofia e das leis da ciência podem ser empregados para refutar alguns desses modelos das origens especulativos e complexos.)

Por que o cosmos não pode ser oscilante (ou pulsátil)?

A teoria que parece evitar um começo do universo espaço-tempo é freqüentemente referida como o modelo do universo *oscilante* ou *pulsátil*. Esse modelo das origens é baseado na conjectura de que o universo está-se expandindo em conseqüência de um dos muitos *big-bang*s. Os teóricos especulam se o universo vai parar de se expandir em algum ponto e vai começar a contrair-se sob ação de uma força de atração universal da gravidade. A expressão empregada para designar o colapso do universo é o *big crunch*, teoricamente semelhante à implosão de uma estrela e seu conseqüente buraco negro. De acordo com esse modelo oscilante, a implosão resultante deve disparar outra explosão, ou *big-bang*, o que inicia novamente todo o processo. Logo, esse modelo afirma que o universo passa por ciclos através de um número infinito de explosões e implosões que sem começo nem fim.

Supor que o *big-bang* é somente a parte mais recente de uma série de explosões nos força a perguntar: "O que causou a primeira explosão?". Crer que não houve nenhuma primeira explosão e que esses *bang*s e *crunch*s remontam infinitamente no tempo viola tanto a ciência quanto a filosofia. É a violação da mais importante lei da ciência, porque o processo de oscilação deve conformar-se à segunda lei da termodinâmica. De acordo com a segunda lei, a quantidade disponível de energia utilizável no universo deve reduzir-se progressivamente até que não haja mais ciclos. Isso é análogo a deixar uma Superbola cair de um alto edifício. Se não houver nenhuma obstrução, a bola pode pular por um tempo muito longo, mas a segunda lei por fim domina o processo e garante que a bola pare de pular. A gravidade puxa a bola para o chão, mas a segunda lei impede que ela tenha a mesma quantidade de energia que a faça subir de novo à altura original de onde caiu. De modo semelhante, mesmo se este universo for um universo que pulsa, a segunda lei afirma que a energia utilizável vai continuar a diminuir ao longo de todo o processo. Conseqüentemente, o universo deve ter tido um começo.

Além do mais, é possível que o universo dê pelo menos um único salto? O astrônomo Hugh Ross explica por que essa idéia não é possível:

> O universo, com uma entropia específica de cerca de um bilhão, classifica-se como o fenômeno mais entrópico que se conhece. Desse modo, mesmo se o universo contivesse massa suficiente para forçar um colapso final, esse colapso *não* produziria um salto. Muito da energia do universo se dissipa de uma forma irrecuperável para fornecer combustível para um salto. Como uma porção de barro úmido caindo sobre num tapete, o universo, se de fato caísse, se "achataria"*.[22]

Por essas razões, rejeitamos o modelo do universo oscilante (ou pulsátil). Ademais, qualquer modelo de origens que viole a segunda lei da termodinâmica e é forçado a adotar uma concepção infinita do tempo, também será forçado a cometer um erro filosófico, a saber, que não pode haver um número infinito de momentos reais de tempo. Vamos identificar e explicar esse erro mais tarde, quando analisarmos a proposta de Stephen Hawking.

POR QUE O COSMOS NÃO PODE ESTAR NUM ETERNO ESTADO DE ESTABILIDADE?

Alguns cosmólogos reivindicam que o universo em expansão assume a qualidade de ser eterno e imutável à medida que os vácuos resultantes da expansão são

---

[22] *The fingerprint of God*, p.105.

*A expressão original (*go splat*) traduz melhor a idéia. *Splat* é uma palavra onomatopaica que exprime o som de uma massa úmida esborrachando-se no chão (N. da E.).

preenchidos pela geração espontânea de nova matéria. Conseqüentemente, afirmam que a segunda lei da termodinâmica não se aplica ao universo como um todo. Outros sustentam que a segunda lei se aplica ao universo como um todo, mas não estava funcionando aos 10^{43} segundos (início do universo espaço-tempo). Todos esses cosmólogos concluem que Carl Sagan estava certo ("O Cosmos é tudo que existe ou já existiu ou sempre existirá."). As opiniões deles sobre como o universo escapa da segunda lei são variadas, mas todos concordam que o universo é de algum modo definitivamente isento da força mortal final da segunda lei da termodinâmica.

No que diz respeito às evidências, *as leis da termodinâmica atuam por todo o universo conhecível*. Quando se projetam naves espaciais para satisfazer padrões muito exigentes, necessários para longas jornadas, os engenheiros aeroespaciais presumem que todas as leis conhecidas da física se aplicam em todo o universo. Em agosto de 1989, a *Voyager 2* descobriu mais seis luas de Netuno antes de partir de nosso sistema solar. Até esse ponto as leis da física ainda eram válidas, e não há razão científica para crer que essas leis não atuem no universo todo. Além do mais, o universo conhecido, calculou-se, tem um raio de 20 bilhões de anos-luz. Por isso, quando observamos os *quasares*, os objetos mais longínquos, presumimos que as leis que regem a radiação eletromagnética (partícula e onda) atinjam todas essas extensões. Se isso é verdade, não seria de esperar que as mais importantes leis da física, as leis da termodinâmica, também funcionassem? Claro que funcionariam, e não há nenhuma razão científica nem filosófica para pensar de modo diferente. Portanto, todas as evidências científicas dão suporte à aplicação universal das leis da termodinâmica e nos levam à única conclusão lógica: o universo teve um começo.

O outro aspecto deste modelo, a idéia de que a segunda lei não se aplica em 10^{43} segundos no tempo, deve ser cuidadosamente ponderada. Já concluímos que alguma Superforça transcende as leis da física. Se este é o caso, então há somente duas opções: 1) Se qualquer lei ou princípio da ciência está ativo aos 10^{43} segundos, então a segunda lei (que tem prioridade sobre todas as outras leis) deve estar ativa também, ou 2) os modelos das origens não podem utilizar quaisquer leis ou princípios da ciência operacional em 10^{43} segundos.

A primeira opção nos leva de volta à conclusão deste capítulo — o universo espaço-tempo teve um começo. A segunda opção derruba todos os modelos das origens que tentam dar uma explicação do que aconteceu antes do *Big-bang*, entre eles a proposta de Stephen Hawking (discutida abaixo). Contudo, as idéias mais recentes a respeito do que aconteceu aos 10^{43} segundos parecem ter conseguido a atenção dos pesquisadores e dos cosmólogos amadores. A revista *Astronomy* explica:

> Nos laboratórios de física mais avançados do mundo, o universo antes do *big-bang* transformou-se numa das áreas mais quentes de pesquisa. Há um ar tangível de entusiasmo quando testemunhamos o nascimento de uma nova ciência chamada cosmologia quântica. *Embora não haja nenhuma prova experimental para a cosmologia quântica*, a teoria é tão coercitiva e bela que se transformou no centro de intensa pesquisa.[23]

O problema com essa "nova ciência chamada cosmologia quântica" é que ela está além da investigação científica e é de caráter essencialmente filosófico. Como filosofia, a cosmologia quântica é cheia de problemas que serão identificados e discutidos no próximo modelo das origens: a proposta de Stephen Hawking.

O QUE SE PODE DIZER DA COSMOLOGIA QUÂNTICA E DO MODELO DE STEPHEN HAWKING?

Stephen Hawking montou um dos mais imaginativos modelos das origens que procura evitar a idéia de um universo com começo. Hawking propõe um universo finito, todavia sem limites, semelhante à esfera, que não tem extremidades (a extremidade representa o início do tempo).

Por exemplo, se fôssemos capazes de andar ao redor da terra continuamente, jamais cairíamos para fora dela porque ela não tem extremidades. Desse modo, podemos pensar na terra como uma esfera finita, todavia sem limites, que pode ser circundada infinitamente com relação ao tempo. Hawking argumenta que se o universo não tivesse extremidades, seria "completamente autocontido e não seria afetado por nada de fora dele. Não seria criado nem destruído. Apenas EXISTIRIA".[24] Entretanto, Hawking acrescenta a seguinte advertência:

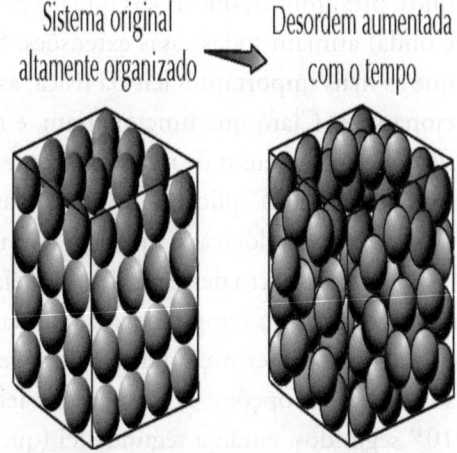

---

[23]Kaku MICHIO, What happened before the big-bang, *Astronomy*, vol. 24, 5/5/1996, p. 36 (grifo do autor).

[24]*A brief history of time*, p. 136. Publicado em português com o título *Uma breve história do tempo*.

Gostaria de enfatizar que esta idéia, de que o tempo e o espaço devem ser finitos sem limites, é apenas uma *proposta:* não pode ser deduzida de algum outro princípio. Como qualquer outra teoria científica, ela pode inicialmente ser colocada em evidência por razões estéticas ou metafísicas, mas a prova real é se ela faz predições que concordam com a observação.[25]

A proposta de Hawking procura evitar o que tem sido chamado de *singularidade* — um ponto em que todas as leis conhecidas da física não mais se aplicam. A singularidade do *Big-bang* indica claramente o começo do universo espaço-tempo. Contudo, Hawking a evita supondo que não houve começo algum. Ele tem-se empenhado em desenvolver um modelo de universo finito e mensurável, mas sem limite no tempo. Ele incorpora em sua proposta o freqüentemente mal-interpretado princípio da incerteza da teoria quântica[26]. Também emprega um conceito que chama de *tempo imaginário*. Dito de maneira simples, tempo imaginário, em termos matemáticos, é equivalente a números imaginários (a raiz quadrada de um número negativo). Conseqüentemente, a integridade do modelo de Hawking repousa em duas hipóteses: 1) é plausível utilizar o conceito de tempo imaginário num modelo que deve descrever um universo que funciona em temo real e 2) é valido empregar o princípio da incerteza aos 10^{43} segundos para evitar o começo do universo espaço-tempo.

Hawking designa o uso do tempo imaginário como "um dispositivo matemático (ou artifício) para calcular respostas acerca do espaço-tempo real".[27] Mas sua proposta de fato responde à questão final da origem quando aplicada ao espaço-tempo real? Hawking confessa:

> Entretanto, quando se volta para o tempo real em que vivemos, ainda parecerá haver singularidades. O pobre astronauta que cai num buraco negro ainda morrerá. Somente se vivesse num tempo imaginário ele não encontraria nenhuma singularidade.[28]

Quando Hawking converte seu trabalho para o tempo real, a singularidade (o começo do tempo) reaparece. No esforço de evitar um começo, ele dá a entender que "o chamado tempo imaginário é realmente o tempo real, e o que chamamos tempo real é apenas invenção de nossa imaginação".[29] Se isso fosse

---

[25]Ibid, p. 136-7.
[26]Para explicação e análise do princípio da incerteza, v. cap. 4, "A Física quântica refuta a causalidade?".
[27]Op.cit., p. 134.
[28]Ibid., p. 139
[29]Ibid., p. 139.

verdade, então todas as leis e princípios científicos também deveriam ser invenção de nossa imaginação porque foram desenvolvidos em tempo real. De acordo com a proposta de Hawking, teríamos de recalcular essas leis e esses princípios convertendo suas respectivas escalas de tempo real em coordenadas tempo-imaginárias.

Portanto, propomos que o tempo real é real e que a proposta de Hawking é "invenção da imaginação". Tão logo os números de sua teoria se convertem de volta ao tempo real (a dimensão do tempo em que a ciência opera), as singularidades e as condições dos limites aparecem novamente. A única conclusão *científica* que se pode tirar de sua proposta é que ela é um artifício matemático perspicaz, não uma descrição significativa da realidade. Pode até ser um modo de pensar muito imaginativo e exótico a respeito da origem do universo, mas é tudo o que podemos dizer dele.

A sugestão de Hawking tem caráter semelhante à constante cosmológica de Einstein. Einstein precisava, e criou, de uma constante matemática para o universo parar de se expandir por causa das implicações dessa expansão com respeito ao começo do tempo. Contudo, como demonstramos, um universo que existe em tempo e espaço reais necessariamente tem de ter um começo — conclusão coerente com as leis da ciência. Roy Peacock observou a verdadeira beleza científica da proposta de Hawking quando disse:

> A elegância do modelo de Hawking não é que ele nos leve a um universo que não teve começo e não terá fim; é que ela nos traz de volta ao tempo-espaço real, que inclui singularidades — e é uma conclusão que se alinha adequadamente com a Segunda Lei da Termodinâmica.[30]

Como vimos, um dos principais problemas associados com a idéia de Hawking é sua hipótese contraditória: se todas as leis da física não mais se aplicam nos 10^{43} segundos, então nenhuma das leis da física pode ser utilizada para criar um modelo, até o princípio da incerteza. Hawking é muito cuidadoso para não violar o princípio da incerteza,[31] mas parece não ter a mesma precaução para manter intacta a segunda lei da termodinâmica. Ou todas as leis se aplicam, ou não. Dizer que não se aplicam, mas usar o princípio da incerteza, é violar o mais importante preceito da lógica, a lei da não-contradição. Além disso, selecionar arbitrariamente o princípio da incerteza e preterir a

---

[30] *A brief history of eternity*, p. 95.
[31] Op. cit. p. 148-9.

segunda lei não somente *é dar a questão como provada para fugir da discussão*, do ponto de vista da filosofia, mas também é altamente estranho à ciência. Se o princípio da incerteza pode ser empregado para um modelo desenvolvido em 10^{43} segundos, então a segunda lei da termodinâmica deve ter prioridade sobre ele, uma vez que está mais firmemente estabelecida pela observação.

Visto que Hawking admite que as hipóteses fundamentais de sua proposta são de natureza metafísica,[32] podemos criticá-la como tal. Para crer que o tempo é infinito, é preciso desejar cometer um erro de lógica. É o erro conhecido por *erro de categoria* (apresentado anteriormente), que neste caso confunde o que é matematicamente possível com o que é real.

Por exemplo, os conceitos matemáticos são *logicamente* possíveis, mas nem sempre *realmente* possíveis no universo material. Considere o dilema antigo conhecido por paradoxo de Zenão, que era uma tentativa de provar que todo movimento é uma ilusão. Zenão baseou seu argumento no conceito matemático de que uma reta contém um número infinito de pontos. Adaptamos o argumento dele, por propósitos ilustrativos, e mostramos uma reta que liga o ponto A ao ponto B.

Em matemática, o número de pontos do segmento de reta A-B é infinito. Do ponto de vista conceitual, para ir do ponto A ao ponto B, teríamos de passar pelo ponto médio M_1. Contudo, depois de passar pelo ponto médio M_1, temos de passar pelo ponto médio entre M_1 e o ponto B, que é M_2. Esse processo é interminável porque há um número infinito de pontos médios matemáticos entre o ponto A e o ponto B. Portanto, parece logicamente impossível mover-se do ponto A ao ponto B. Fazer isso requereria passar por um número infinito de pontos médios — $M_{infinito}$, como indica a segunda ilustração.

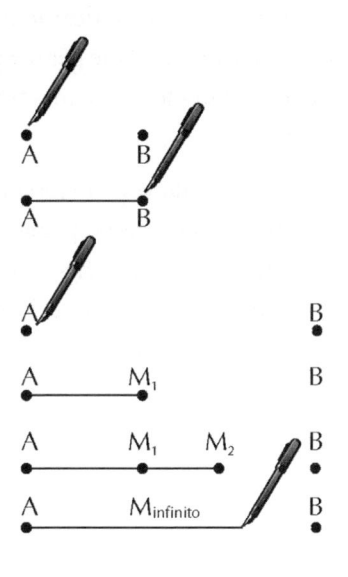

Zenão aplicou esses conceitos matemáticos a um atleta que tentava fazer uma corrida partindo de um ponto A e cruzar a linha de chegada no ponto B. Argumentou que seria logicamente impossível para o corredor mover-se em

---

[32]Ibid., p. 136.

qualquer direção porque para isso o atleta teria de cruzar um número infinito de pontos médios. Portanto, Zenão concluiu que o movimento é uma ilusão, uma "invenção da imaginação". Isso não parece familiar? Deveria, porque Zenão e Hawking essencialmente cometem o mesmo erro filosófico.

O problema é ambos confundirem o abstrato com o concreto. Um número abstrato infinito de pontos (ou momentos) é possível, mas um número infinito concreto (real) não é.

De modo semelhante, devemos rejeitar a idéia de que exista um universo infinito real. Como conceito, deixa de satisfazer o teste material (observacional) da verdade. Hawking afirma: "Entretanto, quando se volta para o tempo real em que vivemos, ainda parecerá haver singularidades".[33] Referindo-se à validade de sua proposta, Hawking diz que "o teste real é se ela faz predições que concordem com a observação"[34]. De acordo com seus próprios critérios, a proposta de não haver limites não passa no teste real de uma teoria confiável tanto científica como filosoficamente. Há evidências mais que suficientes para concluir que a relatividade geral é uma teoria válida, e fazendo isso somos uma vez mais confrontados com uma singularidade: o começo do universo. Até Hawking conclui:

> De acordo com a teoria da relatividade, deve ter havido um estado de densidade infinita no passado, o *big-bang*, que teria sido um começo efetivo do tempo [...] No *big-bang* e em outras singularidades [*e.g.*, buracos negros], todas as leis teriam sido violadas, de forma que Deus ainda teria tido completa liberdade de escolher o que aconteceu e como o universo começou.[35]

---

[33]Ibid., p. 139.
[34]Ibid., p. 137.
[35]Ibid., p. 173.

Capítulo seis

A origem da vida

É realmente crível que o processo aleatório possa ter construído uma realidade [...] que excede em todos os sentidos qualquer coisa produzida pela inteligência humana?
—Michael Denton

Que surgiu primeiro, a mente ou a matéria?

"E assim", disse o conferencista, "termino onde comecei. Evolução, desenvolvimento, e a lenta luta para cima e para diante, do início bruto e rudimentar para a perfeição e elaboração sempre crescentes — o que parece ser a verdadeira fórmula de todo o universo.

"Vemos isso exemplificado em cada objeto que estudamos. O carvalho vem da semente. O motor expresso gigante de hoje vem do Foguete. As mais altas realizações da arte contemporânea estão numa linha contínua de descendentes desde os rudes desenhos com os quais o homem pré-histórico adornou as paredes das cavernas.

"O que são a ética e a filosofia do homem civilizado senão uma elaboração miraculosa dos instintos mais primitivos dos tabus selvagens? Cada um de nós se desenvolveu através de lentos estágios pré-natais nos quais fomos primeiramente mais parecidos com o peixe que com os mamíferos. Viemos de uma partícula de matéria pequena demais para ser vista. O próprio homem descende das bestas; o orgânico do inorgânico. Desenvolvimento é a palavra chave. A marcha de todas as coisas é partir das mais baixas para as mais altas."

Naturalmente, nada disso era novo para mim nem para nenhuma outra pessoa no auditório. Mas foi muito bem colocado (muito melhor do que está na minha reprodução), e a voz e figura do conferencista causavam profunda impressão. Pelo menos devem ter-me impressionado, pois de outra forma não poderia explicar o curioso sonho que tive naquela noite.

Sonhei que ainda estava na conferência, e a voz da tribuna ainda soava. Mas dizia tudo errado. Pelo menos podia estar dizendo coisas certas até o momento em que eu comecei a escutar, mas é certo que depois começou falar coisas erradas. Lembro-me de algo parecido com isto: "... parece ser a verdadeira fórmula de todo o universo. Nós a vemos exemplificada em cada objeto que estudamos. A semente vem do carvalho adulto. O primeiro motor mais primitivo, o Foguete, não vem de um motor ainda mais primitivo, mas de algo muito mais perfeito que ele próprio e muito mais complexo, a mente de um homem, e um homem genial. Os primeiros desenhos pré-históricos vêm, não dos desenhos mais primitivos, mas das mãos e do cérebro de seres humanos cujas mãos e cérebro não demonstram ter sido inferiores aos nossos. E, na verdade, é óbvio que o homem que primeiro concebeu a idéia de pintar um quadro deve ter sido um gênio ainda maior que qualquer dos artistas que o sucederam. O embrião que se desenvolveu em cada um de nós não se originou de algo ainda mais embrionário, originou-se de dois seres humanos plenamente desenvolvidos, nossos pais. Descendência, movimento para baixo, é a palavra chave. A marcha de todas as coisas é do mais alto para o mais baixo. O primitivo e imperfeito sempre surge de algo perfeito e desenvolvido".

Não pensei muito nisso enquanto me barbeava, mas aconteceu de eu não ter nenhum aluno às 10 da manhã e, quando terminei de responder minhas cartas, sentei-se e comecei a refletir sobre o meu sonho.

Parecia-me que o Conferencista do Sonho tinha muito a dizer em seu favor. É verdade que vemos em torno de nós coisas crescerem em direção à perfeição, partindo de inícios pequenos e rudimentares, mas também é igualmente verdadeiro que esses próprios inícios pequenos e rudimentares procedem de algo desenvolvido e plenamente amadurecido. Na verdade, todos os adultos foram um dia bebês, mas todos os bebês foram gerados por adultos e nascidos deles. O milho de fato vem da semente, mas a semente vem do milho. Eu até pude dar ao Conferencista do Sonho um exemplo de que ele havia-se esquecido. Todas as civilizações procedem de inícios pequenos, mas, quando observadas, sempre permitem perceber que esses primórdios foram "deixados cair" (como o carvalho deixa cair suas sementes) por alguma outra civilização madura. As armas e até a culinária dos antigos bárbaros alemães são derivados da antiga civilização romana. O ponto de partida da cultura grega são os remanescentes de culturas minoanas mais antigas, suplementado por restos das civilizações egípcia e fenícia.

Pela primeira vez na vida, comecei a olhar para essa questão com os olhos bem abertos. No mundo que conheço, o perfeito produz o imperfeito, que novamente se torna perfeito — o ovo leva ao pássaro, e o pássaro, ao ovo — uma sucessão interminável. Se alguma vez houve vida gerada espontaneamente de um universo puramente inorgânico, ou alguma civilização se organizou de seu próprio estado selvagem, então esses eventos seriam totalmente diferentes dos inícios de cada vida seguinte e de cada civilização seguinte, respectivamente. Isso pode ter ocorrido, mas toda sua plausibilidade se foi. De qualquer ponto de vista, o primeiro começo tinha de ser exterior ao processo ordinário da natureza. Um ovo que não veio de nenhum pássaro não é mais natural que um pássaro que existiu desde a eternidade. E, visto que a seqüência ovo-pássaro-ovo não nos leva a nenhum início plausível, não é razoável procurar a origem real de tudo em algum lugar fora da seqüência? É preciso sair da seqüência dos motores e entrar no mundo dos homens para encontrar o real originador do Foguete. Não é igualmente razoável olhar para fora da natureza para encontrar o real Originador da ordem natural?[1]

Esse roteiro de C. S. Lewis retrata com precisão a tarefa em mãos. Queremos saber se é razoável afirmar a existência de uma mente inteligente como a do "real Originador da ordem natural". Estamos tentando descobrir o que veio primeiro: a mente criou a matéria, ou a matéria criou a mente? Deus criou o homem, ou o homem criou Deus? A inteligência surge da não-inteligência ou ela sempre usa inteligência para produzir inteligência?

Quais os dois modelos concorrentes da orígem da vida?

Para ser coerente com a investigação anterior, precisamos novamente fazer diferenciação entre ciência operacional e ciência das origens. Fazendo isso, devemos ser capazes de derrubar as teorias da origem da vida baseadas em hipóteses injustificáveis e sem o apoio de leis científicas e observação. É de vital importância ter em mente que qualquer modelo válido da origem da vida nunca viole as evidências das leis científicas obtidas pela observação. Essa regra metodológica

---

[1] *God in the dock*, p. 208-11.

é conhecida como *princípio da uniformidade*[2] (ou analogia). Embora já tenhamos discutido esse princípio no capítulo 4, é sábio recordá-lo aqui, antes de prosseguirmos.

O princípio da uniformidade nos diz que as causas não-observadas dos eventos passados supostamente são semelhantes às causas de eventos iguais observados no presente. Por exemplo, estamos procurando um tipo de causa atual necessária para produzir uma célula simples (a primeira forma de vida) e, pelo uso devido do princípio da uniformidade, devemos presumir que o mesmo tipo de causa a produziu no passado. Enfim, aplicando corretamente as leis e as evidências observacionais da ciência operacional e os princípios da causalidade e da uniformidade, devemos ser capazes de determinar que modelo de origem descreve mais exatamente a origem da vida. Há dois modelos concorrentes de origem da vida que vamos considerar neste capítulo: o modelo macroevolutivo e o modelo do projeto.

O modelo macroevolutivo afirma que a vida auto-originou-se de matéria não-viva (inorgânica). Uma vez ultrapassado o abismo da não-vida para a vida, a primeira célula viva começou a evoluir por mudanças aleatórias em seu sistema genético de informação (mutações), adquirindo desse modo novas características que não existiam no organismo original. Este modelo será expandido com referência às novas formas de vida no capítulo seguinte. Por ora, estamos interessados no modo que ele explica a origem da vida. De acordo com este modelo, o primeiro organismo vivo evoluiu de matéria sem vida pelo ajuntamento acidental de matéria, sem intervenção de nenhuma mente superinteligente.

O modelo do projeto afirma que não-vida jamais produz vida e que as primeiras formas de vida foram a conseqüência direta de uma superinteligência. Este modelo será expandido no capítulo 8. Por ora, nosso interesse é saber de que maneira ele apresenta uma descrição mais acurada dos primórdios da vida que seja filosoficamente mais sólido e cientificamente mais preciso que a explicação macroevolutiva da origem da vida.

---

[2]O princípio da uniformidade não deve ser confundido com a visão naturalista conhecida como uniformitarismo. O uniformitarismo presume que apenas causas naturais podem ser aplicadas aos eventos passados. Entretanto, essa hipótese não se justifica cientificamente, é uma pressuposição filosófica do naturalismo. A base do uniformitarismo é o princípio da continuidade. Ou seja, existe um *continuum*, uma série ininterrupta de causas físicas. Todavia, a conclusão apresentada no capítulo 5, de que o universo é finito e teve um começo, corrói a credibilidade do uniformitarismo. Essa conclusão demonstrou claramente a necessidade de uma força ou causa sobrenatural além do universo espaço-tempo para justificar a origem dele.

Para nos mantermos dentro do objetivo deste trabalho no geral, é necessário manter o enfoque de testar esses dois modelos com respeito à maneira que justificam a origem da vida. Vamos empregar a ciência operacional como guia para estabelecer o princípio primeiro da biologia molecular como a pedra fundamental do edifício de qualquer modelo de origem da vida. Uma vez que esse princípio primeiro tenha sido identificado e se mostrado verdadeiro, será combinado com outras leis científicas e evidências observacionais a fim de construir uma estrutura para um modelo de origem da vida digno de confiança. O modelo que mais precisamente justifica o enorme abismo entre matéria não-viva e a vida, sem violar o primeiro princípio da biologia molecular, os princípios filosóficos, as leis científicas e as evidências observacionais será considerado o modelo autorizado. O melhor ponto de partida para esta investigação é o princípio, entender o que precisa ser explicado: a natureza de uma célula simples — o primeiro organismo vivo.

Darwin conhecia a natureza complexa da célula?

A biologia é a ciência que estuda os organismos vivos: sua estrutura, função, seu crescimento, sua origem microevolução.[3] A menor unidade de vida, isolada ou componente de organismos vivos, é chamada célula. A biologia molecular consiste do estudo dos componentes da célula no nível molecular. Não faz muito tempo a célula era considerada uma *caixa-preta*, expressão usada para designar um dispositivo cujos componentes internos são misteriosos porque não são observáveis ou são incompreensíveis. É assim que Michael J. Behe caracteriza a história da biologia: uma cadeia de caixas-pretas. Behe explica:

> Os computadores são um bom exemplo de caixa-preta. Quase todos nós usamos essas máquinas maravilhosas, sem a mais vaga idéia de como eles funcionam, processando textos, construindo gráficos ou jogando na feliz ignorância do que ocorre no interior delas.[4]

Behe prossegue descrevendo a história da biologia como a abertura de uma caixa-preta após outra. Na metade do século dezenove, a célula ainda era uma caixa-preta na mente de Darwin e de todos os outros cientistas. Behe diz que,

---

[3]Estamos fazendo diferença entre o termo *microevolução*, que explica as mudanças ocorridas dentro dos limites biológicos naturais próprios de um tipo e como ele se adapta às mudanças de seu ambiente (variação de clima e outros fatores ambientais), e *macroevolução,* que extrapola essas mudanças presumindo que tipos específicos de vida não têm nenhum limite biológico natural.
[4]*Dawin's black box*: the biochemical challenge to evolution, p. 6.

embora Darwin entendesse muito da biologia acima do nível celular, não tinha conhecimento do funcionamento interno de uma célula viva. Behe observa que somente após a Segunda Guerra Mundial, com a ajuda do microscópio eletrônico, as novas estruturas subcelulares foram descobertas. A mesma célula que parecia tão simples aos cientistas do passado agora era vista como uma entidade molecular extremamente complexa, equipada com usina de energia e centro de informação próprios. Behe registra:

> Este nível de descoberta [as estruturas subcelulares] passou a permitir que os biólogos abordassem a maior de todas as caixas pretas. A questão de *como a vida funciona* não podia ser respondida por Darwin nem por seus contemporâneos. Eles conheciam o que seus olhos viam — mas como exatamente eles enxergavam? Como o sangue coagula? Como o corpo combate a doença? As estruturas complexas reveladas pelo microscópio eletrônico eram elas mesmas compostas de componentes ainda menores. Quais eram esses componentes? A que se assemelhavam? Como funcionavam?[5]

"Como a vida funciona?" não era a única pergunta com que Darwin e seus contemporâneos eram impotentes para lidar. Eles eram incapazes de responder à pergunta: "Como a vida começou?". Como a primeira célula viva passou de matéria não-viva para viva? Para melhor compreensão da extensão dessa pergunta, Michael Denton ilustra o tipo de complexidade que deve ser esclarecido com relação a uma célula viva. Ele diz:

> Para entender a realidade da vida revelada pela biologia molecular, devemos ampliar uma célula um bilhão de vezes até que fique com vinte quilômetros de diâmetro e lembre uma nave espacial gigante [...] O que veríamos seria um objeto com projeto adaptativo e complexidade ímpares. Na superfície da célula, veríamos milhões de aberturas, como portinholas de uma enorme nave espacial, abrindo e fechando-se para permitir o fluxo contínuo de materiais para dentro e para fora. Se entrássemos por uma dessas aberturas, nós nos veríamos num mundo de tecnologia suprema e complexidade desconcertante. Veríamos intermináveis tubos e corredores altamente organizados, que se ramificam do perímetro da célula para todas as direções, alguns que levam ao banco de memória central no núcleo, e outros que montam fábricas e unidades de processamento. O núcleo seria uma vasta

---

[5]Op. cit., p. 10.

câmara esférica de mais de um quilômetro de diâmetro, semelhante a um domo geodésico, em cujo interior observaríamos milhares de cadeias espiraladas de moléculas de DNA, todas muito bem empilhadas, formando uma cadeia organizada. Uma enorme extensão de produtos e de matérias primas seria transportada pelos múltiplos tubos de maneira muito ordenada para as várias fábricas montadas nas regiões externas da célula e dessas fábricas [...] É de fato crível que um processo casual tenha construído uma realidade, cujo menor elemento — uma proteína funcional ou um gene — tenha complexidade além de nossa capacidade criativa uma realidade que é a própria antítese do acaso, que excede em todos os sentidos qualquer coisa produzida pela inteligência humana?[6]

O que causou a existência da primeira célula simples, uma entidade altamente especializada e complexa? Foi preciso inteligência para produzir a primeira forma de vida? Ou a vida surgiu por meio de forças e processos puramente naturais ao longo de um grande período de tempo? Que critérios devemos utilizar para verificar se a macroevolução é um modelo factível para responder pela origem da vida? E o modelo do próprio Darwin?

Se se pudesse demonstrar que existiu algum órgão complexo que possivelmente não tenha sido formado por inúmeras modificações leves e sucessivas, minha teoria entraria em absoluto colapso.[7]

Vamos procurar demonstrar que a teoria da macroevolução é cientificamente improvável no que se refere a justificar a origem da vida, de acordo com os critérios de Darwin. A parte principal de nossa crítica a Darwin virá no próximo capítulo. Antes de examinar de maneira mais aprofundada o modelo macroevolutivo das origens, precisamos estabelecer se existe alguma base para essa teoria no nível molecular. Confiando no conhecimento científico atual da natureza e da função de uma célula, concordamos com Behe, que conclui que a macroevolução é uma ciência "sem fatos". Para começar, vamos abrir "a caixa-preta de Darwin" e observar mais de perto a estrutura e a função básicas de uma célula viva.

Qual o grau de complexidade de uma célula simples e como ela funciona?

Atualmente acredita-se que a célula é a menor unidade de matéria considerada viva — uma construção minúscula, cujo diâmetro pode medir menos que 0,025

---

[6] *Evolution*, p. 328, 342.
[7] *On the origin of species*, p. 171. Publicado em português com o título *Origem das espécies*, p. 171.

milímetros. Primeiramente vamos identificar as várias partes fundamentais da célula e depois vamos falar de suas respectivas funções.

Interiormente às paredes da célula há *proteínas* (ver a próxima figura), que são os componentes fundamentais de todas as células vivas. Entre as proteínas estão muitas substâncias, como as enzimas, os hormônios e os anticorpos. As proteínas são necessárias para o funcionamento adequado de qualquer organismo. Agora, observe que o núcleo da célula contém o nucléolo e uma molécula essencial chamada *ácido desoxirribonucléico* (DNA). O nucléolo é um pequeno corpo granular, tipicamente redondo, composto de proteína e ácido ribonucléico (RNA). O DNA, combinado com proteína, se organiza em unidades estruturais chamadas *cromossomos*, que normalmente ocorrem em pares idênticos. A molécula de DNA constitui a infraestrutura de cada cromossomo e é uma molécula simples, muito longa e altamente espiralada, subdividida em subunidades funcionais chamadas *genes*. O gene ocupa um lugar determinado no cromossomo e incorpora as instruções codificadas que determinam a herança de uma característica específica ou um grupo de características que são transmitidas de uma geração a outra. Ao mesmo tempo, os cromossomos contêm toda a informação necessária para formar uma cópia da célula com funcionamento idêntico.

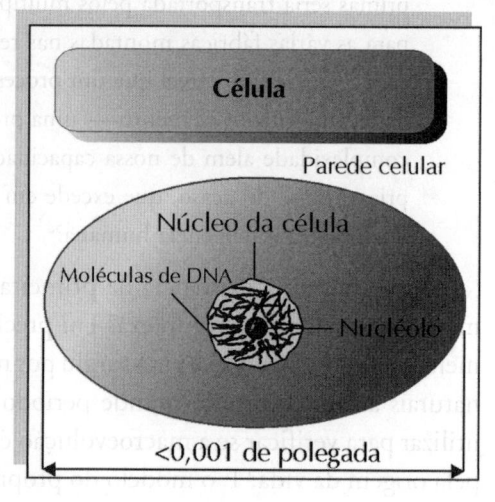

As células têm duas funções básicas: proporcionar uma estrutura para sustentar a vida e produzir cópias exatas de si mesmas de modo que um organismo possa continuar a viver mesmo depois das células originais terem morrido. Um modo de entender a estrutura e o funcionamento de uma célula é imaginar uma indústria química numa grande cidade (organismo). Essa indústria funciona de tal modo que pega a matéria-prima do ambiente, processa-a e fabrica um produto que pode tanto ser usado em seu ambiente particular (o interior da célula) quanto pode ser enviado para uso em qualquer outro lugar da cidade (o organismo). Essa indústria química é plenamente equipada com uma biblioteca biológica localizada no centro de computação (núcleo da célula), onde estão guardadas as plantas da cidade toda. Essas plantas também contêm um conjunto completo de manuais de instrução, que explicam os passos necessários para a formação e réplica da vida. As plantas e os manuais de instrução são guardados em forma de códigos em CDs (DNA) no centro de computação (núcleo da célula).

Para ajudar a visualizar como os vários componentes de uma célula funcionam em conjunto, imagine que a parede (parede celular) circunda a indústria química seja danificada. Um mensageiro (mRNA) é enviado ao centro de computação (biblioteca genética), localizado no núcleo da célula, onde se acham os mapas e as instruções (DNA) necessárias para consertar o dano da parede. Em seguida, o mRNA faz uma cópia exata da informação que ele requer do computador e a armazena no CD. Quando o processo de cópia se completa, o mRNA dirige-se ao local onde ocorreu o dano e começa a manufaturar pequenos robôs (moléculas de proteína específica), com base nas informações que copiou, para realizarem o trabalho de reparação da parede. Esta explicação é bem básica, mas nos auxilia a ter um conhecimento fundamental da estrutura e do funcionamento de uma célula.

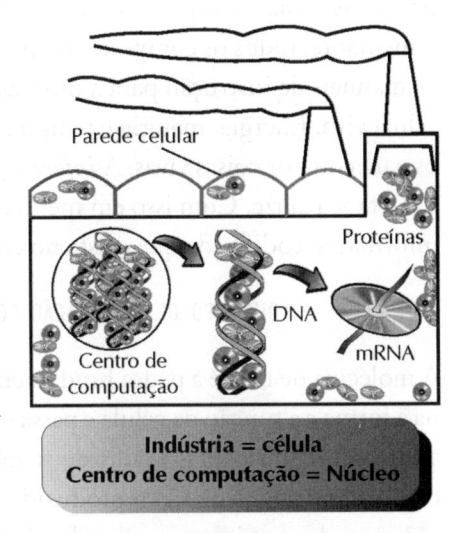

O próximo passo é investigar um pouco mais a fundo o funcionamento da célula para descobrir mais a respeito do conteúdo de informação armazenado no centro de computação (localizado no núcleo da célula). Um modo de pensar no conteúdo de informação do interior de uma célula é compará-lo a um manual de instrução do tipo que acompanha um artigo para montar.

Muito provavelmente, todos nós tivemos a experiência de ficar frustrados após a compra de algum artigo. Algumas vezes, as instruções que acompanham esses objetos são vagas, o que só aumenta o nível de aborrecimento. A perseverança normalmente é o fator chave da vitória sobre a irritação quando se quer obter a consecução de um projeto. Agora imagine o que você faria se comprasse algo complexo como um computador e descobrisse que tinha de montá-lo? Imagine-se abrindo as caixas com todos os componentes de um computador ainda por montar. Além disso, pense na dor de cabeça que seria entender todas as instruções de montagem desse objeto tão técnico. Mas — o que aconteceria se todas as peças chegassem sem as plantas ou os manuais de instrução? Como você começaria a montá-las? Sem nenhuma informação específica que lhe ensine a técnica de montagem do computador, os componentes em si são inúteis.

Esta analogia é um jeito muito rudimentar de mostrar como as matérias primas sozinhas não produzem um sistema específico e complexo. De modo semelhante, todos os componentes para a vida seriam inúteis sem os projetos e os manuais de instrução para a montagem e o funcionamento correto de uma célula viva. Energia, matéria e tempo não são os únicos ingredientes necessários para compor coisas vivas. A *informação* também deve estar presente para que a tarefa se realize. Com isso em mente, vamos observar mais de perto o tipo de informação codificada que existe no centro de computação de uma célula.

QUE TIPO DE INFORMAÇÃO CODIFICADA A CÉLULA UTILIZA?

A molécula de DNA é a pedra fundamental de todas as coisas vivas. Ela determina a forma e a função da célula e passa essa informação genética de uma geração a outra fazendo cópias exatas de si mesma. Os sistemas complexos de todo organismo conhecido são reproduzidos e montados com base nas informações armazenadas no sistema molecular do DNA. Uma vez que todo o metabolismo químico é programado pelo código genético, é essencial conhecer o nível de complexidade associado a essa informação genética. Isto significa que a molécula de DNA precisa ser desespiralada para encontrarmos o tipo de informação que existe na célula.

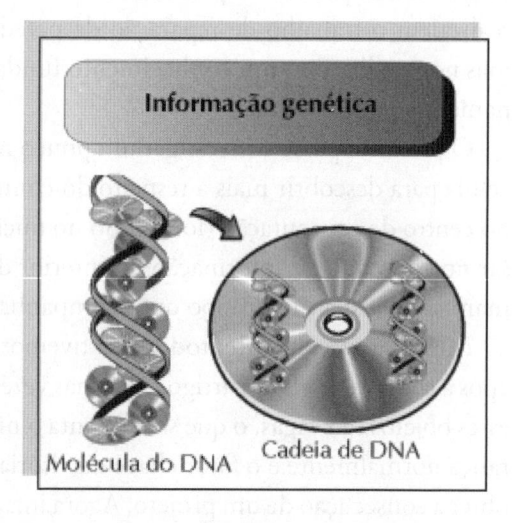

Quando olhamos para o interior do núcleo da célula, vemos que toda a informação genética está armazenada na molécula de DNA. Uma investigação mais aprofundada da molécula de DNA mostra que as cadeias de DNA estão armazenadas em discos compactos (como os CDs). Essas cadeias de informação do DNA contêm informação específica sobre o organismo. Essa informação foi comprimida e guardada em forma de código (como ilustra a figura abaixo). O código genético consiste de uma seqüência de letras (A, T, C, e G) semelhantes aos blocos de brinquedo de criança, cujos lados, cada um, são estampados com uma dessas quatro letras do alfabeto. Se essas letras estiverem ligadas numa determinada seqüência codificada, poderão ser usadas para formar uma mensagem (conjunto de instruções) que comunica uma ação. Observando os blocos, podemos ler o que se parece com uma mensagem codificada. Lendo as letras da esquerda para a direita e ligando as fileiras de três blocos de cima para baixo, a mensagem é a seguinte: TAG-CAT-ACT.

Essa mensagem pode ser descodificada e significar que é *tempo* de adquirir a licença (*TAG*) para o *gato catito* (*CAT*), por isso, *aja* (*ACT*) agora*! Reconhecidamente, esse método de comunicar instruções é muito limitado e vago. Mas imagine o código formado pelas quatro letras — A, T, C, e G — e use certas seqüências específicas e complexas para comunicar um determinado número de idéias ou ordens. Isso pode ficar complicado, mas se um conjunto de regras determinasse que uma certa combinação de letras significa um conceito específico ou uma ação, esse código pode ser utilizado para transmitir uma quantidade enorme e uma variedade ímpar de mensagens.

O Código Morse é um exemplo de um sistema codificado de informações que usa somente duas unidades em seqüências variadas para comunicar mensagens. O Código Morse consiste da combinação de pontos e traços que representam os números e as letras do alfabeto. Da mesma maneira, o alfabeto genético tem somente quatro letras — A, T, C, e G (explicadas mais tarde) —, que são usadas para armazenar e comunicar instruções específicas de forma codificada. No exemplo anterior, explicamos o que acontece com a informação codificada de uma célula. Primeiro, a informação é lida e copiada. Em seguida, é transportada para o local em que determinada tarefa deve ser desempenhada.

---

*A frase mnemônica original é: "It is time to get a license TAG for the CAT, so ACT now!". (N. da E.).

Depois a informação codificada deve ser traduzida numa seqüência específica a fim de realizar a atividade exata requerida pela célula. O próximo passo que daremos é examinar o conteúdo da informação da célula e descobrir a natureza dessa informação codificada.

A biologia molecular é essencialmente dependente de uma subdisciplina conhecida como *teoria da informação*. Essa disciplina é ciência relativamente nova, não existia no tempo de Darwin e nunca foi levada em conta quando Darwin desenvolveu a teoria da macroevolução. A teoria da informação é indispensável para compreender tudo do que trata a biologia — armazena-mento de informações e sistemas de recuperação. Esses sistemas são análogos aos projetos e manuais de instrução que fornecem a técnica de montagem e funcionamento dos mecanismos da vida. Eles especificam o que fazer e como fazê-lo, exatamente como o programa faz para o computador.

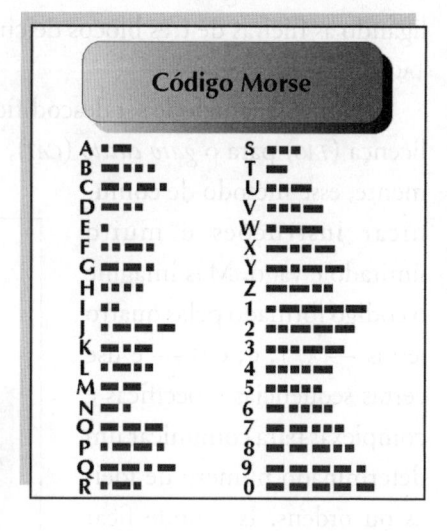

Todo programa de computador é escrito numa linguagem de programação que emprega um código consistente de duas unidades, um e zero. O computador foi projetado para responder especificamente a combinações determinadas desses números Por exemplo, a seqüência 111001100111 comunicaria uma certa mensagem lingüística de acordo com a qual o computador deve proceder, segundo seu projeto. Entretanto, esse código deve ser estabelecido com regras específicas a fim de que o sistema funcione devidamente. O programador deve criar uma linguagem, juntamente com um conjunto de regras que controlam o sistema, o que garantirá o funcionamento preciso do computador.

Agora imagine que tenhamos recebido a tarefa de decifrar o código utilizado por um determinado computador. Se conseguíssemos decifrar o código e entender como sua linguagem funciona, seríamos também capazes de ter alguma idéia de como é a mente do programador original. A complexidade da linguagem usada por um computador é diretamente proporcional ao tipo de mente que criou o sistema de informação codificada. O mesmo é verdadeiro para o conteúdo de informação do código genético e da linguagem de uma célula viva. Uma vez decifrado o código e resolvida sua complexidade, seríamos capazes de discernir se o conteúdo de informação do código genético teve um programador original inteligente, ou se o código veio a existir por um processo do acaso.

Como funciona o sistema de informação molecular do DNA?

A molécula de DNA é uma molécula simples, bastante longa e altamente espiralada que pode ser subdividida em subunidades funcionais chamadas *genes*. Os genes que contêm a informação codificada que vimos discutindo consistem de unidades ainda mais minúsculas conhecidas como *nucleotídeos*. Nucleotídeo é o nome técnico da menor unidade (letra) do código genético. Sozinho, um nucleotídeo não transmite nenhuma informação. Mas se alguns nucleotídeos são enfileirados em seqüência precisa ou cadeia, semelhante ao exemplo de 111001100111 da linguagem de computador, as letras passam a construir mensagens específicas em forma de código. Em 1952, dois geneticistas, James D. Watson e Francis H. Crick, descobriram que as partes da molécula de DNA se encaixam de maneira *específica*. Essa configuração precisa da molécula do DNA ficou conhecida como *código genético*. Dez anos depois dessa a descoberta, o código genético foi decifrado e provou ser correto de acordo com os princípios da biologia. Em outras palavras, verificou-se empiricamente que as partes do código genético, representadas pelas letras A, T, C, e G, somente se encaixam em seqüências determinadas que especificam os projetos e o manual de instruções para todas as coisas vivas.

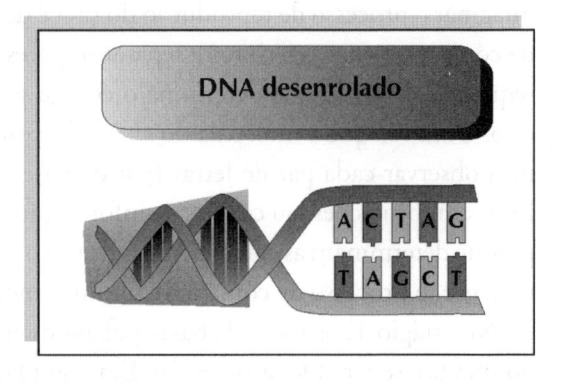

Watson e Crick descobriram que a estrutura de uma molécula de DNA tem a forma de uma hélice dupla que lembra uma longa escada de corda espiralada. Se fôssemos capazes de desenrolá-la veríamos as laterais e os degraus dessa escada. As laterais da escada de corda são compostas de seções alternadas de moléculas de açúcar e moléculas de fosfato. Os degraus da escada carregam a informação genética (código genético) e são feitos de quatro bases que contêm nitrogênio: adenina (A), timina (T), citosina (C), e guanina (G). As travessas dos degraus da escada são feitas de um nucleotídeo que se liga com uma base complementar do lado oposto da travessa.

Adenina (A), por exemplo, sempre se liga com timina (T), e citosina (C) sempre se liga com guanina (G). Conseqüentemente, cada degrau da escada de corda consiste de duas bases e há somente duas combinações possíveis para cada degrau: A/T e C/G, o que equivale a dois nucleotídeos por degrau. Cada nucleotídeo é uma subunidade de molécula do DNA e contém fosfato, açúcar e qualquer uma das quatro bases nitrogenadas. *A ordem específica dos nucleotídeos determina o código genético para cada um de nós.* Esse código pode parecer bem insignificante, mas é o meio pelo qual tudo que é vivo funciona no nível molecular. Para entender melhor, vamos observar o que acontece durante o processo de cópia.

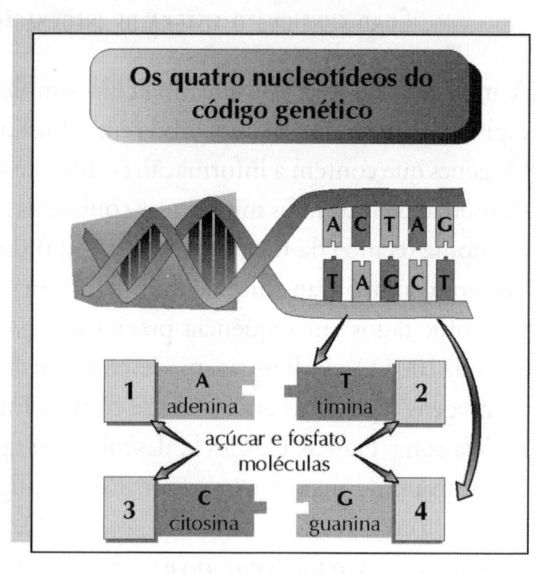

O DNA de uma forma específica de vida tem a responsabilidade de designar essa forma de vida e suas funções. Também designa a informação genética que será transmitida de uma geração para a próxima fazendo cópias exatas de si mesma. O termo técnico para esse procedimento é *replicação*. Um modo de imaginar o processo de reprodução do DNA é desenrolar (ou destorcer) a escada de corda a que nos referimos e separar os pares de letras (nucleotídeos). É essa seqüência de letras que determina o código genético singular de cada indivíduo. Uma vez que a molécula do DNA é descondensada e desespiralada, podemos observar cada par de letras (par de bases) e sua conformação particular. Essas conformações, ou cadeias de informação, são extremamente importantes porque determinam as características de um organismo particular. Conseqüentemente, o processo de cópia deve ser um funcionamento preciso.

No estágio 1, os pares de bases puxam de uma das extremidades da escada do DNA (a), separando as bases (b). Em seguida, no estágio 2, os pares de bases desligados da escada do DNA original reagrupam-se com os nucleotídeos livres (c) e formam uma cópia exata do original (d). A adenina liga-se com a timina

(A/T), e a citosina com a guanina (C/G) até resultar em duas moléculas de DNA idênticas. Isso completa o processo de cópia, e a divisão da célula está pronta para iniciar. A área de investigação a seguir tem a ver com o nível de complexidade da informação que existe dentro do sistema molecular do DNA.

A figura a seguir ilustra o processo de replicação.

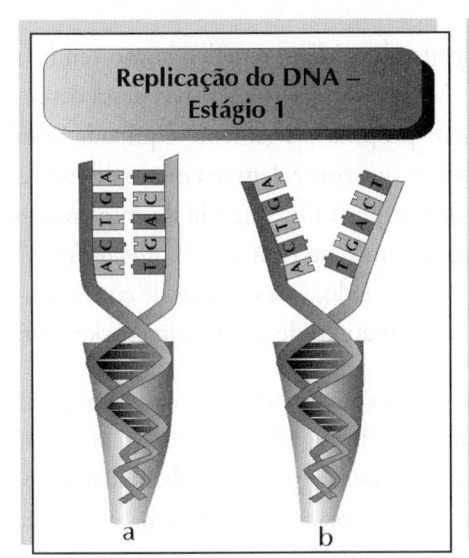

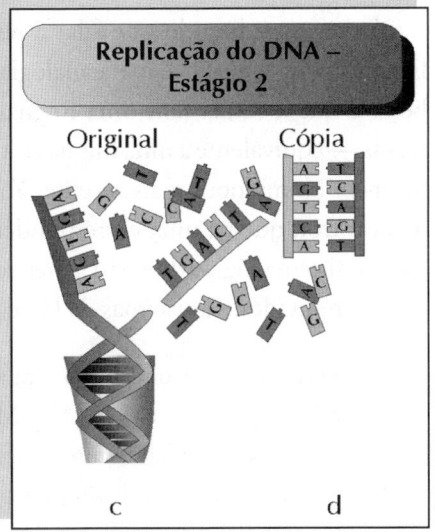

Replicação do DNA – Estágio 1

a   b

Replicação do DNA – Estágio 2

Original   Cópia

c   d

Que tipo de informação se armazena na molécula de DNA?

Já sabemos que o código genético consiste de quatro letras, A, T, C, e G. Agora precisamos entender qual o grau de complexidade do código genético a fim de determinarmos se ele é um subproduto aleatório de forças puramente naturais. Energia, matéria e tempo simplesmente, nada mais, podem produzir o tipo de organização encontrado no código genético? Vejamos o que os biólogos moleculares encontraram quando decifraram o código genético.

Como se mencionou anteriormente, a teoria da informação, subdisciplina da biologia molecular, procura descrever os dados armazenados e os sistemas recuperados das entidades biológicas. O tipo de informação que compõe o código genético, segundo se descobriu, é classificado pelos biólogos moleculares como equivalente ao de uma língua escrita. O cientista da informação Hubert P. Yockey explica:

> A estrutura estatística de qualquer linguagem impressa apresenta-se num leque de freqüências de letras, digramas, trigramas, freqüências de pala-

vras etc., regras de ortografia, gramática e assim por diante. Portanto, pode ser representada por um processo de Markov dado os estados do sistema [...] É importante entender que não estamos raciocinando por analogia. A hipótese de seqüência aplica-se diretamente à proteína e ao texto genético tanto quanto à linguagem escrita e, portanto, o tratamento é matematicamente idêntico.[8]

Yockey está dizendo que falar a respeito do código genético como sendo a linguagem da vida não é mera analogia. A importância indescritível dessa descoberta é que a célula tem uma linguagem própria, plenamente equipada com regras — equivalente a uma língua escrita — que controlam seu modo de comunicar-se. Numa obra mais recente, Yockey explica que a teoria da informação demonstrou que há uma correspondência biunívoca (um a um), *isomorfismo*,[9] entre o sistema lógico do texto genético, de um lado, e os sistemas de comunicação, computadores e sistemas da lógico-matemáticos de outro lado. Yockey diz,

> O princípio básico segundo o qual operam os computadores é o da máquina de Turing (Turing 1937). [Alan Mathison] Turing concebeu o modelo abstrato de uma máquina de computação para resolver problemas de fundamentos da matemática [...] Turing imaginou uma máquina abstrata na qual uma mensagem ou seqüência é registrada numa fita de saída, que poderia não ter peso nenhum e ter comprimento infinito. Na terminologia de computador essas mensagens ou seqüências são chamadas seqüências de bits porque se expressam numa seqüência do alfabeto (0,1) [...] Há um cabeçote de leitura, que pode mover-se tanto para ler os dados que entram como os que saem, que interage com um número finito de condições internas. Essas condições são chamadas de programa na tecnologia moderna de computadores.O programa executa suas instruções da mensagem lida da fita, e a máquina pára quando o programa foi executado.
>
> A lógica das máquinas de Turing [computadores] tem isomorfismo [relação biunívoca] com a lógica do sistema de informação genética. A fita de

---

[8]Self-organization, origin-of-life scenarios and information theory, p. 16. *Processo Markov* é uma expressão usada em estatística. Preocupa-se em analisar uma sucessão de eventos dentro de certos parâmetros, cada um dos quais determinado pelo evento imediatamente precedente. O processo tem esse nome por causa do matemático russo Andrei Markov (1856-1922).

[9]Yockey emprega o termo *isomorfismo* no sentido matemático, uma correspondência biunívoca (um a um) entre os elementos de dois conjuntos de forma que o resultado de uma operação sobre os elementos de um conjunto corresponde diretamente ao resultado da operação das imagens deles no outro conjunto. Isto é indicativo de uma relação direta de causa e efeito.

entrada é o DNA, e a seqüência de bits registrada é a mensagem genética. As condições internas são o tRNA, mRNA [...] e outros fatores que implementam o código genético e constituem o sistema lógico genético. A fita de saída é a família das proteínas especificadas pela mensagem genética registrada no DNA. Há também isomorfismo entre a informação das instruções da fita da máquina de Turing e a informação da lista dos axiomas das quais os teoremas são provados. Sem observar esses isomorfismos, as propriedades correspondentes pareceriam sem conexão nenhuma. Mas em cada um desses quatro casos um tem uma fonte de informação, uma transmissão de informação, um conjunto de instruções ou tarefas a ser completadas e uma saída.[10]

A obra de Yockey utiliza os conceito e princípios desenvolvidos nos sistemas de comunicação e nos computadores para demonstrar a aplicabilidade direta deles aos problemas encontrados na biologia molecular. Por essa razão, conforme a teoria da informação, o sistema genético lógico de informação corresponde diretamente aos sistemas lógicos usados na tecnologia de computadores.

Para melhor compreender a correspondência biunívoca entre uma língua escrita e a linguagem do sistema de informação do DNA, vamos a dois pesquisadores, Lane P. Lester e Raymond G. Gohlin, que oferecem a seguinte explicação:

> O DNA das células vivas contém informação codificada. Não é de surpreender que muitos dos termos usados na descrição do DNA e de suas funções sejam termos correspondentes a uma língua. Falamos de código genético. O DNA é *transcrito* em RNA. O RNA é *traduzido* em proteína. A proteína, em certo sentido, é codificada numa *língua* estrangeira para o DNA. O RNA pode ser considerado um *dialeto* do DNA. Essas designações não são apenas convenientes nem apenas antropomorfismos. Elas descrevem com precisão o caso [...] O código genético é composto de quatro *letras* (nucleotídeos), organizadas em 64 *palavras* de três letras cada uma (trigêmeas ou códons). Essas palavras são organizadas em seqüência para produzir *sentenças* (genes). Diversas sentenças relacionadas são enfileiradas e formam os *parágrafos* (óperons). Dezenas ou centenas de parágrafos compõem *capítulos* (cromossomos), e um conjunto total de capítulos contém toda a informação necessária para um *livro* (organismo) pronto para ser lido.[11]

---

[10] *Information theory and molecular biology*, p. 87-8.
[11] *The natural limits to biological change*, p. 86 (grifo do autor).

Que espécie de causa pode ser responsabilizada pelo tipo de ordem especializada e informação complexa encontrada no sistema genético lógico? Um meio de responder a essa pergunta é saber o que estamos querendo dizer quando dizemos que alguma coisa é viva.

Quando a matéria não-viva se transforma em organismo vivo?

Já aprendemos que a segunda lei da termodinâmica resulta num alto nível geral de desordem no universo com o passar do tempo. Naturalmente, a função inversa dessa lei (1 dividido pela segunda lei ou 1/entropia) produz altos níveis globais de ordem à medida que o tempo passa. Essa função recíproca da segunda lei da termodinâmica é chamada de *lei da especificidade*. Com respeito à informação (não energia), essa lei é análoga a fazer uma viagem de volta no tempo para obter o sistema no seu estado original altamente organizado.

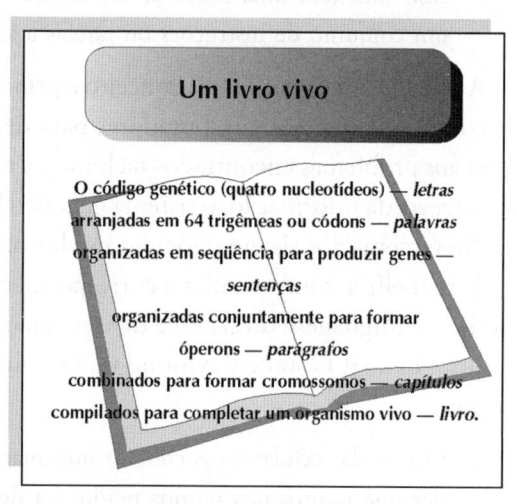

> **Um livro vivo**
>
> O código genético (quatro nucleotídeos) — *letras*
> arranjadas em 64 trigêmeas ou códons — *palavras*
> organizadas em seqüência para produzir genes —
> *sentenças*
> organizadas conjuntamente para formar
> óperons — *parágrafos*
> combinados para formar cromossomos — *capítulos*
> compilados para completar um organismo vivo — *livro*.

No seu livro *The philosophical scientists* [*Os cientistas filósofos*], David Foster explica essa relação:

> A decadência do universo e a sua ascendência dependem da mesma matemática geral com uma relação inversa ou NÃO. Temos concordar com Eddington que a Segunda Lei da Termodinâmica é uma lei importante da natureza. Mas percebemos que ela é somente metade da provável verdade e que tem seu complemento numa espécie de *Lei da Especificidade*, que é o seu anverso que usa a mesma matemática geral.[12]

Quando estudamos biologia, não demora muito encontrar a palavra *espécie*. *A escolha desse termo, em oposição a qualquer outro, se baseia na lei da* especificidade. Por sinal, é essa lei que dá aos biólogos a diferenciação clara entre a matéria não-viva e a viva. Essa distinção essencial foi resumida pelo famoso biólogo Leslie Orgel:

---

[12] P. 41.

Os organismos vivos são distinguidos pela *complexidade especificada*. Os cristais [...] não podem ser qualificados de vivos porque lhes falta *complexidade*, misturas ao acaso de polímeros não podem ser qualificadas de vivas porque lhes falta *especificidade*.[13]

Em outras palavras, quando observamos o tipo de ordem encontrado nos cristais de um pedaço de quartzo, verificamos que ele tem características redundantes — como uma mensagem: "CAT, CAT, CAT, CAT" —, mas lhe *falta complexidade*. Uma cadeia de polímeros aleatórios (polímeros são pequenas moléculas ligadas para formar uma macromolécula, como uma proteína ou ácido nucléico) tem uma natureza complexa, mas lhe falta *especificidade*, pois não tem função nem contém nenhuma mensagem e poderia se apresentar da seguinte forma "AG TCTT ACTGG TTCC". Porém, a complexidade especificada tem o tipo de ordem que comunica uma mensagem, ou funciona, como, por exemplo, esta: "ESTA SENTENÇA COMUNICA UMA MENSAGEM E MOSTRA A COMPLEXIDADE ESPECIFICADA DE UM ORGANISMO VIVO". Desse modo, os cristais de um pedaço de quartzo são especificados, mas não complexos. As misturas aleatórias de polímeros são complexas, mas não especificadas. A vida é essencialmente distinta da matéria não-viva: é ao mesmo tempo *especificada* e *complexa*.

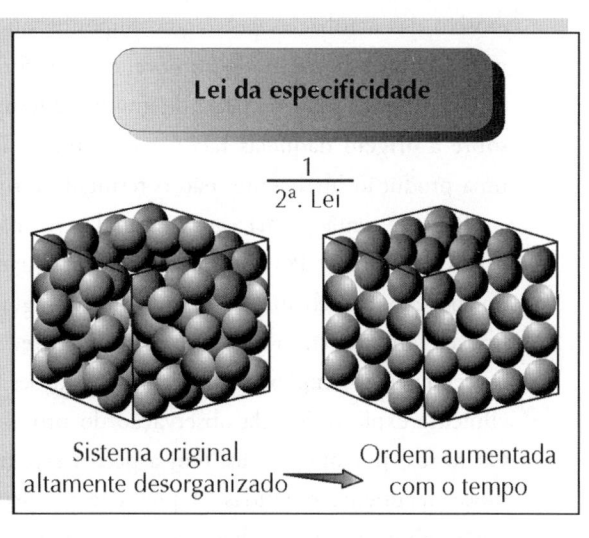

As forças naturais sozinhas, portanto, podem causar esse tipo de complexidade específica? Qual é a diferença entre o processo aleatório produzir ordem e a inteligência produzir ordem altamente especificada e complexa?

Que tipo de causa produz complexidade altamente especificada?

A ilustração a seguir é minha (Geisler) versão modernizada do famoso "argumento do relojoeiro", de William Paley, à luz da biologia molecular moderna e

---

[13] *The origins of life*, p. 189 (grifo do autor).

da teoria da informação. Deliberadamente tomo emprestados o formato e a linguagem de Paley para atingir o objetivo.

Suponha que ao atravessar um vale eu chegue a uma pedra estratificada redonda e me perguntem como ela veio a ser do jeito que é. Eu poderia responder plausivelmente que ela foi depositada ali pela água em camadas, que mais tarde se solidificaram por ação química. Um dia desprendeu-se de uma seção maior da rocha e posteriormente foi arredondada pelo processo erosivo das acrobacias pela água. Suponha que depois eu ande um pouco mais e chegue ao monte Rushmore, onde as formas dos quatro rostos aparecem esculpidas num rochedo de granito. Mesmo que eu não soubesse nada sobre a origem daquelas faces, não pensaria imediatamente que aquilo é uma produção inteligente, não o resultado do processo natural da erosão?

Por que, então, uma causa natural serve para a pedra mas não para os rostos de granito? Por esta razão, a saber, quando inspecionamos os rostos do rochedo, percebemos — o que não conseguiríamos perceber na pedra — que eles manifestam um plano inteligente, transmitem informação de especificidade complexa. A pedra tem padrões redundantes ou camadas facilmente explicáveis pela observação do processo natural de sedimentação. Os rostos, por outro lado, têm aspectos especificamente formados, não linhas meramente repetidas. A pedra tem aspectos arredondados iguais aos que se observam no resultado da erosão natural. Os rostos, por sua vez, têm aspectos nitidamente definidos, contrários aos provocados pela erosão. Por sinal, os rostos lembram coisas conhecidas feitas por artesãos inteligentes. Essas diferenças observadas nos levariam à conclusão correta de que deve ter havido em algum momento e em algum lugar uma inteligência que as formou.

Creio que não enfraqueceria a conclusão se jamais tivéssemos visto esses rostos serem esculpidos no granito, se nunca tivéssemos conhecido um artesão capaz de fazer um rosto, nem se nós próprios fôssemos totalmente incapazes de executar esse trabalho. Tudo isso não é mais do que a verdade a respeito de alguma arte perdida ou de algumas das mais curiosas produções da tecnologia moderna.

Nem, em segundo lugar, invalidaria nossa conclusão se, num exame mais detido dos rostos, eles se mostrassem esculpidos imperfeitamente. Não é necessário que uma representação seja perfeita para mostrar que foi intencional.

Nem, em terceiro lugar, traria incerteza ao argumento se não fôssemos capazes de reconhecer a identidade dos rostos. Mesmo que jamais tivéssemos conhecido as pessoas retratadas, ainda concluiríamos que foi necessário inteligência para produzi-las.

Nem, em quarto lugar, qualquer homem em seu juízo perfeito pensaria que a existência dos rostos sobre a rocha se explicasse informando-se a eles que são algumas das muitas combinações possíveis ou formas que as rochas podem ter e que tanto podia ser exibida essa configuração quanto uma estrutura diferente.

Nem, em quinto lugar, traria mais satisfação a nossa pesquisa receber como resposta o fato de existir no granito uma lei ou princípio de ordem que lhe deu aspectos de rostos. Nunca tivemos notícia de uma escultura feita por esse princípio de ordem, nem sequer podemos formar alguma idéia do significado desse princípio de ordem à parte de uma inteligência.

Em sexto lugar, ficaríamos surpresos de ouvir que uma configuração como essa sobre uma montanha não é prova de uma criação inteligente, mas somente uma indução da mente a pensar assim.

Em sétimo lugar, ficaríamos não menos surpresos de ser informados de que aqueles rostos resultaram simplesmente do processo natural de erosão do vento e da água.

Nem, em oitavo lugar, nossa conclusão mudaria se descobríssemos que certos objetos e forças naturais tenham sido utilizados na produção dos rostos. Ainda assim o manejo dessas forças, apontá-las e dirigi-las para formar rostos tão específicos demanda inteligência.

Nem, em nono lugar, faria a menor diferença em nossa conclusão se descobríssemos que essas leis naturais foram estabelecidas por algum Ser inteligente. Porque nada se acrescenta ao poder das leis naturais colocando um Projetista original para elas. Projetados ou não, os poderes naturais do vento e da erosão da chuva nunca produzem faces humanas como essas no granito.

Nem, em décimo lugar, a questão mudaria se descobríssemos que por detrás da fronte de um rosto de pedra houvesse um computador capaz de reproduzir outros rostos em outros rochedos íngremes vizinhos por meio de raios laser. Isso seria apenas um acréscimo ao nosso respeito pela inteligência que projetou esse computador.

E, além do mais, se descobríssemos que esse computador foi projetado por outro computador ainda não desistiríamos de nossa crença numa causa inteligente. Naturalmente, teríamos admiração ainda maior pela inteligência exigida para criar computadores também capazes de criar.

Ademais, não acharíamos esquisito se alguém propusesse que não há necessidade de uma causa inteligente porque pode haver uma regressão infinita de computadores projetando computadores? Sabemos que aumentar o número de computadores em série não diminui a necessidade de uma inteligência para projetar a totalidade da série. Nem permitiríamos limitação nenhuma em nossa conclusão (que é preciso uma inteligência para criar essa informação especificada e complexa) por causa de uma declaração de que esse princípio se aplica somente a eventos do passado próximo, mas não do passado mais remoto. Pois o que é remoto para nós era próximo daqueles que são remotos de nós.

E não consideraríamos arbitrário alguém insistir que a palavra *ciência* se aplica ao nosso raciocínio *somente* se presumirmos que os rostos tiveram uma causa natural, como a erosão, por exemplo, mas não se aplica se concluirmos que tiveram uma origem inteligente? Pois quem insistiria que um arqueólogo age cientificamente *apenas* quando pressupõe uma causa natural, não-inteligente dos objetos e da cerâmica antigos?

Por último, nem nos afastaríamos de nossa conclusão ou nossa confiança nela se nos disserem que não sabemos coisa nenhuma a respeito de como os rostos foram produzidos. Sabemos o suficiente para concluir que houve inteligência para produzi-los. A consciência de sabermos pouco não precisa gerar desconfiança daquilo que sabemos. E, com efeito, sabemos que as forças naturais nunca produzem esses tipos de efeitos. Sabemos que os rostos na rocha manifestam uma forma tal que só podem ter sido produzidos pela inteligência. Pois como William Paley observou: "Onde quer que vejamos as marcas de planejamento, somos conduzidos por sua causa a um autor inteligente. E essa transição do conhecimento se encontra na experiência uniforme."

Suponha também que estudando a estrutura genética de um organismo vivo, descubramos que seu DNA possui um código de informação singular altamente complexo, distinto por sua complexidade especificada. Suponha também que observemos que esse organismo vivo é distinto por sua complexidade especificada [...] Imagine que descubramos que a informação das células vivas segue os mesmos padrões de combinações das letras usadas pelos seres inteligentes para comunicar essa informação [...] Observando tudo isso, não concluiríamos que muito provavelmente foi necessário inteligência para produzir um organismo vivo? E não chegaríamos a essa posição com o mesmo grau de confiança com que concluímos que foi necessário transmitir informação à rocha para adquirir a forma especificamente complexa da face humana?

Qual é a base da confiança de que é necessário inteligência para originar essa informação? Não é nossa experiência uniforme? Não é verdade, para citar David Hume, que "uma experiência uniforme equivale a uma prova, [de forma que] aqui uma prova direta e plena da natureza do fato".[14]

Em resumo, nossa convicção na grande probabilidade de que a inteligência tenha produzido os vários códigos complexos de informação dos seres vivos não está baseada no princípio científico da uniformidade — "o presente é a chave para o passado"? E uma vez que não observamos a origem das coisas vivas, não segue que nossas especulações a respeito desses eventos passados sejam inteiramente dependentes da confiabilidade do princípio da uniformidade (analogia)? Mas em vista do fato de que nossa experiência indica uniformemente a necessidade de inteligência para criar tal informação, a hipótese da causa natural não-inteligente das coisas vivas não é contrária ao princípio da uniformidade sobre o qual o conhecimento científico dos eventos passados depende?[15]

Sim, a ciência afirma repetidas vezes que *sempre* se é necessária inteligência para produzir a complexidade especializada encontrada em *qualquer* entidade viva. Não há nenhuma lei científica ou evidência da observação que dê suporte à idéia de que a informação altamente específica e complexa de uma célula seja produzida por leis naturais.

POR QUE AS FORÇAS DA NATUREZA NÃO PODEM SER RESPONSÁVEIS PELA ORIGEM DA VIDA?

A tabela abaixo fornece algumas ilustrações da distinção entre fatos causados por leis naturais e fatos causados por projeto inteligente. A coluna da esquerda arrola exemplos de objetos que exibem características produzidas por forças naturais não-inteligentes, e a coluna da esquerda mostra exemplos de objetos que apresentam ordem altamente especializada e complexa sempre mostrada como conseqüência de uma ação inteligente.

---

[14]V. *An enquiry concerning human understanding*, p. 123.
[15]Norman L. GEISLER e J. Kerby ANDERSON, *Origen science:* aproposal for the criation-evolution controversy, p. 159-64.

Forças não-inteligentes da natureza aleatória, redundante e complexa	Projeto inteligente de uma mente Altamente especificada e complexa
Padrões redundantes em bancos de areia	Um castelo de areia
Padrões aleatórios/redundantes das nuvens	Uma mensagem escrita no firmamento
Padrões complexos no mármore bruto	Estátua de mármore de Abraão Lincoln
Programas de ruído aleatórios/redundantes	Mensagem complexa, altamente específica
Programas de computador autogerados	Mente do programador de computador

A pergunta a que devemos responder para nós mesmos é: "Os resultados de uma enorme explosão natural da magnitude do *big-bang*, entregues a si mesmos por um longo período de tempo, podem produzir o tipo de ordem altamente especializado e complexo encontrado num organismo, sem a orientação de uma inteligência?". As evidências da observação repetida confirma fortemente que sempre é necessário inteligência para produzir a ordem altamente especializada e complexa que existe nos organismos vivos. A matéria não-viva e os organismos vivos podem utilizar a mesma construção básica molecular, mas a essência diferente delas se encontra na mensagem daqueles blocos de quando foram ligadas de uma maneira altamente especializada e complexa (código genético).

Voltando à ilustração das bolinhas de gude do capítulo 5, perguntamos: "Qual a probabilidade de que tempo, energia e forças naturais (aleatórias) sozinhos tenham organizado essas bolinhas de modo a expressar nos mínimos detalhes a palavra *código* num contexto de tantas outras possibilidades?". Essa mesma pergunta se aplica à ordem altamente especializada e complexa que encontramos nos organismos vivos. Para dizer a verdade, seria interessante considerar o nível de improbabilidade associado à teoria de que a vida pode ter surgido meramente em conseqüência da ação do tempo, da energia e das forças naturais.

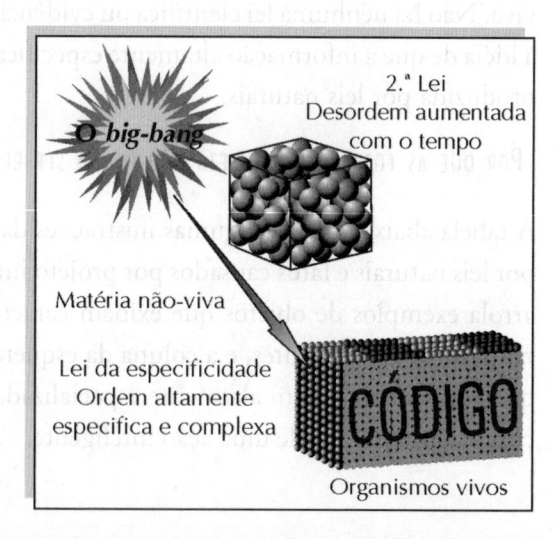

Os cientistas usam a segunda lei da termodinâmica para medir o nível de desordem (entropia) de um sistema. A função recíproca, a lei da especificidade

(1/entropia), também é usada para medir o grau de ordem (especificidade) produzida num sistema. Qual é o nível de improbabilidade de geração do tipo de ordem encontrada nos organismos vivos sem a intervenção da inteligência, contra um pano de fundo de outras possibilidades? Consideremos dois fatores que afetam a resposta a essa pergunta. O primeiro é o tempo que havia disponível para esse processo ocorrer. O segundo é a probabilidade associada com a idéia de que a vida pode ter surgido como conseqüência das forças naturais aleatórias sozinhas. David Foster nos ajuda com a questão do tempo:

> Especificidade é a medida da improbabilidade de um padrão *que de fato ocorre* contra um pano de fundo de alternativas [...] Imaginemos que haja um maço de 52 cartas bem embaralhadas sobre a mesa, com as faces viradas para baixo. Quais são as chances de pegar todas as cartas na seqüência correta de naipes começando com (digamos) o ás de espadas e descendo, e depois, passando pelos outros naipes, terminar (digamos) com o dois de paus? Bem, a probabilidade de pegar a primeira carta corretamente é de 1 em 52, a segunda, de 1 em 51, a terceira 1 em 50, a quarta 1 em 49, e assim por diante. Desse modo, a probabilidade de pegar todo o maço corretamente é o fatorial de 52 (i.e., 52!), o que equivale a uma chance em (cerca de) 10^{68}. Este número se avizinha do de todos os átomos do universo [...]

O número de segundos daqui para trás até a data estimada do Big-bang é 4×10^{17} (digamos 10^{18}).

O número de átomos do universo: 10^{80}.

O número de fótons do universo: 10^{88}.

O número de estrelas do universo: 10^{22}.

O número de comprimentos de ondas de luz para atravessar o universo: 2×10^{33}.[16]

Se alguém acreditasse que o universo tem aproximadamente a idade de 10^{18} segundos, qual a probabilidade de as forças naturais produzirem vida? Usando a lei da especificidade, a probabilidade de surgir vida das forças naturais sozinhas foi considerada seriamente tanto por matemáticos como por astrônomos.

> Os matemáticos, envolvidos pela natureza estatística do problema, negaram a possibilidade de mutações mínimas aleatórias produzirem complexidade e novidade biológica. Usando computadores, o matemático Marcel

---

[16]David Foster, *The philosophical scientists*, p. 39-40, 81.

Schutzenberger, descobriu que as probabilidades contrárias à melhoria da informação significativa por mudanças aleatórias são de 10^{1000}. Os astrônomos Fred Hoyle e Chandra Wickramasinghe calcularam a probabilidade de a vida se originar da não-vida em 10^{40000}, e a probabilidade de complexidade aumentada surgir pelas mutações e pela seleção natural aproxima-se desse número.[17]

As conclusões científicas devem basear-se na probabilidade. Na melhor das hipóteses, as conclusões científicas dependem de um nível de probabilidade de uma certa causa produzir um certo efeito. Se fôssemos considerar a probabilidade de a vida ter surgido sem causa inteligente, seríamos forçados a nos apartar da esfera da ciência. O número 10^{40000} é inimaginavelmente maior do que o número de átomos do universo conhecido (10^{80}). Portanto, a probabilidade de a vida ter surgido por acaso é muito menor que a probabilidade de encontrar um determinado átomo no universo inteiro. Ora, se os modelos científicos devem ser construídos sobre os mais altos graus da probabilidade, e $1/10^{1000-40.000}$ de potência está na esfera da impossibilidade, então acreditar que isso é verdadeiro é ir além do escopo da ciência! A *regra prática* da física é que uma vez que a probabilidade de um evento desce abaixo de $1/10^{50}$, ele entrou na esfera do *impossível*!

A quantidade de números envolvidos nas probabilidades mencionadas acima é difícil de imaginar. Michael Denton pode ajudar-nos a compreender a ordem de grandeza delas.

> Os números da ordem de 10^{15} estão, naturalmente, totalmente além da compreensão. Imagine uma área de cerca de metade do tamanho dos Estados Unidos (um milhão de milhas quadradas) coberta por uma floresta com dez mil árvores por milha quadrada. Se cada árvore contivesse dez mil folhas, o número total de folhas dessa floresta seria de 10^{15}, equivalente ao número de conexões no cérebro humano![18]

Para crermos que forças puramente naturais podem ter produzido o tipo de ordem altamente especializada e complexa, mencionada anteriormente, teríamos de ter uma fé totalmente cega! Além disso, à luz da ciência da teoria da informação, seríamos forçados a rejeitar as conclusões descobertas nesse cam-

---

[17] *The natural limits to biological change*, p. 86.
[18] *Evolution*: a theory in crisis, p. 330.

po, que confirmam a necessidade de haver uma causa inteligente para a vida. Por estas razões, rejeitamos a idéia de que a vida pode ter surgido de matéria não-viva por ação de forças naturais somente.

Como a teoria da informação confirma uma causa inteligente?

Na verdade, é de má fé lançar o argumento de uma causa inteligente da vida em termos de probabilidade, pois a teoria da informação e a biologia molecular verificaram que o código genético de uma célula viva (A, T, C e G) é *matematicamente idêntico* a uma língua escrita. Portanto, podemos imaginar como característica sua ter limites, ou condições, impostos inteligentemente da mesma maneira que um autor que usa letras específicas para escrever um livro.

Todos os tipos de livros utilizam as mesmas letras do alfabeto, mas comunicam idéias radicalmente diferentes. Por exemplo, o mesmo autor pode escrever um livro sobre ética e outro sobre ciência. Ambos consistem do mesmo material (papel e tinta), mas as mensagens são distintamente diferentes. A discrepância essencial entre os dois livros está no modo que o autor especifica que letras do alfabeto usar para dar significado às palavras e na ordem delas (limites especificados).

Em seguida, as palavras são associadas umas às outras pela mente do autor para formular sentenças. As sentenças são construídas de tal modo que formam parágrafos. Quando foi escrito um número suficiente de parágrafos, surge um capítulo. Finalmente, os capítulos compilados produzem um livro sobre ética. Cada passo ao longo do caminho requer que autor a manipule com inteligência as letras e a organização das palavras, sentenças, parágrafos e capítulos impondo condições de limites especificados aos materiais escritos. Contudo, quando o mesmo autor escreve um livro sobre ciência, o processo, as regras de ortografia e princípios de gramática são os mesmos, mas o autor deve usar a *inteligência* para especificar condições de limites diferentes.

Condição de limite é uma restrição no funcionamento da natureza. É uma expressão que tem uma longa história de uso na física. Na teoria da informação, o equivalente de condição de limite é a expressão *complexidade especificada*. O que é de importância crítica em comunicação não é a instrumentalidade (meio) nem o material que está sendo usado para comunicar, mas as condições de limite associadas ao material.

Considere os efeitos obtidos por um piloto da esquadrilha da fumaça que impõe um limite à fumaça controlando-lhe a saída inteligentemente. Nenhum limite físico é imposto. O único limite imposto à fumaça é o limite de pensamento. Em outras palavras, o material em si não impõe seus próprios limites — um agente inteligente os impõe ao material. Na rocha do monte Rushmore também foi imposto um limite pelo pensamento a fim de formar as faces dos presidentes ali. Igualmente, uma condição de limite de pensamento precisaria ser imposta sobre a areia da praia se quiséssemos escrever uma mensagem como, por exemplo, "não foi necessária nenhuma inteligência para escrever esta mensagem". Em cada caso, a condição de limite teve sua origem no pensamento inteligente e, *em seguida*, foi imposta ao material inerte, seja fumaça, pedra ou areia.

> Dois pontos surgem da discussão a respeito das condições de limite e da complexidade especificada. Primeiro, num sistema de comunicação como um livro, a condição de limite em si é o que interessa. Em outras palavras, a comunicação é a condição de limite, e a comunicação dependente do meio pelo qual é transmitida. A comunicação é a mesma quer seja escrita no papel, quer na pedra, quer na areia, quer com fumaça no céu. O meio, contudo, afeta o grau de permanência. O segundo ponto que surge da discussão é o da complexidade especificada e das condições do tipo de comunicação, que se sabe empiricamente surgem pela configuração inteligente da matéria, isto é, pela causa primária eficiente.[19]

A ciência operacional confirma que a complexidade especificada associada a elementos como livros, por exemplo, se deve a causas inteligentes. Jamais se demonstrou que livros resultam de explosões em gráficas! Aqui reside o problema essencial para quem crê que a matéria, o tempo e as forças naturais representam a única realidade no universo. Um cientista descreveu o modelo macroevolutivo puramente naturalista da origem da vida como

> uma tentativa de explicar a formação do código genético com os componentes químicos do DNA sem a ajuda de um conceito genético (informação) que tem origem fora das moléculas dos cromossomos. Isso é comparável a supor que o texto de um livro se origina das moléculas do papel sobre o qual as sentenças aparecem, não de alguma fonte externa de informação (externa, a saber, às moléculas do papel) [...] Conseqüentemente, o "Livro da Vida" genético, a informação genética, origina-se supostamente do "papel" sobre o qual ele é escrito — os nucleotídeos, as bases, e os aminoácidos que com-

---

[19]Norman G. GEISLER & J. Kerby ANDERSON, *Origin science*, p. 141-2.

põem o DNA. Acredita-se que o acaso tenha sintetizado essa informação na matéria.[20]

É tempo de conduzir esta discussão a um fim e decidir se a origem da vida ocorreu como resultado das forças naturais sozinhas ou por um projeto inteligente. Cremos que a explicação macroevolutiva da origem do texto genético viola as leis e as evidências da observação da ciência. Como se afirmou anteriormente, ao estudar o conteúdo de informação da molécula de DNA, descobre-se que há termos muito específicos usados para descrever essa molécula e sua função. Quando os biólogos moleculares usam palavras como *informação, tradução de código* e *programa,* não estão usando palavras que qualquer indivíduo pode associar ao conceito de inteligência? Inteligência é um termo usado para significar a capacidade de raciocinar e compreender e formas semelhantes de atividade mental. Se for esse o caso, que tipo de inteligência conheceria a técnica necessária para produzir a complexidade especificada de vida?

QUE TIPO DE CAUSA INTELIGENTE PROJETOU O CÓDIGO GENÉTICO?

O programa de Pesquisa de Inteligência Extraterrestre (SETI) da NASA incentivou o uso de grandes radiotelescópios objetivando o espaço mais longínquo. O propósito do SETI é receber algum tipo de transmissão (comunicação). Carl Sagan disse:

> A recepção de uma *simples mensagem* do espaço mostraria que é possível viver através dessa adolescência tecnológica. Afinal, a *civilização* que transmitiu sobreviveu. Um conhecimento assim, acredito, deve valer muito.[21]

Uma simples mensagem do espaço distante, mesmo uma frase, seria prova suficiente para cientistas do peso do falecido Carl Sagan concluírem que uma vida inteligente a tenha causado. Pelo mesmo tipo de raciocínio, pode-se também concluir que a origem do código genético descoberto na primeira célula viva teve uma causa inteligente. Afinal, a conclusão seria até mais provável se o conteúdo da informação da primeira forma de vida fosse maior que uma simples mensagem do espaço. Essa idéia nos induz a perguntar: "Qual a quantidade de informação existente na primeira forma de vida de uma simples célula?".

A teoria da informação nos diz que o DNA e suas funções são matematicamente idênticos a uma língua escrita. Mas qual a quantidade de informação

---

[20] A. E. WILDER-SMITH, *The natural sciences know nothing of evolution,* p. 4-5.
[21] *Bocca's Brain,* p. 322 (grifo do autor).

existente numa simples célula, o tipo de célula primitiva que estamos investigando? O ateu Richard Dawkins, professor de zoologia da Universidade de Oxford, reconheceu que

> Cada núcleo [de célula] [...] contém um banco de dados digitalmente codificados maior em conteúdo de informação que todos os trinta volumes da *Enciclopédia Britânica*. E esse número se refere a *cada* célula, não a todas as células de um corpo juntas [...] Algumas espécies das injustamente chamadas amebas "primitivas" têm a mesma quantidade de informação no DNA que mil [volumes da] *Enciclopédia Britânica*.[22]

Explicar a quantidade de informação armazenada numa simples célula independentemente de uma causa inteligente é apenas um aspecto do problema. Considere o tipo de mente necessária para projetar os mecanismos necessários para comprimir e codificar *1 000 volumes de dados* para se encaixarem numa área altamente comprimida (menor que 0,025 mm) como a de uma simples célula!

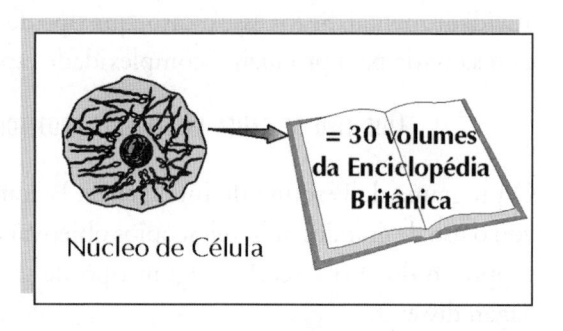

Desse modo, se uma simples célula pode conter até mil volumes de informação altamente complexa e especificada, quanta informação o cérebro humano é capaz de armazenar? Carl Sagan disse que,

> O conteúdo de informação do cérebro expresso em bits é provavelmente comparável ao número total de conexões entre os neurônios — cerca de cem trilhões, 10^{14}, de bits. Escrita em inglês, essa informação seria capaz de encher vinte milhões de volumes, tantos quantos cabem nas maiores bibliotecas do mundo. O equivalente a vinte milhões de livros está dentro da cabeça de cada um de nós. O cérebro é um lugar muito grande num espaço muito pequeno.[23]

O cérebro humano é capaz de armazenar vinte milhões de volumes de informação genética — quantidade inimaginável! Na realidade, essa quantidade

---

[22] *The blind watchmaker*, p. 17-8, 116. Publicado em português com o título [*O relojoeiro cego*], p. 17-8, 116.
[23] *Cosmos*, p. 230.

A ORIGEM DA VIDA 141

é, grosso modo, equivalente à Biblioteca do Congresso dos Estados Unidos. Esse tipo de sistema de informação e recuperação [da informação] é o resultado cumulativo de um processo aleatório?

Mencionamos que, segundo Carl Sagan, uma simples mensagem seria suficiente para nos convencer de que uma causa inteligente está por detrás dessa mensagem. *Se uma simples mensagem do espaço pode produzir a convicção de que ela teve uma causa inteligente, o que podemos dizer de mil volumes de informação encontrados numa simples célula?* O aparecimento da vida sobre a terra foi uma mensagem clara, com a extensão de mil volumes. O que aconteceria se os radiotelescópios da NASA captassem do espaço algumas dúzias de CDs contendo informação equivalente a mil volumes da *Enciclopédia Britânica*? Não se reconheceria imediatamente que a causa dessa informação tem de ser inteligente? Claro que sim, e nós também reconhecemos!

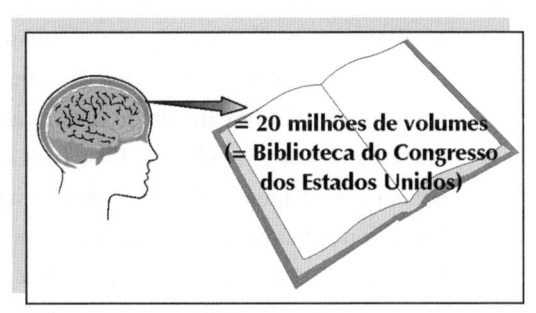

Portanto, concluímos que a lei da complexidade especificada, juntamente com os primeiros princípios da uniformidade e causalidade, justifica a convicção de que a origem da vida teve uma causa superinteligente. Uma vez que essa causa superinteligente também fez existir o universo espaço-tempo, ela deve ser mais do que natural. Conseqüentemente, o poder sobrenatural que fez o universo existir, também projetou e criou as primeiras formas de vida e deve ser um Ser sobrenaturalmente inteligente.

QUE MAIS SE PODE SABER A RESPEITO DESSE SER SUPERINTELIGENTE?

Pense novamente na analogia do computador. Os computadores são compostos de dois elementos importantes: *hardware* e *software*. O hardware é a parte material de um computador, enquanto o software corresponde à inteligência, o que dá ao computador informação ou instruções. Em relação a nossa pergunta sobre esse Ser superinteligente que projetou e criou o sistema lógico de genética, David Foster observa:

> Procurar o "que está por detrás do DNA" é como entrar no reino do *software*. A biologia molecular não consegue encontrar no DNA mais nenhum vestígio de hardware que seja contra a corrente, e uma vez que se sabe que o DNA é

codificado, *não estamos buscando mais fatos físicos, mas funções mentais*. Até a invenção dos computadores eletrônicos essa abordagem teria sido considerada pura metafísica, mas a inauguração da arte em computação nos diz que o software é "real" e tão importante quanto o hardware [...] Se agora transferirmos os nossos pensamentos dos computadores feitos pelo ser humano para o "que está por detrás do DNA", temos pouca escolha senão imaginar que há uma correspondência. Ora, "o que está por detrás dos computadores feitos pelo ser humano" não é uma "coisa", é lógica pura. No DNA vimos a "coisa" ou o hardware da computação natural, mas precisamos inventar um termo para a lógica do sistema, e parece não haver palavra mais apropriada do que LOGOS. Esta palavra grega significa "palavra" ou "razão", a substância da mente em si mesma.[24]

O "quê" por detrás do DNA está ancorado na mente do "quem", o *Logos*, por detrás do projeto do sistema de informação do DNA. Essa Supermente programou o sistema lógico genético e toda a realidade física. Entretanto, a ciência está limitada ao que pode descobrir a respeito desse *Logos*. A ciência não pode chegar por detrás do hardware para detectar alguma coisa a mais acerca de como é o software ou seu programador. É da alçada de outras disciplinas fornecer a correspondência com o programador — o *Logos*. A ciência foi usada para descobrir os três maiores atributos que correspondem a esse *Logos* — ele é infinitamente poderoso, eterno (fora do tempo) e superinteligente. Uma vez que esse *Logos* está fora do tempo, podemos também concluir logicamente que ele não está sujeito à mudança temporal porque mudança requer tempo. Portanto, esse *Logos* deve ser um Ser infinitamente poderoso, inteligente e imutável.

QUAL Á COSMOVISÃO VERDADEIRA (MELHOR CORRESPONDE À REALIDADE)?

É uma boa idéia rever as conclusões cumulativas tiradas até aqui. O teste metodológico[25] usado para descobrir a verdade acerca da realidade se vale do princípio da unidade da verdade (princípio da coerência) e identifica e prioriza os primeiros princípios das disciplinas acadêmicas que compõem as várias partes da lente intelectual. Como as primeiras três partes (primeiros princípios) dessa lente intelectual[26] foram montadas correta e coerentemente, observamos

---

[24] *The philosophical scientists*, p. 88-9 (grifo do autor).
[25] Voltar ao cap. 2 para rever o teste metodológico das declarações de verdade das cosmovisões.
[26] A lei da não-contradição na lógica, a realidade imutável na filosofia e o princípio da causalidade na ciência.

uma *correspondência* entre as conclusões alcançadas e as características mais essenciais da realidade. Essa visão da realidade (cosmovisão) agora passou a ser nossa estrutura interpretativa pela qual os fatos deste mundo podem ser explicados. Em outras palavras, as conclusões retiradas das primeiras disciplinas da lógica, filosofia, cosmologia, biologia molecular e teoria da informação excluíram o ateísmo e o panteísmo como cosmovisões viáveis. Enquanto continuamos a aprender mais acerca da realidade dos primeiros princípios nos capítulos seguintes, devemos também fazer todo esforço para cuidar que a *prioridade* e a *coerência* deles estejam protegidas.

Somente as conclusões teístas concordam com os primeiros princípios relacionados à natureza da verdade, à natureza do cosmos e à existência e cognoscibilidade de um Ser (*Logos*) infinitamente poderoso, inteligente e imutável. Em alguns dos próximos capítulos vamos tratar de assuntos como lei, direitos humanos, mal e ética. Nossa intenção é mostrar que somente o teísmo em geral (e o teísmo cristão em particular) oferece resposta às perguntas levantadas no estudo dessas questões, assim como uma explicação coerente delas. Além disso, vamos apresentar razões por que o ateísmo e o panteísmo violam os primeiros princípios associados a esses assuntos e por que deixam de oferecer respostas válidas às questões levantadas, discutindo-as.

	Ateísmo	Panteísmo	Teísmo
Verdade	Relativa. Não há absolutos	Relativa a este mundo	A verdade absoluta existe
Cosmos	Sempre existiu	Não é real. É ilusão	Realidade criada
Deus (Logos)	Não existe	Existe, mas é incognoscível	Existe, e é cognoscível

Capítulo sete

A MACROEVOLUÇÃO

> *Se pudesse demonstrar que existiu algum organismo complexo que possivelmente não tenha sido formado por inúmeras modificações leves e sucessivas, minha teoria entraria em absoluto colapso.*
>
> —Charles Darwin

Que é macroevolução?

A macroevolução é uma teoria ou modelo das origens que sustenta a idéia de que todas as variedades de formas de vida provêm de uma simples célula ou "ancestral comum". Os macroevolucionistas crêem que, uma vez que as primeiras células vivas passaram a existir, foi apenas uma questão de tempo, seleção natural,[1] e alterações biológicas moleculares aleatórias em seus sistemas de informação genética (mutações) para o aparecimento de novas características (mudanças *microevolutivas*). De acordo com o darwinismo, essas pequenas mudanças microevolutivas sucessivas vieram a acontecer por meio de variações genéticas casuais iniciadas por uma mudança de ambiente, que exerceu várias pressões sobre os organismos. Isso os induziu a mutações a fim de sobreviverem, e por fim os organismos mais adaptáveis sobreviveram (sobrevivência do mais adaptado). A sobrevivência se deu em certos organismos pela superação de limites biológicos naturais relativos a sua espécie e deu origem a novas espécies.[2] (*macroevolução*).

---

[1] Seleção natural, segundo o darwinismo, é o processo pelo qual plantas e animais se adaptam a um ambiente em transformação durante um longo período de tempo. Supõe-se que esse processo finalmente dê origem a organismos tão diferentes da população original que novas espécies se formam. V. *Oxford Dictionary of Biology*, p. 338.

[2] Estamos empregando o termo *espécie* como entende a biologia, "uma categoria usada na classificação dos organismos que consistem de um grupo de indivíduos semelhantes que podem cruzar-se entre si e produzir descendência fértil". V. *Oxford Dictionary of Biology*, p. 477.

Baseados neste modelo darwiniano de "origem das espécies", os macroevolucionistas crêem que *todas as* espécies têm um ancestral comum, inclusive a raça humana. Conseqüentemente, segundo a macroevolução, a vida humana, em última instância, é o resultado de uma série de mudanças microevolutivas durante um longo período de tempo, começando com as primeiras células vivas que enfim deram origem à humanidade.

Há variações de macroevolução

A concepção macroevolucionista mais comumente sustentada é conhecida como *gradualismo*. Seguindo Darwin, dois famosos cientistas que sustentam essa posição, que é o entendimento clássico do darwinismo, são Stephen Hawking e Richard Dawkins. O gradualismo afirma que são necessários períodos muito longos de tempo para se completar o que é conhecido por formas de vida *transicionais* ou *intermediárias*. Uma forma de vida intermediária é a macroevolução "em processo". Em outras palavras, é uma forma de vida em transição, que possui algumas características da espécie a que uma vez pertenceu e alguns atributos que no final a transformarão numa nova espécie. Conseqüentemente, esse modelo das origens afirma que novas formas de vida apareceram gradualmente como produto de seleção natural e de mutações genéticas através de períodos muito longos de tempo (normalmente milhões de anos).

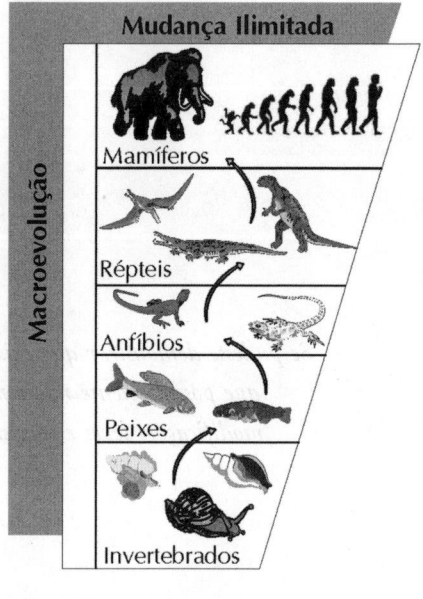

A mais recente variação do modelo macroevolutivo se chama *equilíbrios pontuados*. Um nome preeminente associado a essa teoria é um de seus formuladores, Stephen Jay Gould (paleontólogo e professor de biologia na Universidade de Harvard). O colega de Gould, Niles Eldredge (paleontólogo do Museu Americano de História Natural, em Nova York), assistiu-o na conceituação dessa variação. Ambos haviam reconhecido que as evidências observáveis (restos de fóssil de uma forma de vida em transição) previstas pela teoria da macroevolução e necessária para dar suporte ao gradualismo eram seriamente escassas. Dessa forma, propuseram uma explicação diferente da macroevolução, que afirma que novas formas de vida se criaram pela "eclosão rápida da especiação" (esta visão é explicada e analisada abaixo). Gould e Eldredge propuseram que essas eclosões rápidas de macroevolução ocorreram em períodos de tempo relativamente curtos (em geral, centenas a milhares de anos) em oposição aos milhões de anos exigidos pelo gradualismo.[3] A teoria ainda sustenta que as novas formas de vida aparecem como produto de mutações genéticas casuais ilimitadas, mas *em graus de velocidade altamente acelerados*, deixando poucos traços de formas intermediárias de vida no registro fóssil.

QUE É O MODELO DE PROJETO?

Modelo de projeto é a teoria das origens que afirma que todas as formas de vida foram projetadas para sofrer somente variações genéticas limitadas (microevolução) a fim de se adaptar e sobreviver aos estresses causados pelas mudanças ambientais. Algumas formas de vida não foram capazes de se adaptar a suas circunstâncias porque haviam alcançado as limitações de seu projeto e, conseqüentemente, se extinguiram. Os teístas que sustentam esta forma de modelo das origens de projeto crêem que a observação confirma variações microevolutivas em certo grau dentro de uma determinada *espécie*.[4] Este modelo prevê que o registro fóssil não dá testemunho das formas de transição, mas, sim, manifesta a evidência das formas de vida surgindo sobre a terra abruptamente e plenamente formadas, confirmando sua causa: o irromper repentino da criação. Além disso, este modelo prevê que as formas básicas de vida experimentaram mudanças limitadas e não exibiram nenhuma modificação direcional durante sua existência sobre a terra.

O modelo de projeto das origens sustenta que as formas de vida experimentam apenas mudanças microevolutivas limitadas durante longos períodos de tempo. Também assevera que as semelhanças entre as formas de vida são resultado das especificações de projetos comuns — não de um ancestral comum. De acordo com o modelo de projeto, esse critério de projeto interdependente se prende ao fato de que todas as formas de vida compartilham um ambiente comum e

---

[3] Stephen Jay Gould, *The panda's thumb*, p. 181-4.
[4] É importante notar que o termo *espécie*, no modelo de projeto, refere-se a uma espécie criada. Esse modelo dá a entender que a teoria da informação, quando aplicada à biologia molecular, demonstra que existe um limite definido para mudanças biológicas. Embora a variação ocorra para permitir a adaptação, nossa intenção é mostrar que as evidências confirmam que todas as expressões alternativas são ainda essencialmente do mesmo tipo básico criado. Isso permite extensa variabilidade *dentro da* espécie criada no que se refere às limitações impostas sobre o organismo pelas leis que controlam o conteúdo da informação do texto genético.

devem ser capazes de funcionar adequadamente dentro de seu ecossistema. Portanto, baseado nesse projeto, este modelo prevê que algumas mudanças ambientais podem causar uma extinção em massa de certas formas de vida.

Há variações do modelo de projeto?

Basicamente, há três formas variantes do modelo de projeto das origens. Duas se referem ao tempo e a terceira, ao mecanismo. A primeira variação do modelo de projeto das origens é sustentada por teístas que crêem que o universo espaço-tempo e todas as formas de vida foram criados em seis dias sucessivos de 24 horas. Essa posição é conhecida como a *teoria da terra jovem*. Outros teístas sustentam que o universo material e todas as formas de vida foram formados em vários estágios progressivos, cada estágio separado por um longo período de tempo. Os teístas que sustentam essa posição crêem que cada intervalo de tempo permitiu ao ser recém-criado no ambiente ser devidamente *introduzido* — o que gradualmente permitia ao ecossistema alcançar seu equilíbrio natural, ou o ponto de equilíbrio. Esta variação do modelo de projeto das origens é conhecida como *teoria da criação progressiva*. Essas concepções diferem em relação ao tempo, mas concordam essencialmente em que a ciência operacional e as evidências observáveis do registro fóssil existente não dão apoio a nenhum modelo macroevolutivo das origens.

A terceira variação do modelo de projeto das origens é conhecida como *evolucionismo teísta*. Os teístas evolucionistas confirmam a necessidade de uma causa primeira inteligente para todas as formas de vida. Contudo, acreditam que essa causa inteligente usou um processo de macroevolução para produzir novas formas de vida. Os teístas evolucionistas emprestam idéias de ambos os modelos: macroevolucionista e modelo de projeto das origens. Embora a macroevolução teísta possa classificada na categoria de variante do modelo de projeto, vamos criticá-la como forma variante da macroevolução. O motivo para isso é que, se podemos demonstrar que a macroevolução não é um modelo científico viável, qualquer forma de macroevolução também será automaticamente desqualificada. Se nosso argumento se sustenta — isto é, se as evidências observáveis e as leis da ciência não dão suporte à macroevolução —, então qualquer prefixo ou rótulo ("teísta", por exemplo) que se vincule ao modelo macroevolutivo não nos diz respeito.

Na consideração das variações básicas de todos os modelos de origens sob exame neste capítulo, temos de coloca-los juntos na seguinte tabela esquemática:

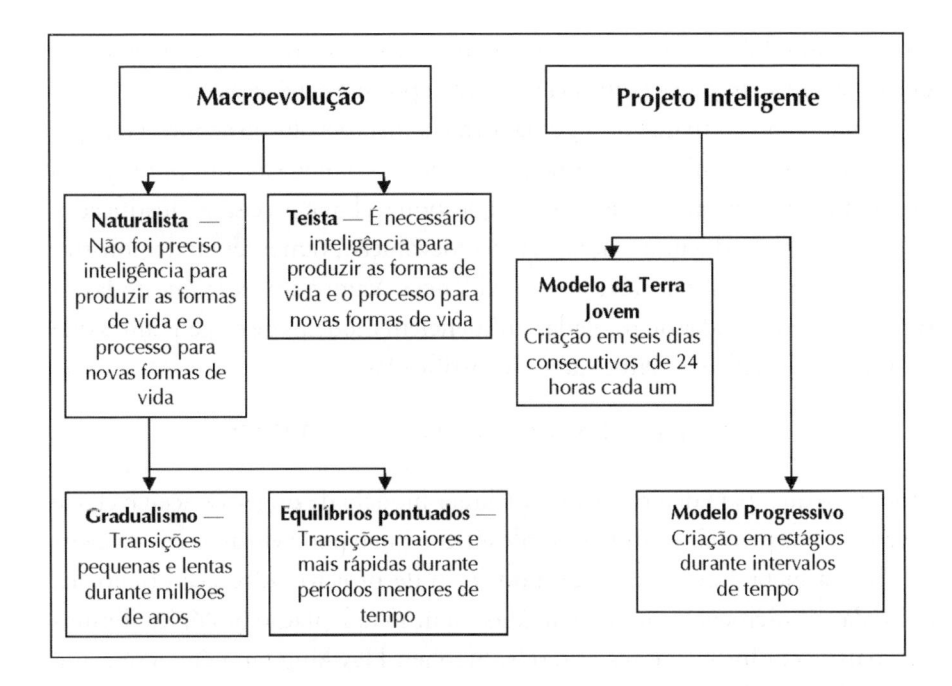

```
┌─────────────────────────────────────────────────────────────────────────┐
│         ┌──────────────────┐                    ┌──────────────────┐    │
│         │  Macroevolução   │                    │ Projeto Inteligente│   │
│         └──────────────────┘                    └──────────────────┘    │
│            │         │                              │                   │
│            ▼         ▼                              ▼                   │
│   ┌──────────────┐ ┌──────────────┐          ┌──────────────────┐       │
│   │ Naturalista  │ │ Teísta — É   │          │ Modelo da Terra  │       │
│   │ Não foi      │ │ necessário   │          │     Jovem        │       │
│   │ preciso      │ │ inteligência │          │ Criação em seis  │       │
│   │ inteligência │ │ para produzir│          │ dias consecutivos│       │
│   │ para produzir│ │ as formas de │          │ de 24 horas cada │       │
│   │ as formas de │ │ vida e o     │          │       um         │       │
│   │ vida e o     │ │ processo para│          └──────────────────┘       │
│   │ processo para│ │ novas formas │                  │                  │
│   │ novas formas │ │ de vida      │                  │                  │
│   │ de vida      │ └──────────────┘                  │                  │
│   └──────────────┘                                   │                  │
│        │       │                                     ▼                  │
│        ▼       ▼                              ┌──────────────────┐      │
│   ┌──────────┐ ┌──────────────┐               │ Modelo Progressivo│     │
│   │Gradualismo│ │Equilíbrios   │               │ Criação em estágios│    │
│   │Transições│ │pontuados —   │               │ durante intervalos│     │
│   │pequenas e│ │Transições    │               │    de tempo       │     │
│   │lentas    │ │maiores e     │               └──────────────────┘      │
│   │durante   │ │mais rápidas  │                                         │
│   │milhões   │ │durante       │                                         │
│   │de anos   │ │períodos      │                                         │
│   │          │ │menores de    │                                         │
│   │          │ │tempo         │                                         │
│   └──────────┘ └──────────────┘                                         │
└─────────────────────────────────────────────────────────────────────────┘
```

Quando examinamos as variações tanto do modelo de projeto quanto do modelo do macroevolutivo, é de importância crítica sempre ter consciência da diferença que se deve fazer entre a ciência *operacional* e a ciência das *origens*. Não podemos permitir que nenhuma idéia infundada acerca da origem das novas formas de vida seja injetada na corrente desta análise antes das conclusões da ciência operacional. Se permitirmos, *daremos a questão como provada*, o que ocorre quando uma hipótese injustificável se intromete num argumento que apóia uma conclusão ainda não estabelecida.

Por exemplo, Stephen Jay Gould disse que o mecanismo da macroevolução é de fato desconhecido, no entanto, também afirmou ao mesmo tempo que ele é insignificante em relação ao *fato* da macroevolução. Disse: "Nossa luta contínua para entender como a evolução acontece (a teoria da evolução) não põe em dúvida nossa documentação de sua ocorrência — o 'fato da evolução'".[5] Gould reconheceu abertamente que o mecanismo (*como* a macroevolução ocorre) não é conhecido, mas o "fato da evolução" (*que* ela ocorreu) é certo. Este é um caso simples de *dar a questão como provada* — a conclusão (a macroevolução é um fato) é usada como um pressuposto (a macroevolução aconteceu). Falando sem

---

[5] The verdict on creationism, *New York Times Magazine*, 19/7/1987, p. 34.

rodeios, Gould deveria ter dito: "Eu sei que a macroevolução é verdadeira porque ela aconteceu, e eu sei que ela aconteceu porque ela é verdadeira".

Tomar como certo que de alguma forma a macroevolução aconteceu e que não há nenhuma limitação natural para alteração biológica é um pressuposto extremamente substancial e altamente questionável que precisa ser justificado. Com referência à "documentação" da macroevolução, vamos tentar demonstrar que o registro fóssil não revela essa evidência. Vamos impedir que todas as suposições, escondidas ou reveladas, influenciem modelos de origens antes que provem ser filosófica e cientificamente justificadas.

Como devem ser avaliados os modelos das origens?

Propomos que, para determinar se qualquer modelo de origens é aceitável, ele deve seguir os primeiros princípios filosóficos e não pode violar as leis da ciência. Nossa meta é averiguar que modelo, o de projeto (adaptação biológica limitada — microevolução) ou a macroevolução (adaptação biológica ilimitada) mais se conforma a esses critérios. Stephen Hawking também acrescenta mais dois elementos de teste:

> Uma teoria é boa se satisfaz a duas exigências: descrever com precisão uma ampla classe de observações com base num modelo que contenha apenas alguns elementos arbitrários; e fazer predições claras acerca dos resultados de observações futuras.[6]

Além de se conformar aos primeiros princípios e às leis científicas, a credibilidade de cada modelo depende da precisão em explicar uma "ampla classe" de evidências observáveis e em testar a exatidão das predições "claras" que cada modelo faz com respeito a observações futuras. O modelo macroevolutivo, por exemplo, assevera que não há limites biológicos para as alterações microevolutivas e prevê que o registro fóssil dê apoio a essa declaração com a descoberta de fósseis de espécies de transição. Ao contrário, o modelo de projeto da criação afirma que há limites para a adaptação biológica (microevolução) e prevê que o registro fóssil mostrará o surgimento abrupto de novas formas de vida plenamente desenvolvidas. *O objetivo de cada modelo deve ser oferecer uma explicação para o aparecimento de novas formas de vida, com atenção especial ao surgimento da vida humana.* Uma vez que as leis da ciência e da evidência empírica tenham sido demonstradas,

---

[6] *A brief history of time*, p. 9. Publicado em português com o título [*Uma breve história do tempo*].

devemos ser capazes de julgar por nós mesmos qual modelo de origens se conforma mais aproximadamente com os critérios estabelecidos.

Pretendemos argumentar que a teoria da macroevolução é insustentável, mostrando que ela não é substanciada pela ciência operacional. Em primeiro lugar, vamos analisar o suposto mecanismo pelo qual se supõe que o processo da macroevolução ocorreu (seleção natural e mutações genéticas). Em seguida, examinaremos o registro fóssil para verificar se há evidências observáveis suficientes para satisfazer as previsões feitas pela concepção gradualista do modelo macroevolutivo.

Depois de mostrar as deficiências associadas à concepção gradualista, nos voltaremos para a variante relativamente nova da macroevolução, a hipótese chamada *equilíbrios pontuados*. Pretendemos demonstrar sua improbabilidade. Além do mais, demonstrar-se-á que a única alternativa lógica é o modelo de projeto de origens. Em seguida, testaremos esse modelo a fim de determinar se é uma opção científica viável, isto é, se satisfaz os critérios de uma boa teoria. Se isso acontecer, precisamos apenas apresentar todos os dados concernentes às origens de modo sistemático para verificar que variação do modelo de projeto das origens — o da terra jovem ou o da criação progressiva — corresponde mais precisamente a todas as evidências.

A SELEÇÃO NATURAL DÁ APOIO À MACROEVOLUÇÃO?

Todo modelo de origem deve responder a esta pergunta: "O que produziu esse efeito?". Um modelo das origens precisa de uma causa que realize o trabalho em questão. No caso das causas naturais, deve haver um processo ou mecanismo natural que possa produzir o efeito. A microevolução explica a variação dentro de uma determinada espécie, mas a macroevolução deve fornecer um mecanismo que explique como uma forma de vida finalmente se transforma em uma outra. Por essa razão, uma das primeiras questões que precisa ser respondida é: "Há algum limite genético ou biológico (limitações de projeto) dentro da estrutura de tipos genéticos?".

Se, como a teoria evolucionista afirma, não há limites para alterações biológicas, também é preciso perguntar: "Como o organismo sabe que tipo de mutação genético é necessário para se transformar no tipo de ser que será capaz de sobreviver no novo ambiente?". Não nos esqueçamos de que seleção implica a idéia de escolher entre alternativas, e para isso é necessário inteligência. *O DNA, em si, não tem mente para escolher coisa alguma, para selecionar sozinho um novo código de sobrevivência.* Como pode haver alguma meta ou seleção sem nenhuma inteligência envolvida no processo? Em outras palavras, como um organismo sabe que deve adaptar-se ao seu ambiente a fim de continuar existindo? Por que simplesmente não morre? Essas perguntas nos levam de volta à única resposta lógica — as células devem ter sido programadas por uma mente inteligente, que as projetou para ter uma adaptação limitada ao ambiente em transformação. Com esses parâmetros de projeto em ordem, certas mudanças ambientais disparam ajustes específicos dentro do sistema biológico e permitem que ele se adapte ao ecossistema em transformação até onde seus limites permitirem.

Pense, por exemplo, num computador que opera e controla um avião quando o piloto muda a chave para o piloto automático. O computador foi projetado para perceber as mudanças de pressão, altitude, velocidade do vento e outras dinâmicas a fim de fazer as alterações apropriadas para os sistemas essenciais que mantêm o avião na sua rota. Contudo, se o ambiente se alterar além dos parâmetros programados no computador, ou o piloto assume o controle, ou os resultados serão desastrosos.

Os macroevolucionistas insistem, não obstante, que não há limitações de mudanças nos sistemas biológicos. Naturalmente, a macroevolução "em processo" não pode ser observada. As grandes transições evolutivas são consideradas singularidade (supostamente ocorreram apenas uma vez). Portanto, os macroevolucionistas apelam para uma *analogia* chamada *seleção artificial* para apoiar sua reivindicação. Sustentam que, uma vez que a seleção artificial pode produzir mudanças significativas num curto período de tempo, a seleção natural produziria mudanças até maiores em períodos longos de tempo. Para verificar se essa analogia é válida, precisamos simplesmente testá-la.

Primeiro, é preciso reconhecer que as analogias não provam, elas meramente esclarecem ou ilustram. Uma analogia é aceitável somente se os seus elementos têm mais semelhanças do que diferenças. Se o oposto é verdadeiro, então não é uma analogia válida. Nossa tarefa é demonstrar a implausibilidade dessa analogia particular, que já foi cuidadosamente examinada e é citada na tabela a seguir.

A comparação mostra claramente que ao invés de semelhantes, a seleção artificial e a natural são opostas nos aspectos mais críticos. Por esta razão, a analogia não é boa e não fornece nenhuma evidência observável que sustente a credibilidade da seleção natural como mecanismo válido para a macroevolução. Mesmo assim, alguns macroevolucionistas ainda sustentam que a seleção artificial demonstra a validade da seleção natural, e eles apelam para a ciência operacional citando projetos de pesquisa como, por exemplo, os experimentos da mosca-das-frutas.

	Difrenças cruciais	
	Seleção artificial	Seleção natural
Meta	• Finalidade em vista	• Nenhuma finalidade em vista
Processo	• Processo dirigido inteligentemente	• Processo Cego
Escolhas	• Escolha inteligente dos descendentes	• Nenhuma escolha inteligente dos descendentes
Proteção	• Descendentes protegidos de forças destrutivas	• Descendentes não protegidos de forças destrutivas
Anormalidades	• Preserva as anormalidades desejadas	• Elimina a maior parte das anormalidades
Interrupções	• Interrupção continuada para alcançar a meta desejada	• Não há interrupções continuadas, pois não há nenhuma meta a atingir
Sobrevivência	• Sobrevivência preferencial	• Não há sobrevivência preferencial

QUE DIZER DOS EXPERIMENTOS COM A DROSÓFILA (MOSCA-DAS-FRUTAS)?

Os macroevolucionistas sustentam que o processo cego produziu a complexidade especificada da vida pelas mutações que ocorreram principalmente durante a replicação do DNA, por deleção, adição, ou alteração de um único nucleotídeo. Mas a verdade é que *as mutações são equívocos, erros que violam as regras da ortografia e da gramática da linguagem do* DNA. Esses erros são análogos aos cometidos quando se escreve um manuscrito. Os macroevolucionistas afirmam que esse é o meio pelo qual a estrutura genética de um organismo se altera e produz rupturas capazes de produzir novas formas de vida. Mas como os erros podem ser a base para a adaptação? As adaptações às mudanças do ambiente requerem conhecimento do que é necessário alterar a fim de sobreviver como um dos mais adaptados. O que se vê é que para as adaptações serem significativas devem ser o resultado de um projeto inteligente, não o produto do tempo e de forças cegas.

Na tentativa de providenciar evidências observáveis para apoiar sua posição, os macroevolucionistas põem a prova sua hipótese com o que veio a ser conhecido por "burro de carga genético" da macroevolução: uma mosca-das-frutas chamada drosófila. Os cientistas macroevolucionistas têm tentado mudar a drosófila por diversos meios nos últimos 75 anos na tentativa de forçá-la, com as mutações, a transformar-se em alguma nova forma de vida. Contudo, *mesmo com a intervenção inteligente* e em condições controladas no laboratório, todos os esforços dos macroevolucionistas têm sido em vão. A drosófila permanece aquilo que sempre foi — uma mosca-das-frutas. Ao invés de demonstrar que os limites genéticos não existem, a drosófila provou exatamente o oposto.[7]

Por que os geneticistas macroevolucionistas não conseguem que a drosófila se transforme numa nova forma de vida? A resposta simples é que o código genético da mosca-das-frutas foi criado com certos limites, e a informação necessária para transformar esse código numa nova forma de vida não existe dentro da estrutura molecular ou nos parâmetros do projeto da drosófila. Além disso, um novo tipo genético requer mais que simplesmente uma modificação de gene, necessita de uma nova informação/material genética, inclusive a inteligência para construí-lo. Conseqüentemente, se os macroevolucionistas inteligentes não conseguem realizar essa tarefa pela própria engenhosidade, por que devemos considerar a idéia de que ela pode acontecer por variações genéticas acidentais? Logo, concluímos que, se as teorias científicas devem permanecer científicas, elas devem ficar estritamente dentro dos parâmetros da ciência operacional. A drosófila fornece evidências observáveis sólidas que confirmam a implausibilidade tanto da seleção natural quanto da artificial como mecanismos viáveis em favor da macroevolução. Na realidade, a pesquisa deles serve como evidência observável forte para autorizar a afirmação do modelo de projeto de que a variação macroevolutiva ocorre dentro dos limites genéticos.

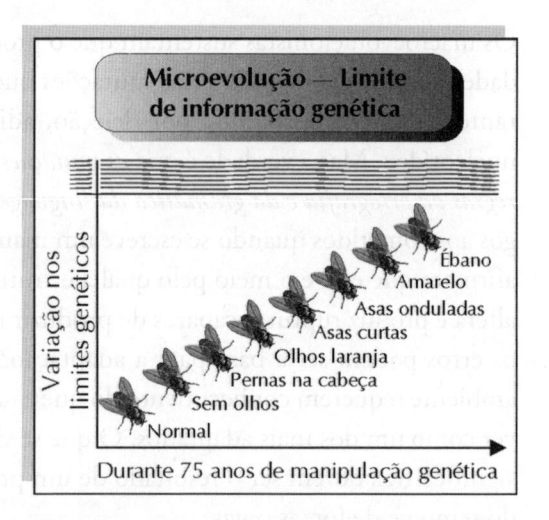

Microevolução — Limite de informação genética

Variação nos limites genéticos

Ébano
Amarelo
Asas onduladas
Asas curtas
Olhos laranja
Pernas na cabeça
Sem olhos
Normal

Durante 75 anos de manipulação genética

---

[7] Lane P. LESTER & Raymond G. BOHLIN, *The natural limits to biological change*, p. 88-9.

Que dizer do emprego de modelos de computador e analogias?

Alguns cientistas convocam modelos matemáticos e outras analogias para demonstrar que mutações genéticas aleatórias, durante longos períodos de tempo, podem produzir a complexidade especificada requerida para a vida e para surgir novas formas de vida. Por exemplo, Stephen Hawking refere-se a "um conhecido bando de macacos batendo nas teclas de uma máquina de escrever — a maior parte do que escrevem é lixo, mas muito eventualmente, por pura sorte, eles datilografariam um soneto de Shakespeare". De modo semelhante, as mutações casuais não poderiam produzir esse tipo de ordem que finalmente daria origem à primeira forma de vida (uma simples célula) e novas formas de vida?

O texto que usamos para determinar a credibilidade da analogia entre a seleção artificial e a seleção natural também pode ser usado para testar a analogia do macaco. Antes disso, é importante observar que os macroevolucionistas usam muitas outras analogias baseadas em evidências circunstanciais, entre elas anatomia comparativa, embriologia, bioquímica comparativa e estrutura comparativa de cromossomos. Todavia, *tudo isso não prova nada em relação às evidências observáveis e à ciência operacional.* Por causa disso, esta será a última analogia que analisaremos, pois nosso propósito é testar a validade dos aspectos fundamentais dos modelos de origens, não dar um panorama de evidências circunstanciais.

Precisamos apenas voltar à ciência operacional e ao primeiro princípio da biologia molecular com respeito à teoria da informação: a lei de complexidade especificada. Esta lei confirma que o conteúdo de informação do texto genético não pode surgir sem causa inteligente. A inteligência é precondição necessária para a origem de qualquer código de informação, inclusive o código genético, não importa quanto tempo leve. Portanto, qualquer analogia que tente explicar o código genético sem intervenção inteligente desqualifica-se automaticamente como explicação científica.

Além do mais, propor que macacos sentados em frente a uma máquina de escrever depois de algum tempo acabem datilografando um soneto de Shakespeare vai muito além do escopo da ciência no que se refere à estatística. Um especialista em estatística decidiu tentar resolver a probabilidade de tal esforço:

> William Bennett criou no computador um trilhão de macacos diante de máquinas de escrever, digitando dez teclas por segundo ao acaso. Teríamos

de esperar um trilhão de vezes a idade estimada do universo para ver sequer a frase "Ser ou não ser: eis a questão". Pode não ser teoricamente impossível uma chaleira de água congelar-se quando colocada sobre uma boca de fogão acesa, mas a probabilidade *real* é tão absurda que mal vale a pena falar sobre isso.[8]

Se é difícil imaginar macacos sentados quietos diante de escrivaninhas datilografando, é muito mais difícil ainda imaginar que não haja macacos rasgando papéis e derrubando as máquinas de escrever das escrivaninhas — nem todos os macacos têm a capacidade de construir. Nem tampouco as mutações têm. Para dizer a verdade, quase todas, se não todas, as mutações são erros destrutivos que prejudicam a sobrevivência do organismo.

Richard Dawkins dá uma versão mais criativa e modificada da mesma analogia, mas de modo que a faz parecer mais factível. Diz:

> Eu não sei quem primeiro assinalou que, dado tempo suficiente, um macaco esmurrando aleatoriamente uma máquina de escrever poderia produzir todas as obras de Shakespeare. A frase operativa é, naturalmente, dado tempo suficiente. Limitemos a tarefa defrontando-nos um pouco com o nosso macaco. Suponha que ele tenha de produzir, não as obras completas de Shakespeare, mas apenas a curta sentença: "Methinks it is like a weasel" [Acho que ela parece uma fuinha], e tornaremos a tarefa relativamente fácil dando-lhe uma máquina de escrever com um teclado restrito, com apenas 26 letras (maiúsculas) e uma barra de espaço. Quanto tempo ele levará para escrever essa frase curta? [...] A probabilidade de ele conseguir formular a frase toda corretamente é [...] de cerca de 1 em 10 000 milhões, milhões, milhões, milhões, milhões. Falando de maneira mais simples, a frase que procuramos demoraria muito tempo a chegar, sem falar nas obras completas de Shakespeare. Até aqui falamos de um único estágio de variação aleatória. Que dizer a respeito da seleção cumulativa: quanto ela seria mais eficaz? Muito, muito mais eficaz [...] Usamos novamente nosso macaco de computador, mas com uma diferença crucial em seu programa. Ele começa novamente escolhendo ao acaso a seqüência de 28 letras [caracteres], exatamente como antes:
>
> WDLMNLT DTJBKWIRZREZLMQCO P

---

[8] *Scientific and engineering problem solving with the computer*, referido no livro de Lane P. Lester e Raymond G. Bohlin, *The natural limits to biological changes*, p. 157-8.

Ele agora "gera" desta frase aleatória. Duplica-a repetidas vezes, mas com uma certa probabilidade de erro casual — "mutação" — no copiar. O computador examina as frases mutantes sem sentido, a "progênie" da frase original, e escolhe aquela que, *embora ligeiramente*, mais se parece com a frase alvo, "METHINKS IT IS LIKE A WEASEL".[9]

Observe como a analogia de Dawkins está se distanciando cada vez mais da não-inteligência, das mutações ao acaso. Ele concorda que a seleção de "um único passo" não funciona. (Com "único passo" ele quer dizer a mutação que se "apaga" depois de ocorrer e precisa começar de novo de onde estava antes de ocorrer [a mutação]). Em seguida dá a entender que a mutação que segue na direção "certa" é armazenada para ser acionada posteriormente. Esse efeito cumulativo (o armazenamento das formas mutantes favoráveis do organismo) supostamente vai ajudar o organismo a alcançar o seu objetivo pretendido, que ele chama de "alvo". Todavia, como esse organismo "sabe" qual é o alvo ou mesmo como ele pode "saber" que não é explicado.

Isso não freia Dawkins. Ele continua sua ilustração mostrando que o macaco do computador conseguiu atingir sua "frase alvo" mais rápido utilizando o método da seleção cumulativa em oposição à seleção de "único passo".

> Há uma grande diferença, portanto, entre a seleção cumulativa (em que cada melhora, embora leve, é usada como base para construção futura) e a seleção de "único passo" (em que cada tentativa é uma nova tentativa). Se a evolução tivesse que depender da seleção de "único passo", jamais teria ido a lugar algum. Se, no entanto, tivesse havido algum meio pelo qual as condições necessárias para a seleção cumulativa pudessem ter sido estabelecidas pelas *forças cegas da natureza*, as conseqüências poderiam ser estranhas e maravilhosas. De fato, foi exatamente isso que aconteceu neste planeta.[10]

Precisamos parar aqui e analisar as duas últimas frases. "Se [...] as *condições necessárias* [...] pudessem ter sido estabelecidas pelas *forças cegas* [...] De fato, foi exatamente isso que aconteceu". Espere um pouco — o que aconteceu e como aconteceu? Devemos aceitar a suposição cientificamente injustificada: "Se as condições necessárias pudessem ter sido estabelecidas pelas forças cegas" como uma premissa maior verdadeira por puro salto de fé "cega"? Temos de acreditar que é "de fato", e não apenas algum esforço desesperado de ajudar

---

[9] *The blind watchwaker*, p. 46-8. Publicado em poortuguês com o título *O relojoeiro cego*.
[10] Ibid., p. 49 (grifo do autor).

Dawkins a explicar por que a macroevolução é um modelo viável? Como as "forças cegas da natureza" estabeleceram as *condições necessárias* e criaram um *software* (informação) se existia apenas o *hardware* (matéria)? Quem criou o programa original? A validade da proposição total de Dawkins repousa sobre a credibilidade da premissa maior. E essa premissa maior contém uma suposição incrivelmente injustificável que de novo revela um raciocínio circular.

Como as *condições necessárias* para uma informação altamente especificada e complexa foram estabelecidas é o aspecto mais importante da teoria da macroevolução. Dawkins negligencia e, desse modo, deixa de ir diretamente aos fundamentos da ciência dando explicação de como a informação veio a existir (o princípio da causalidade). Ele indiretamente mostra com sua analogia de computador que deve haver uma relação direta entre a informação (mente/ *software*) e a estrutura molecular (*hardware*). Todavia, jamais dá nenhuma explicação de como a matéria sem inteligência é capaz de estabelecer as condições necessárias para alguma coisa, sem mencionar a complexidade necessária para a vida e novas formas de vida.

A citação seguinte é extensa e pode ser difícil de acompanhar. Mas se você tiver calma e ler cuidadosamente, ela vai ajudá-lo a enxergar por que a mutação da matéria, de único passo ou cumulativa, é insuficiente para produzir novas formas de vida.

Ordem do 1.º tipo
Mente — Idéias

Ordem do 2.º tipo
Informação externa imposta à química da tinta

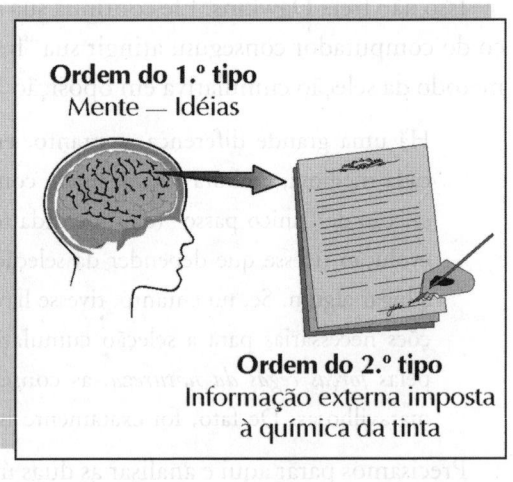

As moléculas de tinta que mediam o conteúdo deste livro têm sua própria arquitetura química, que reproduz as frases escritas em preto, de modo legível e perceptível. Essa arquitetura das moléculas existe como sistema fechado e faz que a tinta — ou a tinta da impressora — se torne preta. Simultaneamente, também fornece uma base para a forma codificada superimposta de uma linguagem. Essa forma escrita de linguagem se baseia na arquitetura da tinta da impressora, sem se originar dela. Nem tampouco a informação contida nas moléculas da tinta da impressora dá base para o conteúdo, o conteúdo codificado do livro completo, embora a arquitetura da tinta e a arquitetura de uma sentença ou da escrita sejam certamente interdependentes. Todavia, a constituição química da tinta é *completamente independente* do conteúdo codificado do texto do livro. *Foi imposta à química da tinta informação externa. Essa informação pertence à ordem do segundo tipo.*

Se se derramar água num texto escrito a tinta, esse texto vai ser modificado ou parcialmente manchado, mas jamais uma nova informação seria fundamentalmente acrescentada ao texto desse jeito. A química das *mutações* na informação do código genético tem efeito semelhante ao da água em nosso texto. As mutações modificam ou destroem a informação genética já existente, mas *nunca criam nenhuma nova informação*. Jamais criam, por exemplo, um órgão biológico inteiramente novo, como um olho ou um ouvido. Aí repousa um erro [...] de que fundamentalmente uma *nova* informação se cria pelas mutações [...]

As propriedades químicas dos átomos do carbono que afetam a natureza da molécula do DNA têm pouco a ver com o conteúdo codificado dos ácidos nucléicos, embora ambos sejam interdependentes — exatamente como a tinta da impressora e o conteúdo do texto. Esses dois estágios podem ser distintos um do outro da seguinte maneira: o primeiro tipo de ordem não inclui nenhum "projeto" ou teleonomia[11], enquanto o segundo tipo de ordem (escrita) inclui a teleonomia codificada e os projetos codificados. Do mesmo modo que a tinta da impressora não contêm intrinsecamente nenhum código que indique "grama", o primeiro tipo de ordem não contém nenhum código simulado nem informação armazenada. Mas o escrito codificado registrado com a ajuda da tinta da impressora contém tanto o primeiro como o segundo tipo de ordem. No segundo tipo, a informação adicional que excede e transcende a da química pura está incluída.

Naturalmente, os fenômenos de duas ordens superimpostas estão espalhados. Um pedaço de ferro jogado contém a ordem abrigada pelo ferro. Mas essa ordem não é suficiente para construir a ordem do eixo de um carro. A informação necessária para construir o eixo de um carro não é inerente ao ferro. Contudo, uma informação "estranha" adicional ao eixo pode ser impressa na informação abrigada pelo ferro. Tendo em mãos a planta de um carro e o ferro e usando os dois numa oficina, constrói-se o eixo. O ferro em si, porém, não tem a informação codificada na planta do

---

[11] *Teleonomia* aqui significa o conceito de ter um projeto ou uma finalidade em mente. Isto é, os fenômenos são orientados por outra força diferente da mecânica, pois são intencionalmente movidos em direção a determinados alvos.

carro, mas pode receber e contê-la, de modo que o eixo passe a existir. Destarte, o eixo do carro possui ao mesmo tempo as propriedades da planta e as das moléculas do ferro. Portanto, o eixo do carro é um tipo de *híbrido* entre os dois tipos de ordem.

Da mesma forma, os componentes químicos dos ácidos nucléicos e das proteínas da vida não têm informação suficiente para criar uma ameba ou um homem. Mas tendo um conceito de vida (um projeto, digamos) e combinando essa informação codificada com as propriedades dos componentes dos ácidos nucléicos (ou das proteínas), pode-se formar um homem ou uma ameba. Entretanto, a matéria sozinha — nem mesmo a matéria da qual os ácidos nucléicos ou as proteínas são formados — não possui a informação de um projeto codificado necessário para fazer um homem. Um organismo vivo é um *híbrido* entre os dois tipos de ordem.[12]

A relação entre o software e o hardware é a relação entre a mente e a matéria. Essa percepção é tudo que se precisa para verificar a impossibilidade da metáfora macroevolucionista do macaco na máquina de escrever. A mesma impossibilidade aplica-se a todas as outras comparações feitas pelos macroevolucionistas baseadas em evidências circunstanciais, entre elas a anatomia comparada, a embriologia, a bioquímica comparada e a estrutura dos cromossomos comparada.

Concluímos, portanto, que a inteligência é o verdadeiro "elo perdido" da cadeia da teoria macroevolucionista. Sem o programador original para produzir o *software*, o computador não pode operar de forma alguma. Não somente isso, o *hardware* sozinho nunca seria capaz de gerar espontaneamente um programa auto-replicante que se modifique cumulativamente para produzir uma versão mais maravilhosamente complexa e especificada de sua versão original. Isso é o que tem de ser demons-

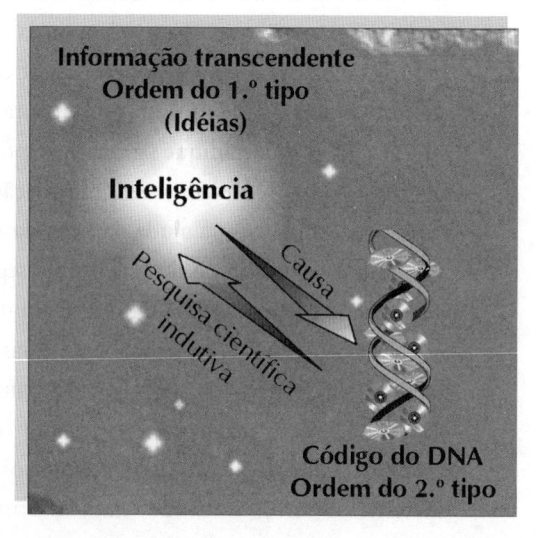

---

[12] A. E. WILDER-SMITH, *The natural sciences know nothing of evolution*, p. 46-8 (grifo do autor).

trado para que a macroevolução possa ter bases em leis científicas e em evidências observáveis. Entretanto, *a ciência operacional não conhece nenhum mecanismo que dê apoio à novidade biológica por meio de mutações cumulativas*. O registro fóssil é a única evidência observável para ajudar no apoio à reivindicação de que o acúmulo de pequenas mutações durante longos períodos de tempo foi responsável por novas formas de vida. E assim nos voltamos para a disciplina da *paleontologia* a fim de examinar essas evidências.

QUE SE PODE AFIRMAR SOBRE OREGISTRO FÓSSIL (EVIDÊNCIA PALEONTOLÓGICA)?

Se os macroevolucionistas como Richard Dawkins estão corretos a respeito do gradualismo — se o acúmulo de pequenas alterações durante longos períodos de tempo *ocorreu*, então esse fato histórico deve ser verificável no registro fóssil. Se a macroevolução ocorreu de fato ocorreu de modo gradual por meio de mudanças microevolutivas cumulativas e ilimitadas, então as transições entre as formas de vida devem aparecer na evidência paleontológica como parte do que o organismo era em seu estado original e parte daquilo em que se estava transformando como uma nova forma de vida.

A concepção gradualista prevê que uma grande classe de fósseis intermediários ou transicionais deve ser descoberta no registro fóssil. Pode-se verificar essa previsão produzindo evidências fósseis de transições graduais de formas de vida relativamente simples em formas de vida cada vez mais complexas. Por exemplo, o registro fóssil deve ser preenchido com algum tipo de combinação de um peixe num estágio de transição, quando ele está-se tornando anfíbio (digamos, *peixíbio*), ou uma mistura de um réptil em transição que está se transformando numa ave (digamos, *reptave*).

Fósseis de transição

Peixíbio   *Reptave*

A *paleontologia* é o estudo das formas de vida existentes nos tempos pré-históricos conforme representadas pelos restos fósseis de plantas, animais e outros organismos. Fóssil é um remanescente de um organismo de uma era geológica passada, como, por exemplo, um esqueleto de um animal ou uma folha impressa incrustado e preservado na crosta terrestre. Com isso em mente, comecemos bem do princípio, num ponto da história conhecido por período *Pré-cambriano*, e vejamos o que o registro tem para nos dizer.

Na geologia, o período de tempo Pré-cambriano é a divisão de tempo mais antiga e maior pelo qual os estratos da rocha são organizados. Considera-se que essa era inclui o intervalo total de tempo que começou com a formação da crosta sólida da terra e terminou quando a vida nos mares havia começado a florescer. É o espaço de tempo que precede o período *Cambriano* e é caracterizado pelo aparecimento das formas primitivas de vida. Supõe-se que os principais processos macroevolutivos tenham ocorrido dentro dos limites de tempo entre o Cambriano e o Pré-cambriano, o que faz deste período a maior e a mais larga lacuna do registro fóssil. Portanto, os estratos geológicos que ligam essas duas eras deveria estar transbordando de evidências fossilizadas que apóiam as afirmações dos gradualistas.

Entretanto, *não há absolutamente nenhuma evidência que indique como os cinco mil tipos genéticos de vida animal e marinha supostamente evoluíram durante essas duas eras.* Esta é uma realidade curiosa que não se encaixa no modelo macroevolucionista dos gradualistas. Na verdade, a primeira evidência de vida de animais invertebrados aparece num surpreendente e notável repente no período Cambriano. O público em geral teve notícia disso pela primeira vez pelo artigo de capa da revista *Time*, que dizia:

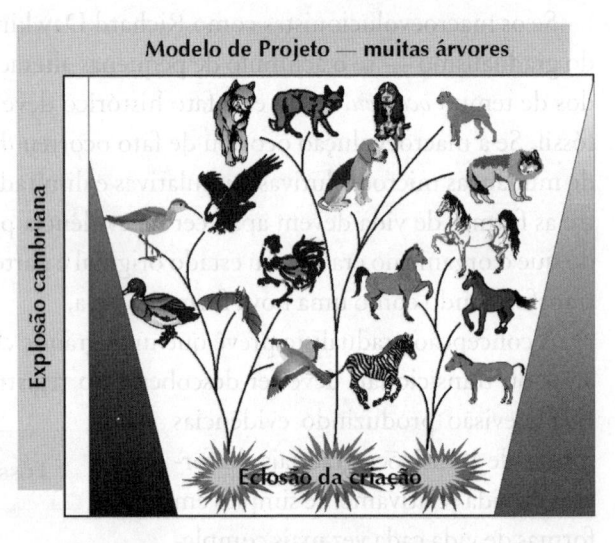

> 543 milhões de anos atrás, no início do Cambriano [período], no espaço de tempo de não mais que um milhão de anos, criaturas com dentes, tentáculos, garras e mandíbulas se materializaram com aparições repentinas. *Numa eclosão de criatividade nunca antes vista*, a natureza parece ter esboçado os projetos para praticamente todo o reino animal. Essa explosão de diversidade biológica é designada pelos cientistas como o *big-bang* da biologia.
>
> Durante décadas, os defensores da teoria da evolução, começando com Charles Darwin, tentaram argumentar que o aparecimento de animais multicelulares durante o [período] Cambriano parecia meramente repentino, mas na verdade havia sido precedido de um longo período de evolução

cujo registro geológico estava perdido. *Mas esta explicação, embora remendada numa teoria magistralmente contrária, agora parece progressivamente insatisfatória.* Desde 1987, descobertas de importantes sítios fósseis na Groelândia, China, Sibéria, e agora na Namíbia, mostraram que o período da inovação biológica ocorreu praticamente *no mesmo instante do tempo geológico em todo o mundo* [...]

Foi durante o Cambriano (e talvez somente durante o Cambriano) que a natureza inventou os projetos de corpo animal que definem os amplos grupos biológicos conhecidos como filos, que abrange tudo de classes e ordens a famílias, gêneros e espécies. Por exemplo, o filo dos cordados inclui mamíferos, aves e peixes. A classe dos mamíferos, por sua vez, abrange a ordem dos primatas, a família dos hominídeos, o gênero *Homo* e a nossa própria espécie, *Homo sapiens.*

Os cientistas pensavam que a evolução dos filos havia ocorrido durante um período de 75 milhões de anos, e mesmo assim parecia impossivelmente curto. Então, dois anos atrás, um grupo de pesquisadores liderados por John Grotzinger, Samuel Bowring do MIT e Andrew Knoll [paleontologista na Universidade de Harvard] tomou este problema que já se estendia e intensificou sua crise. Em primeiro lugar, esse grupo acertou o relógio geológico, reduzindo o período Cambriano a cerca de metade de sua extensão anterior. Em seguida, os cientistas anunciaram que o intervalo da principal inovação evolutiva não abarcava o total de 30 milhões de anos, mas concentrava-se no primeiro terço. "Rápido", [Stephen Jay] Gould da Universidade de Harvard observa, "agora é muito mais rápido do que pensávamos". [...] Naturalmente, entender o que tornou possível a explosão Cambriana não trata da questão maior do que a fez acontecer tão rapidamente. *Aqui os cientistas sutilmente escorregam no que se refere aos dados, sugerindo possibilidades de acontecimentos com base na intuição em vez de evidências sólidas* [...]

A explosão Cambriana fez que os especialistas questionassem se os dois imperativos darwinianos da variação genética e da seleção natural fornecem uma estrutura adequada para entender a evolução. "O que Darwin descreveu em *A origem das espécies*", observa o paleontólogo Narbonne, da Queens'University, "foi o tipo de evolução de pano de fundo fixo. Mas parece haver também uma espécie de evolução não-darwiniana que funciona em períodos de tempo extremamente curtos — e que está onde toda a ação está".[13]

---

[13] J. Madeleine Nash, When Life Exploded, *Time*, 4/12/1995, p. 49-56 (grifo do autor).

Os pesquisadores agora dizem que essa explosão Cambriana levou até menos tempo que se pensava anteriormente e revisaram esse tempo reduzindo-o para dez milhões de anos. Porém não importa como eles arranjem o modelo, essa eclosão rápida de criação da vida é diametralmente oposta ao gradualismo. Michael Behe, professor adjunto de bioquímica da Lehigh University, diz:

> Pesquisas cuidadosas mostram apenas um conhecimento superficial de fósseis de criaturas pluricelulares em rochas com mais de 600 milhões de anos. Todavia, em rochas só um pouco mais jovens se vê uma profusão de animais fossilizados, com uma multidão de projetos de corpo amplamente diferentes. Recentemente o tempo estimado de duração da ocorrência da explosão foi revisado de 50 milhões para 10 milhões de anos — um piscar de olhos para o tempo geológico. A redução do tempo estimado forçou os escritores de manchetes a andar tateando em busca de novos superlativos. Entre os favoritos está o "*big-bang* biológico". Gould argumentou que "*a velocidade rápida de aparecimento de novas formas de vida exige um novo mecanismo diferente da seleção natural para sua explicação*".[14]

A previsão macroevolucionista de mudança lenta em períodos muito longos de tempo — o gradualismo — provou-se falsa no que se refere aos primórdios da aparição da vida e de novas formas de vida. Já desde o início, a disciplina da paleontologia não oferece nenhuma evidência observável que a apóie. Se isso é verdadeiro para a maior lacuna, com base em quê deveria qualquer pessoa inteligente aceitar a alegação de que os fósseis de transição existem em todo o restante dos registros, com exceção de alguns elos perdidos? Vamos examinar também essa afirmação.

Exceto alguns elos perdidos, o registro fóssil não é completo?

Mais uma vez, Charles Darwin admite que "se se pudesse demonstrar que existiu algum organismo complexo que possivelmente não tenha sido formado por inúmeras modificações leves e sucessivas, minha teoria entraria em absoluto colapso".[15] Já mostramos que a teoria de Darwin entrou em colapso no nível da biologia molecular. Na verdade, Michael Behe dedicou todo o seu livro,

---

[14]*Darwin's black box*, p. 27-8.
[15]*On the origin of species*, p. 171. Publicado em português com o título *Origem das espécies*.

Darwin's black box [*A caixa-preta de Darwin*], a esse fim. Sua tese central se concentra no fato de haver muitos órgãos que não foram e não podem ser "formados por inúmeras modificações leves e sucessivas".

Behe explica que alguns sistemas biológicos são *irredutivelmente complexos*. Isto é, eles não podem ter evoluído como partes independentes para formar um todo integrado — vieram num pacote completo. Uma ratoeira, por exemplo, é irredutivelmente complexa, se qualquer uma de suas partes for removida, ela não pode funcionar. Behe cita elementos do corpo humano que não poderiam ter evoluído porque são igualmente irredutivelmente complexos: a molécula do DNA, a visão, a coagulação do sangue, o transporte celular e muitos outros.

Na replicação do DNA, por exemplo, as proteínas são necessárias para processar a informação na estrutura de dupla hélice. Todavia, a informação para formar essas proteínas já está armazenada como dados codificados na hélice dupla![16] É isso que queremos dizer quando dizemos que no nível molecular, de acordo com seu próprio critério de falseamento, a teoria de Darwin entrou em "absoluto" colapso. A seguir, vamos aplicar o teste de Darwin para o registro fóssil e as formas de transição.

Fragmento de crânio fossilizado. Dois modelos conflitantes

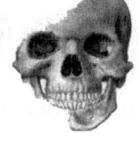

Arte do modelo macroevolutivo

Arte do modelo planejado

A concepção macroevolutiva das origens baseada no gradualismo prevê um grande grupo de fósseis de transição. Estes fósseis existiriam como evidência das transições graduais de formas relativamente simples de vida evoluindo para formas de vida mais complexas durante períodos muito longos de tempo. Por aproximadamente 140 anos (equivalente a 500 milhões de anos geológicos de evidência fóssil) os macroevolucionistas predisseram que seria somente uma questão de tempo para que a evidência paleontológica fosse descoberta e desse apoio a essa teoria. Em vez de discutir como os artistas deveriam imaginar que tipo de carne e músculo pertence a determinado tipo

---

[16]Op. cit., p. 39-46.

de osso ou fragmentos do crânio,[17] precisamos apenas citar os macroevolucionistas intelectualmente sinceros que admitiram a falta de evidências com respeito aos "elos perdidos".

A verdade do assunto é que *o registro fóssil não mostra nenhuma evidência de fósseis de transição e conseqüentemente não descreve com precisão nenhuma grande classe de observações*. Todavia, por muitas décadas, os livros-texto de ciência mantiveram em segredo a verdade a respeito dessas principais lacunas e descreveram a macroevolução como uma cadeia de vida com poucos elos perdidos. Por exemplo, conforme a macroevolução, os humanos e os macacos supostamente têm um ancestral comum. Acredita-se que também compartilhem um ancestral comum com o cavalo. Imaginam-se relações semelhantes de ligação na totalidade dos reinos animal e vegetal. Essas inter-relações se chamam *filogenia* e são descritas num tipo de fluxograma de associações chamado *árvore filogenética*.[18] Como se mostra aqui, o conceito dessa árvore foi desenvolvido pelos macroevolucionistas para mostrar como o modelo deles explica a divergência de todas as coisas vivas que provêm de um "ancestral comum". Os ramos representam as transições que remetem ao ancestral comum, e as novas formas de vida aparecem como as folhas da árvore filogenética.

A maior parte dos livros-texto de ciência retrata a macroevolução como uma árvore com ramos que revelam várias especiações*. Contudo, a analogia da árvore filogenética é uma distorção grosseira dos fatos. Só em

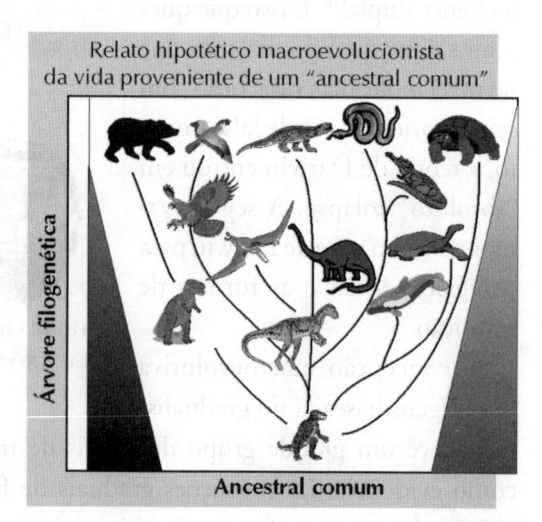

---

[17]V. *Evolution*: the challenge of the fossil record, de Daune Gish [p. 149]. Exemplo de reconstituições artísticas macroevolucionistas mostra dois desenhos contrastantes dos mesmos restos fossilizados do *Zinjanthropus bosei*, ou "homem da África oriental". Um desenho descreve o fóssil com aparência humana, enquanto o outro mostra-o com aspectos semelhantes ao do macaco.

[18]As ilustrações que aqui representam a árvore filogenética são apenas ajuda visual. Não são representações tecnicamente exatas da árvore filogenética nem de um projeto formal das supostas relações macroevolutivas entre as espécies.

*"Processo que se compõe de muitas fases, e decorre ao longo de enorme lapso de tempo, segundo o qual as espécies vivas se diferenciam umas a partir de outras" (segundo *Novo dicionário Aurélio da língua portuguesa*). (N. da E.)

tempos relativamente recentes os macroevolucionistas enfrentaram a verdade e fizeram confissões públicas como a que se segue, de Stephen Jay Gould:

> A raridade extrema de formas transicionais no registro fóssil persiste como a transação secreta da paleontologia. As árvores evolutivas que adornam nossos livros-texto têm dados somente nas pontas e nos nódulos de seus ramos, o restante é inferência, que por mais razoável que seja, não é a evidência dos fósseis.[19]

Em resumo, não há nenhuma árvore, apenas galhos finos e as folhas sem ramos nem tronco! A falta de evidências paleontológicas que dêem apoio ao gradualismo foi escondida por muitos anos na tentativa de suprimir a verdade e criar um caso em favor da macroevolução baseado no apelo ao público. Essa tática particular foi usada para ganhar o apoio da população não-científica a fim de fazer da macroevolução um modelo de origens amplamente aceito. Para que você não ache que isso é opinião nossa, pense novamente à luz da seguinte citação escrita mais de quarenta anos atrás na introdução do livro de Charles Darwin, *Origem das espécies*, na reedição de 1956 [em inglês]:

> Como sabemos, há uma grande divergência de opinião entre os biólogos, não somente a respeito das causas da evolução, mas até a respeito do processo real. Essa divergência existe porque as evidências são insatisfatórias e não permitem nenhuma conclusão certa. É certo e próprio, portanto, dirigir a atenção do público não-científico para as discordâncias a respeito da evolução. Mas algumas observações recentes de evolucionistas mostram que eles pensam que isso não é razoável. *Esta situação, em que cientistas se reúnem para a defesa de uma doutrina que são incapazes de definir cientificamente, muito menos de demonstrar com rigor científico, tentando manter seu crédito com o público pela supressão da crítica e eliminação das dificuldades, é anormal e indesejável em ciência.*[20]

A maioria dos macroevolucionistas ignorou essa admoestação e, ao contrário, tentou estabelecer a própria posição, induzindo o público em erro e apelando para o sentimento popular e opiniões, em vez de apelar para a ciência operacional e as evidências observáveis. A verdade, porém, é que os dados evidentes e as leis da ciência não dão suporte a um mecanismo digno de confiança para a macroevolução gradualista.

---

[19] *The panda's thumb*, p. 181 (grifo do autor).
[20] W. R. THOMPSON, na introdução de *On the origin species*, ed. de 1956. Citado no *Jounal of the American Scientific Affiliation*, março/1960, p. 135 (grifo do autor).

Não há nenhuma árvore filogenética, mas os gradualistas desculpam-se por essa pretensão empírica pondo a responsabilidade dela no registro fóssil. Gould cita Darwin nesse assunto e assinala que Darwin chamou o registro geológico de "extremamente imperfeito". Ele também conta que Darwin afirmava que esse fato explica por que os fósseis intermediários não existem.[21] Gould diz que "*o argumento de Darwin ainda persiste como a fuga favorita da maioria dos paleontólogos do embaraço de um registro que parece mostrar tão pouco da evolução diretamente*".[22] Richard Dawkins acrescenta que "algumas lacunas importantes realmente se devem a imperfeições no registro fóssil. As lacunas muito grandes, também".[23]

Darwin e Dawkins estão corretos? O fato de o registro fóssil não dar base para as previsões do gradualismo pode ser atribuído à idéia de que o registro é imperfeito? Gould pensa que essa desculpa é difícil de imaginar:

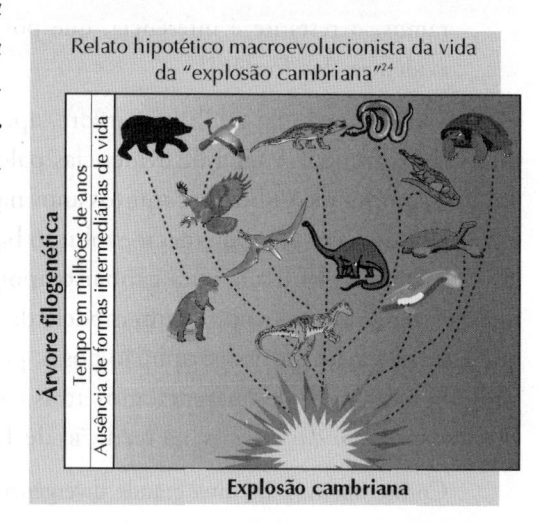

> Todos os paleontólogos sabem que o registro fóssil contém pouca quantidade preciosa no caminho das formas intermediárias. As transições entre os grupos principais são *caracteristicamente* abruptas. Os gradualistas normalmente escapam desse dilema invocando a extrema imperfeição do registro fóssil [...] Embora eu rejeite esse argumento, admitamos esse escape tradicional e façamos uma pergunta diferente. Mesmo que não tenhamos evidência direta de transições claras, podemos inventar uma seqüência razoável de formas intermediárias — a saber, organismos viáveis em funcionamento — entre os ancestrais e os descendentes nas transições estruturais principais? Qual a utilidade possível dos estágios incipientes imperfeitos das estruturas úteis? Que vantagem há numa meia-mandíbula ou numa meia-asa? O con-

---

[21] Op. cit., p. 159.
[22] *The panda's thumb*, p. 181 (grifo do autor).
[23] *The blind watchmaker*, p. 229.
[24] V. nota de rodapé 21.

ceito de pré-*adaptação* fornece uma resposta convencional que nos permite argumentar que os estágios incipientes desempenharam funções diferentes. Uma meia-mandíbula funcionou perfeitamente bem como uma série de ossos que sustentam as guelras. Uma meia-asa pode ter sustentado a presa ou controlado a temperatura do corpo. Considero a pré-adaptação importante, um conceito indispensável até. *Mas uma história plausível não é necessariamente verdadeira. Não duvido de que a pré-adaptação possa salvar o gradualismo em alguns casos, mas ela nos permite inventar uma história de continuidade na maioria dos casos ou em todos eles? Embora possa ser somente o reflexo de minha falta de imaginação, reconheço que a resposta é não.*[25]

Não é verdade que o registro fóssil é completo exceto por alguns elos perdidos. A árvore filogenética não é nada mais que galhos filhos (microevolução) e folhas. A verdade é que não há nenhum elo perdido, mas, sim, uma *corrente perdida*, representativa de lacunas enormes no registro. Por exemplo, se tivéssemos um elo na cidade de Nova York, um em Londres e outro em Berlim, seria correto dizer que se tem elos perdidos de uma corrente? Não. Seria mais correto dizer que temos apenas alguns elos e estamos imaginando que há uma corrente. Conseqüentemente, concluímos que *o gradualismo não é apoiado por nenhum mecanismo conhecido na ciência operacional, nem há nenhuma evidência de observação aceitável disponível para apoiá-lo com base na paleontologia.*

Essa notável ausência de formas intermediárias exigidas para verificação do modelo macroevolutivo é uma responsabilidade séria que não pode ser ignorada. O próprio Charles Darwin escreveu: "Por que, então, toda formação geológica e toda camada não é cheia de elos intermediários? A geologia seguramente não revela nenhuma corrente orgânica tão finamente graduada. *Essa talvez seja a objeção mais óbvia e mais grave que se pode fazer contra minha teoria*".[26] Concordamos.

Qual a situação dos macroevolucionistas diante disso? Admitem que sua teoria foi falsificada e vão desistir dela? Não. Em vez disso, continuam a fazer o que sempre fizeram: "escorregam sutilmente, propondo situações imaginárias baseadas na intuição em vez de evidências sólidas".[27] Uma dessas situações imaginárias chama-se *equilíbrios pontuados*. Vamos analisar em seguida sua validade.

---

[25] *The panda's thumb*, 189 (grifo do autor).
[26] *On the origins of species*, p. 287 (grifo do autor).
[27] J. Madeleine Nash, When Life Exploded, *Time*, 4/12/1995, p. 55.

Que é modelo de "equilíbrios pontuados"? e válido?

No que certamente parece ser um esforço desesperado para salvar uma teoria moribunda, os macroevolucionistas recorreram a inventar uma visão notável de "dados-escassos" do seu modelo. Os principais advogados dessa nova hipótese são Stephen Jay Gould, Niles Eldredge e Steven Stanley (paleontólogo da John Hopkins University). Esses homens se referiram a sua nova hipótese como *equilíbrios pontuados*. Os equilíbrios pontuados não são um mecanismo científico recentemente descoberto, são meramente uma tentativa de manter vivo o modelo macroevolutivo reafirmando os fatos. De acordo com Stephen Jay Gould:

> Os paleontólogos pagaram um preço exorbitante pelo argumento de Darwin. Imaginávamo-nos como os únicos e verdadeiros estudantes da história da vida. Todavia, para preservar o nosso relato favorito da evolução pela seleção natural, vemos nossos dados como tão ruins que quase nunca enxergamos o próprio processo que professamos estudar [...] A história da maioria das espécies fósseis inclui dois aspectos particularmente incoerentes com o gradualismo:
>
> 1. *Estase.* A maioria das espécies não exibe nenhuma mudança direcional durante o período delas na terra. Mostram-se no registro fóssil muito parecidas com o que eram quando desapareceram; a alteração morfológica é geralmente limitada e sem direção.
>
> 2. *Aparecimento repentino.* Em qualquer área local, uma espécie não aparece gradualmente por transformação constante de seus ancestrais, aparece de uma vez e "formada plenamente" [...]
>
> Eldredge e eu nos referimos a esse esquema como o modelo dos *equilíbrios pontuados*. As linhagens mudam pouco durante a maior parte da história delas, mas eventos de especiação rápida eventualmente pontuam essa tranqüilidade. A evolução é a sobrevivência diferencial e a disposição dessas pontuações. (Descrevendo a especiação de periféricos isolados como muito rápida, falo como geólogo. Um processo pode levar centenas, até milhares de anos. Pode não se ver nada durante toda uma vida humana se se deter na observação da especiação de abelhas de uma árvore. Mas mil anos é uma fração muito pequena de um por cento da duração média da maioria dos fósseis de espécies invertebradas — 5 a10 milhões de anos. Os geólogos raramente conseguem pensar num intervalo tão curto. Tendemos a tratá-lo como um momento.)[28]

---

[28] *The panda's thumb*, p. 181-4.

Dentro da estrutura do macroevolucionismo, os equilíbrios pontuados e o gradualismo estão em posições diametralmente opostas com respeito aos limites de tempo de transição. O gradualismo exige um organismo para mudar num ritmo muito lento pelo processo de seleção natural e de mutações microevolutivas casuais no nível genético, que gradualmente conduzem ao surgimento de uma nova forma de vida. A concepção pontualista mais recente, contudo, exige que as formas de vida permaneçam dentro de seus próprios limites genéticos por períodos muito longos de tempo (*estase*), até que a pressão ambiental as force à "eclosão" (pontuações repentinas) de novas formas de vida. Como se observou na ilustração acima, no esforço de remendar os buracos da árvore filogenética da macroevolução, as grandes lacunas do registro fóssil foram cobertas por símbolos de explosão, indicativas de "eclosões pontuadas" de novos tipos genéticos.

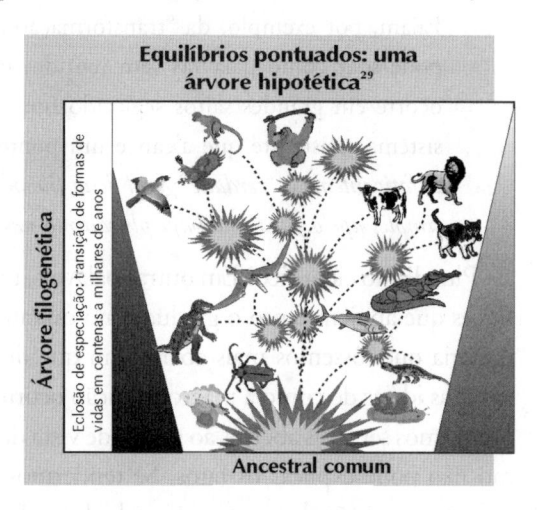

Essas "especiações rápidas" são "saltos quânticos" da macroevolução, que ocorrem num momento geológico em que a entidade viva se transforma imediatamente numa nova forma de vida. Cremos que essa visão é pontuada, não com raciocínio científico nem evidências observáveis, mas com tentativas incertas de explicar, sem justificar, as grandes lacunas tão óbvias do registro fóssil. Repetimos, é um mero rearranjo dos fatos para resguardar uma teoria construída sobre suposições filosóficas e científicas injustificadas da visão naturalista do universo. Antes de enxergar a concepção pontualista da macroevolução de uma perspectiva puramente científica, deixemos claro que *o gradualismo e os equilíbrios pontuados são conceitos filosóficos e não são baseados em leis científicas nem em evidências observáveis*. Na verdade, Gould admite que isso é verdade:

> Se o gradualismo é mais um produto do pensamento ocidental que um fato da natureza, então devemos considerar *filosofias alternativas de mudança* para

[29] V. nota de rodapé 21.

aumentar nossa esfera de preconceitos constrangedores. Na Rússia, por exemplo, os cientistas são treinados com uma filosofia de mudança muito diferente: as chamadas leis dialéticas, reformuladas por [Friedrich] Engels da filosofia de [G. W. F.] Hegel. As leis dialéticas são explicitamente pontualistas. Falam, por exemplo, da "transformação da quantidade em qualidade". Isso pode soar como palavras sem sentido, mas dá a entender que a mudança ocorre em grandes saltos seguindo um acúmulo lento de pressões que um sistema resiste até que alcance um ponto de colapso [...] *Eu não confirmo enfaticamente a "verdade" geral desta filosofia de mudança pontual* [...] *Faço um simples apelo para que haja pluralismo nas filosofias norteadoras.*[30]

Pluralismo científico? Em outras palavras, uma vez que não há evidências científicas que apóiem tanto o gradualismo quanto os equilíbrios pontuados, Gould gostaria que fôssemos mais abertos no que diz respeito à ciência e aceitássemos todas as idéias de como a macroevolução ocorreu. Se preferirmos ser gradualistas, precisamos ser mais abertos ao ponto de vista do pontualismo quando o gradualismo não pode explicar os fatos. Se tendermos para a descrição pontualista, não precisamos ser tão duros com os gradualistas. Isto é, não deixe os nossos preconceitos filosóficos minarem o modelo macroevolucionista das origens.

O que realmente está-se pedindo de nós é que sejamos mente-abertas (pluralistas) *somente* dentro das possibilidades do naturalismo. Conseqüentemente, pede-se que acreditemos que a macroevolução é a única explicação disponível para justificar a origem da vida e das novas formas de vida. Pede-se também que sejamos abertos com relação às duas graves falhas científicas do modelo macroevolutivo em geral: 1) Não há nenhum mecanismo científico para explicar a mudança genética ilimitada; e 2) não há evidências observáveis (fatos) para apoiar suas reivindicações. Concordamos com a avaliação anterior que Gould fez do gradualismo como "uma história plausível [que] não é necessariamente verdadeira".[31] Não somente achamos que sua afirmação se aplica ao gradualismo, mas também à posição pontualista.

Portanto, rejeitamos a posição pontualista, juntamente com o "pluralismo científico" de Gould, com bases puramente científicas e concordamos com a crítica científica dos equilíbrios pontuados feita por Michael Denton. Ele diz que mesmo se se aceitar a posição pontualista como uma explicação possível das lacunas entre as formas de vida, também será necessário explicar as lacunas

---

[30]Ibid., p. 184-5 (grifo do autor).
[31]Ibid., p. 189.

sistemáticas maiores. Denton resume quais são talvez as armadilhas essenciais da posição pontualista:

> As lacunas que separam as espécies cão/raposa, rato/camundongo etc. são totalmente triviais comparadas com, digamos, as que estão entre os mamíferos terrestres primitivos e uma baleia ou um réptil terrestre primitivo e um ictiossauro. Mesmo essas descontinuidades relativamente maiores são triviais comparadas com as que dividem os filos maiores como, por exemplo, os moluscos e os artrópodes [...] Certamente essas transições devem ter envolvido longas linhagens incluindo muitas linhas colaterais de centenas e, provavelmente, de milhares de espécies de transição. Sugerir que centenas, milhares ou possivelmente milhões de espécies de transição que devem ter existido no intervalo entre tipos imensamente dessemelhantes foram todas espécies sem nenhum resultado que ocupavam áreas isoladas e tinham população muito pequena é beirar os limites do inacreditável! [...]
>
> Qualquer que seja a posição que se queira tomar das evidências da paleontologia, elas não fornecem bases convincentes para crer que o fenômeno da vida se conforma a um padrão contínuo. As lacunas não foram explicadas. É possível aludir a um número de espécies e grupos tais como o *Archeopteryx*, ou o peixe ripidistiano, que parecem, em algum grau, intermediários. Mas mesmo se esses fossem intermediários em algum grau, não há evidência de que sejam mais intermediários que grupos como os peixes dipnóicos vivos ou os monotrêmatos, que são não apenas muito isolados de seus primos mais próximos, mas também têm sistemas de órgãos individuais que não são de forma alguma estritamente transicionais. *Como evidência da existência de elos naturais entre as grandes divisões da natureza, eles convencem somente quem já está convencido da realidade da evolução orgânica.*[32]

Da mesma forma que o gradualismo, o equilíbrio pontuado não é nada além de especulação. Como já se mencionou, essa variante não tem o suporte da ciência operacional e viola a lei da uniformidade e não oferece nenhum mecanismo científico nem dados empíricos que dêem sustentação a suas reivindicações. Além disso, Gould observa que as novas formas de vida surgem num momento geológico, o que apenas multiplica os obstáculos genéticos associados a macroevolução e a necessidade de um mecanismo até mais eficiente para produzir a inovação biológica. Por essas razões, devemos rejeitar o equilí-

---

[32]*Evolution*, p. 193-5 (grifo do autor).

brio pontuado como explicação válida do aparecimento da vida e das novas formas de vida. A rejeição de ambas as variantes do macroevolucionismo — gradualismo e equilíbrio pontuado — como modelos válidos para explicar a origem de novas formas de vida automaticamente desqualifica também a macroevolução teísta. Como acontece com a visão pontualista, a macroevolução teísta convence somente quem já está predisposto a crer nela. Entretanto, nos ateremos aos problemas associados com a evolução teísta no próximo capítulo, quando examinarmos o modelo de projeto das origens.

Concluímos esta análise com comentários do dr. Colin Patterson, autor do livro *Evolution*, macroevolucionista toda a vida. Em 1981 ele fez uma série de palestras para alguns dos macroevolucionistas mais importantes dos Estados Unidos. Naquele tempo o dr. Patterson era o paleontólogo titular do Museu Britânico de História Natural, em Londres, e editor do periódico científico daquela instituição. As citações seguintes são extraídas de uma transcrição de sua palestra proferida no Museu Americano de História Natural, na cidade de Nova York, em 5 de novembro de 1981.

> Uma das razões pela qual comecei a assumir uma posição antievolucionismo, ou chamemo-la posição não-evolucionista, foi que no ano passado tive uma percepção repentina de que por mais de vinte anos eu pensara que de algum modo estava trabalhando com a evolução. Certa manhã levantei-me e algo havia acontecido durante a noite que me deixou perplexo: eu havia trabalhado nesse assunto por vinte anos e não havia nada que soubesse dele. É um choque perceber que alguém possa estar tão enganado por tanto tempo [...] Nestas últimas semanas tenho tentado colocar uma simples questão para várias pessoas e grupos.
>
> A pergunta é: Você pode me dizer alguma coisa que saiba sobre a evolução, qualquer coisa, qualquer coisa que seja verdadeira? Testei a pergunta no pessoal de geologia do Field Museum de História Natural e a única resposta que obtive foi o silêncio. Testei com os membros do Seminário de Morfologia Evolutiva da Universidade de Chicago, uma organização muito prestigiosa dos evolucionistas, e tudo o que obtive foi um longo tempo de silêncio e, finalmente, alguém disse: "Eu só sei de uma coisa: ela não deveria ser ensinada nas escolas" [...] O nível de conhecimento a respeito da evolução é notavelmente raso. Sabemos que não deve ser ensinada na escola e isso é tudo que sabemos dela [...] Por isso acho que muitas pessoas nesta sala reconhecem que durante os últimos anos se tivéssemos pensado a respeito

dela, teríamos experimentado uma *mudança da evolução como conhecimento para a evolução como fé*. Sei que isso é verdade a meu respeito e creio que também é para muitas pessoas boas como vocês aqui.³³

Patterson não está sozinho na declaração de que a macroevolução está empobrecida com relação ao conhecimento científico. Quando Michael Behe fez sua pesquisa para o livro *Darwin's black box*, decidiu verificar o número de artigos que apareciam numa publicação especial intitulada *Journal of Molecular Evolution* [*Revista de evolução molecular*] (JME). Este periódico foi fundado em 1971 para acomodar o número crescente de trabalhos de pesquisa dedicados à evolução molecular. Behe observou que o JME é dirigido por "figuras preeminentes" na área, entre elas cerca de uma dezena de membros da Academia Nacional de Ciências. Depois de ter feito uma pesquisa em dez anos de artigos, Behe chegou à seguinte conclusão:

> A evolução molecular não tem base em autoridade científica. Não há nenhuma publicação na literatura científica — seja em periódicos prestigiosos, periódicos especializados, ou livros — que descreva como a evolução molecular de qualquer sistema bioquímico real e complexo tenha ocorrido ou mesmo possa ter ocorrido. Há afirmações de que tal evolução ocorreu, mas absolutamente nenhuma delas tem o suporte de experimentos ou cálculos pertinentes [...] "Publique ou pereça" é um provérbio que os acadêmicos levam a sério. Se você não publica o seu trabalho para o restante da comunidade avaliar, não terá vez na academia (e se você ainda não tem estabilidade, será banido). Mas o ditado pode ser aplicado às teorias também. Se uma teoria reivindica ser capaz de explicar algum fenômeno, mas não gera nem mesmo uma tentativa de explicação, então ela deve ser banida. A despeito de comparar seqüências e modelos matemáticos, a evolução molecular nunca se ateve à questão de como as estruturas complexas vieram a existir. Na verdade, a teoria da evolução molecular darwiniana não tem publicado e por isso deve perecer.³⁴

A pesquisa teórica que tenta explicar a visão macroevolutiva da vida é, como um autor observa, uma ciência "livre dos fatos".³⁵ Quanto mais os pesquisadores aprendem, mais perplexos ficam ao tentar encaixar suas descobertas no

---

³³"Evolutionism and creationism", palestra feita no Museu Americano de História Natural, em Nova York, em 5 de novembro de 1981 (transcrita por Wayne Frair), p. 1, 4 (grifo do autor).
³⁴*Darwin's black box*, p. 185-6.
³⁵Ibid., p. 191 (cit. de um exemplar do *Scientific American*, de junho de 1995, From complexity to perplexity).

modelo macroevolutivo. Portanto, concluímos que o modelo das origens da macroevolução não é válido e voltamos a nossa atenção para a única alternativa: o modelo de projeto. Consideramos o modelo de projeto o modelo das origens mais razoável porque é o mais coerente com respeito à filosofia (causalidade e uniformidade), à ciência operacional (observação e repetição) e à paleontologia (dados empíricos/fatos).

Capítulo oito

Projeto inteligente

No Princípio criou Deus os céus e a terra

—Gênesis 1.1

Que se pode afirmar do modelo macroevolucionista das orígens sustentado pelos teístas?

Os princípios da causalidade e da uniformidade, a lei da complexidade especificada e a teoria da ciência da informação nos mostram que a primeira forma de vida deve ter tido uma causa inteligente. Ademais, a ciência operacional demonstrou que as mutações não podem produzir nenhuma nova informação necessária para produzir inovação biológica. Além disso, as evidências observáveis confirmam que há limitações naturais à mudança genética que dá suporte à *micro*evolução, mas não há nenhuma evidência (científica, paleontológica nem nenhuma outra) que dê suporte à declaração de que a microevolução possa ser extrapolada para o nível da *macroevolução*. A paleontologia confirma que o aparecimento abrupto das primeiras formas de vida — os cinco mil tipos genéticos da vida marinha e animal — se deveu a uma extraordinariamente curta e rápida explosão global de vida. Desse ponto em diante, a paleontologia também confirma que todas as outras novas formas de vida aparecem muito abruptamente como mostra o registro fóssil. O macroevolucionista Stephen Gould Jay admite que:

> A maioria das espécies não exibe nenhuma mudança direcional durante o período delas na terra. Mostram-se no registro fóssil muito parecidas com o

que eram quando desapareceram; a alteração morfológica é geralmente limitada e sem direção. Em qualquer área local, uma espécie não aparece gradualmente por transformação constante de seus ancestrais, aparece *de uma vez e "plenamente formada"*.[1]

Todas as evidências mostram que não há nenhuma razão científica por que devamos aceitar *alguma* forma de modelo macroevolutivo. Isto nos leva ao inteligente e alternativo modelo de projeto das origens.

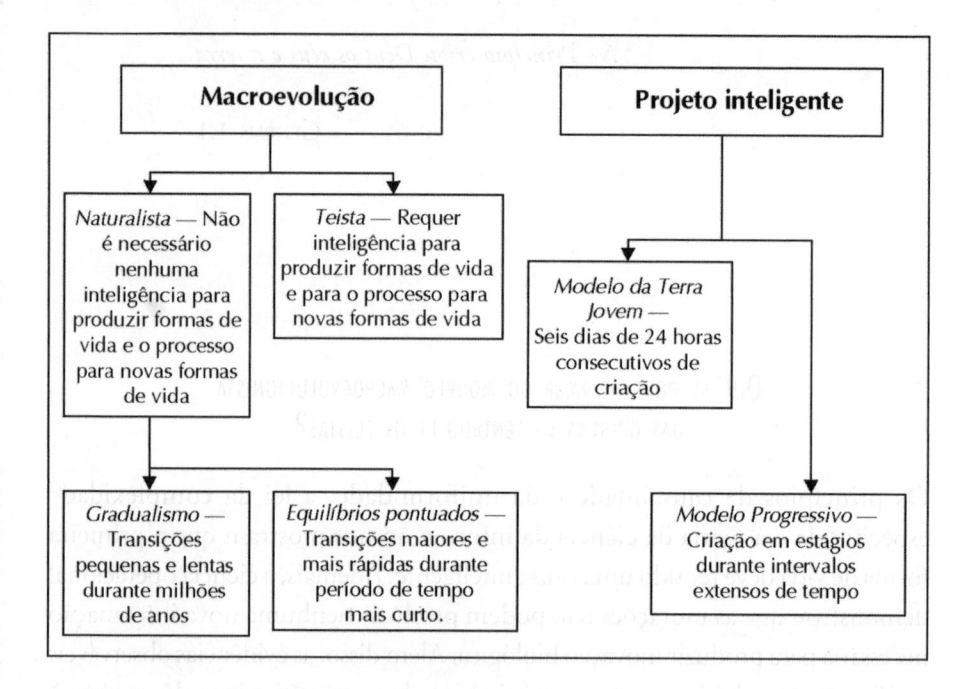

```
┌─────────────────────────────────────────────────────────────────────────────┐
│                                                                             │
│         Macroevolução                         Projeto inteligente           │
│                                                                             │
│   ┌──────────────┐  ┌──────────────┐                                        │
│   │ Naturalista  │  │ Teista —     │                                        │
│   │  — Não       │  │ Requer       │         ┌──────────────┐               │
│   │ é necessário │  │ inteligência │         │ Modelo da    │               │
│   │  nenhuma     │  │ para         │         │ Terra Jovem  │               │
│   │ inteligência │  │ produzir     │         │ — Seis dias  │               │
│   │ para         │  │ formas de    │         │ de 24 horas  │               │
│   │ produzir     │  │ vida e para  │         │ consecutivos │               │
│   │ formas de    │  │ o processo   │         │ de criação   │               │
│   │ vida e o     │  │ para novas   │         └──────────────┘               │
│   │ processo     │  │ formas de    │                                        │
│   │ para novas   │  │ vida         │                                        │
│   │ formas de    │  │              │                                        │
│   │ vida         │  │              │                                        │
│   └──────────────┘  └──────────────┘                                        │
│                                                                             │
│   ┌──────────────┐  ┌──────────────┐         ┌──────────────┐               │
│   │ Gradualismo  │  │ Equilíbrios  │         │ Modelo       │               │
│   │ — Transições │  │ pontuados —  │         │ Progressivo  │               │
│   │ pequenas e   │  │ Transições   │         │ — Criação    │               │
│   │ lentas       │  │ maiores e    │         │ em estágios  │               │
│   │ durante      │  │ mais rápidas │         │ durante      │               │
│   │ milhões de   │  │ durante      │         │ intervalos   │               │
│   │ anos         │  │ período de   │         │ extensos de  │               │
│   │              │  │ tempo mais   │         │ tempo        │               │
│   │              │  │ curto.       │         │              │               │
│   └──────────────┘  └──────────────┘         └──────────────┘               │
└─────────────────────────────────────────────────────────────────────────────┘
```

Contudo, antes de considerar que visão do modelo de projeto corresponde mais precisamente aos fatos, vamos analisar outra opção, a posição teísta da macroevolução. Pretendemos mostrar que do ponto de vista comprobatório, não há diferença entre a macroevolução ateísta ou naturalista e a macroevolução teísta.

Os teístas macroevolucionistas crêem que Deus é a causa por detrás da vida na terra, mas crêem que ele usou o processo da macroevolução para produzir novas formas de vida e finalmente a raça humana. Essa teoria inclui Deus e foi desenvolvida por teístas que acreditavam que a macroevolução tinha algum

---

[1] *The panda's thumb*, p. 182 (grifo do autor).

mérito acadêmico. O teístas macroevolucionistas em geral se esforçam e se dedicam a alguns dos problemas mais graves associados a macroevolução inserindo o trabalho de Deus onde a evidência está gravemente ausente.

Muitos teístas macroevolucionistas que crêem no gradualismo acreditam que trazer Deus para o modelo os alivia do problema inoportuno da necessidade de uma causa inteligente. Naturalmente isso resolve a principal dificuldade quanto à informação necessária inicial, mas não ajuda no registro fóssil. Os teístas macroevolucionistas enfrentam a mesma dificuldade que os macroevolucionistas ateus ou naturalistas, isto é, a falta de evidências paleontológicas. Portanto, as mesmas evidências que anulam os modelos macroevolutivos ateus também servem para refutar a macroevolução teísta — a evidência necessária para dar suporte a qualquer modelo macroevolutivo das origens não existe.

Isso nos leva aos teístas macroevolucionistas que crêem na visão pontualista da origem da vida e das novas formas de vida. Como foi definida anteriormente, a posição pontualista exige que as formas de vida permaneçam dentro de seus próprios limites genéticos por longos períodos de tempo (*estase*), até que pressões ambientais as forcem a "eclodir" (pontuações repentinas) em novas formas de vida. Os teístas macroevolucionistas argumentariam que Deus determinou antecipadamente o tempo para essas novas espécies eclodirem, e assim, a diferença entre alguém como Stephen Jay Gould e um teísta macroevolucionista é a crença num projeto inteligente. Portanto, nossas perguntas aos teístas macroevolucionistas que crêem no pontualismo são: "O que resta do modelo macroevolutivo? Não é uma visão "sem fatos"? Não carece de evidências empíricas que o sustentem?".

Se o *gradualismo* teísta não é uma posição plausível, e a posição *pontualista* teísta reivindica Deus como a Causa por detrás da explosão das novas formas de vida, então sobre que base científica os macroevolucionistas teístas constroem sua tese? Podemos ver um ateísta ir a esses extremos para salvar o modelo macroevolutivo, mas por que um teísta faria isso? Podemos entender alguém no lugar de Gould tentando ir muito além das evidências observáveis porque ele crê que a afirmação "criados à imagem de Deus" é "falaciosa".[2] Segundo essa cosmovisão, ele não tem nenhuma outra opção! Contudo, esse não é o caso dos teístas. Eles não só têm pelo menos duas outras opções — as posições do modelo jovem e o progressivo —, mas se ainda preferem abraçar

---

[2] *Themismeasure of man*, p. 324.

a macroevolução, também devem tratar sinceramente das questões bíblicas que essa opção exige. Um autor captou sucintamente essas dificuldades em seus escritos. Escreveu:

> Há cristãos devotos que sustentam que o processo pelo qual o homem foi é biológico e genético. Em outras palavras, o ser físico do homem foi produzido pela evolução. Uma forma dessa teoria, lembro-me bem, me atraía no curso de graduação na universidade. E eu cria com devoção na inerrância da Bíblia, mas pensava que o registro bíblico podia harmonizar-se com a idéia de que Adão foi produzido por mutação e constituído como homem à imagem de Deus por uma ação sobrenatural de Deus [...] Mas faz muitos que fiquei totalmente convencido de que essa hipótese é insustentável...
>
> A evolução não resolve nenhuma dificuldade. É mais complicada do que a visão simples da criação especial [...] A afirmação de Gênesis 2.7, de que o "Senhor Deus formou o homem do pó da terra", parece indicar que o corpo do homem foi formado não de algum animal previamente existente, mas de material inorgânico.
>
> Há uma lacuna visível que alguns antropólogos chamaram de lacuna biocultural entre o homem e os outros animais. Isto significa dizer que a suposta transição comportamental entre o não-homem e o homem — entre o animal com instinto e [...] o homem cultural — não é documentada por evidências paleontológicas e constitui uma descontinuidade mais importante que [aquelas do] [registro] o fóssil.
>
> Por fim [...] a teoria da derivação do corpo físico do homem de um ancestral meramente animal é muito difícil de se harmonizar com a doutrina do homem criado à imagem de Deus, do homem como uma criatura caída e do homem como redimível em Cristo.[3]

Somos obrigados a concluir que a vida humana, como a vemos, só pode ser explicada como o resultado direto de um ato especial de criação tal como registrado nos primeiros capítulos do livro de Gênesis. Há muitas outras razões — tanto bíblicas como não-bíblicas — que mostram por que se deve rejeitar a macroevolução teísta, mas vai além do escopo desta obra delineá-las. Nossa próxima tarefa é considerar os dois modelos de origens remanescentes — o da visão da terra jovem e o da visão progressiva.

---

[3] James BUSWELL JR., *A systematic theology of the christian religion*, vol. 1, p. 323-4.

QUE MODELO DE PROJETO CORRESPONDE MELHOR A TODAS AS EVIDÊNCIAS CIENTÍFICAS?

Antes de tentar responder a essa pergunta, pode ser útil ter um quadro geral da origem do universo, da origem da vida e das novas formas de vida. Considere o resumo a seguir, que reflete as conclusões extraídas anteriormente com base nos primeiros princípios filosóficos, nas leis da ciência e na confiabilidade das evidências observáveis:

Big-bang da cosmologia — A origem do universo: Com base na segunda lei da termodinâmica e nos princípios da causalidade e da uniformidade (analogia), considera-se o universo espaço-tempo finito e conseqüentemente causado por uma entidade não-causada e poderosamente infinita e eterna.

Big-bang da biologia molecular — A origem da vida: Com base nos princípios da causalidade e da uniformidade, na lei da complexidade especificada e na ciência da teoria da informação, descobrimos que a primeira forma de vida precisou de uma Causa inteligente. Esta Causa projetou todas as coisas vivas para serem capazes de mudanças microevolutivas limitadas que lhes permitem adaptar-se a ambientes variados. Portanto, podemos acrescentar o atributo da inteligência a esse *Ser* não-causado e infinitamente poderoso.[4]

Paleontologia — A origem das novas formas de vida: Da mesma maneira que a primeira forma de vida, as novas formas de vida aparecem repentinamente no registro histórico sem sinais de transformação gradual. Quanto à ordem da natureza e do aparecimento das novas formas de vida, o registro fóssil indica que aparecem na seguinte ordem:

1. Era dos invertebrados
2. Era dos peixes
3. Era dos anfíbios
4. Era dos répteis
5. Era dos mamíferos
6. Era dos humanos

Vamos supor que a ordem do aparecimento esteja correta, mas que as datas correspondentes, conforme propostas pelos geólogos gradualistas do macroevolucionismo, estejam erradas. O modelo pontualista argumenta que as novas espécies podem evoluir em apenas centenas a milhares de anos (um

---

[4]Uma vez que acrescentamos a característica da inteligência a esse ser não-causado infinitamente poderoso e eterno, temos uma das qualidades essenciais de uma personalidade.

espaço de tempo total curto). Por enquanto, deixemos de lado as eras e os limites de tempo (vamos voltar a eles mais tarde) a fim de nos concentrar nos dados válidos e verificar o que se pode constatar.

Quando apresentamos o modelo de projeto, não estamos interessados em estabelecer as datas e as eras para todos os eventos, deixamos isso para você decidir. Vamos sugerir mais tarde um roteiro de tempo, mas o nosso propósito agora é mostrar que a narrativa de Gênesis da origem de todas as coisas vivas está essencialmente em consonância com a ciência moderna. Considere a seguinte ordem da criação relatada em Gênesis 1:

1. Universo/Terra (Gn 1.1)
2. Mar (Gn 1.6)
3. Porção seca, plantas (Gn 1.9,11)
4. Animais marinhos (Gn 1.20)
5. Animais da terra (Gn 1.24)
6. Humanidade (Gn 1.27)

Claro que Gênesis 1 não foi escrito de uma perspectiva científica moderna, mas oferece uma narrativa extremamente precisa da ordem da criação se comparada com as descobertas da ciência moderna. Em outras palavras, quando arranjamos a ordem da natureza com a narrativa da criação descrita em Gênesis 1 — em relação à ordem de aparecimento — há uma correlação surpreendente. Consideremos as duas formas variantes do modelo de projeto e vejamos qual delas melhor se encaixa nas evidências científicas. (Não pretendemos dar nenhuma explicação detalhada do modelo de projeto nem mostrar como ele se relaciona com os detalhes técnicos que circundam todos os eventos, queremos apenas mostrar por que o modelo de projeto é cientificamente sólido.)

O modelo de projeto, especialmente em seus pontos mais cruciais, é coerente com os princípios da causalidade e da uniformidade, com as leis da ciência operacional e com as evidências conhecidas. Considerando o fato de que a base deste modelo vem do livro de Gênesis, é de se perguntar como o autor desse livro, em vista dos mitos das origens predominantes em seu tempo, pôde ter tido um quadro tão preciso dos elementos essenciais que compunham o universo e todas as formas de vida. A explicação mais plausível é que o Planejador/Criador deu a informação ao autor de Gênesis.

Quando se trata de decidir entre a concepção da terra jovem e a concepção progressiva, reconhecemos que algumas pessoas crêem que o único modo correto de interpretar Gênesis 1 é entendê-lo referindo-se literalmente a dias de 24 horas. Se isso é verdade, somos obrigados a aceitar a crença de que toda a criação, inclusive o próprio universo espaço-tempo, ocorreu no intervalo de 144 horas (seis dias solares). Portanto, queremos esclarecer que não está dentro do escopo desta obra insistir nos detalhes técnicos relativos à língua hebraica para a interpretação correta de Gênesis 1. Por isso, se você tem convicção de que Gênesis 1 só pode estar-se referindo literalmente a seis dias de 24 horas da criação — a posição da terra jovem — não estamos tentando convencê-lo do contrário. Afinal, o Criador poderia ter criado o universo em seis horas, seis minutos, ou seis segundos, e a concepção da terra jovem é certamente uma visão viável acerca das origens. Simplesmente estamos propondo uma visão alternativa também viável que não viola nenhum princípios de interpretação — e se mantém dentro do devido contexto de Gênesis 1. Como afirmou um reconhecido especialista na língua hebraica,

> ... uma crença verdadeira e adequada na inerrância da Escritura não implica numa única regra de interpretação, seja literal, seja figurada. O que de fato se requer é uma crença no sentido que o autor bíblico (humano e divino) tenha de fato atribuído às palavras usadas. [...] A mensagem e o propósito de Gênesis 1 são a revelação do único Deus verdadeiro que criou todas as coisas do nada e [...] realizou sua criação de maneira ordenada e sistemática. Houve seis fases principais nessa obra de formação, e essas fases são representadas por dias sucessivos da semana.[5]

Com isso em mente, se você está comprometido com a concepção da terra jovem, não há nada mais que dizer. Não estamos tentando desafiar a erudição nem as conclusões de outros estudiosos competentes e dedicados.[6] Contudo, se você está aberto para considerar a concepção progressiva das origens, continue lendo enquanto demonstramos por que acreditamos que a concepção progressiva do modelo de projeto se coaduna bem com todas as evidências científicas.

---

[5]Gleason L. ARCHER, *Enciclopédia de temas bíblicos*, p. 52, 54.
[6]Muitos intelectuais sinceros e intelectualmente dotados argumentam tanto pela visão da terra jovem como pela visão da terra antiga (progressiva). Todavia, nem os macroevolucionistas gastam muito tempo nos debates internos —eles entendem que há poder em ter uma frente unida. Precisamos fazer o mesmo. É nossa esperança que alguns reconsiderem a rivalidade nesta questão da idade e concentrem-se em alguns aspectos mais importantes do modelo de projeto que estamos apresentando nas páginas seguintes. Confiamos que esta forma de argumentação vai ajudar a resolver alguns conflitos internos e alimentar a idéia de unidade também.

Por que a concepção progressiva se harmoniza melhor com todas as evidências?

Anteriormente afirmamos que os macroevolucionistas usam a analogia da árvore filogenética para ilustrar sua visão.

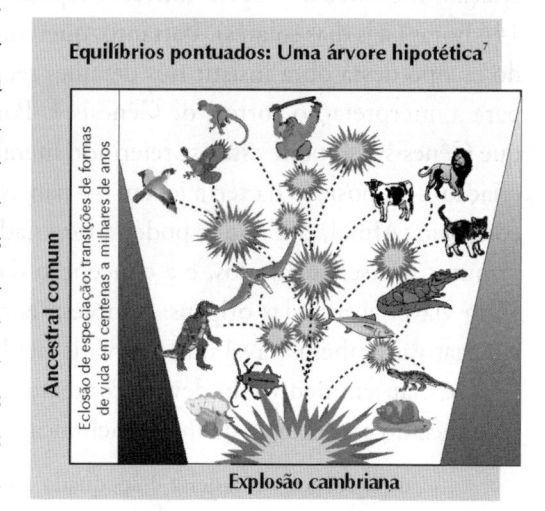

O modelo macroevolutivo prevê somente uma árvore filogenética com muitos ramos e folhas — um modelo que apresenta um ancestral comum e nenhum projeto inteligente. No entanto, os dados não sustentam essa previsão. Na verdade essa árvore não retrata nenhum ramo principal, mas muitos galhos finos e folhas (indicadas pelo aparecimento de novas formas de vida). Repetimos, este fato foi confirmado claramente por Gould, que disse que as novas formas de vida "mostram-se no registro fóssil muito parecidas com o que eram quando desapareceram; a alteração morfológica é geralmente limitada e sem direção. Em qualquer área local, *uma espécie não aparece gradualmente pela transformação constante de seus ancestrais, aparece de uma vez e "plenamente formada"*.[8]

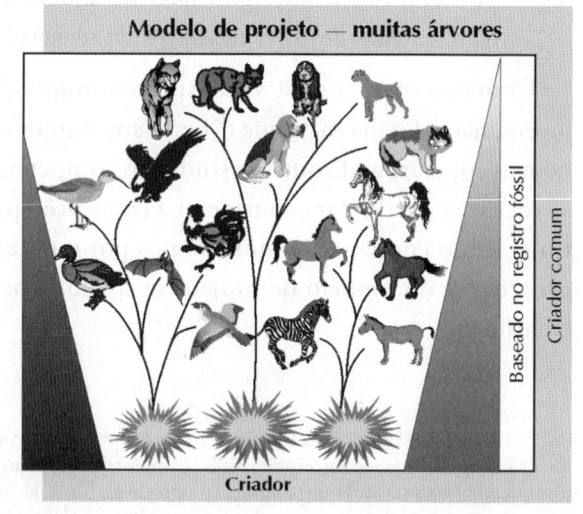

O modelo que prevê os dados descobertos pelos paleontólogos é o modelo de projeto inteligente. Esse modelo prevê o que o registro fóssil constatou: muitas árvores filogenéticas, cada árvore com ramos que denotam microevolução, representando adaptação ao ecossistema dentro de certos parâmetros geneticamente projetados.

---

[7] V. nota de rodapé 21, no cap. 7.
[8] *The panda's thumb*, p. 182 (grifo do autor).

Acreditamos que é correto dizer que se pode esperar espécies semelhantes de criaturas compartilhando sistemas biológicos e estruturas de cromossomos comparáveis, uma vez que um Planejador os criou para coexistir num mesmo ecossistema. Portanto, suas semelhanças estão diretamente relacionadas ao seu planejador comum e ao seu ecossistema comum — não a um ancestral comum. Uma vez que as novas formas de vida aparecem surpreendentemente acabadas no registro fóssil, não pode haver apenas uma árvore inteira com falta de alguns ramos (elos perdidos). Pelo contrário, deve haver muitas árvores.

O modelo pontualista de Jay Gould pode ser representado de forma gráfica como segue.

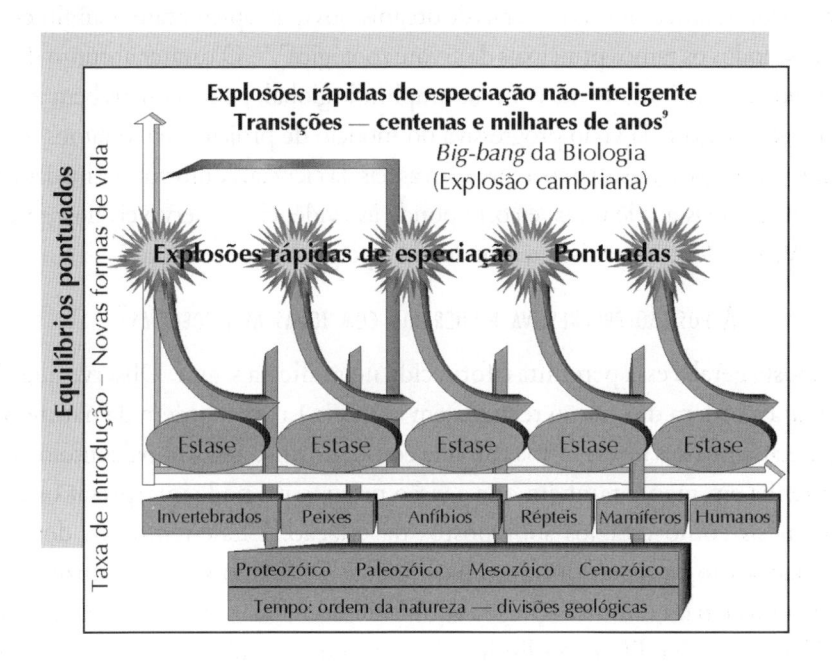

Cremos que esse gráfico é uma visão bem precisa e intelectualmente honesta dos dados descobertos no registro fóssil. Ele retrata as evidências paleontológicas na medida que se relacionam com a ordem da natureza, o aparecimento de novas formas de vida e as divisões geológicas. Observe que as primeiras formas pluricelulares de vida aparecem repentinamente durante aquilo que hoje chamamos de *explosão cambriana*. Segundo Gould, depois que as novas forma de vida surgem, permanecem em estabilidade (estase) até que as

---

[9] Os dados não mostram evidência alguma que dê suporte à idéia de que estas formas de vida estivessem "se transformando" na "direção" de vir a ser novas formas de vida (tipos genéticos novos).

condições ambientais em transformação forcem a natureza a "rápidas eclosões de especiações" (Gould afirma que esse "processo pode levar centenas ou mesmo milhares de anos"[10]). Observando esse gráfico à luz dos primeiros princípios e das leis da ciência, fica claro, sim, que não há nenhum mecanismo que explique essas eclosões de especiação do ponto de vista puramente natural. Além disso, já mostramos que a alteração biológica é limitada, e as novas formas de vida requerem nova informação de uma fonte inteligente.

Pense mais uma vez na magnitude da explosão cambriana. Gould admite que "o período cambriano é um período distinto pelo aparecimento abrupto de um espantoso esquadrão de animais pluricelulares [...] *Em todo o mundo* [...] os cientistas encontraram os restos minerais de organismos que representam o surgimento de quase todos os ramos principais da árvore zoológica".[11] O caráter abrupto dessa explosão de vida, juntamente com sua amplitude global, pode ser mais bem explicada e justificada pela visão progressiva do modelo de projeto. Acreditamos nisso porque a visão progressiva é coerente com as leis da ciência, conforme ensinadas nas várias disciplinas acadêmicas, e corresponde às evidências observáveis no registro fóssil. Vamos demonstrar isso respondendo à pergunta que se segue.

A POSIÇÃO PROGRESSIVA É COERENTE COM TODAS AS EVIDÊNCIAS?

A resposta geral a essa pergunta é fornecida no gráfico a seguir. Observe que ele compara a ordem da criação relatada em Gênesis 1 com a ordem da natureza e o aparecimento das novas formas de vida como mostra o registro paleontológico. Mantenha em mente também que a visão progressiva pode interpretar os dias de Gênesis como estágios sobrepostos da criação.[12] Esse tempo de demora seria necessário para permitir que novas formas de vida fossem introduzidas no ecossistema e para este alcançar seu equilíbrio de acordo com as leis da natureza. Além disso, há diferentes limites de tempo de equilíbrio associados a cada ser que ia sendo criado, diretamente relacionadas com a complexidade e o tempo de reação para o ecossistema alcançar equilíbrio. À luz deste entendimento de Gênesis, vamos observar mais de perto o que pode ter ocorrido durante os seis estágios da criação.

Em vez de eclosões não-inteligentes de especiações, como ocorre nos equilíbrios pontuados de Gould, este gráfico mostra as eclosões inteligentes da cria-

---

[10] Op cit., p. 181-4.
[11] Ibid., p. 49 (grifo do autor).
[12] Naturalmente há diferentes formas da visão progressiva da criação.

ção com novas formas de vida sendo introduzidas no ecossistema nos momentos precisamente corretos do tempo — quando o ecossistema alcançou seu equilíbrio natural.

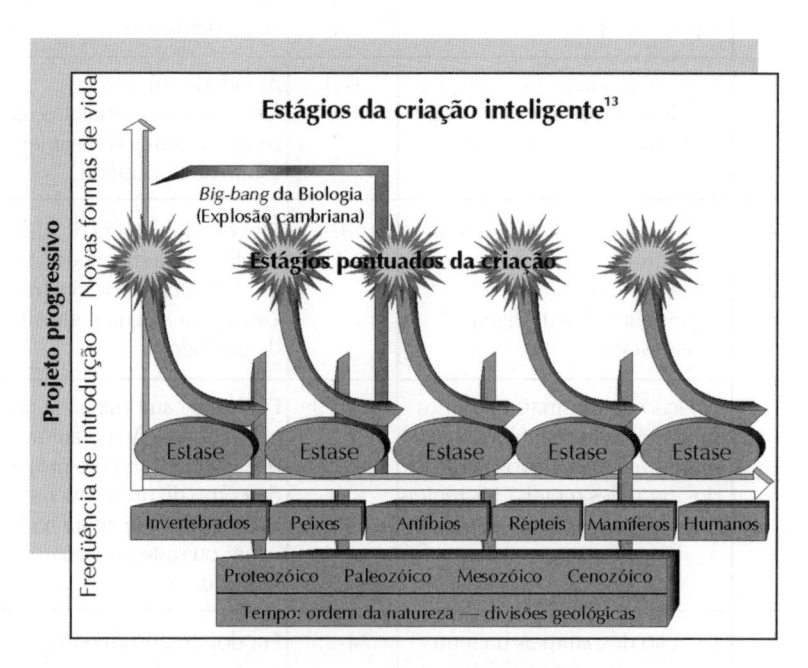

Estágios da criação inteligente[13]

Projeto progressivo — Freqüência de introdução — Novas formas de vida

Big-bang da Biologia (Explosão cambriana)

Estágios pontuados da criação

Estase — Estase — Estase — Estase — Estase

Invertebrados | Peixes | Anfíbios | Répteis | Mamíferos | Humanos

Proteozóico | Paleozóico | Mesozóico | Cenozóico

Tempo: ordem da natureza — divisões geológicas

Como o gráfico indica, a ordem básica dos estágios da criação relatados em Gênesis 1 se enquadra muito bem na ordem da natureza mostrada pelo registro paleontológico e com as divisões geológicas de tempo.

Uma vez que a ciência é uma disciplina progressiva e que há variação na interpretação de Gênesis 1, não se reivindica que a correlação seguinte seja definitiva ou final, mas meramente experimental e plausível à vista das evidências atuais.

O relato dos acontecimentos em Gênesis 1 não se preocupa com os detalhes que um cientista consideraria importantes. Todavia, podemos seguramente presumir que as formas necessárias de vida e as condições atmosféricas foram sendo criadas para preparar o ecossistema da terra para a criação de outras formas de vida previstas e enfim a vida humana. No esboço que se segue, substituímos os estágios da criação pelos dias da criação. Também procuramos pre-

---

[13] Os dados não mostram evidência para dar suporte à idéia de que estas formas de vida estavam "se movendo" (transformando) na "direção" de se tornarem novas formas de vida (novos tipos genéticos).

Estágios	Evento do Gênesis	Versículos	Ciência/Paleontologia
1—2	Criação do universo espaço-tempo	1-5	*Big-bang* da cosmologia (luz surge das trevas)
2—3	Terra formada/água começa a condensar/mar global emerge/ atmosfera (expansão) criada	6-8	Atividade vulcânica termina/Terra esfria/atmosfera se forma acima do mar (efeito estufa da troposfera)
3—4	Terra seca criada/ Sistema de Terra-lua criado/atmosfera se torna transparente (vida vegetal unicelular criada neste estágio)	4, 9-10	Origem do sistema de planeta duplo (teoria da origem da lua da Terra cria um recipiente na Terra para a água concentrar-se de um lado)
4-5	Criação dos animais marinhos (pluricelulares a anfíbios/ répteis/animais alados) criação dos "grandes répteis" (os répteis maiores são os dinossauros)	14-19	Explosão cambriana/era do peixe (formação de animais pluricelulares com o projeto de corpo de praticamente todas as criaturas que agora nadam, voam ou rastejam pelo mundo).
5—6	Criação dos animais da terra (animais domésticos, não- e selvagens). Criação dos mamíferos/vida humana	24-27	Era dos anfíbios/répteis Era dos mamíferos/ humanidade

encher algumas condições que mais provavelmente tinham de estar presentes do ponto de vista de um modelo que permite longos períodos de estruturas de tempo de criação sobrepostas.[14]

Estágios 1—2: O "*big-bang*" marcou a criação do universo espaço-tempo.[15] O Criador produziu luz das trevas numa simples e imensa explosão concentrada de energia. As órbitas dos elétrons decaíram e a energia começou a ser con-

---

[14]Entre as fontes usadas para este sumário e para outros estudos posteriores estão Gerald Schroeder, *The science of God*; Don Stoner, *A new look at an old earth*; Hugh Ross, *The fingerprint of God*.

[15]É fascinante observar que somente neste século se percebeu que o espaço e o tempo são correlatos. A descoberta de Einstein revelou que o tempo é uma quarta dimensão. Daí, *o tempo foi criado juntamente com o universo*. Mas a Bíblia revelara esse fato quase dois mil anos antes de Einstein (v. 1Co 2.7; 2Tm 1.9; Tt 1.2).

vertida em matéria. Durante esse estágio o sistema solar e o galáctico teriam tomado forma, constituindo a Via Láctea e inflamando o sol, que começou a queimar como uma estrela de ordem principal. O Criador formou a terra e o nosso sistema solar da nebulosa informe no espaço escuro, o que causou o contraste entre as trevas e a luz (Gn 1.1-5).

Estágios 2—3: Nesse espaço de tempo, a terra teria iniciado atividade vulcânica, e o vapor resultante teria começado a condensar-se. À medida que o planeta se esfriava, a água ter-se-ia acumulado formando um mar que cobria a superfície da terra. Nesses estágios, os gases tóxicos da atividade vulcânica provavelmente dominaram a terra. O Criador assim formou a expansão (Gn 1.6-8) ou o espaço atmosférico (troposfera[16, 17]), que propiciou uma atmosfera rica em oxigênio, o que fez que o céu opaco (absorvedor de luz) se tornasse translúcido (difusor de luz). Essa vastidão naturalmente teria resultado numa atmosfera com temperatura e diferenciais de pressão que produziam violentas tempestades elétricas, o que originou a camada de ozônio.[18] As primeiras formas de vegetais unicelulares podem ter sido introduzidas no ecossistema dos mares nesse tempo: "Contrários à opinião científica sustentada até recentemente, os dados fósseis demonstram que a primeira vida vegetal simples apareceu imediatamente após a água líquida, não bilhões de anos mais tarde".[19]

Estágios 3—4: Gênesis nos diz que a terra seca foi criada pela junção do mar numa só porção (Gn 1.9,10). Uma explicação plausível de "onde" a água foi colocada relaciona-se com a origem da lua. Alguns cientistas especulam que a lua foi outrora parte da terra. Isaac Asimov disse que "essa idéia é atraente, já que a lua perfaz só um pouco mais que um por cento da massa combinada terra-lua e é pequena bastante para repousar na extensão do Pacífico. Se a lua fosse feita de camadas externas da terra, explicaria o fato de a lua não ter nenhum núcleo de ferro e ser muito menos densa que a terra e de o fundo do Pacífico não ter granito continental".[20]

Depois de formada a terra seca, as primeiras plantas da terra foram criadas (Gn 1.11-13). Durante esse tempo várias espécies vegetais, entre elas as plan-

---

[16]A troposfera é a camada mais baixa da atmosfera. A composição da atmosfera varia com a altitude. Cerca de 75% do total da massa da atmosfera e 90% de seu vapor de água estão contidos na troposfera. Excluindo o vapor de água, o ar da troposfera contém 78% de nitrogênio, 21% de oxigênio e um equilíbrio de argônio, dióxido de carbono e traços de outros gases nobres.

[17]Os gases nobres são raros (preciosos), como o hélio, neônio e o radônio.

[18]O ozônio é produzido submetendo o oxigênio a descargas elétricas de alta voltagem.

[19]Gerald SCHROEDER, *The science of God*, p. 68.

[20]Isaac ASIMOV, *Asimov's guide to science*, p. 122.

tas e as árvores, foram introduzidas no ecossistema. As plantas são a fonte primária de alimento e energia da terra, produzindo-os por meio da fotossíntese. Por essa razão, a fotossíntese pode ter começado a ocorrer também nessa época, fortalecendo a atmosfera já rica em oxigênio — que, por sua vez, intensificou o processo da fotossíntese. À medida que a fotossíntese prosseguia, a água ia se decompondo, produzindo oxigênio puro e criando o efeito estufa. Conseqüentemente, uma espessa camada de nuvem se teria formado, cobrindo toda a terra, e um ciclo de água estável (evaporação e condensação) se estabeleceria também.

A vida vegetal requer que o ecossistema tenha microorganismos necessários (bactérias e fungos) e insetos (dois milhões de espécies conhecidas no reino animal) para haver equilíbrio devido. Os insetos e os outros organismos são essenciais para tarefas como oxigenação, fertilização, polinização e ações semelhantes. Além disso, o ecossistema agora precisaria de uma cadeia alimentar para manter seu equilíbrio.[21] A introdução de seres criados mais recentemente teria tirado o ecossistema de seu equilíbrio, portanto, foi necessário um ajuste fino, inclusive a quantidade certa de tempo de equilíbrio para a seqüência de mudanças que conduzem a um novo período de estabilização. Quando o ecossistema alcançou seu ponto de equilíbrio, a próxima "eclosão da criação" teria acontecido.

Estágios 4—5: Uma vez que a atividade vulcânica tinha diminuído e a terra esfriado, os níveis de dióxido de carbono teriam diminuído juntamente com a cobertura de nuvens. De forma correspondente, a atmosfera estabilizada (em relação à pressão e à temperatura) e o consumo de dióxido de carbono pelas plantas teriam exercido um papel chave no desanuviar do céu. Em conseqüência, o sol pôde ser visto durante o dia, e a lua e as estrelas, durante a noite (Gn 1.14-19).

A explosão cambriana mais provavelmente ocorreu nestes últimos estágios da criação. O Criador produziu uma copiosidade de vida aquática juntamente com um exército de vida animal minúscula e, provavelmente em direção ao final do estágio cinco, introduziu as "grandes criaturas do mar", entre eles os répteis, sendo o maior deles o dinossauro.[22] Depois de o ecossistema ter equilibrado essa enorme explosão de vida aquática, as primeiras aves verdadeiras parecem ter sido criadas quando a atmosfera e o ecossistema alcançaram uma

---

[21] O número de elos de uma cadeia alimentar média varia entre três e seis.
[22] Gerald SCHROEDER, *The science of God*, p. 193.

temperatura razoavelmente estável (Gn 1.20-23). A estabilização das condições atmosféricas teria sido de importância crítica, pois as aves são criaturas de sangue quente e precisam gerar calor e manter o corpo aquecido para reagir às flutuações da temperatura do ambiente.

Estágios 5—6: Esses estágios entrelaçados preparariam o ecossistema para o propósito principal de ajuste fino do ambiente da terra: a criação da vida humana. Próximo do fim do estágio cinco, o Criador criou os animais da terra e os mamíferos conhecidos como animais domésticos, juntamente com os animais selvagens (não-domésticos) (Gn 1.24-27). Quando o ecossistema se ajustou para a introdução de vida animal e alcançou um certo nível de equilíbrio, mais provavelmente os mamíferos foram criados. Procuramos nos esforçar para explicar os estágios a seguir:

O relato seguinte é um pouco intrincado e deve ser acompanhado cuidadosamente. É importante ter tempo para entender a terminologia. Compreender os termos e suas relações ajudarão a trazer à luz a importância de aplicar os termos certos para as espécies certas, sem tendências macroevolucionistas.

Há duas subclasses de mamíferos: os *prototérios* e os *térios*. Os prototérios põem grandes ovos com muita gema. Entre eles há somente o ornitorrinco e os mamíferos que se alimentam de formigas. Embora tenham sangue quente, a temperatura do corpo deles é relativamente variável. Os térios consistem das subclasses *metatérios* e *eutérios*. Os metatérios são mamíferos que têm uma bolsa abdominal, nas quais os filhotes recém-nascidos, em estado bem imaturo, se abrigam para completar o desenvolvimento. Os exemplos modernos desses mamíferos são o canguru, o coala e o rato gigante da Índia. Finalmente, os eutérios são mamíferos cujos embriões se fixam num útero no corpo da mãe e se nutrem por meio de uma placenta. Com isso, os filhotes são plenamente protegidos durante o estado embrionário e mantidos numa temperatura constante.

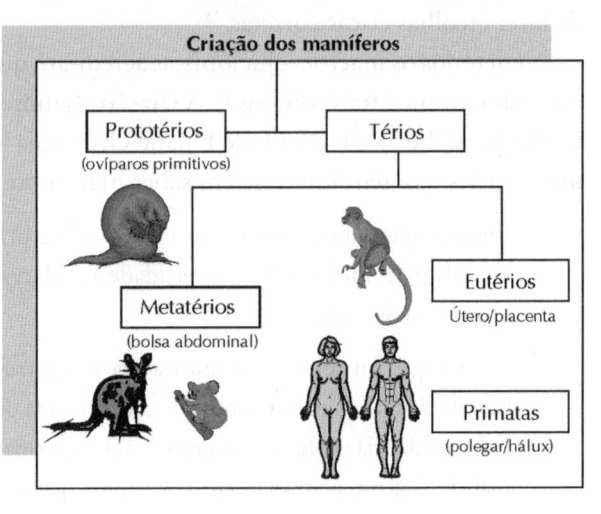

O nível progressivo da complexidade embrionária dos mamíferos dá algum vislumbre da ordem da criação indo em direção à humanidade. Embora os humanos sejam classificados como mamíferos eutérios, uma grande diversidade de outros mamíferos também o é. No grupo dos eutérios, entretanto, somente os primatas se distinguem ainda mais por polegares oponíveis (que permitem a destreza das mãos) e os hálux (dedo maior do pé) e olhos opositivos (para visão binocular). Entre os primatas estão os macacos, os chimpanzés e os seres humanos. O gênero dos primatas que inclui os seres humanos é conhecido como *Homo*, e os macroevolucionistas classificam os seres humanos e todos os seus supostos ancestrais, segundo eles, numa família chamada *hominídios*. Porém, uma vez que demonstramos que a macroevolução não é um modelo das origens plausível, podemos dispensar essa extensão particular de termos e classificar a vida humana como uma espécie separada e distinta dos macacos e outros símios. Com essa explicação, a classificação própria dos seres humanos é *Homo sapiens*.

O *Homo sapiens* foi criado distintamente humano, e por essa razão o uso do termo *sapiens*. *Sapiens* vem de uma palavra latina que transmite a idéia de ter inteligência, discernimento e sabedoria. Tem que ver com a posse de capacidade intelectual de fazer juízo e de lidar com pessoas de maneira correta, isto é, de fazer escolhas éticas corretas.[23]

Nem todos os macroevolucionistas acreditam que o *Homo habilis* e o *Homo erectus* foram ancestrais comuns.[24] A citação seguinte é tirada do livro *Evolution: challenge of the fossil record*, de Duane Gish, cuja leitura integral recomendamos àqueles que têm interesse em saber mais sobre o assunto.

> Embora não admita nenhuma dúvida sobre o fato da evolução, Stephen J. Gould, paleontólogo da Universidade de Harvard, tem a dizer o seguinte a respeito desse estado de coisas:
>
> "O que foi feito de nossa escada se há três linhagens co-existentes de hominídios [...] nenhuma nitidamente derivada de outra? Além disso, nenhuma exibe tendência evolutiva alguma durante a permanência na terra: nenhuma fica mais inteligente nem mais ereta à medida que se aproxima dos dias atuais".[25]

---

[23]Vamos tratar desta característica singular do *Homo sapiens* nos capítulos sobre direito, justiça e ética, quando vamos definir o conceito de pessoalidade e os assuntos moralidade e os direitos humanos.
[24]*Homo* é a palavra latina para "homem". Os termos *habilis* e *erectus* significam destreza e andar ereto, respectivamente. São supostamente ancestrais do *Homo sapiens*.
[25]*Evolution*, p. 171.

Gish prossegue citando a descoberta de outro macroevolucionista, Louis Leaky, que encontrou certos artefatos que levaram a uma única conclusão: O *Homo habilis* e o *Homo erectus* existiram contemporaneamente com o *Homo sapiens*.[26] Gish diz:

> Se o *Australopithecus*, o *Homo habilis* e o *Homo erectus* existiram contemporaneamente, como poderia um ter sido ancestral do outro? E como poderia qualquer uma dessas criaturas ser ancestral do homem, quando os artefatos do homem são encontrados num nível estratigráfico mais baixo, imediatamente abaixo, e por isso anterior no tempo a esses supostos ancestrais dele? Se os fatos estão corretos, como Leaky os relatou, então obviamente nenhuma dessas criaturas pode ter sido o ancestral do homem, e isso deixa a árvore ancestral do homem desnuda.[27]

Conseqüentemente, bem próximo final do estágio seis, uma vez o ecossistema plenamente ajustado com a adição dos mamíferos anteriores ao *Homo sapiens*, o Criador formou dois seres humanos e soprou vida neles. Eles foram feitos não somente como almas-viventes com corpos, mas foram também altamente capacitados com faculdades espirituais, racionais, morais e volitivas. Se a explicação dos estágios da criação mencionada anteriormente é com precisa — e cremos que não há razão bíblica nem científica para questioná-la — então nos parece que a visão progressiva do modelo de projeto se harmoniza bem com todas as evidências disponíveis da ciência.

Esse desenho é uma tentativa de reunir todos os dados numa visão geral concisa conforme apresentados pelo modelo progressivo. À medida que decompomos os fatores dos períodos de tempo entrelaçados, os dados começam a

---

[26]Ibid.

[27]Talvez você esteja surpreso por que o homem se encontra num nível estratigráfico mais baixo, uma vez que afirmamos que, embora essas outras criaturas não sejam ancestrais do Homem, outros mamíferos foram criados primeiro. Há duas respostas para essa indagação. Primeira, se esse fóssil permanece como pertencente aos símios, e os símios e humanos existiram juntos num determinado ponto do tempo, não há razão alguma para que um símio não possa ter morrido no mesmo local que tenha sido habitado pelos humanos num tempo anterior. Segunda, a conclusão macroevolutiva de que esses restos fósseis são ancestrais dos humanos de modo nenhum é certa —podem ser fósseis de seres humanos. Por exemplo, Jack Cuozzo documentou com recentes raios X de alta tecnologia dos crânios de Neanderthal que eles não são semelhantes aos dos símios, mas aos dos humanos. Falando do famoso fóssil Lê Moustier, ele afirma que "não é semelhante ao símio [...] o maxilar inferior [...] é 30 mm (mais de uma polegada) fora da cavidade (fossa TM). Isto permitiu que o maxilar superior fosse empurrado 30 mm para a frente, apresentando uma aparência semelhante à do símio. Isto seria como uma mandíbula deslocada em qualquer consultório de dentista. Como pode uma mandíbula deslocada ser passada como evidência de evolução?" (*Buried alive*: the startling truth about neanderthal man, p. 166).

Modelo de projetos das origens progressivas

Estágios da criação inteligente[28]

Freqüência de introdução
O universo e novas formas de vida

Big-bang da Biologia
(Explosão cambriana)

Eclosões da Criação

Vegetação
Invertebrados
Vertebrados
Mamíferos terrestres

Big-bang da cosmologia

Criação Estágio 2 | Criação Estágio 3 | Criação Estágio 4 | Criação Estágio 5 | Criação Estágio 6

Invertebrados | Peixes | Anfíbios | Répteis | Mamíferos | Humanos

Proteozóico | Paleozóico | Mesozóico | Cenozóico

Ordem da natureza — divisões geológicas

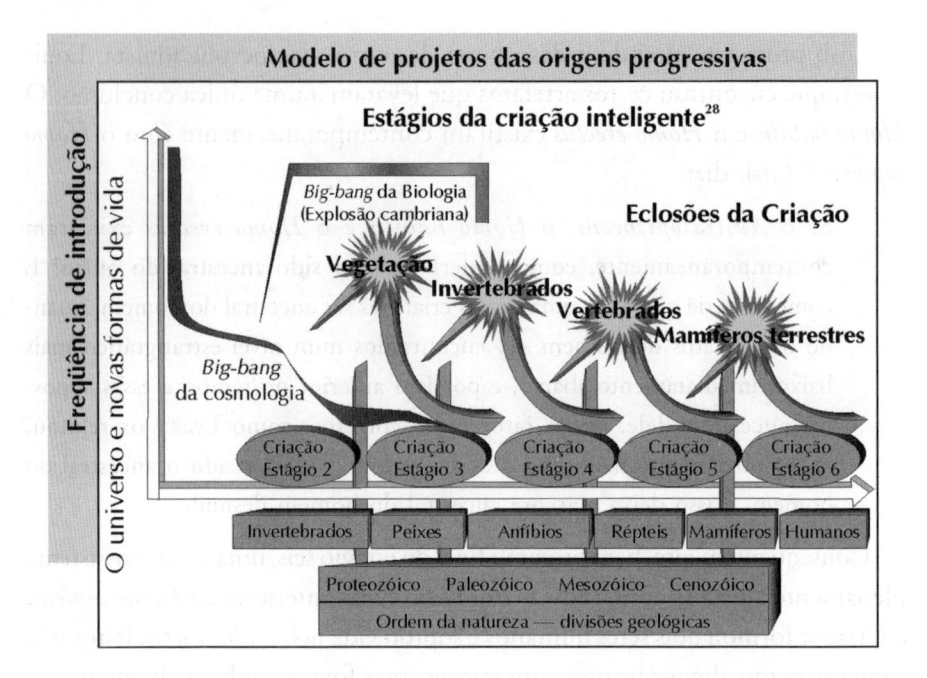

alinhar-se com os fatos conhecidos (inclusive o *big-bang* cosmológico) de modo a descrever todas as seqüências e correlacioná-las com a ordem conhecida da natureza, com o aparecimento de novas formas de vida e com as eras geológicas. Observe novamente como os estágios da criação permitem que novos seres recém-criados sejam introduzidos no ambiente, permitindo que o ecossistema atinja seu equilíbrio natural.

Depois de considerar cuidadosamente todas as evidências, a visão progressiva do modelo de projeto (ou algo semelhante) parece ser um modelo das origens viável. Três campos independentes de estudo apóiam a sua integridade: a cosmologia, a biologia molecular e a paleontologia. A visão progressiva também se mostra coerente com os primeiros princípios, as leis da ciência e as evidências observáveis. Além do mais, satisfaz os critérios de uma boa teoria porque 1) descreve adequadamente uma grande classe de observações (i.e., a origem e a natureza do universo, a origem e a natureza da vida, de novas formas de vida, e o registro fóssil) e 2) faz previsões sólidas a respeito das limitações genéticas de adaptação.

---

[28] Os dados não mostram evidência nenhuma que sustente a idéia de que essas formas de vida estivessem "se movendo" (transformando-se) na "direção" de virem a ser novas formas de vida (novos tipos genéticos).

A IDADE BÍBLICA DA HUMANIDADE É CONFLITANTE COM A CIÊNCIA MODERNA?

A resposta simples a essa pergunta é não. A idade bíblica da humanidade e a ciência moderna não estão em desacordo em relação à idade do universo ou da raça humana. Uma vez que os macroevolucionistas estão enganados quanto aos ancestrais dos seres humanos, os limites de tempo de qualquer ser vivo anterior à espécie humana não é relevante aqui por diversas razões.

Primeiramente, a Bíblia não afirma explicitamente a idade da raça humana. Na verdade, há três lacunas nas genealogias registradas na Bíblia. Por exemplo, Mateus 1.8 diz que Jorão foi o pai de Uzias (outro nome de Azarias), enquanto 1Crônicas 3.11-14 arrola outras três gerações entre Jorão e Azarias (Acazias, Joás e Amazias). Da mesma forma, Gênesis 11.12 arrola Selá como filho de Arfaxade, enquanto Lucas 3.36 insere outra geração entre eles (Cainã). Uma vez que a Bíblia em nenhum lugar acrescenta os números mencionados em Gênesis 5 e 11 e não há lacunas intencionais e significativas nas genealogias, não podemos determinar por elas exatamente quão antiga é a raça humana. Conseqüentemente, todas as tentativas de calcular a idade da humanidade pela história bíblica são repletas de suposições humanas potencialmente falíveis. O propósito da Bíblia ao registrar essas genealogias não era dar uma lista completa e exaustiva dos ancestrais, mas comprovar a linhagem e a descendência.[29]

Em segundo lugar, descobertas relativamente recentes feitas por biólogos moleculares desafiaram a informação duradoura e amplamente aceita a respeito da idade macroevolucionista da humanidade. Essa questão passou a ser alvo de debate entre os biólogos moleculares, os antropólogos e os paleontólogos quando discutem a respeito da idade da raça humana. O quadro seguinte é um resumo da gama de idades da humanidade debatidas conforme publicadas nas revistas *Newsweek*,[30] *Discover*,[31] *Science*[32] e *Nature*.[33]

No fim da década de 1950: 5 a 15 milhões de anos
Em meados da década de 1970: 5 a 7 milhões de anos
No final da década de 1970: 1 milhão de anos

---

[29]V., Genealogias: abertas ou fechadas?, de Norman Geiler, na *Enciclopédia de apologética*, p. 367-70.
[30]John TIERNEY, Linda WRIGHT e Karen SPRINGEN, The search for Adam and Eve, 11/1/1988, p. 46.
[31]James SHREEVE, Argument over a woman, agosto/1990, p. 54.
[32]Ann GIBBONS, Mitochondrial Eve; wounded, but not dead yet, vol. 257, 14/8/1992, p.873.
[33]L. Simon WHITFIELD, John E. SULSTON e Peter N. GOODFELLOW, Sequence variation of the human Y chromosome, vol. 378, n.o 6558 (1995), p. 379, referido no artigo de Hugh Ross, Searching for Adam, *Facts & Faith*, vol. 1, n.o 1 (1996), p. 4.

Em meados da década de 1980: 800 000 anos
No final da década de 1980: 50 000 a 200 000 anos
Em meados da década de 1990: 43 000 anos

É difícil ignorar a direção óbvia para a qual a idade da humanidade parece caminhar — cada vez mais jovem! Os estudos mais recentes acerca do cromossomo Y[34] fixam até uma idade ainda menor do *Homo sapiens*, dando a entender que ele apareceu em algum ponto entre 37 000 e 49 000 anos atrás.[35] É possível que esta data se reduza ainda mais até entre 10 000 e 20 000 anos atrás ou menos.

Vamos calcular a margem de erro associado à idade da raça humana usando a média estimada de dez milhões de anos[36] dos macroevolucionistas no final dos anos 1950, e da média dos macroevolucionistas estimada em 43 000 anos em 1995:

[10 milhões—43 000/10 milhões] x 100 = 99,57% de *margem de erro*.

É evidente que esse "jogo de datação" macroevolucionista opera numa margem de erro incrivelmente alta — aproximadamente 100% no nível humano. Observe o gráfico seguinte:

Em vista do que foi apresentado, não há base para dizer que a idade bíblica da humanidade esteja em conflito com a ciência moderna. Levando em conta o limite superior estimado pelos estudos do cromossomo Y avaliado em 49 000 e o limite superior da idade estimada pelos estudiosos hebreus de 35 000, a margem de erro cai consideravelmente:

[49 000-35 000/49 000] x 100 = 28,57% de margem de erro.

A narrativa da criação do universo e de todas as formas de vida encontrada no livro de Gênesis é absolutamente maravilhosa! Em trinta e um versículos lemos o relato da origem do universo inteiro, todas os seres vivos e os seres humanos. Um físico declara acertadamente:

---

[34]Cromossomos são estruturas filiformes compostas de genes, que carregam informação genética responsável pelas características herdadas do organismo. Os cromossomos X e Y determinam o sexo dos descendentes. Uma pessoa do sexo feminino tem dois cromossomos X (XX), enquanto uma pessoa do sexo masculino tem um de cada (XY).
[35]Op. Cit.
[36]Este número é encontrado pela média das estimativas entre 5 e 15 milhões.

Idade estimada da raça humana

Gráfico:

- Eixo Y: Anos
- Final dos anos 1950: 10 000 000
- Meados dos anos 1970: 6 000 000
- Final dos anos 1970: 1 000 000
- Meados dos anos 1980: 800 000
- Final dos anos 1980: 125 000
- Meados dos anos 1990: 43 000

Idade da raça humana

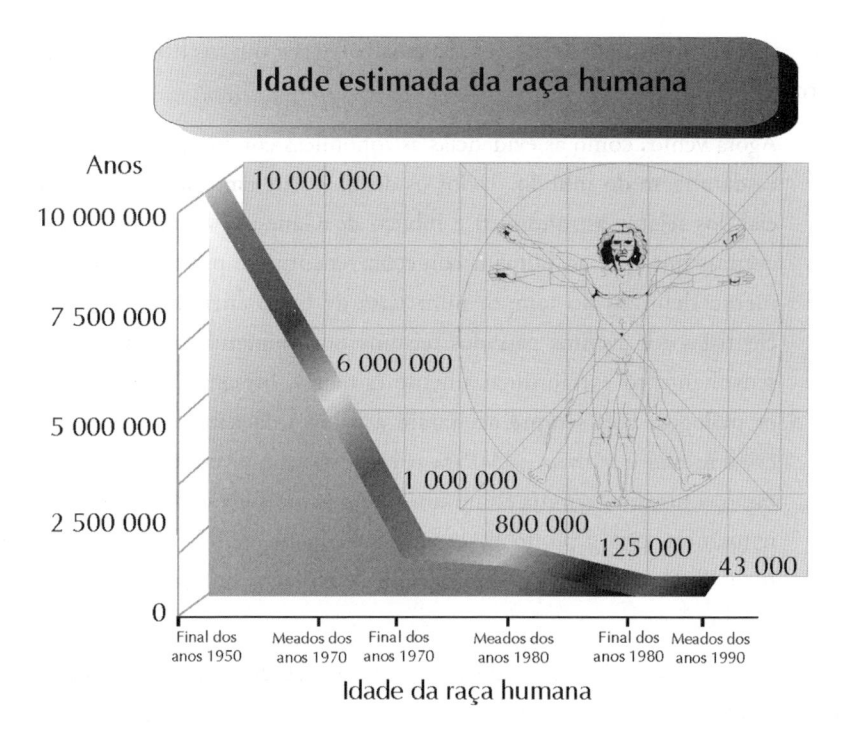

Esses são acontecimentos a respeito dos quais os cientistas escreveram literalmente milhões de palavras. O desenvolvimento total da vida animal é resumido em oito sentenças bíblicas. Considerar a brevidade da narrativa bíblica, o casamento entre as declarações e a noção de tempo em Gênesis 1, e as descobertas da ciência moderna é fenomenal, principalmente quando percebemos que toda a interpretação bíblica usada aqui foi registrada séculos, ou mesmo milênios, no passado e por isso não foi de forma alguma influenciada pelas descobertas da ciência moderna. É a ciência moderna que tem de se harmonizar com a narrativa bíblica de Gênesis.[37]

Essa foi uma investigação notável que terminou com o início — Gênesis. Quando Robert Jastrow refletiu sobre as descobertas científicas do século vinte e sobre as reações dos seus colegas a elas, ficou totalmente maravilhado. Como astrônomo que se autoproclama agnóstico, Jastrow simplesmente não conseguia entender por que homens de ciência achavam difícil aceitar as evidências científicas. Disse que estavam reagindo com os sentimentos, não com a mente. Após citar as evidências do começo do universo e dar exemplos

---

[37] *The science of God*, p. 70.

das reações emocionais de alguns de seus colegas e outros homens de ciência, Jastrow disse:

> Agora vemos como as evidências astronômicas conduzem a uma visão bíblica da origem do mundo. Todos os detalhes diferem, mas o elemento essencial dos relatos astronômico e bíblico do Gênesis é o mesmo. A cadeia de eventos que leva ao homem começou repentina e precisamente, num momento definido do tempo, num *flash* de luz e energia [...] A busca dos cientistas aos eventos passados termina no momento da criação. É um desenvolvimento extraordinariamente estranho, inesperado por todos menos os teólogos. Eles sempre aceitaram a palavra da Bíblia: *No princípio Deus criou os céus e a terra* [...] Para o cientista que viveu pela fé no poder da razão, a história termina como um sonho ruim. Ele escalou as montanhas da ignorância, está a ponto de conquistar o pico mais alto. Quando chega à rocha final, é saudado por um grupo de teólogos que já está sentado ali há séculos.[38]

Chegamos à conclusão geral de que um Ser (Deus) não-causado, infinitamente poderoso, eterno e inteligente existe. Isso se deu sem que fôssemos influenciados por suposições filosóficas injustificáveis. Por meio de um exame dos fatos conhecidos e da aplicação dos primeiros princípios das disciplinas acadêmicas envolvidas, podemos dizer que o ateísmo e o panteísmo sustentam concepções falsas da realidade. Além disso, é mais razoável dizer que podemos saber com um alto grau de possibilidade (em termos científicos) que Deus (*Logos*) de fato existe e pode ser conhecido.[39] Se Deus existe e é infinitamente poderoso e inteligente, ele deve saber o que é certo e o que é errado. Esta conclusão nos leva ao nosso próximo assunto: a credibilidade de acreditar em leis morais universais.

	Ateísmo	Panteísmo	Teísmo
Verdade	Relativa, sem absolutos	Relativa a este mundo	Verdade absoluta existe
Cosmos	Sempre existiu	Não é real – Ilusão	Realidade criada
Deus (Logos)	Não existe	Existe, mas é incognoscível	Existe, e é cognoscível

---

[38]*God and the astronomers*, p. 14, 106-7 (grifo do autor).
[39]V. cap. 2 para uma revisão do teste metodológico das alegações de verdade das cosmovisões.

Capítulo nove

A LEI

A filosofia da sala de aula de uma geração será a filosofia do governo da geração seguinte.

—Abraham Lincoln

Há uma associação lógica freqüentemente não reconhecida entre a criação e a idéia que se tem de lei e governo. Os fundadores da nação norte-americana reconheceram essa verdade e declararam que porque todos "são criados iguais" possuem "direitos inalienáveis" concedidos por Deus baseados nas "Leis da Natureza", que vêm do "Deus da Natureza". Por essa razão, esses homens declararam unanimemente no congresso norte-americano em 4 de julho de 1776:

> Quando no curso dos acontecimentos humanos, se faz necessário a um povo dissolver grupos políticos que os ataram com outro e assumir entre os Poderes da terra a posição separada e igual, para a qual as Leis da Natureza e do Deus da Natureza os designa, respeito decente às opiniões da humanidade requer que declarem as causas que os impelem à separação.
>
> Sustentamos estas Verdades como auto-evidentes, de que todos os homens são criados iguais e são dotados por seu Criador com certos Direitos inalienáveis, entre os quais estão a Vida, a Liberdade e a Busca da Felicidade. E para assegurar estes direitos, os Governos são instituídos entre os homens.[1]

---

[1] "Declaração de Independência", *Microsoft Encarta 97 Enclyclopedia*. 1993-1996 Microsoft Corporation. Direitos reservados.

Que é lei?

A lei norte-americana teve origem no entendimento clássico da *jurisprudência*. Jurisprudência é a ciência ou o conhecimento da lei e às vezes é chamada de *filosofia do direito*. O corpo mais substancial de idéias desta disciplina tem foco no significado do conceito da própria lei (teoria legal) e a relação entre esse conceito e o conceito de moralidade. Ao longo da história da jurisprudência, a idéia de lei mais comumente defendida se chama *lei natural*. Os proponentes da lei natural crêem que todos os seres humanos são conscientes de certas leis que existem com o propósito de governar a conduta humana e proteger os direitos dos indivíduos. Acredita-se que essas leis são perceptíveis pela inteligência "sensível". O pensamento greco-romano antigo, particularmente o estoicismo, introduziu certas idéias de leis eternas. Naturalmente, os judeus e os cristãos entendiam a lei como reflexo da natureza eterna e do caráter de Deus como foi dada a Moisés nos princípios morais dos dez mandamentos (lei mosaica). A lei mosaica está ancorada na crença de que Deus criou a vida humana à sua imagem (*imago Dei*), e parte dessa imagem imita os atributos morais de Deus.

O Novo Testamento define a lei natural como algo inerente a todos os seres humanos. É um conhecimento dado por Deus e serve como base para a moral e a ética. Falando de pessoas que nunca ouviram a respeito de Moisés e dos dez mandamentos, o Novo Testamento diz que elas conhecem a lei de Deus porque "*as exigências da Lei estão gravadas em seu coração*. Disso dão testemunho também a sua consciência e os pensamentos deles, ora acusando-os, ora defendendo-os" (Rm 2.15; grifo do autor).

Na Idade Média os principais teólogos, dos quais Tomás de Aquino foi por mais tempo o mais influente, entendiam e defendiam a lei natural como derivada da lei eterna. O entendimento clássico da lei natural, portanto, é a participação humana da lei eterna por meio da razão. "Em suma, a lei natural é a 'luz natural da razão', pela qual discernimos o que é certo e o que é errado."[2] Todas as criaturas naturais descobrem a lei natural por meio dos primeiros princípios e dos preceitos imediatos. Pode-se dizer também que a razão humana é a base para a lei natural somente na medida que participa da lei eterna do Criador. Como mostra a ilustração abaixo, o Criador ilumina a razão humana de modo que a lei natural seja conhecida, e as leis morais, construídas sobre o

---

[2]Norman L. Geisler, *Thomas Aquinas*: an evangelical appraisal, p. 165.

fundamento da lei eterna. Portanto, a teoria legal da lei natural se baseia nas leis morais absolutas e objetivas e preza todas as vidas humanas. "*Pois 'todas as leis derivam da lei eterna na medida que compartilham da razão correta', e a razão correta só está correta se participa da 'Razão Eterna'.*"³

(Há outras explicações e expressões muito boas da teoria legal da lei natural que devem ser estudadas a fim de se obter melhor entendimento desse assunto. C. S. Lewis o defende eloqüentemente em sua obra valiosa *The abolition of man* [*A anulação do homem*].⁴ Uma obra mais recente foi escrita por J. Budziszewski, professor de filosofia na Universidade do Texas, que faz uma vigorosa atualização dessa concepção de lei em *Written on the heart: the case for natural law* [*Escrito no coração: tese em favor da lei natural*].)

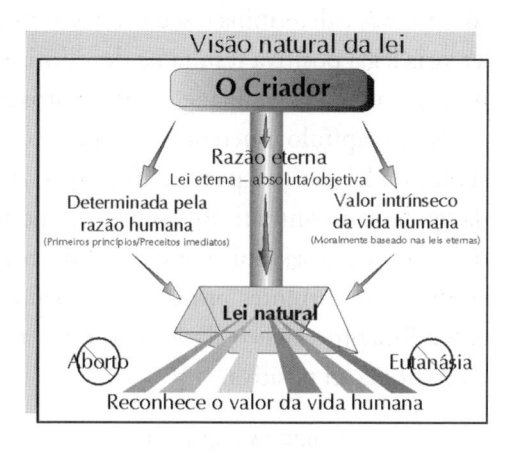

Em contraposição à lei natural está o que se chama de *lei positiva* (que pode se referir à lei escrita). Baseada ou não na lei natural, genericamente falando, a lei positiva se opõe ao entendimento clássico da lei natural. A maioria dos defensores da lei positiva hoje crê que as leis relacionadas aos seres humanos são leis impostas, não pelo Criador, mas pela criatura — o governo humano. Como mostra a figura, os positivistas crêem que a lei é temporal porque tem sua base na razão temporal, não na razão eterna. Conseqüentemente, crêem que as leis não podem ser sujeitas a nenhum constrangimento legal superior.

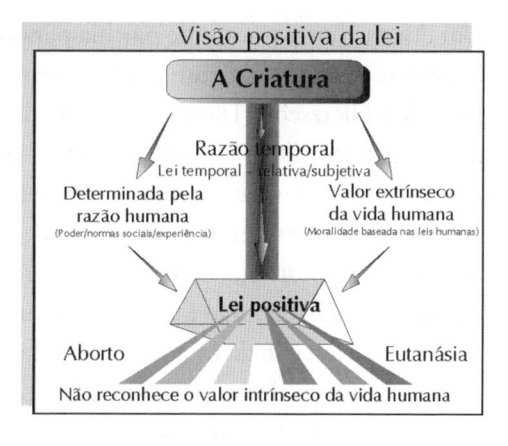

O "prisma legal" da lei positiva, portanto, "se caracteriza por dois princípios centrais: 1) não há nenhuma ligação necessária entre moralidade e lei; e 2) a

---

³Ibid. (grifo do autor).
⁴P. 196.

validade legal é determinada em última instância em relação a certos fatos sociais básicos".[5] Isto faz que a lei positiva seja subjetiva, porque ela se baseia em normas sociais relativas que diferem em várias culturas, experiências e situações. Os defensores da lei positiva insistem em que a *lei* é determinada pela humanidade e, portanto, as autoridades humanas são soberanas sobre ela. Este entendimento da lei conduz à idéia de que a humanidade também é soberana sobre a *vida* e determina o seu valor. Cremos firmemente que isso se dá por que a teoria legal positiva resulta na desvalorização da vida humana e, dessa forma, mina a base da a igualdade e dos direitos humanos.

Neste capítulo, queremos examinar os argumentos dos conceitos da lei natural e da lei positiva para verificar qual delas tem a preeminência. (Por causa da lei da não-contradição, ambas não podem estar corretas.) Contudo, antes de examinar esses dois conceitos que competem entre si, pode lhe ser útil conhecer as correntes principais de pensamento que levaram ao declínio do entendimento clássico da lei natural e ajudaram a estabelecer e fortalecer o conceito da lei positiva.

QUE CAUSOU O SURGIMENTO DA TEORIA DA LEI POSITIVA?

Um dos melhores pontos de partida para começar a entender o surgimento da lei positiva é adquirir algum conhecimento da filosofia do famoso ateu alemão Friedrich Nietzsche (1844-1900), que disse: "Deus está morto e nós o matamos".[6] A frase "Deus está morto" tinha significados diferentes para diferentes pensadores. Nietzsche empregou-a no sentido mitológico. Em outras palavras, ele asseverou que o mito da existência de Deus, que outrora havia sido amplamente aceito, morreu, e o mito dos valores objetivos morrera com ele. Portanto, para Nietzsche a razão é a única esperança para a humanidade. Ele acreditava que com o exercício da razão, combinada com o desejo de poder para dominar o eterno retorno do tempo, o homem poderia transformar-se num "homem auto-suficiente". A existência para Nietzsche era "viver perigosamente", ou "enviar seus navios para mares desconhecidos".[7]

Nietzsche cria que não há nenhum sentido na vida (nela e dela própria) exceto o que o próprio homem lhe dá. Reduziu tudo na vida ao desejo de auto-afirmação, e visto que os valores dados por Deus estavam mortos, cabia

---

[5] *The Cambridge dictionary of Philosophy*, p. 425.
[6] *Assim falou Zaratustra*; in: Obras incompletas. 3. ed. São Paulo: Abril Cultural, 1983.
[7] Ibid.

aos humanos criar seus próprios valores. Argumentava que devemos ir "além do bem e do mal". Por conseguinte, "uma vez que não há Deus para querer o que é bom, nós devemos querer o nosso próprio bem. E uma vez que não há nenhum valor eterno, devemos querer a repetição eterna do mesmo estado de coisas". Nietzsche disse, nas últimas linhas de sua *Para a genealogia da moral*, que preferia querer o nada a não querer. Esse desejo do nada se chama *niilismo*.[8]

O *utilitarismo* também constituía parte essencial do fundamento que proporcionou a base filosófica para a lei positiva. O utilitarismo é "a teoria moral de que uma ação moral é moralmente correta se e somente se produz pelo menos outro tanto de bem (utilidade) para todas as pessoas afetadas pela ação como qualquer ação alternativa que uma pessoa possa fazer".[9] Esse conceito era defendido por Jeremy Bentham (1748-1832) e por John Stuart Mill (1806-1873). Bentham sustentou esse pensamento no *sentido quantitativo*. Falava dele como aquilo que traz a maior quantidade de prazer e a menor quantidade de dor. Essa idéia diz respeito ao "cálculo utilitário". Bentham acreditava que o indivíduo deve agir de modo que produza o maior bem para o maior número de pessoas a longo prazo.

Mill usou o mesmo cálculo utilitário, mas argumentou que ele deveria ser entendido no sentido *qualitativo*. "Os prazeres diferem em espécie, e os prazeres mais altos devem ser preferidos aos prazeres mais baixos".[10] "Os prazeres não diferem entre si meramente na sua quantidade nem na sua intensidade. Um é superior a outro e mais valioso do que ele simplesmente porque a maioria das pessoas que experimentam ambos decididamente preferem um ao outro".[11] Mill sustentava que "em qualquer evento, não há absolutamente leis morais. Tudo depende do que produz o maior prazer. E isso pode diferir de pessoa para pessoa e de lugar para lugar".[12]

Outro pensador que influenciou o surgimento da lei positiva foi Charles Darwin (1809-1882). Em 1859, Charles Darwin publicou seu livro sobre macroevolução, *Origem das espécies*. Seu ensino acabou tornando-se amplamente aceito como a visão acadêmica a ser defendida e efetivamente reduziu a humanidade ao nível dos animais. Na prática, a convicção de que os seres humanos são diferentes apenas em grau dos animais, e não diferem na espécie, influenciou lentamente e por fim fixou a macroevolução como mentalidade acadêmi-

---

[8] In: *Obras incompletas*, 3. ed. São Paulo: Abril Cultural, p. 325.
[9] *The Cambridge dictionary of Philosophy*, p. 824.
[10] John Stuart MILL, Utilitarianism, in: *The utilitarians*. Garden City, N. Y.: Dolphin/Doubleday, 1961.
[11] Norman L. GEISLER, *Ética cristã*, p. 42.
[12] Ibid., p. 31.

ca, política, legislativa, judicial e pública. Concordando com Darwin, Karl Marx afirmou que "em nosso conceito evolutivo do universo, não há absolutamente lugar nenhum para um Criador nem para um Governador".[13] Em resumo, se não há nenhum Legislador Moral, não há lei moral na qual as leis civis se baseiem. Essa convicção fortalece a lei positiva porque dá suporte à visão de que não há relação nenhuma entre o conceito de lei e o conceito de moralidade.

À medida que os educadores inseriram o pensamento darwiniano nas várias disciplinas acadêmicas, os alunos aprenderam gradativamente que não há base transcendente para a lei e a moralidade e que a conduta humana era uma combinação de instinto e genética. Em conseqüência, a idéia de que os seres humanos "devem" ser considerados responsáveis por tratar outros seres humanos de acordo com o modo prescrito pelas leis naturais foi finalmente omitida das aulas de teoria legal. Foi substituída pelo entendimento darwiniano da conduta humana, que está em harmonia com a macroevolução e apóia a visão da lei positiva. Por conseguinte, *a lei positiva, reforçada pela cosmovisão naturalista darwiniana, acabou tornando-se a teoria dominante ensinada nos "cursos superiores" e a visão mais amplamente aceita e praticada nos tribunais de justiça.*

Isso levanta uma questão de importância crítica referente à relação entre moralidade e lei: "Se os seres humanos não são naturalmente morais e se são determinados geneticamente, como podem ser considerados legalmente responsáveis por sua conduta?". A revista *Time* certa vez publicou um artigo de dez páginas para defender e promover a idéia de que os seres humanos são determinados geneticamente e moralmente impotentes. O autor do artigo, Robert Wright, propôs que nossas atitudes sexuais, a fidelidade entre tantas, são determinadas pela genética — conseqüentemente, a mensagem de capa era: "Infidelidade: pode estar em nossos genes". Wright dizia que "somos potencialmente animais morais — o que é mais do se pode dizer de qualquer outro animal —, *mas não somos animais naturalmente morais*".[14] Embora o artigo tenha enfocado a infidelidade como uma das muitas variedades de expressão sexual, o princípio da conduta sexual determinada pelos genes logicamente se aplicaria a *todas* as condutas sexuais, entre elas a homossexualidade, o abuso de crianças, a pedofilia, o estupro e outras.

No artigo, Wright explicava que a infidelidade é um impulso natural, tão natural como qualquer desejo sexual — até o desejo de se apaixonar. Disse:

---

[13] *Marx and Engels on religion*, org. Reinhold Niebuhr, p. 295.
[14] *Time*, 15/8/1994, p. 46 (grifo do autor).

No livro mais vendido de 1967, *O macaco nu*, o zoólogo Desmond Morris escreveu com autoridade confortante que o propósito evolutivo da sexualidade humana é "fortalecer o vínculo do casal e manter a unidade da família" [...]

Este quadro recentemente adquiriu algumas manchas [...]. Claro que você não precisa de título de doutor para ver que a fidelidade do tipo "até que a morte nos separe" não vem tão naturalmente às pessoas como, digamos, o comer. Mas um campo emergente conhecido por psicologia evolucionista agora pode dar uma perspectiva mais específica a essa questão. Estudando como o processo da seleção natural moldou a mente, os psicólogos evolucionistas estão pintando um novo retrato da natureza humana [...] A boa notícia é que os seres humanos são destinados a se apaixonar. A má notícia é que não estão destinados a permanecer nesse amor. De acordo com a psicologia evolucionista, *é simplesmente "natural"* tanto para homens como mulheres — em algumas ocasiões, em certas circunstâncias — *cometer adultério* [...] Da mesma maneira, é natural encontrar algum colega atraente superior em todos os aspectos em relação à tristeza de ter um cônjuge ao qual se está infelizmente atado.[15]

Se Wright está correto e se os seres humanos são essencialmente animais, então faz sentido dizer que é simplesmente natural para os seres humanos se comportarem da maneira descrita. Se for assim, o adultério (ou a homossexualidade, ou o abuso infantil, ou a pedofilia, ou o estupro, ou qualquer conduta sexual) pode estar errado? Legalmente errado, talvez, se um governo faz leis contra tais condutas. Mas podem estar legalmente certos e moralmente errados? Não segundo a lei positiva, porque não há nenhuma relação entre o conceito de lei (teoria legal) e o conceito de moralidade. Além disso, *se os macroevolucionistas estão certos e a conduta sexual é conseqüência direta da genética e do ambiente, que dizer a respeito de outros tipos de condu*ta? Que dizer do assalto? Que se pode dizer do assassinato? Com isso em mente, perguntamos: "*De que maneira a macroevolução e a visão positiva da lei afetam o processo judicial?*".

A LEI POSITIVA COMPROMETE A JUSTIÇA CRIMINAL?

Baseado no fundamento do ateísmo de Nietzsche, no utilitarismo de Bentham e Mill e na visão darwinista do desenvolvimento da vida humana, os estudiosos do direito começaram a formular novas teorias da lei. Finalmente, a lei positiva

---

[15] Ibid. (grifo do autor).

se tornou conhecida como *realismo legal*. O realismo legal é "uma teoria em filosofia do direito ou jurisprudência amplamente caracterizada pela reivindicação de que a natureza da lei é mais bem compreendida observando o que os tribunais e os cidadãos realmente fazem em vez de analisar a regra legal ou conceitos legais declarados".[16] O realismo legal nos Estados Unidos, em sua forma contemporânea, é conhecido por *estudos legais críticos*.

O movimento dos estudos legais críticos deu origem recentemente à *teoria legal pós-moderna*. Os defensores dessa teoria crêem que a lei é criada e interpretada de modo que beneficie as pessoas com poder e exclua os pobres e as minorias. Como um professor pós-moderno disse,

> Se há um único tema [na teoria legal pós-moderna] é que a lei é um instrumento de dominação social, econômica e política, tanto para promover os interesses concretos dos dominadores como para legitimar a ordem existente. Esta abordagem enfatiza o caráter ideológico da doutrina legal.[17]

Se a visão positiva ou pós-moderna da lei é considerada correta, então a lei de em última análise depende da vontade dos legisladores humanos. Se esses legisladores crêem que a macroevolução é verdadeira, também crêem que não há nenhuma diferença essencial entre a natureza humana e a natureza animal. Se este é o caso e a conduta humana é geneticamente determinada, como isso afeta o conceito de justiça?

Em vez de dar uma resposta especulativa a essa pergunta, citamos dois exemplos que realmente aconteceram. Em 1991, Tony Mobley matou a tiro um gerente executivo do Domino´s Pizza e foi sentenciado à morte. Seus advogados afirmaram que "os genes do sr. Mobley podem tê-lo predisposto a cometer crimes. Suas ações podem não ter sido produto do total livre-arbítrio".[18]

O artigo prossegue relatando como essa tese procurava introduzir nova base legal trazendo ao tribunal um corpo de pesquisas em processo que relacionam os genes com a conduta agressiva. "A defesa incomum do sr. Mobley levantou mais uma preocupação entre alguns especialistas em direito, a preocupação de que a pesquisa genética pudesse esgarçar o sistema de justiça criminal permitindo que os indivíduos argumentem que nasceram sem controle sobre as suas ações."[19] Todavia, essa visão não é exatamente nova. O autor deste artigo refe-

---

[16]*The Cambridge dictionary of Philosophy*, p. 425.
[17]Mark Kelman, *A guide of critical legal studies*, p. 1.
[18]Edward Felsenthal, Man´s genes made him kill, his lawyers claim, *The Wall Street Journal*, 15/11/1994, B1.
[19]Ibid.

ria-se a um advogado de defesa que tentou a mesma estratégia muitos anos atrás. "O advogado Clarence Darrow fez uma tentativa anterior desta abordagem no famigerado julgamento de Nathan Leopold e Richard Loeb, em 1924, dois rapazes ricos de Chicago que assassinaram um menino de catorze anos. O sr. Darrow deu a entender que um dos rapazes pode ter sido corrompido pela 'semente' dos 'ancestrais remotos'."[20]

O advogado de Mobley e o defensor Darrow[21] usaram essencialmente a mesma tática. Procuraram eximir de culpa a conduta de seus clientes baseados na teoria macroevolutiva da determinação genética. Sua estratégia de defesa se harmoniza com a visão positivista da lei e, por conseguinte, *esse tipo de estratégia de defesa é uma tentativa de minar a verdadeira essência do sistema de justiça criminal e, com isso, desvalorizar a vida humana em si*. Alguns especialistas em direito criminal crêem que o sistema de justiça criminal continuará a encontrar esse tipo de defesa, particularmente na medida que a pesquisa genética continua. Se isso acontecer, de que modo o entendimento darwinista da natureza humana e a crença na lei positiva vão influenciar os legisladores?

DE QUE MODO OS LEGISLADORES PODEM APROVAR BOAS LEIS?

Uma vez que se referir às várias modificações da lei positiva por seus nomes diferentes pode gerar confusão e que os elementos fundamentais de cada uma permanecem inalterados, daqui a diante vamos nos referir a todas as visões das leis feitas pelos homens como lei positiva.[22] Usamos o termo *lei positiva* para nos referir à condição em que as legislaturas humanas não têm nenhum padrão objetivo e transcendente para avaliar a conduta humana, e as leis são escritas pelos poderes governantes de uma sociedade para proteger os seus próprios interesses. Esse entendimento da lei levanta uma das mais importantes perguntas da teoria legal e do sistema de justiça criminal, a saber: "Como uma sociedade pode desenvolver um conjunto de leis consideradas boas?". Uma vez que "boas" pode se referir ao bem do estado ou ao bem do indivíduo, quem decide qual é o bem "melhor" ou "maior"? Em outras palavras, como uma nação pode determinar o que constitui "boas leis"?

---

[20]Ibid.
[21]Clarence Darrow é muito lembrado nos Estados Unidos como o advogado de defesa no bem conhecido julgamento de Scopes, de 1925, que tratou da acusação de um professor de biologia de uma escola secundária em Dayton, Tennessee, acusado de ensinar a teoria da macroevolução.
[22]Entre outros nomes usados neste capítulo para lei positivista estão realismo legal, relativismo legal, estudos legais críticos e teoria legal pós-moderna.

Com "boas leis" não estamos nos referindo aos direitos civis ou legais, direitos tais como aqueles enumerados nas primeiras oito emendas da constituição norte-americana, ou os direitos explicitamente definidos nas constituições e nas leis positivas aprovadas pelas legislaturas. Esses direitos podem e têm sido mudados com o tempo nos Estados Unidos e variam significativamente de cultura para cultura. *Referimo-nos aos direitos humanos ou naturais, que devem ser claramente distinguidos dos direitos civis ou legais.*

Quando o presidente George H. Bush [pai] indicou o juiz Clarence Thomas para preencher uma vaga no Supremo Tribunal dos Estados Unidos, em 1991, os críticos liberais se opuseram porque temiam que ele usasse sua crença na lei natural como meio de interpretar a Constituição. O senador democrata Joseph Biden ocupava a presidência do Comitê Judiciário nessa época. Biden disse que ele também cria na lei natural, mas estava temeroso de que Thomas acreditasse no "tipo errado" de lei natural. Phillip Johnson (professor de direito na Universidade da Califórnia, em Berkeley) tinha observado que o senador Biden diferenciou entre o "tipo correto" (boa) e o "tipo errado" (ruim) de lei natural. Citando um ensaio escrito por Biden, Johnson diz:

> De acordo com o artigo do senador Biden, a lei natural boa é subserviente à Constituição — i.e., à lei positiva feita pelo homem — e seu uso é, portanto, restrito "à tarefa de dar significado às magníficas e importantes — mas às vezes ambíguas — expressões da Constituição". Segundo, a lei natural boa não dita nenhum código moral a ser imposto aos indivíduos [...] Finalmente, a lei natural boa não é um conjunto estático de "verdades atemporais", mas um corpo evoluído de ideais que muda para permitir ao governo ajustar-se aos novos desafios sociais e às novas circunstâncias econômicas. As leis naturais ruins, por dedução negativa, seriam um código moral imutável que restringe a liberdade dos indivíduos de fazer o que acham melhor ou a liberdade do governo para fazer tudo o que o interesse público requeira.[23]

Naturalmente, o senador Biden não está usando o termo *lei natural* no sentido clássico, como os fundadores dos Estados Unidos o fizeram. Ao contrário, ele coloca a lei positiva acima da lei natural objetiva. Desse modo, porém, ele levanta o dilema lógico para os relativistas morais e legais. As "verdades atemporais" às quais o senador Biden se referiu são o modo que ele descreve o entendimento clássico da lei natural, pois a lei natural pode ser entendida

---

[23] *Reason in the balance*, p. 134.

como as "verdades atemporais" que constituem o padrão objetivo do direito e pelo qual toda a conduta humana e os padrões legais devem ser avaliados. Para crer verdadeiramente na lei natural, é preciso submeter-se à leis morais absolutas que transcendem os governos. Phillip Johnson lança um pouco mais de luz sobre esse dilema contemporâneo.

> Qualquer um que afirma que existe esse padrão [leis objetivas, transcendentes e morais absolutas] parece negar que somos seres moralmente autônomos, que têm todo o direito de estabelecer os próprios padrões e e se diferenciar das tradições dos ancestrais. Se alguém atribui os mandamentos morais duradouros a Deus, incita a acusação de querer forçar sua moralidade religiosa a pessoas com diferentes conceitos. Por outro lado, alguém que negue que há uma lei mais alta parece abraçar o niilismo e, portanto, parece deixar o fraco desprotegido dos caprichos do poderoso. As duas alternativas são inaceitáveis. O curso mais seguro [...] [é] ser impenetravelmente vago ou banal no assunto.[24]

Se, porém, o entendimento clássico da lei natural não é verdadeiro, então não há nenhum dilema com que se preocupar, e conseqüentemente os líderes, como o senador Biden, não devem se preocupar em abraçar o niilismo e deixar os fracos desprotegidos aos caprichos dos poderosos. O falecido Arthur Allen Leff, professor de direito de Yale, tinha um modo de afirmar questões complexas como esta em termos profundamente simples. Numa palestra emocionante feita na Duke University, poucos anos antes de morrer, Leff definiu precisamente não só a essência da batalha política entre os defensores da lei natural e os da lei positiva, mas também a essência de uma luta interna que cada indivíduo enfrenta. Ele apontou diretamente para o dilema de uma sociedade cujos indivíduos anelam tanto a autonomia como os valores morais duradouros ao mesmo tempo. Leff disse,

> Quero crer — e você também — num conjunto de proposições completo, transcendente e imanente, a respeito do certo e do errado, regras verificáveis que nos instruam com autoridade e clareza como viver em justiça. Também não quero crer — e você também — em nada disso, mas, sim, que somos totalmente livres, não apenas para escolher por nós mesmos o que devemos fazer, mas também para decidir por nós mesmos, individualmente e como uma espécie, o que devemos ser. O que queremos, e o Céu nos ajude, é ao

---

[24]Ibid.

mesmo tempo ser perfeitamente governados e perfeitamente livres, o que é ao mesmo tempo descobrir o certo e o bom e criá-lo.[25]

É esse tipo de sinceridade que nos traz à prova definitiva de quem está certo nesse debate a respeito da natureza da lei e sua relação com a moral. O século vinte testemunhou a perda da objetividade moral e os perigos associados à defesa da visão da lei positiva. Como Peter Kreeft diz,

> Perdemos a lei moral objetiva pela primeira vez na história. As filosofias do positivismo moral (que dizem que a moral é *proposta* ou feita pelo homem), do subjetivismo moral e do relativismo moral transformaram-se pela primeira vez não numa heresia de rebeldes, mas da ortodoxia reinante da instituição intelectual. O corpo docente da universidade e o pessoal da mídia rejeitam arrasadoramente a crença na noção de valores universais e objetivos.[26]

Tomemos essa rejeição da visão clássica da lei natural até sua conclusão lógica. A lei natural é baseada no entendimento inerente e universal de que certas condutas são imorais e, portanto, devem ser ilegais. No passado, os Estados Unidos abraçavam a verdade de que a vida humana tem um valor dado por Deus que vai além da alçada do governo. Se isso é verdadeiro, só faz sentido que a lei natural seja um pré-requisito necessário para a lei positiva. Quanto a isso, a lei natural fornece a base para um padrão de moralidade. Esse padrão, ou lei moral, pode ser tido como um *princípio primeiro* de jurisprudência no qual toda lei deveria basear-se e do qual a verdadeira civilização depende.

A civilização depende da lei natural no que se refere à convicção de que a natureza humana é distinta da natureza animal porque o Criador capacitou toda a humanidade com certas características (direitos humanos inalienáveis). Essas características não dependem de nenhum governo e devem testemunhar a natureza eterna e o caráter moral do Criador. Todavia, a fim de que a lei se efetive, ela deve ser proclamada e sustentada. Os Estados Unidos da América foram fundados na convicção do entendimento clássico da lei natural, que serviu como base para os princípios fundamentais (verdades auto-evidentes) proclamados na Declaração da Independência. Além disso, no esforço de manter e assegurar as verdades axiomáticas proclamadas nessa declaração, os fundadores patentearam a Constituição e estabeleceram o sistema de governo dos Estados Unidos.

---

[25]Unspeakable ethics, unnatural law, *Duke Law Journal*, dezembro/1979, n.º 6, p. 1229.
[26]*Back to virtue*, p. 25 (grifo do autor).

Os pais fundadores dos Estados Unidos sabiam que, num país que um dia seria cheio de diversidade, os princípios fundamentais deviam ser baseados na verdade, porque *a verdade traz unidade à diversidade*. Eles consideravam os primeiros princípios unificadores da Declaração de Independência verdades "autoevidentes". Sabiam que se essas verdades fossem violadas, no final seriam minados e ameaçados os direitos humanos dados por Deus. Direitos estes cujo estabelecimento lhes foi designado assim como a instituição de governos que os mantivessem e assegurassem.

Ao contrário de muitos líderes contemporâneos, os pais fundadores dos Estados Unidos eram políticos criteriosos porque eram pensadores claros e profundos. Entendiam as verdades axiomáticas da vida e que sua justificação racional última vinha de um Legislador Divino (Criador), que sozinho deu à humanidade vida e valor (direitos humanos). Para o modo de pensar deles, o Criador é a base da vida, da verdade, do direito, da liberdade, e da justiça (a liberdade verdadeira implica justiça). De acordo com eles, os governos repousam sobre os ombros do Criador, não da criação.

Os pais fundadores dos Estados Unidos entendiam que os primeiros princípios que garantem a vida, a liberdade e a justiça devem estar ancorados logicamente num Ser transcendente, absoluto e pessoal. A Declaração de Independência afirma claramente que os governos devem ser instituídos a fim

Visão do legislador divino

A Declaração de Independência

Sustentamos que estas Verdades são auto-evidentes, que todos os homens são criados iguais, são dotados por seu Criador com certos direitos inalienáveis, entre os quais estão a Vida, a Liberdade e a Busca da Felicidade. Que para assegurar estes direitos, os governos são instituídos entre os homens.

Visão da evolução naturalista

Uma Declaração de Contingência

Sustentamos que estas verdades relativas são auto-evidentes, que todos os *Homo sapiens* evoluíram lentamente, são dotados pela natureza com certos direitos contingentes e relativos, entre os quais o direito de matar seus bebês, o direito de plena autonomia e o direito de buscar o que os faz felizes. Que para criar e assegurar esses direitos, os governos são instituídos entre os *Homo sapiens*.

de *assegurar* certos direitos humanos — não se acreditava, nem se disse, que os governos devem ser instituídos para *criar* esses direitos. Contudo, hoje os Estados Unidos praticam uma declaração muito diferente da que seus pais fundadores criaram. Em vez de uma declaração baseada num Criador, na criação e em direitos humanos inalienáveis, os Estados Unidos praticam uma declaração baseada no naturalismo, na macroevolução e em direitos humanos relativos.

Uma vez que os Estados Unidos não mais praticam a lei conforme foi estabelecida na crença em um Criador pessoal — e como expressa na Declaração de Independência — a cultura norte-americana corre o risco de minar o valor da vida humana e a convicção de que toda a humanidade é criada igual e como tal "deve" ser tratada com valores iguais dados por Deus. Pretendemos mostrar que o entendimento predominante da lei positiva é diametralmente oposto à lei natural e aos princípios essenciais que fornecem a base para a Constituição norte-americana.

Cremos que o entendimento clássico da lei natural é justificável e imparcial porque ela é objetiva e determinada. Vamos argumentar que, ao contrário, a lei positivista ameaça a verdadeira fibra moral dos Estados Unidos da América e as verdades básicas que asseguram os direitos humanos, em cuja defesa muitos bravos indivíduos deram a vida. Além disso, a lei positiva separa a teoria legal de quaisquer padrões normativos morais ao rejeitar todos os princípios, distinções e categorias tidos como elos que unem todos os tempos, pessoas e lugares. Portanto, também vamos demonstrar que a lei positiva é uma ameaça à vida e aos direitos humanos básicos nos Estados Unidos e que ela retira a justificativa racional para defesa da vida e dos direitos humanos em nível internacional.

DE QUE MODO A TEORIA DA LEI POSITIVA AMEAÇA OS DIREITOS HUMANOS BÁSICOS?

Como já afirmamos, uma vez que a visão macroevolucionista de Darwin entrou no cenário acadêmico e se juntou ao ateísmo niilista de Nietzsche e o utilitarismo de Bentham e Mill, foi apenas uma questão de tempo para que os estudantes de direito ingressassem em várias posições de liderança e argumentassem a favor do modelo positivista da lei. Lenta, mas seguramente, os Estados Unidos adotaram uma estrutura de lei positiva. Durante esse tempo, os legisladores desenvolveram leis e os juízes as interpretaram e as aplicaram de uma perspectiva da estrutura positivista legal, fortalecida por uma cosmovisão puramente naturalista.

Como mostra o resumo, a partir de 1962, todas as decisões importantes da federação e da Corte Suprema favorecem a visão naturalista e macroevolucionista da vida humana — e a visão relativista dos valores. A crença de que os seres humanos são diferentes dos animais somente em grau, não em espécie, passou a ser parte (e agora está estabelecida) da mentalidade acadêmica, política, judicial e pública. Junte-se isso ao fato de que o Criador foi retirado do cenário público e não mais considerado a base para as leis morais, e tem-se a química política correta para legislar a desvalorização da vida humana.

A mudança da lei natural para a lei positivista automaticamente conduz à mudança dos valores — em particular, o valor da vida humana. Agora depende dos tribunais decidir o que constitui a "pessoalidade" bem como se e quando uma "pessoa" tem o direito de ser protegida pela lei. Nesse processo, a lei e a moralidade se tornaram autônomas e situacionais.

Principais decisões da Suprema Corte dos EUA de 1962 a 1987
1962 — Retiradas as orações devocionais da sala de aula
1963 — Retirada a leitura da Bíblia na sala de aula
1968 — Protegido o ensino da macroevolução
1973 — Retirado o direito da vida do embrião ou feto
1980 — Retirados os Dez Mandamentos das escolas
1987 — Rejeitada a exigência de que o ensino criacionista viesse junto com o evolucionista

Conseqüentemente, a decisão do Supremo Tribunal dos Estados Unidos em 1973 (*Roe* versus *Wade*) marcou a sanção do aborto provocado e o início da desvalorização pública disseminada da vida humana. Depois de atacada a vida no ventre, o passo lógico seguinte na desvalorização da vida humana foi tomado: infanticídio. O caso do infante Doe no Estado de Indiana, em abril de 1982, é um exemplo de como os recém-nascidos geneticamente inferiores nos Estados Unidos perderam seu direito à vida dado por Deus. Alguns bebês nascem com deficiências genéticas como, por exemplo, a síndrome de Turner (45 cromossomos em vez de 46) e a síndrome de Down (47 cromossomos). A Corte Suprema de Indiana regulamentou que um bebê recém-nascido podia literalmente morrer de fome, mesmo quando outros casais tinham o desejo de adotar a criança.

O aborto provocado e o infanticídio estão numa extremidade do espectro da vida humana. No outro, está a eutanásia[27], apenas um exemplo a mais que mostra que os positivistas crêem que os juízes humanos devem ser soberanos

---

[27] V. o "Apêndice" para uma análise ética do aborto e da eutanásia.

sobre a vida humana. *Eutanásia não se está referindo à permissão a alguém de morrer com dignidade, e não significa remover os meios mecânicos para adiar a experiência da morte. A eutanásia é representada pela prontidão de algumas pessoas de matar direta ou indiretamente alguém que, se tratado devidamente, poderia continuar a viver.* Falando francamente, é matar uma pessoa com base no fato de que estará mais bem morta. Isso normalmente se esconde atrás de expressões enganosas como "o direito de morrer".

Em 26 de junho de 1997, o Supremo tribunal decidiu que o norte-americano médio não tem direito constitucional ao suicídio assistido por médicos. Por outro lado, a Corte deixou aberta a possibilidade de que algum estado o permita. O estado de Oregon já aprovou uma lei que permite a mesma coisa. Desse modo a batalha se dá estado por estado. Uma vez que a eutanásia está na mesma trajetória do aborto consentido, será provavelmente apenas questão de tempo para que ganhe a aceitação nacional.

Como a visão da lei positivista moldou a mentalidade dos líderes acadêmicos, políticos e judiciários dos Estados Unidos, os direitos humanos básicos dos indefesos foram retirados. A questão é: "Em que profundidade e extensão a lei positivista vai ameaçar os direitos humanos?". Quão longe a nação irá ao que concerne à redefinição de pessoalidade? O ganhador do prêmio Nobel, dr. James Watson, recebeu reconhecimento internacional por sua parte decifrar o código do DNA. Ele é considerado autoridade em vida humana. Watson também crê que nenhuma criança recém-nascida deve ser declarada pessoa viva até que passe por certos testes que avaliem sua capacitação genética. Diz ele: "Se uma criança não for declarada viva até três dias após o nascimento, então aos pais poderia permitir-se escolher [...] [de] permitir que o bebê morra [...] e evite muita miséria e sofrimento."[28]

Observe a direção perigosa que "a definição de pessoa" está tomando — a pureza genética! Se a pureza genética vier a ser um dos critérios para definir tanto a pessoalidade como o direito de ser protegido por lei, onde se deve traçar a linha divisória, se é que deva ser traçada? Além do mais, quem tem o direito de traçá-la? Se o valor de uma vida humana está relacionado a quanto o indivíduo é genética, física e mentalmente "perfeita", ou se o bebê é desejado pela mãe e pelo pai, então, como nação, os norte-americanos não têm princípios melhores que os da Alemanha nazista.

---

[28] Cit. por Paul Kurtz em *Forbidden fruit*: The ethics of humanism, p. 18.

Como a educação influencia a lei e os direitos humanos?

Como nação, os norte-americanos estão ensinando à próxima geração que não valorizam a vida humana nem no início (aborto e infanticídio) nem no final (eutanásia). Se as crianças dos Estados Unidos estão sendo ensinadas que seus pais e líderes não valorizam nem o princípio nem o final da vida, o que nos faz acreditar que de algum modo elas vão aprender a valorizar a vida em qualquer ponto entre essas duas extremidades? As pesquisas informam que um dos maiores temores das crianças norte-americanas é ser vítima de violência na escola.[29]

O que os Estados Unidos fizerem como nação será imitado por suas crianças. Tem-se ensinado a elas que afirmações como "uma nação sob o governo de Deus" são inverídicas não só no princípio, mas também na prática. Os jovens norte-americanos estão sendo ensinados que Deus não tem vez no governo, na escola nem nos tribunais de justiça. Também estão aprendendo que os legisladores e o Supremo Tribunal de justiça são quem decide quem tem valor e deve ser protegido pela Constituição.

A sobrevivência do futuro de nossos filhos depende de todos nós e de nossa capacidade de pensar racionalmente a respeito das idéias e filosofias que permeiam os vários sistemas sociais dos Estados Unidos hoje. Isto é particularmente verdadeiro para as instituições educacionais que lançam o fundamento dos pensamentos e idéias. A história testifica o fato de que as idéias e as cosmovisões podem ter tanto conseqüências boas como más. Se não aprendermos com o que a história nos ensina acerca da lei, dos direitos humanos e do valor de uma simples vida humana, então corremos o risco de repetir os mesmos erros — e talvez pagar um preço ainda mais alto.

O falecido Oliver Wendell Holmes (1841-1935) foi professor de direito na escola de direito de Harvard e é citado freqüentemente entre os juristas. Em 1902, ele foi nomeado para o Supremo Tribunal de Justiça dos Estados Unidos pelo presidente Theodore Roosevelt e ficou nacionalmente famoso por suas interpretações liberais da Constituição dos Estados Unidos.[30] Certa vez Holmes disse: "Quando quero entender o que está acontecendo hoje ou quando quero tentar descobrir o que acontecerá amanhã, olho para trás. Uma página de história vale um volume de lógica".[31]

---

[29]George H. Gallup, *Scared:* growing up in América, cap. 1.
[30]*Microsoft Encarta 97 Encyclopedia*. Holmes, Oliver Wendell.
[31]Laurence J. PETER, *Peter's quotations*, p. 244.

Até um homem de mentalidade liberal como Holmes reconheceu que o valor da história para compreender onde a sociedade está e para onde caminha. Por essa razão, é incumbência de cada indivíduo engajado no sistema judicial olhar para trás na história e aprender com ela. Já fizemos isto quando examinamos o impacto que Bentham, Mill, Darwin e Nietzsche tiveram sobre a educação e a teoria legal do direito. Agora, olhemos para trás novamente para ver que efeito a educação pode ter sobre os direitos humanos.

Podemos aprender como a educação influencia os direitos humanos com o exemplo da Alemanha nazista e o Holocausto. Essa página da história é um lembrete assustador de que idéias más, mesmo para as pessoas com educação superior, podem ter conseqüências horríveis. As idéias de Hitler acabaram-se incorporando na legislação alemã e passaram a ser as leis que governaram aquela nação. Uma vez que o Nacional Socialismo tomou conta da Alemanha, os legisladores se defrontaram com a tarefa de criar e implementar leis que dessem suporte ao Nacional Socialismo. Segundo os legisladores alemães, as boas leis eram as leis que promoviam e serviam os interes do estado. Entretanto, fizeram-se leis que puseram o estado acima dos direitos humanos individuais, pois, de acordo com a lei positivista, o legislativo alemão tinha o direito de criar essas leis. Por isso, quando foi decidido quais eram as raças geneticamente inferiores, legalizaram um meio de removê-las da sociedade a fim de fortalecerem sua própria raça. Essa idéia parece tão radical que é de espantar que Hitler tenha sido capaz de persuadir uma nação inteira de sua verdade. Mas antes de saber como a Alemanha ficou convencida das idéias de Hitler, vamos descobrir quem convenceu Hitler.

Em 1948, Richard Weaver escreveu *Ideas have consequences* [*Idéias têm conseqüências*]. Nesse livro fazia uma advertência:

> Que não importa em que um homem crê é uma afirmação que se ouve em todo lugar hoje. A afirmação traz consigo uma implicação temerária. Se um homem é filósofo [...] o que ele crê lhe diz para que serve o mundo. Como os homens que discordam a respeito da finalidade do mundo podem vir a concordar a respeito de qualquer minúcia da conduta diária? A declaração significa que não importa em que um homem crê conquanto não leve suas convicções a sério [...] Mas suponha que ele leve suas idéias a sério.[32]

---

[32] P. 23.

Hitler não só levou suas idéias a sério, mas também levou a sério a idéia de Charles Darwin em *Origem das Espécies*. Particularmente, abraçou o subtítulo da obra de Darwin: A preservação das raças favorecidas na luta pela vida. Hitler aceitou a lei da natureza ensinada por Darwin — "a sobrevivência das *raças mais adaptadas*" — e a aplicou à Alemanha e ao resto do mundo. Acreditava que, para a Alemanha sobreviver e prosperar, ele tinha de ensinar uma geração de jovens líderes a valorizar a raça ariana e o estado acima das raças inferiores, à custa dos direitos humanos individuais. Hitler sabia que a educação era a chave mestra para convencer a Alemanha de que como nação eles tinham direito de alcançar a pureza genética e racial.

Hoje não se enfatiza a intolerância racial de Darwin, mas ela é um princípio crucial que anda de mãos dadas com a visão macroevolucionista da vida. Na verdade, o julgamento de Scopes é freqüentemente citado como o caso referencial que visou barrar a intolerância educacional nos Estados Unidos. Os macroevolucionistas queriam que sua visão da origem da vida fosse ensinada como modelo alternativo juntamente com o modelo da criação. Mas o que freqüentemente se nega é o fato de que o macroevolucionismo deu apoio ao preconceito racial. O que se segue é uma citação de um texto de biologia que se usava no Tennessee antes do julgamento de Scopes. Esse texto demonstra claramente a hierarquia de cinco raças sobre a terra e a superioridade da raça branca. Assim se lê:

> Atualmente existem na terra cinco raças ou variedades de homem, cada uma muito diferente das outras nos instintos, nos costumes sociais e, num certo grau, na estrutura. Esses tipos são o etíope, ou negro, originário da África; o malaio ou a raça marrom, das ilhas do Pacífico; o índio americano; o mongol ou a raça amarela, que inclui os nativos da China, do Japão e os esquimós; *e, finalmente, o tipo mais alto de todos, os caucasianos, representados pelos brancos civilizados habitantes da Europa e da América*.[33]

Hitler tomou essa intolerância racial macroevolucionista e juntou com sua mistura própria do *super-homem* de Nietzsche.

O "super-homem" de Nietzsche é aquele que pode ter vitória sobre as misérias da vida, demonstrando dignidade pela auto-afirmação e pelo desejo de poder, que Hitler estendeu a uma super-raça. Acrescentando a lei da seleção natural de Darwin, com respeito à sobrevivência racial, a uma distorção do

---

[33] George W. HUNTER, *A civic biology*: Presented in Problems, p. 196 (grifo do autor).

"super-homem" de Nietzsche, Hitler, juntamente com o Nacional Socialismo, retirou a seguinte conclusão:

> O mais forte deve dominar, não se unir com o mais fraco, o que significaria o sacrifício de sua própria natureza superior. Somente quem nasceu fraco pode olhar este princípio como cruel e, se age assim, é meramente porque ele é de natureza mais insignificante e de mente mais estreita, pois se essa lei não dirigisse o processo da evolução, o desenvolvimento superior da vida orgânica não seria de forma alguma concebido [...] Se a Natureza não deseja que os indivíduos mais fracos se unam com os mais fortes, deseja menos ainda que uma raça superior se misture com uma inferior, porque nesse caso todos os seus esforços, através de centenas de milhares de anos, *de estabelecer o estado evolutivo mais alto de existência*, podem resultar em inutilidade.[34]

> **Sobrevivência dos mais adaptados**
>
> "Por meio da seleção natural ou da preservação das raças favorecidas na luta pela vida"
> (Charles Darwin, *Origem das espécies*)
>
> "A raça superior não deve unir-se às raças inferiores"
> (Adolf Hitler, *Mein Kampf*)

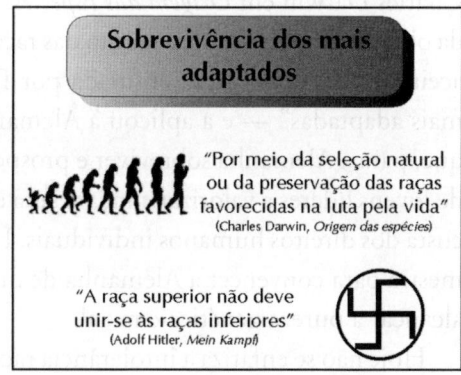

Hitler propôs um curso de ação que daria à Alemanha a vitória sobre as misérias da vida, no esforço de trazer seu país de volta à dignidade (especificamente, da humilhação nas guerras anteriores). Escreveu com extrema confiança e capacidade persuasiva e estabeleceu metas sociais e políticas para uma Alemanha pós-guerra arruinada e de ânimo devastado. Com a condição da Alemanha tão debilitada e considerando a base intelectual do plano de Hitler, os alemães se convenceram de que a estratégia dele teria sucesso. Hitler nunca deixou nenhuma sombra de dúvida de que seus planos poderiam não funcionar. Ele se via como o *super-homem* de Nietzsche, com o desejo de poder e de formar um exército de *super-homens* (nazistas) que estabeleceriam o domínio sobre as raças inferiores do mundo e transformariam a raça Ariana numa *super-raça*. Hitler considerava esse plano perfeitamente coerente com as leis da natureza e a "solução final" para livrar o mundo das linhagens "inferiores" da espécie humana, as quais considerava parasitas e impedimento para se alcançar "o estágio evolutivo mais alto da existência".

Como Hitler propagou essas idéias? Onde isso tudo começou? A resposta a ambas as perguntas é a educação! Um sobrevivente de Auschwitz estava

---

[34]*Mein Kampf*, p. 161-2 (grifo do autor).

muito consciente do impacto que a educação teve sobre a Alemanha nazista. Disse ele:

> As câmaras de gás de Auschwitz foram a conseqüência final da teoria de que *o homem não é nada senão o produto da hereditariedade e do ambiente* — ou, como os nazistas gostavam de dizer, "do sangue e do solo". Estou absolutamente convencido de que *as câmaras de gás* de Auschwitz, Treblinka e Maidanek foram *basicamente preparadas não em algum ministério em Berlim, mas nas escrivaninhas e salas de conferência dos cientistas e filósofos niilistas*.[35]

O alvo do Nacional Socialismo, com respeito à educação, era treinar a geração seguinte de líderes alemães de tal modo que fossem capazes de terminar o que Hitler e os nazistas haviam começado. Hitler sabia que precisava educar a juventude da Alemanha no plano que ele apresentou em *Mein Kampf*. Percebia que a educação era a ferramenta básica para propagar suas idéias e, que uma vez que a Alemanha abraçasse os princípios demonstrados em seus escritos, o resto seria uma questão de história.

> Educando a geração jovem nas linhas certas, o Estado do Povo terá de se certificar que uma geração da raça humana é formada para se adequar a este combate supremo que decidirá os destinos do mundo. A nação que conquistar será a primeira a tomar esse caminho. A organização total da educação e o treinamento que o Estado do Povo vai construir deve tomar como sua tarefa mais importante a obra de instilar no coração e no cérebro da juventude encarregada do instinto racial e do entendimento da idéia racial. Nenhum menino ou menina deve deixar a escola sem ter alcançado uma visão clara a respeito do significado da pureza racial e da importância de manter o sangue racial sem adulteração. Desse modo, a primeira condição indispensável para a *preservação da nossa raça* terá sido estabelecida e assim o progresso cultural futuro de nosso povo será assegurado.[36]

Os Estados Unidos também estão abraçando esses princípios autodestrutivos. À luz da máxima de Lincoln — "A filosofia na sala de aula de uma geração será a filosofia do governo da geração seguinte"[37] — sentimo-nos moralmente obri-

---

[35]Victor Frankl, *The doctor and the soul*: introduction to logotherapy (*O médico e a alma*: introdução à logoterapia), *xxi* (grifo do autor).

[36]Op. cit. p. 240 (grifo do autor)

[37]William J. Federer, *America's God and country Encyclopedia of Quotations* (*Deus e o país da América*: enciclopédia de citações), p. 391.

gados a indicar os perigos profundos associados aos governos que defendem o positivismo legal. Cremos que o positivismo legal e a macroevolução são idéias más, e uma vez que as idéias más se tornam convicções dos educadores e dos governos, os resultados podem ser devastadores. Por essa razão, o lugar de deter as idéias más é a sala de aula, *antes* que essas idéias se tornem ideologias sociais e políticas.

Cremos que a lei positivista precisa ser eliminada da educação. Como se explicou anteriormente, a lei positivista foi criada sob a influência de quatro pensadores destacados: Darwin, Nietzsche, Bentham e Mill. Nos capítulos anteriores, apresentamos os nossos argumentos para justificar por que a visão de Darwin sobre a origem da vida (macroevolução) está errada. Já demonstramos também que o ateísmo é infundado e o teísmo é uma cosmovisão aceitável.[38]

A filosofia de vida de Nietzsche é falsa. Sua concepção de vida ateísta e niilista nega todo valor objetivo, mas é auto-anulável e inconsistente. Considere que como niilista, Nietzsche "preza o seu direito de negar todo valor. Preza sua liberdade de sustentar sua posição e não ser forçado a defender outra posição".[39]

Quanto ao utilitarismo de Bentham e Mill, considere a seguinte crítica:

> O primeiro problema com o utilitarismo é que ele propõe que o fim justifica os meios necessários para alcançá-lo. Se fosse assim, então a carnificina de Stalin, de cerca de dezoito milhões de pessoas, poderia ser justificada em razão da utopia comunista que ele esperava que finalmente se realizasse. Segundo, os resultados sozinhos não justificam nenhuma ação. Quando os resultados aparecem, devemos ainda perguntar se são bons ou maus. Os fins não justificam os meios, os meios devem justificar-se a si mesmos. O infanticídio compulsório de todas as crianças que se acredita serem portadoras de "impurezas" genéticas não se justifica pelo alvo de ter uma raça genética pura. Terceiro, mesmo os utilitaristas tomam os fins como um bem universal, mostrando que eles não podem evitar o bem universal. De outra forma, de onde derivariam o conceito de um bem que deve ser desejado por sua própria causa? Finalmente, os resultados desejados isolados não fazem algo bom. Freqüentemente desejamos o que é errado. Mesmo os desejos pelos fins que acreditamos ser bons estão sujeitos a esta pergunta: São dese-

---

[38] V. o parágrafo concluinte do capítulo 8.
[39] Norman L. GEISLER, *Christian ethics*: options and isswes, p. 39.

jos bons? Por isso, mesmo aí deve haver algum padrão fora dos desejos pelos quais eles sejam avaliados.[40]

A história tem nos ensinado algumas lições importantes a respeito do que uma nação é capaz de fazer quando gera uma filosofia má no nível acadêmico e seu governo abraça essa filosofia. Algumas das lições mais poderosas que a história procura nos ensinar a respeito do direito ocorreram nos julgamentos dos crimes de guerra dos ex-líderes nazistas. No capítulo seguinte, procuraremos mostrar como o julgamento de Nuremberg trouxe o debate entre a lei positivista e a lei natural para o topo, montando o palco para o mundo ver sobre que visão o sistema legal de uma nação deve basear-se.

---

[40]Ibid., p. 37-8.

Capítulo Dez

A Justiça

Creio que o primeiro dever da sociedade é a justiça.

—Alexander Hamilton

É errado aprovar leis que negam direitos humanos básicos?

O terror que os nazistas infligiram sobre pessoas inocentes distingue-se como uma das memórias mais repugnantes dos anais da história. A guerra era uma coisa, mas os campos de morte de Hitler foram singulares porque a atividade central deles era o que veio a ser conhecido por "assassínio industrializado". Ligando isto com a "pesquisa médica" que o dr. Joseph Mengele e outros realizaram nos prisioneiros, de bebês a adultos, faz essa realidade histórica parecer quase incompreensível. Quando a revista *Newsweek* fez uma história de capa sobre o qüinquagésimo aniversário da libertação de Auschwitz, foi entrevistado o tenente general aposentado Vasily Petrenko, o único comandante sobrevivente entre as quatro divisões do Exército Vermelho que cercaram e libertaram o campo. A *Newsweek* relatou que Petrenko era

> Um veterano endurecido de algumas das piores lutas da guerra. "Eu tinha visto muita gente morta", diz Petrenko. "Eu havia visto pessoas enforcadas e pessoas queimadas. Mas ainda não estava preparado para Auschwitz". O que o aterrorizou especialmente foram as *crianças, pobres infantes*, que haviam sido deixadas para trás no apressado esvaziamento. Eram os *sobreviventes dos experimentos médicos* perpetrados pelo

médico de Auschwitz, Josef Mengele, ou filhos dos prisioneiros políticos poloneses.[1]

O artigo continuava relatando que as crianças estavam em Auschwitz para serem exterminadas ou para sofrer experimentos torturantes sob a autoridade das sádicas pesquisas científicas de Mengele. Muito de sua pesquisa médica dedicava-se à "genética" na tentativa de obter conhecimento funcional de como produzir uma "raça geneticamente pura".

"Os crimes cometidos pelos nazistas foram incomparáveis na história humana. Auschwitz era algo novo sobre a terra. Seus mecanismos elaborados de transporte, seleção, assassinato e incineração de milhares de pessoas constituíram um dia uma espécie de morte industrializada."[2] Mas os Estados Unidos ou outro país qualquer pode realmente acusar os oficiais alemães pelos crimes contra a humanidade? Principalmente tendo em vista que a Alemanha acreditava que tinha obrigação nacional de alcançar a pureza genética? Vamos nos deter um pouco no que a Alemanha fez e por quê. Isso vai nos ajudar a ter um entendimento melhor das acusações criminosas que se fizeram contra esse país depois da guerra.

Como o darwinismo e o nacionalismo se juntaram na Alemanha no começo do século vinte, estabeleceu-se o conceito de acalentar uma raça geneticamente superior chamado de *Volk* (povo). A idéia do *Volk* se estendeu a várias analogias biológicas, moldadas pelas convicções contemporâneas de hereditariedade, designadas para proteger a Alemanha da "inferioridade racial".[3]

Os alemães estavam tentando aperfeiçoar a *eugenia*,[4] a ciência que investiga os métodos que envolvem o melhoramento da composição genética da raça humana. (Nesse caso, a raça ariana.) Uma de suas metas era eliminar as raças "inferiores" e sua descendência e preservar a progênie "melhor". (Este método é perfeitamente coerente com a macroevolução e seu princípio central, a sobrevivência dos mais adaptados.) Se a Alemanha nazista tivesse sido bem-sucedida na guerra que estava por vir e avançado na tecnologia, os alemães esperavam que um dia, sendo indivíduos geneticamente superiores, pudessem ser clonados. Daí, a "super-raça" que surgiria do "sangue e do solo".

---

[1] Jerry ADLER, The last days of Auschwitz, *Newsweek*, 15/1/1995, p. 47 (grifo do autor).
[2] Ibid.
[3] George J. ANNAS e Michael A. GRODIN, *The nazi doctors and the Nuremberg code*: human rights in human experimentation, p .271.
[4] V. o apêndice para análise ética da eugenia e clonagem humana.

Os campos de morte nazistas, portanto, se transformaram em laboratórios de pesquisa para o avanço da "ciência médica". E não é difícil imaginar por que tantos médicos e cientistas estavam tão fortemente seduzidos pelo paradigma nazista: a ênfase biomédica, com foco na engenharia genética a fim de aperfeiçoar a raça ariana, tirou vantagem de sua arrogância. Foram-lhe dados os melhores laboratórios, os orçamentos mais abastados, e as melhores condições de trabalho — poucos poderiam resistir a isso. Nos campos, tinham todas as cobaias humanas de que necessitavam. Algumas técnicas e objetivos de pesquisa eram:

> Para medir os limites do corpo humano, os médicos nazistas sujeitaram os reclusos do campo de concentração a experimentos em grandes altitudes, confinando-os em câmaras de baixa pressão até que seus pulmões explodissem.
>
> Para descobrir o modo mais eficiente de tratar os pilotos alemães que haviam afundado no mar do Norte, [os cientistas] imergiam prisioneiros nos tanques de água congelada por horas, baixando a temperatura do corpo deles para 26 graus.
>
> Para ganhar espécimes para as suas coleções de esqueletos de judeus, os médicos nazistas assassinaram e retalharam a carne de cem prisioneiros judeus.
>
> Para comparar a eficácia das vacinas, infectavam os reclusos com malária, tifo, catapora, cólera e febre maculosa. Os médicos também quebravam ossos dos pacientes e depois infectavam as feridas. Davam-lhes água do mar até que tivessem doenças repentinas e sofressem parada cardíaca, [e] operavam-nos sem anestesia.
>
> Para determinar as causas físicas das doenças mentais, alguns corpos foram dissecados, e o cérebro enviado a institutos de pesquisa, onde os cientistas faziam vários testes.[5]

Sendo a pesquisa conduzida nos campos de morte tudo estava de acordo com a lei nazista, e a lei nazista definia o que era justo e reto — numa palavra, o que era *legal*. Olhando para o passado da Alemanha como exemplo pode-se ver quão rapidamente uma nação pode desvalorizar a vida humana e criar leis que suprimem os direitos humanos básicos. Uma vez que a macroevolução naturalista e a lei positivista são os pontos de vista legais e científicos dominantes tanto na teoria (educação) como na prática (lei), corremos o risco de retornar a uma das eras mais tenebrosas da história da raça humana. Os educadores

---

[5] Op. cit. p. 67-86.

devem pesar as conseqüências sérias de ensinar aos alunos que a humanidade é simplesmente "sangue e solo" e os direitos humanos não são dados por Deus, mas, sim, determinados pelos governos. Se se acredita que os governos determinam os direitos humanos, deve-se perguntar: "Com que base racionalmente coerente um governo pode declarar que as leis de outra nação são injustas?".

OS GOVERNOS CRIAM OU DESCOBREM OS DIREITOS HUMANOS?

Tanto para os positivistas legais como para os apoiadores da lei natural, essa é uma questão fundamental, e a resposta vai influenciar outras respostas a perguntas fundamentais a respeito dos direitos humanos. Por exemplo, o que significa ser humano e quais são os direitos humanos? Se os seres humanos são essencialmente animais (como os macroevolucionistas crêem), e os governos criam leis (como os positivistas crêem), então quem define o que é pessoa e quais são os direitos humanos? Quem diz que todos os seres humanos devem ter direitos? Além disso, como uma nação (os Estados Unidos) pode acusar outra nação (a Alemanha nazista) de violar os direitos humanos se os *governos* decidem o que é pessoa e determinam quais são os direitos humanos (se é que há)?

No século dezenove, os Estados Unidos estavam tão fortemente divididos quanto à questão da escravidão que se envolveram no grande conflito militar entre os Estados Unidos da América (a União) e os Estados Confederados da América (a Confederação). A Guerra Civil começou em 12 de abril de 1861 e se estendeu até 26 de maio de 1865, quando o último exército confederado se rendeu. A guerra foi responsável por 600 000 vidas ceifadas — os mortos e feridos totalizaram cerca de 1,1 milhão. Mais norte-americanos foram mortos na guerra civil do que em todas as outras guerras norte-americanas juntas desde o período colonial até a fase final da Guerra do Vietnã (1959-1975). A Guerra Civil destruiu propriedades no valor de cinco bilhões de dólares, trouxe liberdade a quatro milhões de escravos negros e abriu feridas que ainda não estão completamente cicatrizadas mesmo depois de cerca de um século e meio. Por quê? Que princípio estava sob ataque? Que questão estava em jogo?

O presidente Lincoln respondeu a essas perguntas em 19 de novembro de 1863, em Gettysburg, na Pensilvânia, num discurso dedicado a honrar aqueles que haviam morrido ali naquele ano. A maioria dos que estudaram a história norte-americana se lembra de parte desse discurso: "Oitenta e sete anos atrás nossos pais criaram neste continente uma nova nação, concebida em Liberdade e dedicada *à proposição de que todos os homens são criados iguais*" (grifo do autor).

Todavia, a importância da primeira afirmação de Lincoln é freqüentemente deixada de lado. Oitenta e sete anos atrás situam o nascimento dos Estados Unidos em 1776, ano em que a Declaração da Independência foi escrita. (A Constituição foi esboçada [1787] e ratificada [1788] mais tarde, e George Washington fez o juramento de posse tornando-se o primeiro presidente dos Estados Unidos.) Mortimer J. Adler lançou alguma luz sobre as razões de Lincoln para datar o nascimento dos Estados Unidos em 1776. Escreve:

> Nos seus anos de debate contra a extensão da escravidão para novos territórios, Lincoln repetidamente apelou para a Declaração de Independência. Seus oponentes recorreram à Constituição, com suas referências ocultas à instituição da escravatura, como decisiva para questões políticas referentes à extensão da escravatura. Na verdade eles tomavam a adoção da Constituição como a data do nascimento jurídico da nação [...] Considere suas (de Lincoln) observações improvisadas no Independence Hall na Filadélfia, em 22 de fevereiro de 1861, pouco antes de sua inauguração:
> "Eu jamais tivera um sentimento político que não tivesse surgido dos sentimentos corporificados na Declaração de Independência. Tenho ponderado freqüentemente acerca dos perigos em que alguns homens incorreram, homens que se reuniram aqui e adotaram essa Declaração de Independência — Tenho ponderado sobre as labutas que foram suportadas pelos oficiais e soldados do exército que conseguiu essa independência. *Freqüentemente me pergunto que grande princípio ou idéia manteve essa Confederação tanto tempo unida.* Não foi a mera questão da separação das colônias da terra mãe, *mas alguma coisa nessa Declaração que dá liberdade, não somente às pessoas deste país, mas esperança para todo o mundo.* Foi isso que deu a esperança de que no devido tempo os pesos seriam retirados dos ombros de todos os homens, e todos teriam oportunidade igual [...] Eu preferiria ser assassinado neste lugar a me render".[6]

Por que continuar a Guerra Civil? Porque Lincoln estava comprometido com a proposição de que todos os homens foram criados iguais. Ele refletia com freqüência no preço que os patriotas pagaram pela liberdade e queria morrer por ela. Além disso, ele via a Declaração como o instrumento de liberdade e justiça não somente para os Estados Unidos da América, mas também para todo o mundo. Os positivistas devem recuar de sua visão de esperança, *pois*

---

[6]*Haves without have-nots*, p. 219-20.

somente a visão da lei natural é coerente com o grande segundo parágrafo da Declaração de Independência e as verdades "auto-evidentes" encontradas ali.

Os defensores da lei natural entendem que os governos são instituídos com base na lei moral de Deus a fim de *assegurar* os direitos humanos, enquanto os positivistas crêem que os governos os *criam*. O que, então, os positivistas pensam da Declaração?

> Do ponto de vista dos positivistas, ela é, como Jeremy Bentham declarou na época, uma peça de retórica extravagante, almeja ganhar convertidos para a causa da rebelião, mas sem o menor peso de verdade em suas proclamações pias a respeito dos direitos inalienáveis e de como os governos, que derivam seus poderes justos da anuência dos governados, são formados para tornar os direitos naturais preexistentes mais seguros.[7]

Se a posição positivista é verdadeira e Bentham (um utilitário) está certo, então os pais fundadores dos Estados Unidos redigiram um documento por nenhuma outra razão além de servir aos seus próprios fins. De fato, logo após a decisão de Dred Scott, que declarou que os negros não eram pessoas perante a Constituição, o juiz Stephen A. Douglas reivindicou que a Declaração de Independência se referia à raça branca somente, e não à africana, ao declarar que todos os homens foram criados iguais. Disse que os pais fundadores estavam meramente proclamando que os súditos britânicos do continente americano eram iguais aos súditos britânicos da Grã-Bretanha. Lincoln respondeu com as seguintes palavras sarcásticas:

> Eu pensava que a Declaração contemplasse o crescimento progressivo da condição de todos os homens em toda parte, mas não [segundo Douglas], que meramente "tivesse sido adotada com o propósito de justificar os colonialistas aos olhos do mundo civilizado por retirarem sua lealdade à coroa britânica" [...] Por que, esse objetivo tendo sido alcançado uns oitenta anos atrás, a Declaração não tem uso prático agora — é mero farrapo — chumaço deixado para apodrecer no campo de batalha após a vitória ganha.[8]

Os positivistas devem alinhar-se logicamente com Douglas, e não com Lincoln, porque para eles não há nenhuma distinção clara entre os direitos humanos (natural) e os civis (legais). Os direitos civis (ou legais) são direitos

---

[7] Ibid., p. 198.
[8] Ibid., p. 221.

que foram abraçados como emendas à constituição norte-americana e direitos que são explicitamente definidos nas constituições e nas leis positivistas ordenadas pelas legislaturas. *Esses direitos podem e têm mudado com o tempo nos Estados Unidos e variam significativamente de cultura para cultura.* Contudo, os que defendem a lei natural se alinham tanto com Lincoln como com os pais fundadores, entendendo os direitos humanos e os direitos naturais como distintos claramente dos direitos civis ou legais. Também entendem a importância do termo *inalienáveis* quando acrescentado aos adjetivos "humanos" e "naturais" referindo-se aos direitos. Os defensores da lei natural crêem que esses direitos não são estabelecidos pelas ordenanças positivistas dos governos e são "inalienáveis", isto é, os governos não podem suprimir o que não concedem. Tal foi o entendimento da lei e dos direitos humanos que deram origem aos Estados Unidos da América e tal foi o entendimento da lei e dos direitos humanos que serviu de base para a justiça em Nuremberg.

Há relação entre os conceitos de teoria legal e de moralidade pessoal?

Observe com bastante atenção a próxima página da história e decida por você mesmo se a lei positivista é ou não intelectual e legalmente aceitável com relação à justiça e aos direitos humanos. No começo do capítulo sobre lei, dissemos que o corpo mais substancial de pensamento na disciplina da jurisprudência (a filosofia do direito) concentra-se no significado do conceito do direito em si (teoria legal) e na relação entre esse conceito e o conceito de moralidade. Cremos que a prioridade e a relação entre a moralidade e o direito foram decididos, com o consentimento de um mundo ultrajado, no julgamento de Nuremberg.

Os julgamentos dos crimes de guerra em Nuremberg, na Alemanha, foram dos julgamentos mais significativos do século vinte. Em 1945 uma corte internacional de juízes dos Estados Unidos, Inglaterra, França e União Soviética julgaram os líderes nazistas mais importantes, entre eles Hermann Goering e Rudolf Hoess. Os réus foram acusados de conspiração, crimes contra a paz, crimes de guerra e crimes contra a humanidade. A promotoria apresentou filmes aterrorizantes e fotografias de campos de concentração, que foram vistos por muitos pela primeira vez.

O presidente Harry S. Truman indicou o juiz Robert H. Jackson do Supremo Tribunal dos Estados Unidos como presidente do Tribunal para fazer a acusação no lado dos Estados Unidos. Jackson era também um representante dos Estados Unidos responsável por ajudar a estabelecer o tribunal militar internacional. Isto foi algo novo, nunca tinha havido um tribunal de justiça criminal internacional em toda a história, e este evento havia de estabelecer um precedente para o futuro. Jackson disse:

> As pessoas do mundo inteiro, cansadas da guerra, insistiram em que fossem tratados os crimes de guerra e que se fizesse isso rapidamente [...] "Ponham-nos todos em fila e atirem neles", era a solução proposta por muitos recantos [...] Poderíamos então lavar as mãos e escrever um "fim" naquele capítulo sangrento. Poderíamos voltar aos propósitos pacíficos e esquecer tudo aquilo. *Era exatamente o temor de que pudéssemos "esquecer tudo" que levou alguns a crer que a culpa dos líderes alemães devia ser cuidadosamente documentada. Na verdade, documentada tão meticulosamente e com tal clareza que o mundo jamais pudesse esquecer.*[9]

Por essa e por outras razões, em 18 de outubro de 1945, os principais promotores de justiça fizeram uma acusação formal no tribunal a 24 indivíduos com uma variedade de crimes e atrocidades. Entre as acusações havia instigação deliberada de guerras agressivas, extermínio de grupos raciais e religiosos, assassinato e maltrato de prisioneiros de guerra e deportação de pessoas para trabalho escravo, maltrato e assassinato de centenas de milhares de habitantes dos países ocupados pela Alemanha durante a guerra. Em 21 de novembro de 1945, Robert H. Jackson fez o pronunciamento formal de abertura em favor da promotoria e iniciou os julgamentos que haveriam de abalar os anais da história da jurisprudência.

A estratégia dos advogados de defesa era tomar a posição de que os réus foram simplesmente pessoas leais que obedeciam a ordens de um governo que funcionava dentro dos paradigmas da lei positivista. As leis da Alemanha nazista foram consideradas instrumentos de dominação social, econômica e política, tanto para promover os interesses concretos dos nazistas como para sancionar a ordem existente. A defesa basicamente argumentou que a lei não era nada senão regulamentos feitos por legisladores humanos. Portanto, de acordo com a visão positivista da lei, os réus não eram culpados de violar nenhuma lei. (A tese deles era semelhante à do senador Joseph Biden, de que "a boa lei natural" é "subserviente à Constituição" dos Estados Unidos.[10]) A Alemanha considera-

---

[9] *The case against the nazi war criminals*, p. v-vi (grifo do autor).
[10] Phillip E. JOHNSON, *Reason in the balance*, p. 134.

va suas leis boas porque eram subservientes à sua constituição, a *Mein Kampf* e ao bem-estar total do Estado. Ou seja, as leis alemãs baseavam-se no entendimento naturalista e macroevolutivo da natureza humana, e os defensores entendiam que "uma boa lei natural" devia subordinar-se às leis positivas do Nacional Socialismo feitas pelo homem.

As evidências apresentadas pela acusação em Nuremberg "atordoaram" o mundo. Testemunhas oculares, curtas-metragens e documentos oficiais (os nazistas documentaram a maior parte do Holocausto) mostraram os horrores repugnantes e inimagináveis. A pergunta real diante dos tribunais era "isso é ilegal"? Depoimentos como os seguintes foram submetidos como evidências contra os réus:

> Observei uma família de oito pessoas, um homem e uma mulher, ambos com cerca de 50 anos, e os filhos de um, oito e dez, duas filhas crescidas de 20 e 24 anos. Uma velha senhora de cabelos brancos carregando uma criança de um ano nos braços, cantando para ela e fazendo-lhe cócegas [...] O pai estava segurando a mão de um menino de uns 10 anos e lhe falava docemente, o menino lutava para não chorar. O pai apontava para o céu, tentando levantar a cabeça do menino e parecia explicar-lhe alguma coisa. Naquele momento um homem da SS gritou alguma coisa para seu companheiro. Este contou vinte pessoas e as instruiu para irem atrás de um montículo de terra. Entre eles estava a família que mencionei [...] Andei ao redor daquele monte de terra e me vi em frente de uma tremenda vala. As pessoas estavam amontoadas e empilhadas umas sobre as outras de modo que só se viam as cabeças delas. Quase todas as pessoas tinham sangue correndo sobre os ombros, vindo da cabeça. Algumas delas ainda faziam movimentos. Outras levantavam os braços e viravam a cabeça para mostrar que ainda estavam vivas. Dois terços do buraco já estavam cheios. Estimei que lá dentro havia umas 1 000 pessoas [...] O próximo grupo já se aproxima. Todos entraram no buraco se alinharam com as vítimas anteriores e foram mortos a tiros.[11]

Ainda mais espantoso é o testemunho de líderes alemães. Um dos réus mais importantes, Rudolf Franz Ferdinand Hoess, orgulhava-se realmente da maneira eficiente que dirigira um campo de extermínio. Suas palavras manifestam sua disposição:

---

[11] Testemunho sob juramento do dr. Willhelm Hoettl (5 de novembro de 1945) na obra de Robert H. Jackson, *The Nuremberg case*, p. 169-70.

Comandei Auschwitz até 1.º de dezembro de 1943 e calculei que pelo menos 2 500 000 vítimas foram executadas e exterminadas ali por intoxicação de gases e queimaduras, e pelo menos 500 mil morreram de inanição e doenças, perfazendo um total de 3 000 000 [...] Usei o Ciclone B (gás mortífero) [...] [e] levava 3 a 15 minutos para matar as pessoas nas câmaras de extermínio [...] Depois que os corpos eram removidos, nossos comandos especiais tiravam os anéis e extraíam o ouro dos dentes dos cadáveres.

Outra melhora que fizemos em Treblinka foi construir nossas câmaras de gás para acomodar 2 000 pessoas de uma só vez [...] O modo que selecionávamos nossas vítimas era o seguinte: tínhamos dois médicos da SS em Auschwitz para examinar os prisioneiros que chegavam. Os prisioneiros desfilavam perante os médicos, que faziam decisões aleatórias à medida que eles passavam. Os que estavam aptos para o trabalho eram enviados para o campo. Os outros eram imediatamente mandados para os lugares de extermínio. *As crianças ainda tenras eram invariavelmente exterminadas* visto que pela idade ainda eram incapazes de trabalhar. Em Auschwitz nós nos empenhávamos para escarnecer das vítimas [...] *Muito freqüentemente as mulheres escondiam seus filhos debaixo de suas roupas, mas quando nós as encontrávamos as enviávamos para ser exterminadas.*[12]

Para entender melhor o dilema que esses julgamentos trouxeram aos que sustentavam a lei positivista, imagine que você é Robert H. Jackson, o magistrado maior representando os Estados Unidos na presença de um tribunal de justiça internacional. É um princípio fundamental da lei norte-americana que uma pessoa não pode ser julgada de acordo com estatutos *ex post facto* (leis feitas após o fato), e um ato legal não pode ser transformado em crime retrospectivamente.

Os positivistas legais devem logicamente concordar que, de acordo com sua visão do direito, os réus estavam agindo tecnicamente de maneira legal e não havia nenhuma base racional nem legal pela qual os réus pudessem ser acusados. Mortimer J. Adler disse que se a visão positivista da relação entre lei e justiça está correta, segue-se...

- que *o poderoso faz certo*;
- que não pode haver essa coisa de tirania da maioria;
- que *não há critérios para julgar as leis* nem constituições injustas e com necessidade de retificação ou emenda;

---

[12]Testemunho sob juramento feito de Rudolf Franz Ferdinand Hoess (5 de abril de 1946), na obra de Jackson, p. 171-3.

- que a justiça é *local e transitória*, não universal e imutável, mas diferente em diferentes lugares e diferentes épocas;
- que *as leis positivistas têm apenas força*, mas nenhuma autoridade elicia obediência somente pelo temor da punição que acompanha os apanhados em desobediência; e
- que não há distinção entre *mala prohibita* e *mala in se*, a saber, entre *atos que são errados simplesmente porque são legalmente proibidos* (como as violações de leis de trânsito) e *atos que são errados em si mesmos*, sejam ou não proibidos pela lei positivista (como o assassinato e a escravização de seres humanos).[13]

Como Robert H. Jackson, você está agora diante de um tribunal que não está submetido a nenhum corpo jurídico de lei positiva, e você está tentando acusar homens supostamente culpados de "crimes contra a humanidade". A expressão "crimes contra a humanidade" refere-se à violação de direitos humanos.

Todavia, "se não há direitos naturais nenhuns, não há direitos humanos; se não há direitos humanos, não pode haver crimes contra a humanidade".[14] Além disso, você sabe que a defesa vai argumentar com esse raciocínio. Se você sustenta a visão da lei positiva, sobre que base definitiva e logicamente coerente você começaria a estabelecer fundamentos para acusar os réus? Na verdade, essa foi a posição que a defesa tomou.

> **"Meu dever era ajudar a Alemanha a ganhar a guerra."**

Um exemplo simples que ilustra a oposição de Jackson aparece numa transcrição de pós-guerra de um interrogatório de dois engenheiros alemães feita por oficiais do Exército Vermelho. Esses dois eram engenheiros titulares de uma companhia chamada Topf, que manufaturava fornos de cremação usados nos campos de concentração em Buchenwald, Dachau, Mauthausen, Gross-Rosen, e Auschwitz-Birkenau. O que se segue foi extraído das transcrições do departamento de inteligência militar do Exército Vermelho,[15] e o diálogo é

---

[13] *Haves without have-nots* (grifo do autor).
[14] Ibid., p. 200.
[15] Esse documento foi descoberto em maio de 1993 por Gerald Fleming, que estava fazendo pesquisa na época. Ele recebeu permissão das autoridades soviéticas para estudar os arquivos detalhados do ramo da inteligência do Exército Vermelho. Essa transcrição do interrogatório foi extraída do arquivo 19/7, localizado nos arquivos do Estado Central da Rússia. Antes da pesquisa de Gerald Fleming, nunca havia sido posto à disposição de nenhum historiador.

entre o interrogador soviético e Kurt Pfufer, responsável pelo projeto e funcionamento dos crematórios.

> P: O senhor sabia que [nas] câmaras de gás e nos crematórios [em Auschwitz] aconteceu o extermínio de seres humanos inocentes?
> R: Eu sabia desde 1943 que *seres humanos inocentes estavam sendo exterminados* nas câmaras de gás de Auschwitz e que seus cadáveres eram posteriormente incinerados nos crematórios...
> P: Embora o senhor soubesse desse extermínio em massa de seres humanos inocentes nos crematórios, o senhor se dedicou a projetar e criar fornalhas de incineração ainda maiores para os crematórios — *e por iniciativa própria.*
> R: Eu era um engenheiro alemão e membro importante da Topf *e vi essa tarefa como meu dever* de aplicar meu conhecimento especializado desse modo para ajudar a Alemanha a ganhar a guerra, exatamente como um engenheiro aeronáutico constrói aviões em tempos de guerra, que também estão associados com a destruição de seres humanos.[16]

O diálogo seguinte ocorreu entre outro engenheiro da Topf, Karl Schultze, e seu interrogador soviético. A resposta de Schultze levanta uma questão essencial que precisa ser apresentada aos positivistas que crêem que "a boa lei natural" é subserviente às constituições feitas pelos homens.

> P: Como o senhor participou da sua instalação [dos crematórios]?
> R: Eu sou alemão e defendi e defendo o governo da Alemanha e as leis do nosso governo. Quem quer que se oponha às nossas leis é um inimigo do estado porque as nossas leis o estabeleceram como tal.[17]

Os positivistas devem logicamente sancionar os princípios usados pelos advogados de defesa em Nuremberg. Também devem aceitar o fato de que Hitler e os nazistas tomaram o princípio normativo naturalista da macroevolução — "a sobrevivência dos mais adaptados" — e tornaram as leis de sua própria terra subservientes à constituição deles, *Mein Kampf.* Qualquer um que sustente o positivismo legal deve ser racionalmente coerente e concordar que a defesa estava certa, e os nazistas não estavam cometendo nenhum ato ilegal de acordo com as leis de seu próprio país, nem poderiam ser considerados culpados pela constituição de outro país.

---

[16]Gerald FLEMING, Engineers of death, *The New York Times*, 18/7/1993, E19 (grifo do autor).
[17]Ibid.

Percebemos que ninguém que sustenta a visão da lei positivista concordaria com a nossa conclusão que alinha os positivistas com os advogados de defesa de Nuremberg. O ponto em questão, contudo, é que todos os positivistas estão *associados logicamente* com a proposição de que não há leis superiores às leis criadas pelos governos humanos. O único modo racional que os positivistas poderiam condenar os nazistas de estarem errados seria reconhecer que eles estavam *moralmente* errados. Mas para os positivistas terem convicção de que os nazistas eram imorais, então também teriam de admitir que existe um padrão de moralidade que está além dos governos humanos. Como C. S. Lewis disse:

> Se nenhum conjunto de idéias morais fosse mais verdadeiro ou melhor do que outro qualquer, não teria sentido preferir-se a moralidade de um povo civilizado à de um povo selvagem, ou a moralidade cristã à nazista [...] Da mesma forma, se a Regra do Comportamento Correto significasse simplesmente "o que quer que cada nação aprove" não haveria sentido em dizer que uma nação foi mais feliz em suas escolhas do que outra; não haveria nenhum sentido em dizer que o mundo caminha para tornar-se moralmente melhor ou pior.[18]

Sem nenhum padrão de justiça fora do mundo, como alguém pode destacar logicamente a justiça no mundo? A lei positivista não tem nenhuma base lógica nem legal coerente para fazer justiça a Nuremberg nem a qualquer outro tribunal internacional, nessa matéria. À parte do apelo a um padrão de verdade (lei natural) objetivo e universal que avalia as leis dos governos humanos, a justiça não pode ser feita.

Nessa altura, os positivistas legais dos Estados Unidos protestaram contra os tribunais de Nuremberg, alegando que eram ilegais de acordo com a lei dos Estados Unidos. Eles contra-argumentaram que a idéia de que um ato legal pode-se tornar crime retrospectivamente é estranha às leis de muitos países, inclusive os Estados Unidos. Todavia, Jackson sabia que o verdadeiro fundamento da lei e da justiça repousava no princípio primeiro da jurisprudência que prevaleceria e provaria que os positivistas legais estavam errados. Para Jackson e para cada pessoa que crê no entendimento clássico da lei natural, segue-se...

- que *o poderoso não está certo*;
- que as maiorias *podem ser* tirânicas e injustas;

---

[18] *Cristianismo puro e simples*, p. 7.

- que os princípios da justiça e do direito natural *nos capacitam a avaliar a justiça ou a injustiça das leis e constituições feitas pelos homens...*
- que *a justiça é universal e imutável,* sempre a mesma em toda parte e em todos os tempos, seja ou não reconhecida num determinado momento ou lugar;
- que *as leis positivistas têm autoridade assim como força,* são obedecidas pelos criminosos somente por causa do temor de punição se apanhados em desobediência, mas obedecidas por indivíduos justos pela virtude da autoridade que elas exercem quando prescrevem uma conduta justa;
- que há *mala in se* assim como *mala prohibita,* a saber, *atos que são errados em si mesmos sejam ou não proibidos pelas leis positivas feitas pelos homens.*[19]

Uma grande lição que o mundo precisa aprender com o julgamento de Nuremberg é que a lei positivista não pode fornecer a base lógica e moral para a proteção dos direitos humanos; somente a lei natural pode. Também, o positivista não pode concordar logicamente com as observações seguintes extraídas da afirmação final de Robert H. Jackson em Nuremberg:

> Estes quarenta anos iniciais do século vinte serão lembrados nos anais como dos mais sangrentos de todos os registros [...] Esses feitos são fatos históricos tenebrosos pelos quais as gerações vindouras vão se lembrar desta década. Se não pudermos eliminar as causas e evitar a repetição desses eventos bárbaros, não é uma profecia irresponsável dizer que este século vinte possa ainda ter sucesso em trazer a condenação da civilização [...] Não devemos perder de vista o caráter singular e emergente deste grupo de pessoas como um Tribunal Militar Internacional. Ele não é parte de um mecanismo constitucional de justiça interna de nenhuma das nações signatárias [...] *Como Tribunal Militar Internacional, está acima do provincial e do transitório e procura orientação não somente da Lei Internacional*[20]*, mas também dos princípios básicos da jurisprudência, que são as pretensões da civilização.*[21]

Do ponto de vista filosófico, sem padrão objetivo do certo e do errado pelo qual a moralidade e a lei devem ser avaliadas, o argumento de Jackson é sem base.

---

[19] Adler, *Haves without have-nots,* p. 198 (grifo do autor).
[20] Hugo Grotius, o "pai da lei internacional", baseou-se na lei natural. Ele a via como o "método racional para chegar a um corpo de proposições subordinadas a arranjos políticos e à provisão das leis positivas [civis]".
[21] *The Nuremberg case,* p. 120-2 (grifo do autor).

Os primeiros princípios da lei aos quais ele se referiu como os "princípios básicos da jurisprudência" e "pretensões da civilização" são apenas, no final de contas, racionalmente justificados se existir *uma lei moral transcendente*. C. S. Lewis assinala o absurdo filosófico de tentar indicar a injustiça no mundo sem nenhum padrão transcendente de justiça. Ele disse:

> O meu argumento contra Deus era de que o universo parece ser muito cruel e injusto. Mas de onde tirei essa idéia de *justo* e *injusto*? Ninguém diz que uma linha é torta se não tiver uma idéia do que seja a linha reta. Com o que eu comparava este universo quando o chamava de injusto? Se todo o panorama fosse mau e absurdo de A a Z, por que eu, que sou necessariamente parte do panorama, reagi violentamente contra ele? Nós nos sentimos molhados, se cairmos na água, porque não somos animais aquáticos: um peixe não se sente molhado [...] Assim é que ao mesmo tempo em que tentava provar que Deus não existe (em outras palavras, que a realidade é totalmente absurda) verificava que era obrigado a admitir que uma parte da realidade, a minha idéia de justiça, não era absurda e tinha muito sentido. O ateísmo, conseqüentemente, é uma coisa por demais simplista. Se todo o universo não tem sentido, nunca descobriríamos que ele não tem sentido, do mesmo modo que, se não houvesse luz no universo, nem, conseqüentemente, criaturas com olhos, nunca saberíamos que era escuro. A palavra *escuro* seria uma palavra sem sentido.[22]

A analogia sustenta: se este universo não tivesse luz (sem padrões morais imutáveis) e conseqüentemente as criaturas não tivessem olhos (sem senso de moralidade), a palavra *escuro* (injustiça) afinal seria sem sentido. Os tribunais como os de Nuremberg somente fazem sentido se existe um Juiz Divino, que no julgamento está acima da lei humana (positivista). Jackson apelou apropria-

---

[22] *Cristianismo puro e simples*, p. 20-1.

damente para uma lei natural objetiva e universal em relação à responsabilidade moral pessoal. *Este apelo não somente juntou a moralidade à lei, mas também colocou a moralidade antes da legislação humana. Fazendo assim, Jackson argumentou pela existência de leis morais superiores que transcendem os governos.* Conseqüentemente, os líderes nazistas foram achados culpados de "crimes contra a humanidade".

Nuremberg estabeleceu um precedente com respeito aos governos que criam leis (lei positivista) em oposição às leis superiores (lei natural). Se os cidadãos de um estado são legalmente chamados a agir de maneira que se oponha às leis naturais, estão moralmente obrigados a desobedecer a esse governo e a obedecer à lei superior. Nessa base, e somente nessa, a justiça foi satisfeita em Nuremberg.

Em 1992, quarenta e sete anos mais tarde, um julgamento semelhante aconteceu. Em fevereiro de 1989, Ingo Heinrich, um guarda de fronteira da Alemanha oriental, matou um homem que tentava conseguir a liberdade escapando para Berlim ocidental. Dentro de três anos, após a queda do muro que separava Berlim oriental de Berlim ocidental, Heinrich foi julgado por matar um inocente, acusado de homicídio culposo — tendo como base a lei natural. A revista *Time* observou:

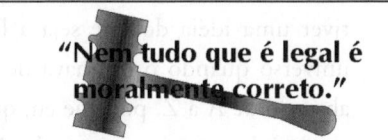

"Nem tudo que é legal é moralmente correto."

> Heinrich estava apenas cumprindo ordens. "Atire para matar" era a ordem para tratar pessoas que tentavam escapar cruzando a fronteira, e aos olhos dos superiores de Heinrich, *suas ações foram não somente legais, mas também louváveis.* Três anos mais tarde, com 27 anos, Heinrich vive na mesma Berlim, mas governada por um governo diferente e com novas leis. Ora, ele é retroativamente um homicida [...] Foi sentenciado por crime culposo [...] especificamente, o juiz do tribunal disse: por seguir as leis do seu país em vez de *declarar sua consciência.* O juiz Theodor Seidel disse: "*Nem tudo o que é legal é [moralmente] certo. O princípio de que o indivíduo pode estar ligado a uma autoridade moral superior, além do que os estatutos fornecem, foi estabelecido na Alemanha Ocidental décadas atrás, durante os julgamentos dos ex-líderes nazistas*".[23]

---

[23]William A. HENRY III, The price of obedience, *Time*, 3 de fevereiro de 1992, p. 23 (grifo do autor).

Como se observou anteriormente, o corpo mais substancial de idéias em jurisprudência se concentra no significado do conceito da lei em si (teoria legal) e na relação entre este conceito e o conceito de moralidade. Dito de modo simples, *a dedução do estabelecimento em Nuremberg da primazia da lei moral é que os governos e os indivíduos têm responsabilidade de conhecer essa lei moral e de derivar leis positivas dela para ajudar a assegurar os direitos humanos.*

A justiça apresentada em Nuremberg e Berlim baseou-se no mesmo princípio fundador sobre o qual os Estados Unidos se baseiam: os valores da raça humana, que são dados por Deus, concedidos à humanidade pelo Criador. Somente faz sentido que as leis não procedam da humanidade em si mesma. Os seres humanos são centrados em si próprios e desenvolvem leis que refletem os seus próprios interesses. De outra forma, precisaríamos ter um legislador capaz de observar todas as paixões da humanidade sem estar sujeito a elas e também capaz de olhar através do tempo para dar leis que fossem adequadas a todas as pessoas em todas as épocas.

Num discurso de formatura na Duke University, Ted Koppel, apresentador de "Night Line", indicou o que considera "a bússola moral que aponta na mesma direção, sem levar em conta moda e tendência". Comentando sobre o ambiente moral de uma nação bombardeada pela imagem da televisão, ele disse:

> No lugar da Verdade descobrimos fatos; para os absolutos morais temos o substituto na ambigüidade moral. Agora nós nos comunicamos uns com os outros e não dizemos absolutamente nada. Reconstruímos a Torre de Babel, que é uma antena de televisão. Mil vozes produzindo uma paródia diária de democracia em que se dá igual peso à opinião de cada um, sem levar em conta a substância ou o mérito.
>
> Na verdade, pode-se até afirmar que as opiniões de peso real tendem a afundar nas banalidades do oceano da televisão mal deixando vestígio. Nossa sociedade acha a Verdade um remédio forte demais para digerir sem ser diluído. Em sua forma mais pura, a Verdade não é um tapinha educado no ombro, é uma reprimenda muito forte. O que Moisés trouxe do monte Sinai não eram apenas dez sugestões, eram mandamentos [...] O esplendor dos dez mandamentos é que eles codificam, em algumas palavras, a conduta humana aceitável. Não apenas para a época, mas para agora e todos os tempos. A linguagem evolui, o poder muda de nação para nação e as mensagens são transmitidas com a velocidade da luz. O homem derruba uma

fronteira após outra, todavia, nós e a nossa conduta — e os mandamentos, que governam essa conduta — permanecem os mesmos.[24]

Alguns argumentam que ensinar leis morais atemporais e imutáveis é introduzir concepções religiosas na sala de aula. Entretanto, esse argumento é secundário porque *a origem de uma idéia é irrelevante para a sua verdade, para a exatidão histórica e para a credibilidade acadêmica*. Realmente não importa se uma idéia é ou não religiosa em sua origem, o que importa é se ela é verdadeira. *A educação deve basear-se na verdade, tanto filosófica como historicamente, e ser livre de todas as formas de preconceito. Nem a alegação de que uma idéia implica um Legislador Moral a torna inconstitucional. O verdadeiro documento fundador dos Estados Unidos refere-se ao "Deus da natureza" e às "Leis da Natureza" que vêm dele.*

Alguns educadores crêem que ensinar aos alunos a base dos valores inalienáveis e os direitos humanos é equivalente a tentar converter os alunos e levá-los à desunião e ao fanatismo na sala de aula, na escola e no país. Essa convicção não é verdadeira. A revista *Time* teve uma matéria de capa intitulada: "O que aconteceu à Ética? Assaltada pela pobreza, por escândalos e hipocrisia, a América procura seus sustentáculos morais". O artigo principal, "Olhando para suas raízes", assinalava a desunião e desordem nos Estados Unidos e o que precisa ser feito a fim de trazer de volta a unidade e reconstruir uma estrutura de valores.

A revista *Time* isolou a raiz do colapso da moralidade privada e pública nos Estados Unidos identificando-a com a obsessão protetora do eu e da imagem. O artigo prosseguia falando do lar norte-americano médio transformando-se num "lugar menos estável e mais egoísta". Continuou: "Muitas pessoas começaram a culpar as escolas por não assumir a tarefa da família tradicional de inculcar valores".[26] O autor citava um levantamento que indica que 90%

---

[24] 10/5/1987.
[25] Existem duas tabelas da lei e diferentes pontos de vista quanto a como a maior parte dessas leis se posiciona em cada tabela. Mas em geral aceita-se que a primeira tabela reflete deveres para com Deus e que a segunda reflete deveres para com outros seres humanos.
[26] Ezra BOWEN, Looking to its roots, *Time*, 25/5/1987, p. 27.

dos entrevistados apontavam o dedo para a negligência dos pais em ensinar os filhos padrões morais decentes. O artigo então passou para a idéia das instituições educacionais como responsáveis por ensinar ética. Daí, o ponto central do artigo: "Quem é que decide quais são os valores corretos?". Depois de três páginas de entrevistas com algumas das mais importantes mentes políticas, legais e acadêmicas dos Estados Unidos, o autor conclui:

> O curioso, e talvez tranqüilizador, é que alguns dos especialistas mais estudiosos de ética acham que os elementos para um consenso moral duradouro estão à mão — na Constituição e na Declaração de Independência, e a combinação deles com os direitos naturais de Locke e os direitos supremos de Calvino. "Está tudo aí, está tudo escrito", diz o filósofo Huntington Terrell. "Não temos de ser convertidos. É o que temos em comum." Terrell conclama a um movimento "em direção aos fundamentos", nos quais as pessoas possam colocar a vida: alinhados com os princípios fundadores do país.[27]

Como se acabou de ler, o conceito dos direitos naturais de John Locke foi essencial para o estabelecimento da infraestrutura para a Declaração de Independência e para a Constituição dos Estados Unidos. Em seu livro, *Written on the heart: the case for natural law* [*Escrita no coração: tese pela lei natural*], o professor J. Budziszewski explica o raciocínio de Locke acerca de Deus como a base da igualdade com que conferiu valor sobre cada ser humano. Budziszewski em seguida cita o segundo tratado de Locke (seções 4 a 6), onde o filósofo diz:

> Deus fez-nos iguais. E se somos iguais, então devemos ser livres: a saber, Deus deve pretender que cumpramos os seus propósitos, não os propósitos de outro. Disto segue-se que cada um de nós está obrigado a preservar não somente a si mesmo, mas também, tanto quanto possível, *todos os outros seres humanos*, e que, portanto, cada ser humano tem direitos sobre todos os outros. Exceto quando se tratar de fazer justiça a agressores, ninguém pode corretamente retirar ou prejudicar seja a vida ou os meios de vida de outra pessoa.[28]

Budziszewski comenta o conceito de Locke, dizendo:

> Pode-se notar que Locke fixa o seu argumento todo sobre a lei natural e sobre os direitos naturais na existência de Deus. Mas como sabemos que Deus existe? Locke responde em seus outros escritos que nós o conhecemos

---

[27] Ibid., 29.
[28] P. 105.

por suas palavras. O universo mostra um projeto e uma ordem magníficentes; contudo, o projeto pressupõe um projetista [...] Em nosso próprio século muitos teóricos dos direitos tentam passar sem Deus, ou pelo menos (como um de meus colegas certa vez propôs) afastá-lo de cena. Para Locke, contudo, *se não há Deus não há direitos*, porque a nossa dignidade é fundada unicamente em nosso ser feito por suas mãos. Mas se se aceita Deus, tem-se de aceitar o pacote todo: não somente os direitos, mas também as leis.[29]

Os defensores do conceito da lei natural põem a lei moral acima da lei humana por todas as razões que já declaramos. Alguém pode ter o direito legal de fazer alguma coisa, mas se houver conflito, sua obrigação moral tem prioridade sobre ela. "Os direitos humanos são o objeto especial da justiça. Há duas espécies de direitos: natural e positivo. O primeiro é o direito 'da verdadeira natureza das coisas'. O outro é o direito 'do contrato, seja público ou privado'".[30]

Já demos evidências suficientes e argumentos sólidos para mostrar por que os direitos naturais fazem sentido e têm prioridade sobre os direitos positivos; depende de você decidir por você mesmo que visão da lei é mais intelectual e legalmente aceitável. Os governos aliados acreditaram que os indivíduos são pessoalmente responsáveis por manter a lei natural sobre a lei positiva, e dessa forma os nazistas não estiveram no julgamento de Nuremberg como nazistas, mas sim como pessoas. O mesmo é verdadeiro do guarda de fronteira de Berlim. De fato, *cada pessoa* tem o senso dessa lei moral sempre presente que fala à consciência mesmo quando ninguém está observando! A respeito da lei natural, C. S. Lewis disse:

> Estes são, portanto, os dois pontos que queria estabelecer. Primeiro: que os seres humanos, em todo o mundo, sabem que devem comportar-se duma certa maneira, e que não podem livrar-se dessa situação. Segundo: que eles na realidade não se comportam daquela maneira. Conhecem a Lei da Natureza, e a infringem. Estes dois são a base de toda a reflexão quanto a nós mesmos e quanto ao universo em que vivemos.[31]

Entalhada na parede oriental do Supremo Tribunal dos Estados Unidos, sob a inscrição "O Poder do Governo", encontra-se a base da lei judicial: os Dez Mandamentos. Essa é a lei da qual o Novo Testamento fala (Rm 2.14,15), lei

---

[29]Ibid.
[30]Norman L. GEISLER, *Thomas Aquinas*: an evangelical appraisal, p. 172.
[31]*Cristianismo puro e simples*, p. 4.

cujos princípios morais estão escritos no coração e na consciência de todas as pessoas, a lei de Deus. Há outra inscrição em Washington, D.C., digna de observação. Está na parede nordeste do Memorial de Jefferson. O próprio Jefferson advertiu-nos para não nos esquecermos da base da vida e da liberdade. Disse: "Deus, que nos deu a vida, deu-nos a liberdade. Podem as liberdades de uma nação permanecer garantidas quando removemos a convicção de que elas são dom de Deus? Na verdade, tremo por meu próprio país quando reflito sobre Deus ser justo e que sua justiça não pode dormir para sempre". Amém!

Qual a cosmovisão verdadeira (que melhor corresponde à realidade)?

Uma vez mais, queremos rever as conclusões cumulativas que já foram estabelecidas. O teste metodológico[32] usado para descobrir a verdade acerca da realidade baseia-se na utilização do princípio da unidade da verdade (*o princípio da coerência*) e na identificação e priorização dos *primeiros princípios* das disciplinas acadêmicas que compõem as várias partes da lente intelectual (cosmovisão).

Quando os três primeiros componentes (primeiros princípios)[33] da lente intelectual foram colocadas no lugar de maneira coerente, observamos *correspondência* entre as conclusões obtidas e as características mais essenciais da realidade.

A cosmovisão teísta é a estrutura interpretativa pela qual os fatos deste mundo podem ser explicados. As conclusões retiradas dos primeiros princípios da lógica, filosofia, cosmologia, biologia molecular e teoria da informação derrubaram o ateísmo e o panteísmo como cosmovisões viáveis. À medida que continuamos a aprender mais acerca da realidade dos primeiros princípios nos capítulos seguintes, devemos nos esforçar para que a *prioridade*,

---

[32]V. cap. 2 para rever o teste metodológico das alegações de verdade das cosmovisões.
[33]A lei da não-contradição na lógica, a realidade imutável na filosofia e o princípio da causalidade na ciência.

coerência e a *correspondência* dos primeiros princípios anteriores e suas conclusões estejam protegidas.

Somente as conclusões teístas concordam com os primeiros princípios relacionados à natureza da verdade, à natureza do cosmos, e à existência e cognoscibilidade de um Ser infinitamente poderoso, inteligente e imutável (Deus/*Logos*). Na aplicação dos primeiros princípios do direito à realidade, concluímos que existem leis morais absolutas e são objetivamente passíveis de ser descobertas. Portanto, podemos agora acrescentar a nossa lista os primeiros princípios associados à lei porque eles são coerentes com as leis teístas acerca da natureza e dos atributos de Deus e baseados nessas leis.

	Ateísmo	Panteísmo	Teísmo
Verdade	Relativa. Não há absolutos	Relativa a este mundo	A verdade absoluta existe
Cosmos	Sempre existiu	Não é real, mas ilusão	Realidade criada
Logos	Não existe	Existe, mas é incognoscível	Existe, e é cognoscível
Direito	Relativo, determinado pela humanidade	Relativa a este mundo	Absoluto, objetivo, descoberto

Nos capítulos a seguir, vamos mostrar que somente o teísmo em geral (e o teísmo cristão em particular) oferece uma justificativa racional para as questões referentes ao mal e à ética, assim como oferece explicação para elas. Além disso, vamos oferecer razões que mostram por que o ateísmo e o panteísmo violam os primeiros princípios associados a essas questões e como deixam de oferecer respostas significativas a essas e outras perguntas importantes.

Capítulo onze

Deus e o mal

Não há nada mais fora de propósito do que a resposta a uma pergunta não plenamente entendida, plenamente apresentada. Somos extremamente impacientes com as perguntas e, portanto, extremamente superficiais em valorizar as respostas.
—Peter Kreeft

Por que o mal?

Há uma imensa quantidade de livros escritos ao longo dos séculos na tentativa de apresentar uma explicação para a origem do mal, seus efeitos sobre a humanidade e como corrigi-lo. As recomendações que propõem vários modos de explicar e de resolver o problema do mal são tão diversas quanto os teólogos e os filósofos que as têm proposto. Neste capítulo nosso foco será a questão do mal em relação à existência de Deus: "Se Deus existe, por que o mal?". Para estreitar ainda mais o foco, não estamos nos referindo a qualquer espécie de Deus, mas especialmente ao Deus do teísmo, descrito na Bíblia.

Nos capítulos anteriores fornecemos argumentos e evidências da existência de um Ser moral infinitamente poderoso, eterno e inteligente. Todavia, parece-me que se esse Deus criou todas as coisas, e se o mal é real, então ele também deve ser o autor do mal. Portanto, quando consideramos que este Deus é infinitamente poderoso e *poderia* pôr fim ao mal, e que é infinitamente bom e *deveria* pôr fim ao mal, parece não fazer sentido que o mal exista. Na verdade, esse dilema se torna mais intenso à luz da declaração da Bíblia de que Deus é amor e justiça. Se isso é verdade, por que ele não põe fim ao mal?

A existência do mal parece contradizer a descrição da Bíblia da natureza e dos atributos de Deus. Conseqüentemente, é nossa tarefa mostrar que a Bíblia afirma corretamente tanto a existência do mal *como a* de Deus, e define com precisão tanto a natureza do mal como real quanto a natureza de Deus como todo-poderosa, boa, amorosa e justa. Logo, se Deus existe, como os teístas declaram, por que existe o mal? E, se existe o mal, onde está o Deus do teísmo quando o mal corre livre e solto, por que ele não faz nada a esse respeito?

Onde está Deus?

No *best-seller Quando coisas ruins acontecem a pessoas boas*, o rabino Harold Kushner levanta as seguintes perguntas com respeito ao Deus da Bíblia e o Holocausto:

> *Onde estava Deus* quando tudo aquilo estava acontecendo? *Por que* ele não interveio para por fim? Por que não exterminou Hitler em 1939 e não poupou milhões de vidas e evitou sofrimentos indizíveis, ou *por que* ele não enviou um terremoto para demolir as câmaras de gás? *Onde estava Deus?*[1]

O rabino Kushner conclui que o problema essencial com Deus é a sua natureza imperfeita e finita. Diz:

> Há algumas coisas que Deus não controla [...] Você é capaz de perdoar e amar a Deus mesmo quando descobriu que *ele não é perfeito*? [...] Você pode aprender a amar e a perdoá-lo a despeito de *suas limitações*?[2]

Faltava realmente poder a Deus para eliminar Hitler? Não teria recursos para demolir os edifícios das câmaras de gás? O Criador do universo não tem poder para deter um exército nazista? Em primeiro lugar, por que Deus permitiu que essa carnificina ocorresse? Antes de tratar destas perguntas, permitanos mostrar por que somente o teísmo pode ao menos começar a fornecer respostas significativas.

Quem pode responder?

Deve-se lembrar que o teísmo não é a única cosmovisão que precisa dar respostas aceitáveis às perguntas relativas ao problema do mal. O ateísmo e o panteísmo também precisam explicar coerentemente a origem e a natureza do mal dentro da estrutura de suas respectivas cosmovisões. O panteísmo afirma Deus e nega o mal. O ateísmo afirma o mal e nega Deus. O problema para o

---

[1] P. 84 (grifo do autor).
[2] Ibid., p. 45, 148 (grifo do autor).

teísmo é afirmar tanto a existência de Deus quanto a do mal — o que parece incompatível.

Se Deus não existisse (ateísmo), ou se o mal não fosse real (panteísmo), não haveria necessidade de um capítulo como este. Apenas quando um lado declara que o mal é real e que o Deus todo-poderoso e todo-bondoso existe exige-se uma explicação. Pretendemos demonstrar que é reconhecer o mal e declarar que não há Deus é uma concepção auto-anulável. Também explicaremos por que os ateístas e panteístas não podem oferecer respostas intelectualmente aceitáveis às perguntas referentes ao problema do mal.

Os panteístas ignoram o problema do mal o chamando de ilusão. Mas se o mal é ilusão, de onde veio a ilusão e por que parece tão real? A dor e o mal são aspectos da vida que todas as pessoas deste planeta experimentam em determinado grau. Seria mais fácil dizer que em vista da persistência universal da realidade do mal, é ilusão crer que o mal é apenas uma ilusão. Os panteístas não oferecem nenhuma explicação substancial para o problema do mal nem nenhuma justificativa inteligente para chamar o mal de ilusão. Concluímos, portanto, que o panteísmo carece de capacidade explanatória para tratar do problema relativo ao mal.

Os ateístas (e naturalistas) também precisam explicar por que o mal existe e por que o consideram um problema que precisa ser tratado. *O próprio fato de o mal ser perturbador para os ateístas ou naturalistas conduz logicamente a um padrão de bem ou justiça além do mundo.* No capítulo anterior, explicamos o dilema associado com o ateísmo ou naturalismo na tentativa de definir injustiça; é importante lembrar que o mesmo dilema existe em relação ao mal. Vamos observar novamente com que C. S. Lewis, quando ateu, se debatia — a validade racional de enquadrar o mal e a injustiça em sua cosmovisão ateísta.

> O meu argumento contra Deus era de que o universo parece ser muito cruel e injusto. Mas de onde tirei essa idéia de *justo* e *injusto*? Ninguém diz que uma linha é torta se não tiver uma idéia do que seja a linha reta. Com o que eu comparava este universo quando o chamava de injusto? Se todo o panorama fosse mau e absurdo de A a Z, por que eu, que sou necessariamente parte do panorama, reagi violentamente contra ele? Nós nos sentimos molhados, se cairmos na água, porque não somos animais aquáticos: um peixe não se sente molhado [...] Assim é que ao mesmo tempo em que tentava provar que Deus não existe (em outras palavras, que a realidade é totalmente absurda) verificava que era obrigado a admitir que uma parte da realidade, a minha idéia de justiça, não era absurda e tinha muito sentido. O ateísmo,

conseqüentemente, é uma coisa por demais simplista. Se todo o universo não tem sentido, nunca descobriríamos que ele não tem sentido, do mesmo modo que, se não houvesse luz no universo, nem, conseqüentemente, criaturas com olhos, nunca saberíamos que era escuro. A palavra *escuro* seria uma palavra sem sentido.³

Imagine uma vez mais um universo sem luz (sem padrão final do que é justo e bom) e criaturas sem olhos (sem conceito inerente do que é bom ou mal). Nessa realidade ateísta teórica, o conceito de trevas (mal ou injustiça) é sem sentido afinal. Se, como os ateus dão a entender, o mal enfim é sem sentido, então qual é o problema? Se formos meramente parte de um processo molecular cego, como os ateístas podem levantar-se acima desse processo e dizer que alguns aspectos dele são maus e outros são bons? Átomos são simplesmente átomos; não há átomos maus no universo. Portanto, *o ateísmo não pode oferecer nenhuma definição lógica de mal sem apelar para um padrão último de bem*. Se tentarem fazer isso, acabarão declarando a existência real daquilo que afirmam não existir — o bem supremo (Deus).

Diante das convicções do ateísmo e do panteísmo, fica claro que se alguém está sinceramente procurando uma explicação para a origem e a natureza do mal, é preciso fazer justiça e ouvir o que afirma o teísmo. Entre as três cosmovisões que estamos considerando neste livro — o ateísmo (ou naturalismo), o panteísmo e o teísmo —, apenas o teísmo é capaz de tratar suficientemente destas questões. Deve-se ter sempre essa verdade em primeiro plano quando procuramos explicar a presença e a persistência do mal no universo teísta.

Como teístas cristãos, não estamos reivindicando saber todas as respostas a todas as perguntas. Mas estamos dizendo que conhecemos as respostas a algumas das questões mais essenciais desta vida. Há questões que não podem ser respondidas, mas há também algumas respostas que não podem ser questionadas!

Que é o mal?

É fácil fazer perguntas, mas as respostas muitas vezes podem ser superficiais ou equivocadas se não se perceber plenamente a profundidade da pergunta. Isso é verdade tanto para quem pergunta quanto para quem responde. Como já ouvimos de Peter Kreeft: "Não há nada mais fora de propósito que a resposta a uma pergunta não plenamente entendida, plenamente apresentada. Somos extre-

---

³*Cristianismo puro e simples*, p. 20-1.

mamente impacientes com perguntas e, portanto, extremamente superficiais em avaliar perguntas".[4]

Uma vez que este capítulo se dedica a responder perguntas acerca do problema do mal e da existência de Deus, estamos incumbidos de investigar mais profundamente as implicações e inferências dessas questões. Sem definição e entendimento adequados da natureza do mal, as respostas que viermos a dar podem parecer superficiais. Portanto, pretendemos não somente responder às perguntas associadas ao mal, mas também analisar o que se quer dizer com o conceito. Além disso, nos capítulos subseqüentes defenderemos a única análise cristã da causa original do mal e a prescrição que ela faz para a cura permanente do mal. Na oportunidade, também mostraremos como a soberania de Deus é capaz de redimir todo mal para um bem maior.

Numa visão superficial parece fazer sentido crer que, se Deus criou tudo, e se o mal é real, Deus criou o mal. Mas isso não é verdade. Deus não criou coisas más, as coisas em si não são más. Quando Deus criou tudo, disse que todas as coisas da sua criação eram boas. Como já mencionamos, não há moléculas ou átomos maus no mundo. Quando pensamos em pessoas más, não cremos que suas más ações sejam conseqüência de uma estrutura molecular má.

Então, o que *é* mal? O mal pode ser real sem ser uma substância, isto é, o mal é a ausência ou perda real de algo que deveria estar presente. A cegueira não é uma substância, ela é a falta real da visão. Uma pessoa cega carece de integridade física, e nós enxergamos essa deficiência física como má ou negativa porque supostamente todos devem ver. Não obstante, não concluímos que as pessoas cegas são moralmente más porque não enxergam. Para que um indivíduo seja moralmente mau, ele deve ter carência de integridade moral ou bondade. O mal, portanto, *é a ausência ou a privação de algo que deveria estar presente, mas não está*. Por exemplo, se um pai abusa de uma filha quando, ao invés, deveria amá-la, podemos chamá-lo de mau porque o abuso está presente e o amor ausente, quando o amor é que deveria estar presente. Este exemplo nos ajuda a definir o mal em termos relacionais.

Coisas boas em relações erradas podem resultar no que chamamos de mal. Certas formas de câncer são conseqüência de crescimento descontrolado de células. As células são boas para o nosso corpo, mas quando a atividade delas fica fora de controle, e elas não se relacionam uma com as outras como deviam,

---

[4]*Making sense out of suffering*, p. 27.

consideramos isso uma forma de mal. Do mesmo modo, a energia nuclear pode ser usada por engenheiros para gerar eletricidade e iluminar uma cidade (relação boa) ou ser usado por terroristas para destruir uma cidade com pessoas inocentes (relação má).

Quando as pessoas exercem o livre arbítrio, a capacidade de fazer uma decisão não compulsória entre duas ou mais alternativas, elas realizam seu potencial para o bem ou para o mal. Quando alguém usa a liberdade para tratar mal o outro, chamamos isso de mal. Pense nisto: o que nos incomoda quando ficamos sabendo de um pai que abusa de uma criança ou, ainda, de uma pessoa atirando em outra num estacionamento? Por que temos a consciência de afronta quando lemos sobre conduta bárbara e impiedosa como assassinato de homens, mulheres e crianças inocentes em lugares como Auschwitz e Treblinka? Não hesitamos em rotular essas ações de más. Por natureza cremos que as pessoas não devem tratar as outras dessa maneira. Quando se visita um lugar como o Museu do Holocausto — quando se examina o que os nazistas fizeram a pessoas inocentes — na maioria das vezes experimenta-se uma profunda sensação de injustiça e perda. Alguma coisa dentro de cada um de nós chora pela desumanidade de atos como esses. Portanto, o mal moral pode ser entendido como a relação corrompida entre dois ou mais seres humanos — uma relação que não é o que deveria ser. Não perca de vista a importância disto: *para que o mal moral exista, o agente moral e a lei moral também devem existir.*

Para resumir, consideramos o mal a ausência real ou privação do que é bom. O mal não é uma substância. Da mesma maneira que, quando desligamos a luz de uma sala, as trevas aparecem, assim também o mal aparece quando o bem não está onde deveria estar. O mal é análogo à ferrugem que aparece no carro ou aos buracos causados pela traça na roupa. A ferrugem corrói o bom metal que deveria estar ali, e a ausência do bom metal pode ser entendida como mal. Os buracos numa roupa comida pela traça a deixaram carente de integridade, ou de tecido bom, resultando no

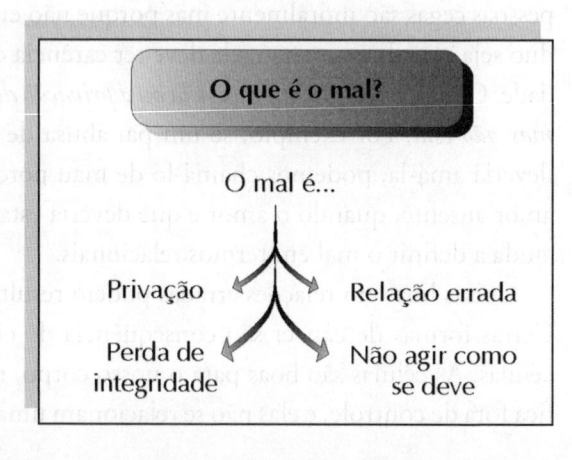

O que é o mal?

O mal é...

- Privação
- Perda de integridade
- Relação errada
- Não agir como se deve

mal. O mal, portanto, é um parasita ontológico[5] e não existe em si ou por si mesmo. *O mal só pode existir em algo como corrupção do que deveria estar ali.* Em termos relativos, o entendimento corrompido da natureza humana (quem somos) e a rejeição das obrigações morais (como devemos nos comportar) são as causas primárias do que chamamos mal.

Deus criou o mal?

Como cristãos teístas, cremos que o maior bem em toda a realidade é Deus. Além do mais, sabemos que somos seres finitos e, uma vez que é intrinsecamente impossível para seres finitos se transformarem no bem maior (um Deus infinito) a melhor e mais próxima experiência que podemos ter é estar em relação de amor com Deus (Mt 22.36,37). Por essa razão, Deus oferece a todas as pessoas o seu amor. É o amor de Deus que traz integridade e santidade à vida humana. Ao contrário, o maior mal que alguém é capaz de experimentar é estar separado dessa relação de amor com Deus. Entretanto, para nos comprometermos numa relação de amor com Deus, precisamos ser livres para rejeitar seu amor, pois o verdadeiro amor é sempre persuasivo, nunca coercitivo. Portanto, o componente essencial de qualquer relacionamento de amor, até o relacionamento com Deus, é a liberdade. Para Deus fazer o universo onde o maior bem (relacionamento de amor com ele)[6] fosse factível, ele também teria de criar criaturas livres, capazes de escolher ou rejeitar o bem maior.

Mas Deus não poderia criar algum outro tipo de mundo onde o amor ainda seja possível e não haja mal nem livre escolha — um mundo melhor que o mundo teísta? Uma vez levantada essa idéia, como C. S. Lewis assinalou, ela necessariamente implica um padrão pelo qual o mundo deve ser avaliado. Posto de volta o padrão na equação, temos o teísmo.[7] O Deus da Bíblia revelou na criação que *este mundo*, com criaturas livres, capazes de aceitar ou rejeitar seu amor, não é o mundo melhor, mas *é o melhor modo para o melhor mundo possível — o céu*. Não há nenhum modo de criar um mundo onde as pessoas sejam livres para amar a Deus a fim de experimentar o bem maior, mas não sejam livres para rejeitar o amor de Deus — o maior mal. Deus criou a liberdade

---

[5]*Ontologia* é a disciplina que trata da natureza do ser.
[6]Isso não se opõe à declaração de que o nosso fim principal é glorificar a Deus e usufruí-lo para sempre (*Catecismo de Westminster*) — isso é o que o nosso amor por ele faz (Mt 22.37; Sl 16.11).
[7]Isso porque esse padrão deve transcender este mundo, deve ser imutável (para ser possível a avaliação) e deve ser eterno. Somente a cosmovisão teísta se harmoniza.

como uma coisa boa, todavia o mal pode surgir dessa coisa boa. Portanto, Deus não é o autor direto do mal, ele criou o potencial para o mal quando criou criaturas livres, o que também lhes faz possível experimentar o seu amor (o bem maior).

Deus não criou robôs, criou seres humanos com o poder de escolher livremente entre o bem e o mal. Se ele criou seres humanos já predispostos (além do controle deles) para amá-lo, isso não seria o verdadeiro amor. Se programarmos o nosso computador para nos dizer que ele nos ama cada vez que o ligamos, na verdade estamos dizendo a nós mesmos que nos amamos. O computador estaria apenas reproduzindo nossos pensamentos, não seria livre para nos dizer coisas diferentes. Não estaríamos comprometidos numa relação de amor, mas numa forma grave de narcisismo. Um relacionamento de amor deve deixar aberta a possibilidade de o amor ser rejeitado — e, portanto, o mal ser escolhido. Quando as pessoas rejeitam o amor de Deus, percebem o mal potencial dentro delas mesmas, o que afeta todos os outros relacionamentos nos quais elas entram.

Dizer que seria melhor se Deus não criasse nada, em vez de algo, não faz sentido porque não há base comum para comparar nada com alguma coisa.

Deus poderia ter criado seres não-livres, isso tornaria o bem maior, a relação de amor com ele e com os outros, impossível. Se o pecado (uma espécie de mal) se define essencialmente como a rejeição do bem que deveria existir (neste caso o amor a Deus), é impossível para Deus ter criado um mundo onde as pessoas fossem livres e o pecado não fosse possível. Finalmente, se a "salvação" se define como Deus oferecendo livremente às pessoas um caminho de volta para a relação de amor com ele depois de terem rejeitado a relação com o pecado, e se o amor requer livre escolha, também é impossível salvar pessoas contra a vontade delas. Deus não pode forçar seu amor a ninguém porque amor forçado não é amor, é uma contradição.

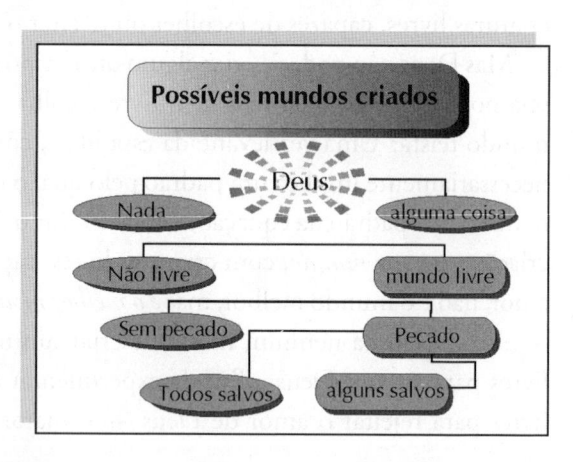

Está claro, portanto, que a criação de seres livres tem o potencial inerente para o mal ocorrer. C. S. Lewis referiu-se habilmente a essa questão do livre arbítrio e da total inutilidade de tentar contestar Deus achando que ele poderia ter criado um mundo melhor.

Alguns julgam que podem imaginar uma criatura que fosse livre mas que não tivesse possibilidade de agir mal; eu não posso. [...] A felicidade que Deus destinou a suas criaturas superiores é a felicidade de serem livres e voluntariamente unidas com Ele e entre si mesmas [...]

É claro que Deus sabia o que aconteceria se elas fizessem uso de sua liberdade para o mal: aparentemente Ele julgou que valeria a pena correr o risco. Talvez nos sintamos inclinados a discordar dele. Mas há uma dificuldade em discordar de Deus. Ele é a fonte de toda a nossa faculdade de raciocinar: não poderíamos estar certos e Ele errado, assim como uma corrente d'água não pode estar acima de sua nascente. Quando discutimos com Ele, discutimos com o próprio poder que nos deu a capacidade de discutir: é como cortar o galho onde estamos sentados. Se Deus julga que a guerra no universo é um preço que vale a pena ser pago para haver vontades livres, ou seja, para fazer um mundo que vive por si mesmo, em que as criaturas podem fazer o bem ou o mal, e onde algo realmente importante pode acontecer, ao invés de um mundo de brinquedo que apenas pudesse se mover quando Ele apertasse os botões, então devemos considerar que vale mesmo a pena correr esse risco.[8]

Por que Deus não impede o mal?

Se é preciso permissão de Deus para o mal potencial e para sua realização, por que, então, ele não detém o mal quando realizado? Porque a liberdade nos capacita a rejeitar o amor de Deus e também a rejeitar e maltratar os outros. Desse modo, não é Deus que realiza o o mal potencial — nós o realizamos quando livremente preferimos rejeitar seu amor. O máximo poder latente para o mal reside em nossa capacidade de recusar a amar Deus. Para Deus deter o mal é necessário eliminar essa capacidade: nossa livre escolha. Mas a eliminação de nossa livre escolha significaria que não mais poderíamos experimentar o bem maior — o amor divino. *Se Deus nos impedisse de ter a capacidade de experimentar o bem maior seria o mal maior.* A questão real, portanto, é: "Queremos de fato que Deus suprima nosso livre arbítrio?".

---

[8] *Cristianismo puro e simples*, p. 26-7.

Levando essa solicitação a seu aspecto prático, considere as seguintes situações.

Digamos que você decida começar a fumar. Mas visto que Deus sabe que é melhor você não fumar, ele decide que você não seja livre para fumar. Cada vez que você fuma, Deus transforma seu cigarro num canudinho de fazer bolhas. Em vez de a casa ficar cheia de fumaça, ficará cheia de bolhas!

Ou talvez você goste de pisar fundo no acelerador quando dirige. Sabendo que você sempre excede o limite de velocidade, mesmo que pouco, Deus garante o aparecimento de um policial toda vez que isso acontece, o que lhe garante multas até que pare de exceder a velocidade ou perca sua carteira.

Ou quem sabe você goste de beber umas cervejas. Mas Deus, sabendo que você não pode com bebida, decide transformar toda cerveja que você vai beber num copo bem grande de leite.

Impedir o mal — Impedir o bem?
O amor é o • maior bem • requer livre-arbítrio
O livre-arbítrio Implica a possibilidade de escolha contrária
Deus é amor ele próprio, o bem maior
O maior bem para a humanidade é o amor de Deus
O maior mal para a humanidade é rejeitar Deus
Impedir o mal • é impedir escolhas livres • a livre escolha é impedir o amor • o amor é impedir o bem maior • o bem maior é o mal maior

O que estamos tentando mostrar é que quase todos nós, se não todos, nos preocupamos com o mal produzido pelas escolhas livres que os outros fazem, não com o mal que ocorre em conseqüência de nossas próprias escolhas. Ao reclamar do mal que advém do livre arbítrio, não estamos em essência dizendo que Deus deveria impedir as escolhas livres dos outros, mas deveria deixar intactas as nossas próprias escolhas livres?

No capítulo 13 de Lucas, há o registro de uma conversa de Jesus com um pequeno grupo de pessoas que o abordara, perguntando a respeito do massacre de pessoas inocentes nas mãos de Pilatos. Também queriam saber sobre o trágico acontecimento de uma torre que caíra e matara dezoito pessoas.[9] Jesus respondeu, mas não do modo que eles esperavam. Ele não explicou por que aqueles fatos ocorreram. Em vez disso, redirecionou a pergunta de volta aos argüidores.

---

[9] Até este capítulo, ainda não defendemos a confiabilidade histórica dos documentos do Novo Testamento. Vamos dar evidências e argumentar em favor dela no cap. 12. Apenas queremos introduzir algumas idéias relacionadas aqui para dar uma visão mais aprofundada da resposta cristã ao mal e ao sofrimento.

Seus breves comentários implicam advertência quanto ao perigo iminente que enfrentariam se não reconhecessem e não se preocupassem com o mal *no próprio coração*. Em essência, Jesus disse: "O mal que está no mundo os perturba de fato? Se vocês estão perturbados com o mal, comecem com o mal que está bem próximo de vocês — o mal em seu próprio coração. Deixem o resto do mundo com Deus e fiquem mais preocupados com seus próprios modos maus e as conseqüências que vocês enfrentarão se não os confessarem e não se voltarem para Deus!". *Se quisermos ver Deus impedir o mal, devemos pedir-lhe para começar em nós.*

QUAL É A FINALIDADE DO MAL E DO SOFRIMENTO?

Quando o rabino Harold Kushner conclui que Deus é imperfeito, automaticamente presume algum padrão de perfeição pelo qual avalia Deus. Entretanto, Kushner deixa de reconhecer o problema filosófico que esse tipo de conclusão levanta. É essencialmente a mesma que C. S. Lewis enfrentou na sua luta para ser intelectualmente sincero na condição de ateu tratando do problema do mal. Quando Lewis reconheceu que o mundo era injusto, foi forçado a pressupor um padrão de justiça que está além do mundo. O mesmo princípio aplica-se à conclusão do rabino Kushner. Para dizer que Deus é imperfeito, Kushner deve ter presumido um padrão de perfeição além de Deus. No entanto, Kushner nega que exista o padrão que ele alega ser perfeito. Isso nos leva de volta à posição que assumimos no começo: se esse Ser perfeito existe, por que há o mal e o sofrimento no mundo?

Considerando a largura e a profundidade do problema do mal, concordamos com Peter Kreeft quando diz que a existência do mal e do sofrimento é mais um mistério do que um problema. Comparou-o ao amor e disse que, uma vez que estamos envolvidos subjetivamente, achamos difícil compreender plenamente todas as razões por que o mal acontece. Como certa vez propôs C. S. Lewis: "Se esta dor de dente sumisse, eu poderia escrever outro capítulo sobre a dor". Teorizar a respeito da dor é uma coisa quando estamos bem, mas é outra totalmente diferente quando a sofremos. Portanto, reconhecemos nossa explicação incompleta para justificar todos os propósitos que o mal e a dor possam ter na vida de um indivíduo. Entretanto, conhecemos alguns bons propósitos produzidos pela dor e pelo sofrimento. Antes de mencioná-los, queremos tratar da crítica de que não saber os propósitos do mal e da dor implica que Deus não tem propósitos bons para as pessoas que sofrem.

Uma distinção importante

Nosso desconhecimento de todos os bons propósitos que Deus tem para a dor e para o sofrimento não significa que não haja bons propósitos. Nossa ignorância não significa que Deus (um Ser infinito) não conheça. A única conclusão lógica que se pode tirar é que, se Deus é todo-bondoso e onisciente, ele deve conhecer os bons propósitos para a dor e para o sofrimento no mundo. Não segue disso que o mal demonstra que Deus é imperfeito e limitado, segue que nós somos imperfeitos e limitados.

No que se refere ao mal e ao sofrimento, podemos não conhecer todos os propósitos de Deus, mas podemos conhecer alguns deles. *Alguma dor física é necessária para o desenvolvimento do caráter.* Por exemplo, a compaixão não se atinge sem a miséria, nem a paciência sem a tribulação. Não se adquire coragem sem o temor, e a persistência é provocada pela privação. Em resumo, algumas virtudes seriam totalmente ausentes sem o mal físico.[10] A edificação do caráter só acontece com aflição. Foi Helen Keller que disse: "O caráter não pode ser desenvolvido na comodidade e na quietude. Somente através da provação e do sofrimento a alma pode ser fortalecida, a visão clareada, a ambição inspirada e o sucesso alcançado".

Das quatro virtudes cardeais (sabedoria, coragem, domínio próprio e justiça), C. S. Lewis considerava a coragem uma forma não somente de cada uma das outras três, mas também de todas as virtudes. Disse:

> A coragem não é simplesmente uma das virtudes, mas a forma de toda virtude em situação de teste, o que significa, no ponto da mais alta realidade. A castidade, honestidade ou misericórdia que faz concessão ao perigo será casta ou honesta ou misericordiosa somente em certas condições. Pilatos foi misericordioso até que passou a correr risco.[11]

A coragem seria desnecessária sem a presença do mal ou do perigo. Conseqüentemente, o bem maior do desenvolvimento da virtude é impossível sem a presença do mal. Pode parecer um preço alto para pagar, mas quando o produto final surge em forma de integridade pessoal e de caráter, vale o preço da dor suportada.

Um pouco de dor física é necessário para ensinar aos indivíduos que certos tipos de conduta são errados e têm conseqüências morais e físicas. A decisão habitual de

---

[10] V. *Philosophy of religion*, de Norman Geiler (p. 389).
[11] *Cartas do diabo ao seu aprendiz*, p. 137.

preferir vícios como orgulho, ira, ciúme, avareza, glutonaria, luxúria e preguiça são manifestações da recusa de dominar os impulsos físicos e psicológicos. Deixar de aprender a desenvolver e usar o domínio próprio resultará na redução do interesse pela virtude e do desejo de cultivar uma boa personalidade. Ensinar as crianças a lidar com esses maus hábitos em casa, na escola e na sociedade implica um nível pessoal de sofrimento chamado disciplina. As punições são quase sempre necessárias para ensinar os indivíduos que eles estão andando sobre bases moralmente perigosas. Somente por meio da dor da disciplina uma criança pode aprender o domínio próprio.

Um pouco de dor é necessário para nos advertir de um perigo iminente maior. A dor é usada como sistema de advertência para nos ajudar a permanecer vivos. As pessoas portadoras de lepra participaram de experimentos que visavam a ajudá-las a se proteger de se causarem danos ainda maiores. Um dos efeitos da lepra é a perda da sensibilidade nas extremidades e, quando alguém com lepra inadvertidamente toca um prato muito quente ou corta a ponta dos dedos com um serrote, não sente a dor associada com esses atos e pode acabar se queimando ou se mutilando sem perceber.

Os pesquisadores colocaram pequenos sensores e transmissores elétricos nas pessoas leprosas para adverti-las de perigos iminentes. Por exemplo, quando chegavam muito próximo de alguma superfície quente, as unidades elétricas lhes davam um choque para adverti-las de não tocar o objeto. Porém, depois de algum tempo, as pessoas que participaram desse experimento não gostaram de receber o tratamento de choque, e os pesquisadores reduziram a intensidade da descarga da unidade elétrica — a fonte da dor. Em conseqüência desses experimentos, os pesquisadores aprenderam que *para a dor funcionar adequadamente para advertir alguém do perigo, tinha de vir com a intensidade certa e estar fora do controle dos indivíduos.* Esse tipo de pesquisa é um incentivo para ver a dor como bênção em vez de aflição.

Um pouco de dor é necessário para nos ajudar a evitar sofrimento maior. A dor de suportar sentado na cadeira do dentista é em geral necessária para poupar o indivíduo de sofrimento e dor ainda maiores. Quando alguém ignora suas necessidades de saúde (descanso devido, dieta, exercício etc.), é bom que o corpo reaja de maneira dolorida para que esse indivíduo saiba que algo está errado antes que a situação se torne pior.

Finalmente, *um pouco de dor é usado por Deus para obter nossa atenção moral.* Da mesma forma que um pai que ama o filho e o disciplina para chamar-lhe atenção, Deus também age. Algumas pessoas têm de ter os músculos estirados antes de se voltar para Deus. A maioria das pessoas se volta para Deus em tempos de sofrimento, não quando tudo está indo bem. Lewis disse:

> Deus cochicha conosco nos prazeres, fala-nos à consciência, mas grita conosco nas nossas dores: a dor é o seu megafone para acordar um mundo [moralmente] surdo [...] Enquanto o homem mau não encontra o mal inconfundivelmente presente em sua própria existência, na forma de dor, ele permanece enclausurado na ilusão [...] Sem dúvida, a dor como megafone de Deus é um instrumento terrível, pode levar a uma rebelião final e sem volta. Mas dá a única oportunidade que um homem mau pode ter para se emendar. Remove o véu, planta a bandeira da verdade dentro da fortaleza de uma alma rebelde.[12]

Alguns propósitos para a dor

- desenvolver o caráter
- ensinar conseqüências morais
- advertir de perigos iminentes
- evitar sofrimento maior
- obter a nossa atenção moral

POR QUE HÁ TANTO MAL E SOFRIMENTO?

Já mostramos alguns bons propósitos da dor e do sofrimento, mas por que Deus permite que exista *tanto* mal no mundo? Não poderia haver menos inanição, menos abuso de crianças, menos estupro, violência, assassinato etc.? De certa forma, já nos referimos a essas questões assinalando que para impedir o mal, Deus precisa impedir o livre arbítrio, e impedir o livre arbítrio é impedir o bem maior — o que é o mal maior. Mas vamos considerar outra abordagem ao responder a esta pergunta.

Imagine que você esteja para ir a uma festa e, antes de sair de casa, seja acometido de dor de dente.[13] Embora sinta certo desconforto, você decide ir à festa de qualquer jeito. Mas quando chega à festa e a noite vai passando, sua dor de dente piora. Agora vamos associar alguns valores quantitativos a essa dor que você está sofrendo. Digamos que o nível mínimo de dor que uma pessoa pode suportar antes que o cérebro registre a dor causada no dente seja igual a cinco unidades de dor. Digamos também que a intensidade máxima de dor que uma pessoa pode suportar seja cem unidades de dor. Quando você entrou

---

[12] *The problem of pain*, p. 93,95.
[13] Essa ilustração é uma variação e extensão da que C. S. Lewis apresentou em *The problem of pain*, p. 115.

na festa, seu cérebro registrou quinze unidades de dor. Duas horas mais tarde, ela subiu para 75 unidades. Após mais trinta minutos, atingiu o limite, registrando cem unidades de dor. Digamos também que há 25 pessoas na festa (inclusive você), e por alguma estranha coincidência, as outras 24 também estão com dor de dente, que finalmente se intensifica, atingindo cem unidades de dor. Nossa pergunta é: "Como se sofre tanta dor nesse lugar nessa hora?".

Em um sentido, a quantidade total de dor na sala é vinte e cinco vezes cem, ou seja, 2 500 unidades, mas seria errado dizer que uma pessoa dessa festa está sofrendo 2 500 unidades de dor. Deve-se ter em mente que ninguém está sofrendo a intensidade de 2 500 unidades de dor. Essa dor composta não está na consciência de um indivíduo. Acrescentar vinte e cinco, dois mil e quinhentos ou vinte e cinco milhões de sofredores a esse cenário não aumenta mais a dor, aumenta apenas a quantidade de pessoas que sofrem a dor. Por esta razão, a pergunta certa a fazer não é "Por que há tanta dor e sofrimento?", mas: "Por que tantas pessoas experimentam dor e sofrimento?"

> Por favor, entenda que não estamos fazendo uma tese a respeito da quantidade de sofrimento no mundo. Apenas queremos mostrar que por mais terrível que seja ver um indivíduo sofrer o máximo de dor possível, ainda reflete o fato de que a dor e o sofrimento são limitados à experiência de uma só pessoa e somente enquanto essa pessoa está sofrendo. O interessante a respeito da solidariedade do sofrimento humano é o efeito psicológico positivo que o sofrimento tem sobre os que sofrem: quanto mais pessoas compartilham o mesmo tipo de dor, mais fácil lhes é enfrentá-la. A dor pode ficar insuportável quando não há ninguém por perto que verdadeiramente entenda e possa se relacionar com o sofredor. Ironicamente, a intensidade do sofrimento é, com efeito, diminuída quando mais de uma pessoa o experimenta.

Por que as inundações, os furacões, o câncer, a aids etc.?

O teísmo cristão não afirma que Deus tenha criado o melhor mundo possível. Mas afirma que Deus criou o melhor meio para o melhor mundo possível. Segue, portanto, que a espécie de mundo físico em que vivemos, com males naturais, é compatível com o "melhor meio" para obter o melhor mundo possível. Nesse melhor meio para o melhor mundo possível, o mal físico resulta tanto direta como indiretamente das leis que regem o universo físico e das decisões dos agentes morais. Deus criou o mundo de modo que as leis naturais operem para o benefício global da humanidade. Não obstante, o mal natural pode resultar do entrelaçamento dos sistemas no *continuum* espaço-temporal. Onde quer que duas ou mais coisas venham a competir no mesmo lugar e no mesmo tempo, sempre haverá conflitos. Se um caminhão

> **Sofrimento demais?**
>
> "Se esta dor de dente sumisse eu poderia escrever outro capítulo sobre a dor."
>
> C. S. Lewis

e um carro passam juntos num cruzamento com a mesma trajetória, mas viajando em direções opostas, haverá colisão se pelo menos um dos veículos não parar ou não se desviar do caminho. O resultado acarretará uma forma de dor física. Isso é inerente a um mundo de forças físicas.

O mal físico também pode resultar de subprodutos naturais de processos que mantêm o equilíbrio total adequado da natureza. Quando o ar quente e o ar frio de misturam, às vezes produzem o relâmpago como um bom subproduto de um temporal. As tempestades são muito boas para a relva e para as colheitas. À medida que o relâmpago viaja através do ar, produz óxido nítrico (uma forma de fertilizante). Isso é bom porque a chuva vai derramar óxido nítrico (fertilizante) e ajudar a produzir relva e colheitas sadias. Contudo, o mesmo relâmpago algumas vezes atinge pessoas ou edifícios e outros objetos, o que poderia causar um mal físico.

Do mesmo modo, os terremotos são parte necessária de um mundo físico. O alívio da pressão interna da terra é o que impede o planeta de explodir. O equilíbrio de forças também é necessário para manter os oceanos e as montanhas onde estão. Além disso, o movimento das placas tectônicas da terra recicla nutrientes que elas coletam do oceano e os leva de volta aos continentes.

Nenhum desses males subprodutos é conseqüência planejada do processo natural, mas todos eles são a conseqüência necessária da realização de outros bens naturais. É possível que enchentes, secas, terremotos, furacões e outros desastres naturais sejam todos subprodutos necessários deste mundo físico — e que este mundo físico seja necessário para o melhor empreendimento moral.

As conseqüências das escolhas livres dos agentes morais são outra causa do mal físico. Já tratamos deste assunto, mas aqui gostaríamos de enfatizar o princípio da solidariedade humana de maneira *negativa*. Nossas escolhas morais não afetam somente a nós, afetam outras pessoas também. Se dois "adultos responsáveis" decidem ter um caso amoroso e um deles é casado e tem filhos, as conseqüências afetam toda a família. Outros exemplos da solidariedade da humanidade são as doenças sexualmente transmissíveis, o uso de drogas e álcool, a pornografia etc. Independente da causa, o efeito das escolhas individuais na sociedade como um todo foi, e continua sendo, devastador.

Considerando problemas tais como defeitos congênitos, câncer, doenças do coração etc., voltamos à ciência e à segunda lei da termodinâmica. De acordo com essa lei universal da física, tudo no universo está em estado de deterioração crescente. Infelizmente, isso inclui os organismos vivos. Portanto, à medida que o tempo aumenta, também aumenta a deterioração. Segundo o teísmo cristão, quando Deus criou os primeiros seres humanos, eles eram geneticamente puros. Depois de terem preferido romper a relação com Deus, as conseqüências de sua escolha livre foram a deterioração progressiva de todo o reino físico, até o próprio corpo deles.

> **Por que o mal físico?**
> - Conseqüência direta/indireta da liberdade
> - Subproduto de coisas boas
> - Nossas próprias escolhas/negligências (dieta, etc.)
> - Outros que influenciam/nos ferem
> - Liberdade de escolha
> - Solidariedade da humanidade
>
> **Deus necessariamente não intervém mas é sempre capaz de redimir.**

Um modo de ilustrar o efeito da deterioração progressiva do reino físico é mostrar o que acontece quando se faz cópia de uma cópia. Digamos que a página que você está lendo é a página original que veio da impressora. Imagine que você tome essa página original e faça uma fotocópia dela. Pegue a cópia e faça mais uma cópia da cópia. Se continuar fazendo cópia após cópia, cada nova cópia reproduzida da antecedente, depois de algum tempo poderá ver quanto a cópia ficou deteriorada comparada com a original. Agora, aplique essa ilustração à genética. Dos primeiros seres humanos até os que vivem hoje, muitas distorções de cópias e erros aconteceram. Junte este fato à deterioração sempre crescente do ecossistema e vai deparar com todo tipo de dificuldades genéticas que podem resultar em várias aflições físicas.

Por fim, seríamos remissos se não incluíssemos uma das explicações fundamentais para a causa do mal físico. De acordo com o teísmo bíblico (cristão), Deus permitiu que este mundo fosse ocupado por seres espirituais maus com livre arbítrio. As decisões e ações desses seres também devem fazer parte da equação referente à explicação do problema do mal físico. Alguns males físicos resultam da livre escolha dos seres espirituais maus. Enquanto houver seres livres (humanos ou espirituais) cometendo atos maus, haverá conseqüências morais e/ou físicas sobre este mundo causadas pelo comportamento deles.

Os males naturais são parte inevitável do mundo natural, e o mundo natural é essencial para as condições (ao menos não incompatíveis com elas) de plena liberdade necessárias para atingir o melhor mundo possível. Apenas o teísmo bíblico pode explicar adequadamente a presença do mal neste mundo. "O mal físico é essencialmente ligado ao mal moral. O mal moral é o melhor meio de produzir um mundo moral idealmente perfeito. O mal físico é necessário por diversos aspectos: é condição, conseqüência, componente, e advertência num mundo moralmente livre. O mal não determinado direta ou indiretamente pela liberdade humana é atribuído aos espíritos maus."[14]

Portanto, concluímos que "os males físicos são um aspecto necessário e concomitante da melhor espécie de mundo para alcançar o melhor de todos os mundos morais."[15] Foi um Deus soberano que permitiu à humanidade exercer a liberdade. Deus soberanamente desejou que os seres humanos tivessem controle sobre suas próprias decisões morais. Em fazendo assim, ele providenciou para o bem maior, mas também nos deu o poder de cometer atos maus.

DEUS PODE SER SOBERANO E AINDA ASSIM PERMITIR A LIBERDADE HUMANA?

Espero que agora, tendo um entendimento melhor do problema do mal, possamos voltar à conclusão do rabino Harold Kushner mencionada anteriormente. Kushner crê que Deus não está no controle de todas as coisas, por isso infere que a soberania de Deus não pode coexistir com a liberdade humana e vê a liberdade humana como a desistência de Deus de exercer seu controle no mundo. Numa obra anterior, expus a falácia do tipo de pensamento de Kushner e mostrei que

> ... toda ação moral [tem de] ser ou a) causada por algo de fora, b) ou não ser causada, ou c) ser autocausada. Mas causar uma ação moral de fora seria violação da liberdade. Seria determinismo, e seria eliminar a responsabilidade individual pela ação. Em última análise, seria tornar Deus diretamente responsável por realizar atos maus. E não ter sido causado tornaria o ato gratuito, arbitrário, irresponsável e imprevisível. Mas os atos humanos são previsíveis e responsáveis (Deus sabe o que o homem vai fazer com a sua

[14] Norman L. GEISLER, *Philosophy of religion*, p. 402.
[15] Ibid., p. 403.

liberdade e o considera responsável por ela). Logo, os atos morais humanos devem ser autocausados ou autodeterminados...[16]

A autodeterminação não é contraditória nem irresponsável. Um homem é responsável pelo que ele vem a ser pela escolha moral. Isto significa que ele é responsável por sua própria livre determinação moral [...] Deus determinou que o homem fosse uma criatura com autodeterminação. Deus fez que o homem tivesse autocausalidade de pensamento e de ação moral. A liberdade humana é delegada soberanamente. O Soberano fez o homem soberano sobre o próprio destino moral. Não obstante, Deus está no controle de todo esse processo porque 1) Deus por sua própria presciência vê o que a liberdade fará e pode produzir um bem maior dela; 2) Deus está no controle soberano do fim em que as escolhas livres dos homens se transformarão permanentemente de acordo com a própria vontade deles. Desse modo a livre escolha do mal trará escravidão eterna à autonomia da própria vontade má de uma pessoa, e a liberdade para fazer o bem trará libertação eterna para o infinito bem. Em resumo, Deus (a causa primeira) está operando na autocausalidade da liberdade humana (a causa secundária) e por meio dela para produzir o maior número (a causa final) de acordo com a perfeição absoluta de Sua própria natureza (a causa exemplar).[17]

Para ter uma idéia do que estamos dizendo, considere esta ajuda visual. Pusemos Deus *fora* do *continuum* espaço-tempo e o mostramos como ele é, existindo na eternidade e soberano sobre todas as coisas. Deus é o único ser totalmente livre e independente que existe, todos os seres humanos são dependentes e contingentes de sua própria natureza. *Dentro* do *continuum* espaço-tempo as criaturas existem e agem livremente de acordo com a própria vontade. A sete que se desloca para a direita representa a progressão de tempo na régua marcada com os dias da semana. As setas que saem da eternidade e surgem no tempo representam as proclamações eternas de Deus. Ele decreta desde a eternidade, mas os resultados desses decretos ocorrem no tempo. Por exemplo, um médico que prescreve um certo remédio para dez dias emite uma receita (decreto), e essa receita acontece no decurso do tempo. De modo semelhante, Deus prescreve desde toda a eternidade e suas prescrições acontecem no decorrer do tempo.

---

[16]*Atos* autocausados não são contradição, como é o caso de *seres* auto-causados. É possível alguém causar sua própria *transformação* (é o que faz a livre escolha), mas é impossível alguém causas sua própria *existência*. Ou melhor, podemos causar nossas próprias *ações*, mas não o nosso próprio *ser*.

[17]Op. cit. p. 401-2.

Agora vamos supor que os sete dias de nossa ilustração representam os acontecimentos que ocorreram durante a semana em que Jesus Cristo foi crucificado. Durante essa semana, certos indivíduos fizeram escolhas livres específicas que afetaram o próprio destino deles e causaram a morte de Jesus. Judas escolheu livremente trair Jesus e entregá-lo às autoridades por trinta moedas de prata. Os discípulos de Jesus livremente escolheram abandoná-lo. As autoridades religiosas livremente escolheram entregá-lo às autoridades romanas e exigiram que ele fosse executado. A multidão livremente escolheu que Pilatos soltasse Barrabás e crucificasse Jesus. Pilatos escolheu livremente condenar Jesus à morte por crucifixão. Isto nos leva ao dia cinco, o dia em que Jesus foi crucificado.

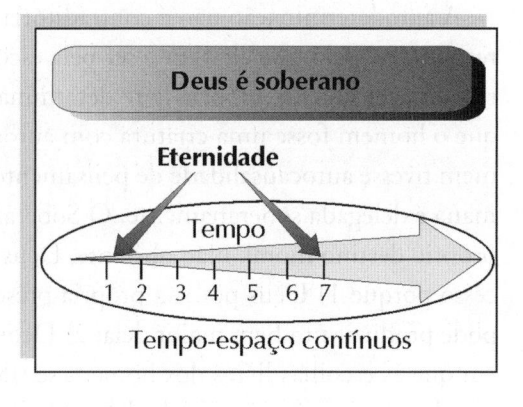

Depois da morte de Jesus, ele foi sepultado numa tumba. Seus amigos choraram sua morte, e aqueles que livremente escolheram tomar parte da sua morte cumpriram a tarefa que resolveram fazer. O tempo passou e a crucifixão, a morte e o sepultamento de Jesus ocorreram. Nada nem ninguém na terra podem reverter e mudar os acontecimentos que levaram Jesus Cristo à morte. Do ponto de vista humano, parece que Deus estava ausente e não teve o controle para salvar seu próprio Filho do sofrimento que suportou das mãos dos homens maus.

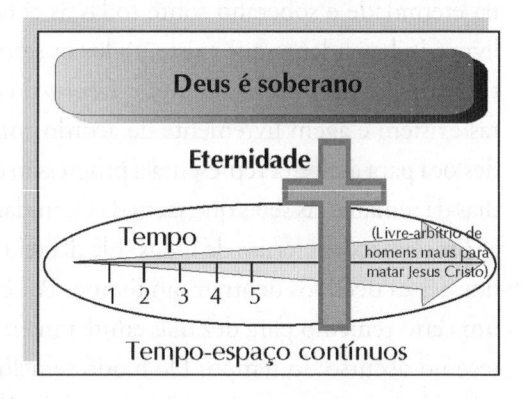

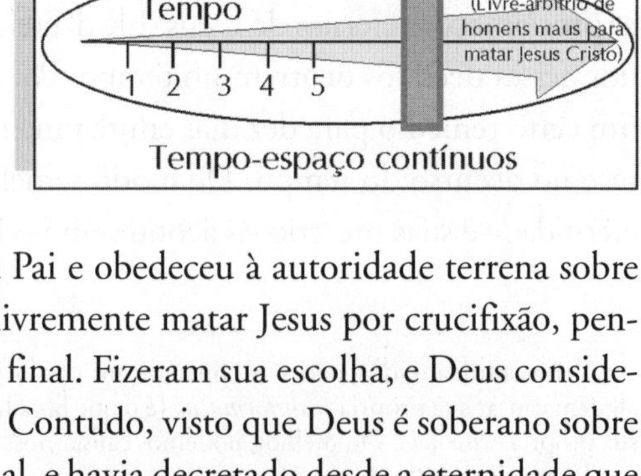

Entretanto, Deus terá a palavra final nessa situação, como em todos os assuntos! Como sempre, Jesus submeteu-se ao plano de seu Pai e obedeceu à autoridade terrena sobre ele. Essas autoridades escolheram livremente matar Jesus por crucifixão, pensando ter o controle de seu destino final. Fizeram sua escolha, e Deus considerou-os responsáveis por suas ações. Contudo, visto que Deus é soberano sobre todas as coisas, ele tem a palavra final, e havia decretado desde a eternidade que

Jesus ressurgiria dos mortos três dias depois de ser crucificado. Com a ressurreição, Deus controla o destino final de Jesus sem violar a liberdade dos indivíduos maus que sentenciaram Jesus à morte de cruz. Tanto a soberania de Deus como a responsabilidade dos seres humanos existe sem contradição.

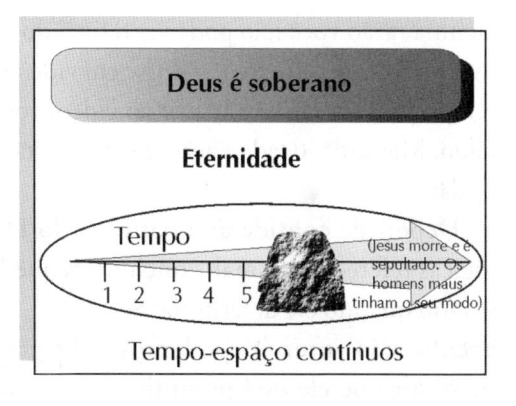

A chave para tudo isso é que *Deus está fora do tempo, mas pode agir no tempo*. Deus usa as escolhas livres dos seres humanos para cumprir os seus propósitos. Mesmo quando as pessoas más cometem atos cruéis e injustos livremente, jamais podem obstruir os propósitos de um Deus soberano. Como disse C. S. Lewis:

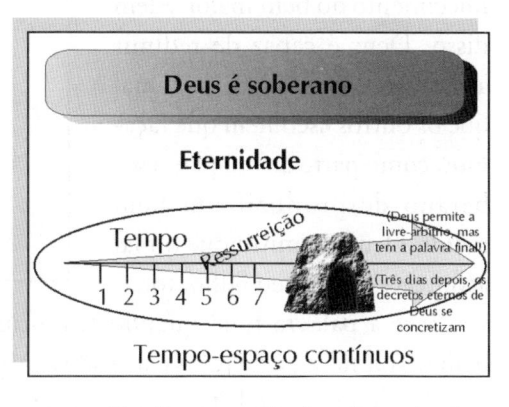

> A crucificação em si é o melhor, assim como o pior, de todos os acontecimentos históricos, mas o papel de Judas permanece simplesmente mau. Podemos aplicar isso primeiramente ao problema do sofrimento de outras pessoas. Um homem misericordioso deseja o bem de seu próximo e desse modo faz "a vontade de Deus", cooperando conscientemente com "o bem simples". Um homem cruel oprime o seu próximo e assim faz o mal simples. Mas fazendo esse mal, ele é usado por Deus, sem o seu próprio conhecimento ou consentimento, para produzir o bem complexo — de forma que o primeiro homem serve a Deus como filho, e o segundo, como uma ferramenta. Você certamente vai cumprir o propósito de Deus, não importa como aja, mas para você faz uma grande diferença servir como Judas ou servir como João.[18]

Um meio mais simples, mas preciso, de entender como algo pode ser determinado e ainda assim ser livremente escolhido é assistir a um videoteipe. Por

---

[18] *The problem of pain*, p. 111.

alguma razão você não pode ver o final do campeonato de futebol ao vivo pela TV e pediu que alguém o gravasse em vídeo para você. Quando finalmente teve tempo para sentar-se e assistir ao vídeo, você passou a ver um jogo já determinado. Mas cada jogada e ação que você está observando foram livremente escolhidas.

Depois de considerar a natureza do Deus do teísmo cristão e as opções lógicas referentes ao mal, concluímos que Deus tem a capacidade de intervir se e/ou quando ele determina. Se decidir não intervir, podemos presumir que ele está permitindo que o mal persista a fim de alcançar um bem maior, mesmo que não tenhamos nenhum conhecimento do bem maior. Além disso, Deus é capaz de redimir as nossas más escolhas, ou o mal que os outros escolhem que façamos, como parte do seu plano soberano de produzir um bem maior. Deus permitiu que o mal acontecesse com seu Filho, todavia, teve a palavra final quando cumpriu seus propósitos produzindo um bem maior na vida de Jesus e de todos os que crêem nele. Essa vitória sobre o mal é o tema central da mensagem cristã, conhecida como evangelho ou boas-novas.

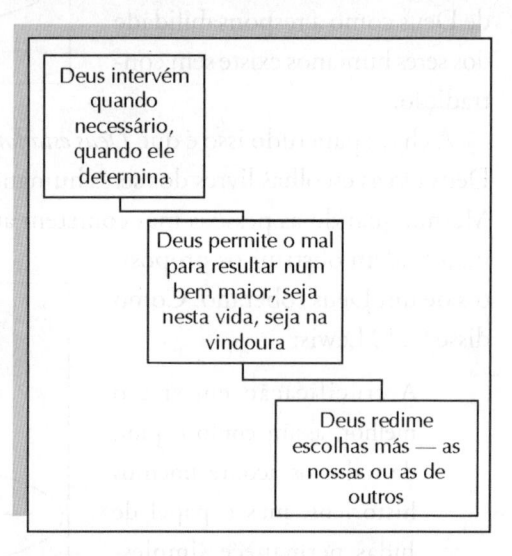

```
┌─────────────┐
│ Deus intervém│
│   quando    │
│ necessário, │
│ quando ele  │
│  determina  │
└──────┬──────┘
       │
       ┌─────────────┐
       │Deus permite o mal│
       │ para resultar num│
       │  bem maior, seja │
       │ nesta vida, seja na│
       │     vindoura     │
       └──────┬──────────┘
              │
              ┌─────────────┐
              │ Deus redime │
              │escolhas más — as│
              │ nossas ou as de │
              │    outros    │
              └─────────────┘
```

Como vimos, o ateísmo e o panteísmo não conseguem fornecer dentro da estrutura de suas próprias cosmovisões respostas aceitáveis às perguntas que dizem respeito ao problema do mal.[19] Se Deus não existe (ateísmo), ou se o mal não é real (panteísmo), por que, então, se importar com o mal? Para os ateus, o mal é meramente problema da ignorância humana, e a resposta ao problema é a educação. Para os panteístas, o mal é uma ilusão e não precisa de nenhuma solução, porque não é um problema real. Apenas quando alguém afirma que o mal é real e que Deus todo-bom, todo-conhecedor e todo-poderoso existe, deve-se dar explicação. O teísmo cristão reconhece que o mal está ancorado em cada coração humano e se manifesta num estilo de vida centrado

---

[19]Consultar cap. 2 para rever o teste metodológico das alegações de verdade das cosmovisões.

no eu. Vamos falar diretamente desse problema e observar o que pode ser feito a respeito dele no capítulo sobre ética e moral.

Embora tenhamos dado uma explicação para o problema do mal de uma perspectiva teísta cristã, algumas perguntas ainda permanecem: "O que Deus fez a respeito do mal? Qual é a resposta final de Deus para derrotar o problema do mal? Como Deus planeja redimir todos os males para o seu propósito de produzir o bem maior?". A fim de responder a essas perguntas, precisamos examinar as declarações de Jesus Cristo, que estão documentadas no Novo Testamento.

Porém, antes de observar a causa original da conduta má e a cura permanente oferecida por Jesus, devemos tratar da questão da confiabilidade histórica dos documentos do Novo Testamento. Na verdade, com o conhecimento pós-moderno de história

	Ateísmo	Panteísmo	Teísmo
Verdade	Relativa. Não há absoluta	Relativa a este mundo	Existe a verdade absoluta
Cosmos	Sempre existiu	Não é real, mas ilusão	Realidade criada
Deus (Logos)	Não existe	Existe, mas é incognoscível	Existe e é cognoscível
Direito	Relativo, determinado pela humanidade	Relativa a este mundo	Absoluto, objetivo e descoberto
Mal	Ignorância humana	Não é real, mas ilusão	Coração egoísta

e o questionamento do significado de qualquer texto histórico, vamos em primeiro lugar estabelecer a credibilidade da noção de que a história é objetivamente conhecível. Trataremos dessas questões no capítulo seguinte.

Capítulo doze

Jesus e a história

Se a grandeza de uma pessoa for julgada por padrões históricos, Jesus está em primeiro lugar.

—H. G. Wells

Que é história?

O ensino central do cristianismo — o evangelho — afirma que a morte e a ressurreição de Jesus Cristo são fatos históricos, que o cristianismo é uma religião historicamente verificável. Na verdade, o apóstolo Paulo afirma que se Cristo não tivesse ressuscitado dos mortos, então o cristianismo seria simplesmente falso (1Co 15.12-15). Mas antes de sabermos se a ressurreição é um fato objetivo da história, precisamos saber se existe o que se chama de história objetiva.

Em primeiro lugar, vamos defini-la. Podemos pensar na história como "o que aconteceu, bem como o registro disso".[1] Também, a palavra *história*

> ... refere-se a uma espécie de conhecimento. Refere-se a um tipo de literatura. Significa uma seqüência real de acontecimentos no tempo, o que constitui um processo de mudança irreversível [...] Em sua raiz grega original, a palavra "história" significa pesquisa e implica o ato de julgar as evidências a fim de separar o fato da ficção [...] Originariamente, a pesquisa colocava o historiador à parte do poeta e do criador de mitos ou lendas. Eles contavam histórias também, mas apenas o historiador restrin-

---

[1] Mortimer J. Adler, *The great ideas*: a lexicon of western thought, p. 307.

gia-se a contar história baseada nos fatos averiguados pela investigação da pesquisa.²

O historiador procura fazer aceitáveis as declarações acerca de acontecimentos passados particulares. O método histórico é semelhante ao método científico quando aplicado às investigações de fatos não observáveis e não reproduzíveis do passado — tanto a história como a ciência das origens tentam fazer afirmações precisas a respeito deles. A história também é semelhante à ciência forense em seu esforço de "reconstruir" os acontecimentos passados singulares. A pergunta que queremos fazer é: "Um evento miraculoso pode ser conhecido no contexto histórico?".

É POSSÍVEL HAVER MILAGRES?

Alguns não levam em conta o Novo Testamento como fonte confiável de história baseados no fato de que ele contém milagres. Essas pessoas normalmente se referem à máxima de David Hume de que há "experiência uniforme contra os milagres". Hume argumentava que os milagres são violação da lei natural e, portanto, são desqualificados. Também dizia que "o homem sábio nunca deveria crer no que se baseia no grau menor de probabilidade". Hume está correto em afirmar que os milagres não podem ser considerados parte da história verdadeira?

Em *Milagres*, C. S. Lewis respondeu a Hume:

> ... se existir uma "experiência uniforme" absoluta contra os milagres; se, em outras palavras, eles jamais aconteceram, então não ocorreram mesmo. Infelizmente só saberemos que a experiência contra eles é uniforme absolutamente uniforme se tivermos conhecimento de que todos os relatos a seu respeito são falsos. E só poderemos saber isto se já soubermos que os milagres nunca ocorreram. Estamos na verdade argumentando em círculos.³

Dissemos que o método histórico e o método científico são semelhantes quanto a suas metas — ambos se comprometem em verificar a verdade ou a falsidade de fatos passados singulares. Entretanto, são diferentes no que diz respeito às metodologias e aos processos de verificação, respectivos. Lewis explicou:

---
²Ibid., p. 308.
³P. 96.

Este ponto do método científico simplesmente mostra (o que ninguém jamais negou, segundo o meu entendimento) que se os milagres de fato ocorreram, a ciência, como ciência, não poderia provar, nem refutar, a ocorrência deles. Aquilo em que não se pode confiar para recorrer não é material para a ciência: eis por que a história não é uma ciência. Não se pode verificar o que Napoleão fez na batalha de Austerlitz pedindo-lhe que venha e lute a mesma batalha novamente num laboratório com os mesmos combatentes, no mesmo lugar, com as mesmas condições climáticas, e na mesma época. É preciso ir aos registros. Na verdade, não provamos que a ciência exclui os milagres: somente provamos que a questão dos milagres, como outras inumeráveis questões, exclui o tratamento laboratorial.[4]

Se Deus existe, os milagres são possíveis

Os milagres são atos especiais de Deus, e atos de Deus só são possíveis se há um Deus que possa agir. Já demonstramos em capítulos anteriores que o teísmo é aceitável e que o mais espetacular de todos os milagres — a criação — é científica e filosoficamente sólido. Portanto, faz sentido haver atos de Deus. Se, porém, você ainda está inclinado a rejeitar esta conclusão, considere uma vez mais esta afirmação de Lewis:

> Se o "natural" significa aquilo que pode ser enquadrado numa classe, obedece a uma norma, pode ter paralelo, pode ser explicado por referência a outros eventos, então a própria natureza como um todo *não* é natural. Se milagre significa aquilo que simplesmente precisa ser aceito, a realidade irrespondível que não dá explicação de si, mas simplesmente *existe*, então o universo é um grande milagre.[5]

Uma vez que os milagres fazem sentido num universo teísta, podemos nos concentrar nos aspectos lógicos e evidenciais dos documentos do Novo Testamento que registram os milagres como parte da história. Para fazer isso, entretanto, devemos primeiramente mostrar que os documentos em si são historicamente confiáveis. A fim de cumprir essa tarefa, devemos identificar os critérios de teste em geral aceitos que se podem aplicar a qualquer documento da Antiguidade.

---

[4] *God in the dock*, p. 134.
[5] Ibid., p. 36.

Como se pode testar a confiabilidade dos documentos antigos?

Uma vez mais observamos que a história é semelhante à ciência das origens (v. cap. 4) na meta de estabelecer a probabilidade de eventos singulares do passado. Os parâmetros da história são de natureza filosófica no que se refere às lentes intelectuais (cosmovisão) através das quais o historiador vê (interpreta) os eventos passados. O processo de verificação do método histórico é de natureza legal porque a investigação implica estabelecer a verdade ou a fraude dos relatos das testemunhas oculares. Há outros fatores importantes que vamos assinalar, mas por ora esses aspectos intelectuais do método histórico vão-nos ajudar a entender a base para o desenvolvimento de uma metodologia histórica confiável.

Há uma diferença essencial entre *afirmações a respeito de Deus e afirmações que alegam que Deus agiu em determinado ponto do tempo* — na história. As alegações do Novo Testamento colocam os eventos no continuum da história secular. Diferentemente de muitas outras religiões, o cristianismo é baseado em evidências históricas que podem ser postas a prova e constatadas verdadeiras ou ser reconhecidas como falsas. Uma regra legal essencial, conhecida de todo advogado, é que *as declarações devem fornecer o tempo e o lugar*. O Novo Testamento faz isso com a máxima precisão. Por exemplo, em Lucas 3.1 e 2 lemos:

> No décimo quinto ano do reinado de Tibério César, quando Pôncio Pilatos era governador da Judéia; Herodes, tetrarca da Galiléia; seu irmão Filipe, tetrarca da Ituréia e Traconites; e Lisânias, tetrarca de Abilene; Anás e Caifás exerciam o sumo sacerdócio. Foi nesse ano que veio a palavra do Senhor a João, filho de Zacarias, no deserto.

Estes acontecimentos do Novo Testamento são abertos ao exame. Se alguém pudesse demonstrar que essas pessoas e lugares nunca existiram ou que esses eventos nunca aconteceram, a confiabilidade dos documentos do Novo Testamento seria posta em risco. Contudo, evidências suficientes que apóiam a exatidão desse registro argumentariam em favor da confiabilidade dos documentos do Novo Testamento.

Naturalmente, a pergunta é: "Em que medida as evidências são evidências suficientes?". Em *Introduction to research in english literary History* [*Introdução à pesquisa em história literária inglesa*], o historiador militar dr. C. Sanders oferece critérios para estabelecer a confiabilidade e a exatidão de qualquer peça de literatura da Antiguidade.[6] Há três testes básicos que Sanders identificou para decidir se um documento antigo é confiável:

---

[6] P. 143ss.

- *Teste bibliográfico*: Uma vez que não temos os documentos originais (autógrafos), qual o grau de confiabilidade e precisão das cópias que temos em relação ao número de manuscritos (MSS)[7], e qual o intervalo de tempo entre o original e as cópias existentes?
- *Teste interno*: O que existe no texto? O texto tem coerência interna?
- *Teste externo*: O que está fora do texto? Que fragmentos de literatura ou outros dados ainda existentes, à parte do que está sendo estudado, confirmam a exatidão do testemunho interno do documento? (Em outras palavras, há literatura à parte do documento que dê suporte ao que está nele?).

O NOVO TESTAMENTO PASSA NO TESTE BIBLIOGRÁFICO?

Novamente, há duas perguntas básicas: 1) Não havendo os documentos originais, qual o grau de confiabilidade das cópias existentes em relação ao número de manuscritos? e 2) Qual é o intervalo de tempo entre o documento original e as cópias existentes? Em resposta a essas perguntas, pode-se entender que há evidências de manuscritos mais precisos e em quantidade muito maior para o Novo Testamento que para qualquer outro livro do mundo antigo. Além disso, há mais manuscritos copiados com maior exatidão e datação mais antiga do que para qualquer clássico secular da Antiguidade.

Em *History and christianity* [*História e cristianismo*], John Warwick Montgomery apresenta uma evidência forte do Jesus histórico. No começo do livro, Montgmoery cita uma palestra do professor Avrum Stroll, na Universidade da Columbia Britânica, intitulada "Jesus existiu de fato?". A posição do professor Stroll é resumida na sentença final de sua preleção:

> Um acréscimo de lendas que surgiram a respeito desse personagem [Jesus] foi incorporado nos evangelhos por vários devotos do movimento e rapidamente se espalhou pelo mundo mediterrâneo por meio do ministério de S. Paulo. Por causa disso, é impossível separar esses elementos lendários nas descrições pretensas de Jesus daquelas que de fato eram verdadeiras a respeito dele.[8]

Em resposta a essa hipótese, e outras de natureza semelhante, precisamos apenas assinalar alguns fatos referentes às evidências dos manuscritos. Um de-

---

[7]Manuscrito é uma composição literária escrita à mão, ao contrário de exemplares impressos. Manuscrito original é o primeiro produzido, normalmente conhecido por autógrafo. Não há autógrafos do Novo Testamento conhecidos. Na verdade, nenhum deles é necessário devido a abundância de cópias manuscritas.
[8]P. 14.

les está na Biblioteca John Rylands, em Manchester, Inglaterra, e é conhecido por *Fragmento John Rylands*. Esse papiro contém cinco versículos do evangelho de João (18.31-33,37,38). Foi encontrado no Egito e é datado entre 117 d.C. e 138 d.C. O grande filólogo (pessoa que estuda textos escritos para estabelecer sua autenticidade) Adolf Deissmann argumentou que podia ser ainda mais antigo.[9] Essa descoberta destruiu a idéia de que o Novo Testamento foi escrito durante o segundo século a fim de providenciar tempo para que surgissem mitos em torno da verdade.

A tabela a seguir é uma pequena amostra da grande quantidade de evidências manuscritas disponível, que fazem os documentos do Novo Testamento passarem no texto bibliográfico com notas muito boas. A tabela apresenta manuscritos do Novo Testamento, datas, conteúdo e localização de alguns dos mais importantes manuscritos.[10, 11]

OS MANUSCRITOS DO NOVO TESTAMENTO

Manuscrito	Data	Conteúdo	Localização
Fragmento John Rylands	c. 125 d.C.	Evangelho de João 18.31-33, 37, 38	Biblioteca John Rylands, Manchester, Inglaterra
Papiro Bodmer	c. 200 d.C.	Fragmentos: 40 páginas de João, Judas, Lucas, 1 e 2 Pedro	Biblioteca Peter Bodmer, Cologny, Suíça (próximo de Genebra)
Papiro Chester Beatty	c. 250 d.C.	Porções importantes de Mateus, João, Marcos, Lucas e Atos	Museu C. Beatty, Dublin, Irlanda
Códice do Vaticano	c. 325 d.C.	Maior parte do AT e do NT	Biblioteca do Vaticano, Roma
Códice Sinaítico	c. 340 d.C.	Metade do AT e a maioria do NT	Museu Britânico, Londres
Códice Ephraemi Rescriptus	c. 350 d.C.	Todos os do NT exceto 2 João e 2 Tessalonicenses	Biblioteca Nacional, Paris
Códice Bezae (D) Códice Cantabrigense	c. 500 d.C.	Quatro evangelhos, Atos, 3 João 11-15	Biblioteca da Universidade de Cambridge, Inglaterra
Códice Claromontano	c. 550 d.C.	Epístolas paulinas, Hebreus	Biblioteca Nacional, Paris
Códice Coislinianus	c. Século VI	Epístolas paulinas	Várias bibliotecas (Paris, Moscou, Kiev)

---

[9] Norman GEISLER e William NIX, *A general introduction to the Bible*, p. 268.
[10] Ibid., p. 268-80.
[11] Bruce METZGER, *The text of the New Testament*, p. 30-54.

Uma vez mais, isso é apenas uma pequena amostra das evidências empíricas que dão sustentação à confiabilidade dos documentos do Novo Testamento. A soma total só de manuscritos gregos é agora 5 686. Além desses, há mais de 10 mil manuscritos em latim; 4 100 em língua eslava; 2 500 em armênio; mais 2 000 em etíope etc. Isso soma 24 286, além de centenas em outras línguas.[12]

A tabela abaixo mostra que o único outro texto antigo que sequer pode comparar-se às evidências de manuscritos do Novo Testamento (5 686) é a *Ilíada* de Homero, com apenas 643 exemplares.

Os eixos da parte superior do gráfico mostram o espaço de tempo entre o texto original e a cópia manuscrita mais antiga ainda existente. Esse lapso de tempo é muito significativo porque quanto maior é o espaço de tempo, menos dados há para os estudiosos trabalharem com a reconstrução do original. *O espaço médio de tempo entre o original e a cópia mais antiga dos outros textos antigos é superior a mil anos.*[13] Entretanto, o Novo Testamento tem um fragmento dentro de uma geração de sua redação original. Livros inteiros aparecem dentro de cem anos de distância do original, a maioria dos livros do Novo Testamento dentro duzentos anos, e todo o Novo Testamento cerca de 250 anos da data de seu término.

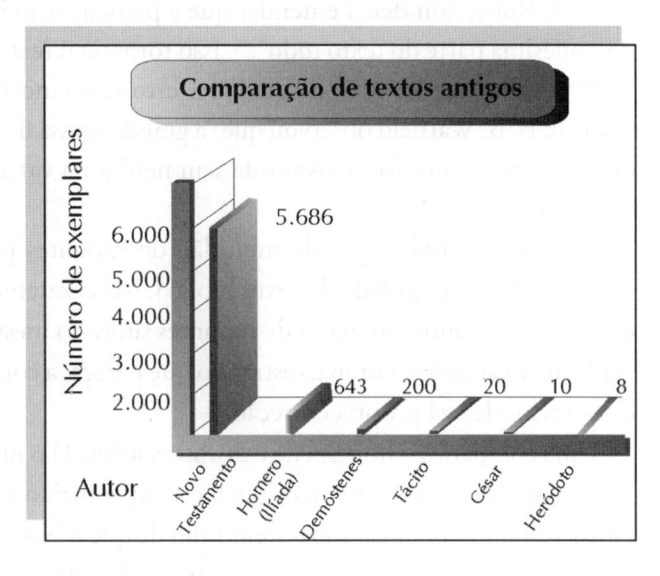

Além do mais, o grau de precisão é maior para o Novo Testamento que para outros documentos comparáveis — aproximadamente 99 por cento copiados com precisão. O fato é que "a maioria dos livros não sobrevive com manuscritos

---

[12]Para mais detalhes sobre esses textos, v. *Introdução bíblica* (cap. 12), de Norman Geisler e William Nix; *The text of the New Testament*, de Bruce Metzger (p. 30-54); e *An introduction to the textual criticism of the New Testament*, de Archibald T. Robertson (p. 70).

[13]Mil anos para Tácito e César, 1 300 anos para Heródoto e 1 500 anos para Demóstenes. O espaço de tempo para a *Ilíada* de Homero não é conhecido.

suficientes para permitir comparação. Algumas cópias mil anos mais antigas que o fato não fornecem elos suficientes na cadeia perdida nem correções de variantes suficientes no manuscrito para capacitar os estudiosos do texto a reconstruir o original".[14] Ao contrário, qual a importância das leituras variantes do Novo Testamento?

Westcott e Hort estimaram que apenas cerca de um oitavo de todas as variantes tem algum peso, uma vez que a maior parte delas são simplesmente assuntos mecânicos como ortografia e estilo. Do todo, somente cerca de um sexto está acima de "trivialidades", ou pode de alguma forma ser chamado de "variação substancial".[15] Matematicamente isso significa um texto 98,33% puro.

A. T. Robertson deu a entender que a preocupação real da crítica textual é de "milésima parte do texto todo".[16] Isso tornaria o texto do Novo Testamento 99,9% reconstruído, livre de qualquer erro substancial ou de conseqüência. Por isso, B. B. Warfield observou que "a grande massa do Novo Testamento, em outras palavras, nos foi transmitida sem nenhuma variação praticamente sem nenhuma".[17]

À primeira vista, a grande multidão de variantes parece uma deficiência com relação à integridade do texto bíblico. Mas exatamente o contrário é verdadeiro, pois o número maior de variantes supre ao mesmo tempo os meios de verificar as variantes. Por mais estranho que pareça, a corrupção do texto fornece os meios de sua própria correção.[18]

Uma comparação honesta de três observações: 1) o número de manuscritos; 2) o espaço de tempo entre o original e a cópia mais antiga; e 3) a exatidão do Novo Testamento, todas dão testemunho de que o Novo Testamento é o documento historicamente mais exato e confiável de todos os da Antiguidade. Se diante disso não se pode confiar no Novo Testamento, então se deve rejeitar toda a história antiga que repousa sobre evidências muito mais fracas. Tão claras são as evidências para o Novo Testamento que ninguém menos que o falecido erudito Sir Frederic Kenyon pôde escrever:

> Portanto, o intervalo entre as datas da composição original e as evidências ainda existentes mais antigas se torna tão pequeno que na verdade é

---

[14] Norman GEISLER, *Christian apologetics*, p. 308.
[15] *The New Testament in the original Greek*, vol. II, n.o 2.
[16] *An introduction to the textual criticism of the New Testament*, p. 22.
[17] *An introduction to the textual criticism of the New Testament*, p. 154.
[18] Norman GEISLER e William NIX, *Introdução bíblica*, p. 171-81.

desprezível, e o último fundamento para qualquer dúvida de que as Escrituras chegaram a nós substancialmente como foram escritas agora foi removido. Tanto a *autenticidade* como a *integridade geral* dos livros do Novo Testamento podem ser consideradas finalmente estabelecidas.[19]

O NOVO TESTAMENTO PASSA NO TESTE INTERNO?

O teste interno utiliza um dos axiomas de Aristóteles na *Poética*. Disse:

> Eles [os críticos] começam com alguma hipótese improvável; e tendo eles mesmos decretado, procedem fazendo inferências, e a censurar o poeta como se ele realmente tivesse dito tudo quanto tenham crido, se sua afirmação conflita com a noção que tinham das coisas [...] Sempre que uma palavra parece implicar alguma contradição, é necessário refletir sobre quantos modos pode haver de entendê-la na passagem em questão [...] Portanto, é provavelmente o erro dos críticos que deu origem ao Problema [...] Veja se ele [o autor] quer dizer a mesma coisa, na mesma relação, e no mesmo sentido, antes de admitir que ele contradisse alguma coisa que ele próprio disse ou que um homem de bom senso presume como verdadeira.[20]

Em outras palavras, se for possível demonstrar que o autor não se contradisse, o benefício da dúvida deve ser dado ao autor do próprio documento, e não atribuído ao crítico. Como John Warwick Montgomery insiste: "Deve-se ouvir as alegações do documento sob análise, e não presumir fraude ou erro a menos que o autor se desqualifique a si mesmo por contradições ou incorreções factuais conhecidas".[21] Não se demonstrou nenhuma contradição real no Novo Testamento, e as discrepâncias *óbvias* são esperadas em testemunho confiável independente. Havia muitas alegações de contradições na Bíblia, a maioria das quais foi esclarecida por procedimentos jurisprudenciais adequado, princípios corretos de interpretação e descobertas arqueológicas dignas de nota.

Para melhor compreensão do que queremos dizer, resumimos alguns dos princípios que devem ser aplicados à interpretação de qualquer documento escrito no passado. Esta não é de modo algum uma lista exaustiva, mas é suficiente para o propósito desta obra. (Para um estudo mais abrangente, sugeri-

---

[19] Idem, *A general introduction to the Bible*, p. 285.
[20] Richard MCKEON (org.), *The basic works of Aristotle*, p. 1485-6.
[21] *History and christianity*, p. 29.

mos o livro *Manual de dificuldades, enigmas e "contradições" da Bíblia*.[22] Também recomendamos a obra de Gleason Archer, *Enciclopédia de temas bíblicos*[23]). Antes de alguém intelectualmente honesto concluir que um documento tem coerência interna, deve em primeiro lugar ter certeza de que os seguintes princípios foram corretamente aplicados ao texto.

Considerar a linguagem, a cultura, a geografia e a história da época em que o documento foi escrito. A Bíblia está conosco há muitos anos, partes dela há cerca de quatro milênios. Como podemos entender o que os autores diziam e as várias circunstâncias em que viveram? Temos de construir uma ponte para reduzir essas distâncias.

Distância lingüística

Gleason Archer é dotado singularmente de domínio das línguas originais. Na *Enciclopédia de temas bíblicos*, ele lembra aos leitores:

> Pense sobre o quanto deve ficar confuso um estrangeiro ao ler em um de nossos textos algo assim: "Fulano *tomou* um banho, depois *tomou* seu café e a seguir foi *tomar* o ônibus"; "*Tome* conta de seu dinheiro, se não um ladrão o *tomará* de você"; "*Tome* juízo, menino!"; "Vamos *tomar* nota disso". O verbo *tomar* tem sentido diferente em cada frase. Presume-se que as palavras geradoras de sentidos diferentes possuem as mesmas raízes ou a mesma origem etimológica. Entretanto, pode haver total confusão se a pessoa entender mal o que o autor escreveu, o que quis expressar ao usar esses vocábulos. [...] É por isso que devemos aplicar-nos à exegese cuidadosa, a fim de descobrir o que o autor quis dizer à luz das situações e sentidos de sua época.[24]

Nós falamos português, mas a Bíblia foi escrita em hebraico e grego (e umas poucas partes em aramaico, que é semelhante ao hebraico). Portanto, temos uma lacuna lingüística. Se não a ultrapassarmos, não seremos capazes de entender a Bíblia.

Distância cultural

Se não entendermos as várias culturas da época em que a Bíblia foi escrita, nunca compreenderemos seu significado. Por exemplo, se não conhecêssemos

---

[22]Norman L. GEISLER e Thomas HOWE.
[23]V. bibliografia no final deste livro.
[24]Ibid., p. 14.

nada a respeito da cultura judaica do tempo de Cristo, o evangelho de Mateus seria muito difícil de compreender. Conceitos como o sábado, rituais judaicos, cerimônias do templo e outros costumes dos judeus devem ser entendidos dentro do contexto cultural para que se tenha o verdadeiro significado das idéias do autor.

Distância geográfica

Não estar familiarizado com a geografia impede o aprendizado. Por exemplo, em 1 Tessalonicenses 1.8 lemos: "Porque, partindo de vocês, propagou-se a mensagem do Senhor na Macedônia e na Acaia. Não somente isso, mas também por toda parte tornou-se conhecida a fé que vocês têm em Deus. O resultado é que não temos necessidade de dizer mais nada sobre isso". O que é notável aqui a respeito do texto é que a mensagem viajou muito rapidamente. Para entender como, é necessário conhecer geografia.

> Paulo tinha acabado de sair daquele lugar e, quando escreveu a carta, pouco tempo havia-se passado. Paulo havia estado com eles por algumas semanas, mas o testemunho deles já se espalhara para longe. Como isso pôde acontecer tão rapidamente? Estudando a geografia da área pode-se ver que a rodovia Inaciana atravessa pelo meio de Tessalônica. Era a principal confluência entre o leste e o oeste, e tudo que acontecesse ali se transmitia por todo o trajeto da rodovia.[25]

Distância histórica

Conhecer a história por detrás de uma passagem melhora a nossa compreensão do que está escrito. No evangelho de João, toda a chave do entendimento da interação entre Pilatos e Jesus se baseia no conhecimento de história.

> Quando Pilatos entrou na terra com sua adoração do imperador, ele literalmente enfureceu os judeus e seus sacerdotes. Desse modo, ele teve um mau começo. Depois tentou tirar alguma coisa dos judeus, e quando eles o pegaram, denunciaram-no a Roma. Ele quase perdeu o emprego. Pilatos ficou com medo dos judeus, e essa é a razão por que ele deixou Cristo ser crucificado. Por que ele estava com medo? Porque tinha um passado sujo, e seu emprego estava em risco.[26]

---

[25] John MacArthur, *How to study the Bible*, p. 72.
[26] Ibid.

Considerar uma coisa conhecida como psicologia do testemunho. Isso se refere ao modo que as testemunhas do mesmo evento se recordam com um certo nível de discrepância, baseadas em como elas individualmente observam, processam, armazenam e recuperam as memórias do acontecimento.

Uma pessoa pode-se recordar de um evento na ordem cronológica estrita, outra pode testemunhar de acordo com o princípio da associação de idéias. Uma pessoa pode lembrar-se de eventos de minuto a minuto e de modo consecutivo, enquanto outra omite, condensa ou expande. Esses fatores devem ser considerados na comparação das narrativas das testemunhas oculares, e essa é a razão por que a história contempla um certo grau de variabilidade no testemunho humano. Por exemplo, digamos que doze testemunhas oculares observaram o mesmo evento — um acidente de carro. Se essas testemunhas fossem chamadas para testemunhar num tribunal, o que o juiz pensaria se todas as doze testemunhas dessem o mesmo testemunho exato do evento, com todos os detalhes idênticos? Qualquer bom juiz imediatamente concluiria que elas estavam em conluio e rejeitaria a narrativa delas. As variações das observações dos depoimentos das testemunhas oculares na verdade acrescentam algo à integridade de suas lembranças. Quais são as diretrizes mais essenciais usadas como critérios para decidir se os testemunhos são verdadeiros?

Concordância completa nos pontos principais

Por exemplo: 1) o acidente de carro ocorreu numa hora específica e num lugar específico; 2) uma descrição geral dos dois veículos acidentados; e 3) os motoristas eram ambos homens etc. Digamos que as doze testemunhas concordassem sobre a hora e o lugar e dissessem que o acidente foi entre um Ford Escort vermelho e um caminhão preto da GM. Todos testificam que o motorista do Escort era um jovem, e o do caminhão era um homem mais velho. Estão de acordo nos pontos mais importantes. No que se refere ao Novo Testamento e à pessoa de Jesus, as testemunhas oculares tiveram consenso claro nos pontos principais de sua vida miraculosa, de como foi sua morte, e da sua ressurreição dentre os mortos.

Concordância completa nos detalhes significativos que dão suporte aos pontos principais

Um bom juiz procura concordância nos fatos cruciais que apóiem o acontecimento principal. Em nosso exemplo, o clima, as condições da estrada e o impacto que ocorreu seriam considerados alguns detalhes que dão sustentação aos fatos relevantes em questão. O tipo de acidente também é importante — foi uma colisão frontal, uma batida lateral, ou uma batida na traseira?

No Novo Testamento, todas as narrativas do evangelho concordam nos detalhes significativos que sustentam o nascimento virginal de Jesus, na chamada dos doze discípulos e nos ensinos de Jesus sobre a natureza de Deus, sobre a humanidade, anjos bons e anjos caídos, salvação etc. Concordam também no relato das reações dos líderes religiosos e políticos que levaram à morte de Jesus. Há concordância também que Jesus teve um julgamento religioso e um julgamento político e foi sentenciado à morte pelo governador romano, Pôncio Pilatos. Concordam também que Jesus foi estapeado, crucificado, sepultado e ressuscitou dentre os mortos no terceiro dia após sua morte.

Aplicação da máxima de Aristóteles

Mencionamos anteriormente a máxima de Aristóteles que trata do princípio de dar o benefício da dúvida ao autor do documento e não permitir que o crítico o arrogue para si. Na *Poética*, Aristóteles esboça doze respostas aos críticos que procuraram várias espécies de defeitos quando examinavam as obras de autores do passado. Ele dividiu os erros dos críticos em cinco categorias.

> As objeções dos críticos, portanto, começavam com falta de cinco espécies: a alegação era sempre de algo 1) impossível, 2) improvável, 3) corrompida, 4) contraditória, ou 5) contra a correção técnica. As respostas a essas objeções devem ser procuradas em ou outro dos tópicos acima mencionados, que são doze.[27]

Antes de aplicar essa máxima ao Novo Testamento, permita-nos ilustrá-la. Um de nós tem um amigo — ao qual chamaremos de André — que vive na região central do país. Ele tinha três amigos muito bons — aos quais chamaremos de José, João e Marcos —, que vivem na região litorânea. Um dia André recebeu de João a notícia de que José sofrera um terrível acidente de carro e *morreu instantaneamente*. No dia seguinte, André recebeu uma carta de Marcos dizendo que José sofrera um acidente automobilístico, sobrevivera, mas *morreu algum tempo depois*. À primeira vista, as duas narrativas parecem contraditórias. Em uma, ele morreu instantaneamente no acidente, na outra, não.

André sabia que João e Marcos eram fontes confiáveis e confiou neles para lhe darem uma narrativa exata dos acontecimentos que envolveram a morte do

---

[27] Richard McKeon, org., *The basic works of Aristotle*, p. 1486.

amigo mútuo. Quando tudo veio à luz, viu-se que tanto João como Marcos estavam certos, mas havia uma informação faltando. Na verdade, José havia sofrido dois acidentes automobilísticos no mesmo dia. No primeiro acidente, José feriu-se gravemente, mas sobreviveu. Um "bom samaritano" parou para ajudá-lo e levou-o para o pronto socorro do hospital mais próximo. Entretanto, no caminho do hospital, o motorista bondoso sofreu um acidente muito grave e em conseqüência José morreu instantaneamente. Portanto, as duas narrativas estavam corretas. João não tinha conhecimento do primeiro acidente, sabia apenas do segundo, que matou José instantaneamente. Marcos sabia apenas dos detalhes do primeiro acidente, ao qual José sobreviveu, e não do segundo. Sabia apenas que José morrera mais tarde naquele dia. A aparente contradição se resolveu quando o restante da verdade foi descoberto.

A máxima de Aristóteles aplica-se ao Novo Testamento também, como mostra o exemplo a seguir. No evangelho segundo Mateus, o autor registra a morte de Judas como suicídio por enforcamento (Mt 27.5). Contudo, em Atos 1.18, ao registrar a morte de Judas, Lucas escreve que "seu corpo partiu-se ao meio, e suas vísceras se derramaram". Alguns estudiosos decidiram que essas duas narrativas divergentes são irreconciliáveis. Presumem que uma ou as duas narrativas estejam incorretas. Se Mateus e Lucas são dignos de confiança para produzir uma narrativa precisa dos acontecimentos, certamente parece que pelo menos um deles está errado: o corpo de Judas partiu-se ao meio ou ele enforcou-se. Ou, há outra opção?

> Se o galho ao qual ele se amarrara e do qual saltara estivesse seco — e muitos apresentam esse tipo de problema, encaixam-se nesta descrição em nossos dias — perigosamente à beira de um precipício que a tradição identifica como sendo o lugar onde Judas morreu, bastaria o peso do corpo e o impacto forte da queda para que o galho se partisse e o corpo de Judas se precipitasse para o fundo do abismo. Há indicação de que houve forte ventania à hora da morte de Jesus, que teria rasgado o véu do templo de alto a baixo (Mt 27.51).[28]

Esses relatos não são contraditórios, mas mutuamente complementares. Judas enforcou-se assim como Mateus afirma que ele fez. O relato de Atos apenas acrescenta que Judas caiu, e o seu corpo rompeu-se pelo meio, e suas entranhas se derramaram. Isso é exatamente o que seria de se esperar que

---

[28] ARCHER, *Enciclopédia de temas bíblicos*, p. 292.

acontecesse com quem se enforcasse numa árvore sobre um penhasco de rochas pontudas e sobre elas caísse.[29]

A integridade dos testemunhos dos autores do Novo Testamento é crucial porque eles testificaram perante o mundo, o que inclui alguns dos seus mais severos antagonistas. Eles proclamaram a sua mensagem como testemunhas oculares e se expuseram à crítica e à correção de seus oponentes (At 2.22). Essa espécie de pressão para manter os fatos corretos acontece a muito poucas pessoas na história. Esses autores não podiam dar-se ao luxo de expor-se ao perigo de informações incorretas. Qualquer manipulação dos fatos seria prontamente exposta, pois havia muitas testemunhas oculares ainda vivas que teriam reagido imediatamente se eles deturpassem a verdade. Conseqüentemente, concluímos que o Novo Testamento passa no teste da coerência interna.

O NOVO TESTAMENTO PASSA NO TESTE EXTERNO?

"Que fontes existem, à parte dos escritos sob análise, que confirmam a exatidão, confiabilidade e autenticidade dos documentos?" Em outras palavras, há literatura ou outra evidência, exceto o Novo Testamento, que confirme o testemunho interno dos autores do Novo Testamento? Em resposta a essa pergunta apresentamos a seguinte evidência objetiva, extraída das várias fontes observadas, para confirmar o esboço geral do Novo Testamento.

Testemunho de Flávio Josefo, historiador judeu (37-100 d.C.)[30]

> ... Nasceu o historiador judeu Josefo no ano 37 A.D., rebento de família sacerdotal. Aos dezenove anos ingressou na facção farisaica. [...] Ao irromper a Guerra Judaica em 66 A.C., confiou-se-lhe o comando das tropas judias da Galiléia e defendeu ele a fortaleza de Jotapata contra os romanos até que se afigurou inútil continuar a resistência. [...] Josefo veio a achar-se como um dos últimos dos sobreviventes. Persuadiu ao companheiro que o melhor seria entregarem-se aos romanos [...] Durante o cerco de Jerusalém foi Josefo agregado ao quartel general das tropas imperiais, chegando mesmo a servir de intérprete de Tito, filho e sucessor de Vespasiano no comando palestino [...] Após a queda da cidade, esmagada a rebelião, foi Josefo para Roma, onde passou a viver confortavelmente como cliente e pensionista do impera-

---

[29] GEISLER & HOWE, *Manual popular de dúvidas, enigmas e "contradições" da Bíblia*, p. 370.
[30] F. F. Bruce, *Merece confiança o Novo Testamento?*, p. 134-46.

dor, cujo nome de família, Flávio, adotou, passando desde então a ser conhecido como Flávio Josefo.

[...] Josefo usou esses anos de lazer em Roma em moldes tais a fazer jus, pelo menos me certa medida, à gratidão patrícia com escrever a história da nacionalidade. As obras literárias que produziu incluem a HISTÓRIA DAS GUERRAS JUDAICAS [...] uma AUTOBIOGRAFIA [...] e vinte livros de ANTIGÜIDADES JUDAICAS, história da nacionalidade desde o começo em Gênesis até os seus dias [...]

Nas páginas dessas obras de Josefo, deparamo-nos com muitas figuras que nos são bem conhecidas através do Novo Testamento: a multicolor família dos Herodes; os imperadores romanos Augusto, Tibério, Cláudio e Nero; Quirino, o governador da Síria; Pilatos, Félix e Festo, os procuradores da Judéia; as famílias de sumo-sacerdotes — Anás, Caifás, Ananias e os demais; os fariseus e os saduceus; e assim por diante. No fundo que provê Josefo podemos ler o Novo Testamento com interesse e descortino mais acentuados. [...]

O repentino falecimento de Herodes Agripa I, narrado por Lucas em Atos 12:19-23, registra-o também Josefo (ANT. 19:8:2) em termos que concordam com o arcabouço geral de Lucas, inda que as duas narrativas sejam assaz independentes uma da outra. [...]

Ainda mais importante, menciona Josefo a João Batista e a Tiago, o irmão do Senhor, registrando a morte de cada um em termos que se evidenciam de todo independentes do Novo Testamento [...] Nas ANTIGÜIDADES: 5:2, lemos que a Herodes Antipas, o tetrarca da Galiléia, derrotou em batalha a Aretas, rei dos árabes nabateus, pai da primeira esposa de Herodes, a quem abandonara para unir-se a Herodias. Observa Josefo:

"Agora, alguns judeus eram de parecer que o exército de Hereodes havia sido destruído por Deus e que era essa uma penalidade muitíssimo justa para vingar a João, cognominado o Batista. Pois que Herodes o fizera matar, embora fosse ele homem de bem, que conclamara os judeus a praticar a virtude, a serem justos uns para com os outros; a serem piedosos para com Deus e a congregarem-se no batismo. [...] temeu Herodes que seu poder de persuasão sobre os indivíduos, sendo tão grande como era, viesse a conduzir a alguma insurreição, visto que se mostravam disposto a seguir-lhe o parecer em tudo. [...] Em razão dessa suspeita de Herodes, foi João levado em cadeias para o forte de Maquero [...] e aí executado...". [...]

Mais adiante nas ANTIGÜIDADES (XX:9:1), descreve Josefo os atos despóticos do sumo sacerdote Anano após a morte do procurador Festo (61 A.D.) nos seguintes termos:

"Mas o jovem Anano [...] era de disposição ousada e excepcionalmente arrojado; seguia a facão dos Saduceus, que são rigorosos no julgar acima de todos os demais judeus [...] Sendo dessa disposição, portanto, concluiu que tinha agora excelente oportunidade, de vez que Festo era morto e Albino ainda se achava em caminho; reuniu, pois, um conselho de juízes e perante ele fez comparecer o irmão de Jesus, chamado o Cristo, cujo nome era Tiago, bem como outros mais, e havendo-os acusado como infratores da lei, os entregou para serem apedrejados". [...]

[...] A narrativa de Josefo é particular importância em que qualifica a Tiago como "o irmão de Jesus, chamado o Cristo", em moldes que sugerem que já havia ele feito referência prévia a Jesus. De fato, encontramos outra referência a Jesus em todos os exemplares subsistentes de Josefo, o assim chamado TESTIMONIUM FLAVIANUM, em ANTIGÜIDADES: XVIII:3:3. Narra Josefo nessa porção algumas das dificuldades que marcaram a procuradoria de Pilatos e, então, observa: "E, por essa época, surgiu Jesus, homem sábio, *se é que, afinal, deveríamos de chamá-lo homem*; pois que era ele operador de feitos maravilhosos, mestre daqueles que recebem a verdade com prazer. Atraiu a muitos judeus, e também a muitos gregos. *Esse homem era o Cristo*. E quando Pilatos, ante o pronunciamento dos principais vultos dentre nós, o condenara à crucificação, aqueles que o haviam amado de começo não o repudiaram; *pois lhes apareceu vivo outra vez ao terceiro dia, havendo os divinos profetas falado isto e milhares de outras coisas maravilhosas a seu respeito*: e mesmo agora a família dos cristãos, assim denominados por causa dele, ainda não se extinguiu".

Essa [é] a versão do texto desta passagem nos termos em que chegou até nós, termos que são os mesmos correntes no tempo de Eusébio, que a cita duas vezes. Uma das razões por que muitos se têm decidido a considerá-la uma interpolação de origem cristã é que Orígenes declara que Josefo não cria fosse Jesus o Messias nem o proclamou como tal. De qualquer forma, certo é que Josefo não era cristão. Contudo, é provável que um escritor não-cristão fizesse uso de expressões tais como aquelas que acima se grafam em itálico. Entretanto, do ponto de vista da crítica textual, nada há que milite contra a passagem em sua presente forma; a evidência manuscrita é unânime e ampla quanto o pode ser em referência a qualquer porção de Josefo.

[...] Atentando, contudo, mais demoradamente para as porções em tela, não nos será difícil admitir a possibilidade de que as estivesse Josefo a redigir com um riso sopitado, em tom disfarçada mofa. A expressão: "*Se é que, afinal, deveríamos de chamá-lo homem*" pode não ser mais do que sarcástica referência à crença dos cristãos de que Jesus era o Filho de Deus. Da mesma sorte a afirmação: "*Esse homem era o Cristo*" pode apenas significar que esse era o Jesus vulgarmente conhecido como Cristo [...] Quanto à terceira das expressões acima destacadas, a que se refere à ressurreição, pode não ter outro propósito senão registrar o que afirmavam os cristãos. Críticos há, bastante drásticos até, que não sentem dificuldades em aceitar o *Testimonium Falavianum* [O Testemunho Flaviano] tal como subsiste. [...]

Duas outras emendas [revisões da mesma seção de Josefo citada acima] há que muito têm que as recomende. [...] Adotadas as emendas supra referidas ao texto, o resultado seria o seguinte:

"E, por essa época, surgiu *outro foco de novas dificuldades*, um certo Jesus, homem sábio. Era ele operador de feitos maravilhosos, mestre daqueles que recebem *coisas estranhas* com prazer. Atraiu a muitos judeus, e também a muitos gregos. Esse homem era o *assim chamado* Cristo. E quando Pilatos, ante o pronunciamento dos principais vultos dentre nós, o condenara à crucificação, aqueles que o haviam amado de começo não o repudiaram; pois lhes apareceu, *segundo diziam*, vivo outra vez ao terceiro dia, havendo os divinos profetas falado isto e milhares de outras coisas maravilhosas a seu respeito: e mesmo agora a família dos cristãos, assim denominados por causa dele, ainda não se extingiu".

Nesta versão as secções em itálico marcam as emendas propostas. Mercê de um ou dois retoques muitíssimo simples, desfazem-se as dificuldades do texto tradicional, ao mesmo tempo em que se preserva (ou até se realça) o valor da passagem como documento histórico. O tom de menosprezo se faz um pouco mais acentuado, em conseqüência desses acréscimos, e a referência final à "família dos cristãos" não destoa da esperança de que, ainda que não hajam extinguido, tal não tardará a dar-se.

Portanto, temos boas razões para crer que Josefo fez direta referência a Jesus, testemunhando-Lhe quanto (a) à data em que exerceu o ministério; (b) à reputação de taumaturgo; (c) ao fato de ser irmão de Tiago; (d) à crucificação sob Pilatos, mercê da informação das autoridades judaicas; (e) à postulação messiânica; (f) à condição de fundador da "família dos cristãos", e, provavelmente, (g) à crença de que Jesus ressuscitou dentre os mortos.

O testemunho dos escritores não-judeus da antiguidade [31]

O primeiro escritor gentio que nos concerne ao propósito parece ser Talo, que por volta do ano 52 A.D. escreveu uma obra traçando a história da Grécia e suas relações com Ásia desde a Guerra de Tróia até os seus dias. Tem esse vulto sido identificado com um samaritano homônimo, a quem menciona Josefo (ANT. XVIII: 6:4) como liberto do Imperador Tibério. Júlio Africano, cronologista cristão de cerca de 221 A.D., autor que conhecia os escritos de Talo, em discutindo as trevas que sobrevieram durante a crucificação de Cristo diz: "Talo, no terceiro livro de suas histórias, sustenta que essas trevas foram nada mais que o resultado de um eclipse do sol — explicação desarrazoada, a meu ver" (desarrazoada, naturalmente, porquanto um eclipse solar não poderia ocorrer por ocasião da lua cheia, sendo que foi justamente no plenilúnio pascal que morreu Cristo).

À base desta referência em Júlio Africano tem-se inferido: (a) que a tradição do Evangelho, ou pelo menos a [história] tradicional da paixão, era conhecia em círculos não-cristãos em Roma por volta da metade do século primeiro; e (b) que os adversários do Cristianismo procuraram refutar essa tradição cristã com dar aos fatos interpretação naturalista. [...]

O maior dos historiadores romanos da época imperial foi Cornélio Tácito, nascido entre 52 e 54 A.D., que escreveu a história de Roma na era dos imperadores. Tinha cerca de sessenta anos quando escreveu a história do reinado de Nero (54-68 A.D.), em que descreveu o grande incêndio que devastou Roma no ano 64 e registrou a opinião corrente em vastos círculos de que Nero havia instigado o incêndio, com o fito de alcançar maior glória pessoal em reconstruindo a cidade. Diz o historiador: "Portanto, para conter os rumores, substituiu Nero como culpados e os puniu com a expressão máxima da crueldade aos elementos de uma casta de homens detestados pelos seus vícios, a quem a populaça designava de cristãos. Cristo, de quem derivavam o epíteto, havia sido executado mediante sentença do procurador Pôncio Pilatos no tempo em que Tibério era imperador; e essa perniciosa superstição foi reprimida por algum tempo, para irromper outra vez, não

---
[31] Ibid., p. 147-55.

apenas na Judéia, o nascedouro da praga mas na própria Roma, onde tudo que há de horrível e vergonhoso no mundo parece convergir e achar conveniente guarda" (ANAIS, XV:44).

Esta narrativa não deixa a impressão de haver sido derivada de fontes cristãs, nem [tampouco] de informantes judeus, pois que estes não se haveriam referido a Jesus como o Cristo. Para o pagão Tácito, Cristo era simplesmente um nome próprio como qualquer outro; para os judeus, assim como para os primeiros cristãos, não era mero nome, era um título, o equivalente grego do termo semita *Messias* ("Ungido") [...]

No ano 112 da era cristã, escreveu C. Plínio Segundo (Plínio, o Moço), governador da Bitínia, na Ásia Menor, ao imperador Trajano, pedindo-lhe sugestões quanto a como tratar com a perturbadora seita dos cristãos, embaraçantemente numerosos na província. Segundo a evidência que havia conseguido, mediante interrogatório de alguns dentre eles, sob tortura, "tinham o hábito de reunir-se em um dia fixo antes de sair o sol, quando entoavam um cântico a Cristo como Deus e se comprometiam, mercê de solene juramento (*sacramentum*), a não praticar nenhum ato mau, a abster-se de toda fraudulência, furto e adultério, a jamais quebrar a palavra empenhada ou deixar de saldar um compromisso em chegando a data do vencimento, após o que era costume separarem-se e reunir-se novamente para participar de repasto comum, servindo-se de alimento de natureza ordinária e inocente".

Quer se aceitem, quer se rejeitem outras ilações tiradas da evidência oferecida por escritores antigos, judeus e gentios, conforme a sumarizamos neste e no capítulo precedente, uma conclusão, pelo menos, se impõe absoluta àqueles que recusam o testemunho dos escritos cristãos: o caráter histórico da pessoa de Jesus. Certos estudiosos podem entregar-se à fantasia de um "Cristo mítico", mas o fazem não em decorrência de fundamentada evidência histórica. A historicidade de Cristo é para o historiador isento de preconceitos tão axiomática realmente quanto a historicidade de Júlio César. Não são, portanto, historiadores os que se prestam a veicular teorias relativas ao "Cristo mítico".

Combinando estes testemunhos históricos não-cristãos a respeito de Cristo, obtemos o seguinte quadro:[32]

Jesus: 1) era de Nazaré; 2) viveu de modo sábio e virtuoso; 3) foi crucificado na Palestina sob Pôncio Pilatos durante o reinado de Tibério César na

---

[32]Norman L. GEISLER, *Enciclopédia de apologética*, p. 452.

época da Páscoa, sendo considerado o rei judeu; 4) segundo seus discípulos, ele ressuscitou dos mortos depois de três dias; 5) seus inimigos reconheceram que ele realizou feitos incomuns denominados por outros "feitiçaria"; 6) seu pequeno grupo de discípulos se multiplicou rapidamente, espalhando-se até Roma; 7) seus discípulos negavam o politeísmo, viviam de acordo com princípios morais e adoravam a Cristo como divino. Essa descrição confirma a imagem do Jesus apresentada nos evangelhos do NT.

Este esboço geral é perfeitamente congruente com o do Novo Testamento. Para ajudar a substanciar a historicidade do Novo Testamento, considere a seguinte evidência arqueológica e histórica.[33]

Testemunho da Arqueologia

Evidência relacionada à morte de Jesus[34]

[Duas] descobertas fascinantes iluminam a morte de Cristo e, até certo ponto, sua ressurreição. A primeira é um decreto fora do comum; a segunda é o corpo de outra vítima da crucificação.

O decreto de Nazaré. Uma laje de pedra foi encontrada em Nazaré em 1878, inscrita com um decreto do Imperador Cláudio (41-54 d.C.) segundo o qual nenhuma sepultura devia ser violada nem corpos deviam ser extraídos ou movidos. Esse tipo de decreto não é fora do comum, mas o fato surpreendente é que aqui "o ofensor será condenado à penalidade máxima pela acusação de violação de uma sepultura" (ibid., p. 155). Outras advertências citavam uma multa, mas morte por violar uma sepultura? Uma explicação provável é que Cláudio, depois de ouvir a doutrina cristã da ressurreição e do túmulo vazio de Jesus, ao investigar os tumultos de 49 d.C., decidiu impedir que relatórios desse tipo viessem novamente à tona. Isso faria sentido à luz do argumento judaico de que o corpo fora roubado (Mt 28.11-15). Esse é um testemunho primitivo da crença forte e persistente de que Jesus ressuscitou dos mortos.

Yohanan — uma vítima da crucificação. Em 1968, um antigo cemitério foi descoberto em Jerusalém contendo cerca de 35 corpos. Foi determinado que a maioria deles sofrera mortes violentas na rebelião judaica contra Roma em

---

[33] As evidências arqueológicas resumidas aqui valem apenas para o Novo Testamento. Para um resumo das evidências referentes ao Antigo Testamento, v. *Enciclopédia de apologética*, p. 76-80.
[34] Ibid., 81-2.

70 d.C. Um deles era um homem chamado Yohanan ben Hagalgol. Ele tinha entre 24 e 28 anos, uma fenda palatina, e ambos os pés ainda traspassados por um cravo de 18 cm de comprimento. Os pés estavam virados para fora, para que o cravo pudesse atravessar os calcanhares, bem no tendão de Aquiles. Isso também faria as pernas se arquearem para fora, de modo que pudessem ser usadas para apoio na cruz. O cravo havia atravessado uma cunha de acácia, depois os calcanhares, depois uma viga de madeira de oliveira. Também havia indícios de cravos semelhantes colocados entre os dois ossos de cada parte inferior dos braços. Estes haviam feito com que os ossos superiores se desgastassem à medida que a vítima se levantava e abaixava repetidamente para respirar (a respiração é restrita com os braços levantados). As vítimas de crucificação tinham de se erguer para liberar os músculos peitorais e, quando ficavam fracos demais para fazê-lo, morriam por asfixia.

As pernas de Yohanan foram esmagadas com um golpe violento, conforme o hábito do *crucifagium* romano (Jo 19.31,32). Cada um desses detalhes confirma a descrição da crucificação encontrada no NT.

Descobertas arqueológicas dão testemunho dos lugares descritos no Novo Testamento. Entre essas descobertas estão

- o pavimento de pedra (Jo 19.13);
- o tanque de Betesda;
- o poço de Jacó;
- o tanque de Siloé;
- as cidades antigas de Belém, Nazaré, Caná, Cafarnaum e Corazim;
- a residência de Pilatos em Jerusalém.

Muito mais evidências textuais e arqueológicas sustentam exatidão do Novo Testamento. Mas mesmo estes exemplos revelam a extensão em que a arqueologia confirma a verdade das Escrituras. O arqueólogo Nelson Glueck declarou intrepidamente que "pode-se afirmar categoricamente que nenhuma descoberta arqueológica jamais contestou a referência bíblica. Fizeram-se avaliações de achados arqueológicos que confirmam em esboço claro ou detalhe preciso as declarações históricas da Bíblia" (*Rivers in the desert* [*Rios no deserto*], p. 31).

Depoimentos de testemunhas especialistas em arqueologia

O arqueólogo da Bíblia de renome mundial, *William F. Albright* disse:
O excessivo ceticismo mostrado para com a Bíblia por importantes escolas históricas dos séculos dezoito e dezenove, certas fases das quais ainda se

manifestam periodicamente, têm sido progressivamente desacreditado. Descoberta após descoberta estabeleceram a exatidão de inúmeros detalhes e produziram aumento do reconhecimento do valor da Bíblia como fonte histórica.³⁵

O professor F. F. Bruce observa:

> Onde se suspeitou de imprecisão de Lucas, e a precisão foi vindicada por alguma evidência de inscrição, pode ser legítimo dizer que a arqueologia confirmou o registro do Novo Testamento.³⁶

O arqueólogo de Yale, *Millar Burrows* afirma,

> No total, o trabalho arqueológico tem inquestionavelmente fortalecido a confiança na confiabilidade do registro escriturístico. Mais de um arqueólogo tem aumentado o respeito pela Bíblia pela experiência de escavação na Palestina.³⁷

Sir William Ramsey é considerado um dos grandes arqueólogos do Novo Testamento. Depois de ler a crítica a respeito do livro de Atos, ficou convencido de que não era uma narrativa digna de confiança dos fatos daquela época (50 d.C.) e, portanto, não era digno de consideração da parte de um historiador. Em sua pesquisa de história da Ásia Menor, Ramsey foi finalmente constrangido a considerar os escritos de Lucas. Observou a precisão meticulosa dos detalhes históricos e gradualmente reconsiderou sua posição. Após trinta anos de estudo, concluiu:

> Lucas é um historiador de primeira categoria, suas declarações não são meramente de fatos dignos de confiança [...] esse autor deve ser colocado juntamente com os maiores historiadores.³⁸

O testemunho da história: o livro de Atos e o evangelho de Lucas³⁹

Além do esboço geral da história do Novo Testamento ser confirmado por fontes não-cristãs próximas de Cristo, há confirmação *específica* de fatos específicos da história do Novo Testamento proveniente da arqueologia. Vamos con-

---

³⁵ *The archaeology of Palestine*, p. 127-8.
³⁶ *Archaeological confirmation of the New Testament*, p. 331.
³⁷ *What mean these stones?*, p. 1.
³⁸ *The bearing of recent discovery on the trustworthiness of the New Testament*, p. 222
³⁹ O autor do livro de Atos (1.1) também escreveu o evangelho de Lucas (v. Lc 1.1).

centrar nossa atenção na história registrada por Lucas no livro de Atos. O esboço a seguir foi extraído da *Enciclopédia de apologética*.[40]

- Se Atos foi escrito antes de 70 d.C., enquanto as testemunhas ainda estavam vivas [...] o livro tem grande valor histórico para nos informar sobre as crenças cristãs mais primitivas.
- Se Atos foi escrito por Lucas, companheiro do apóstolo Paulo, ele nos coloca dentro do círculo dos apostólos, que participaram dos eventos relatados.
- Se Atos foi escrito por volta do ano 62 d.C (a data tradicional, foi escrito por um contemporâneo de Jesus, que morreu no ano 33.
- Se Atos é considerado história precisa, traz credibilidade aos seus relatos sobre as mais básicas crenças cristãs quanto a milagres (At 2.22), morte (At 2.23), ressurreição (At 2.23, 29-32), e ascensão de Cristo (At 1.9,10).
- Se Lucas escreveu Atos, então seu "livro anterior" (At 1.1), o evangelho de Lucas, deve receber a mesma data (durante a vida dos apóstolos e testemunhas) e credibilidade.

As evidências que sustentam a data e a autenticidade dos Atos dos Apóstolos incluem a história romana, os argumentos tradicionais, o conhecimento geral e especializado do autor, e o conhecimento específico do local do autor (nomes de vários lugares e pessoas, condições, costumes e circunstâncias). Consulte a *Enciclopédia de apologética* para conhecer evidências disponíveis de cada um desses assuntos. Para nossos propósitos, damos uma lista de fatos referentes à história romana e ao conhecimento que Lucas tinha de informação local específica.

Testemunho de um historiador romano

Conquanto os estudos acadêmicos do Novo Testamento, por longo tempo dominados pela alta crítica, foram céticos com respeito à historicidade dos evangelhos e de Atos, isso não foi verdade dos historiadores romanos do mesmo período. Sherwin-White é um exemplo.[41]

Outro historiador deu o peso de sua erudição à questão da historicidade do livro de Atos. Colin J. Hemer relaciona dezessete razões para aceitar a data primitiva tradicional que situam a pesquisa e os escritos de Atos no

---
[40]P. 88-9.
[41]*Roman society and roman law in the New Testament*. Oxford: Clarendon, 1969.

período de vida de muitos participantes.⁴² Essas razões apóiam fortemente a historicidade de Atos e, indiretamente, a do evangelho de Lucas (v. Lc 1.1-4; At 1.1):

1. Não há menção alguma em Atos da queda de Jerusalém no ano 70 d.C., omissão improvável, devido ao conteúdo, se já tivesse ocorrido.
2. Não há nenhuma pista da deflagração da Guerra Judaica no ano 66 d.C., nem de nenhuma deterioração drástica ou específica das relações entre romanos e judeus, o que implica que foi escrito antes dessa época.
3. Não há nenhum indício de deterioração das relações cristãs com Roma devidas à perseguição de Nero no final dos anos 60 do primeiro século.
4. O autor não mostra nenhum conhecimento das cartas de Paulo. Se Atos tivesse sido escrito mais tarde, por que Lucas, que se mostra tão cuidadoso de detalhes incidentais, não procuraria rechear sua narrativa com seções relevantes das Epístolas? As Epístolas evidentemente circularam e devem ter-se tornado fontes disponíveis. Esta questão é cheia de incertezas, mas o silêncio indica uma data mais antiga.
5. Não há nenhum indício da morte de Tiago pelo Sinédrio por volta do ano 62, registrada por Josefo (*Antiguidades* 20.9.1.200).
6. A importância do julgamento de Gálio, em Atos 18.14-17 pode ser vista como o estabelecimento de um precedente para legitimar o ensino cristão sob o guarda-chuva da tolerância ao judaísmo.
7. A preeminência e autoridade dos saduceus em Atos pertencem ao período pré-70, antes do colapso da cooperação política deles com Roma.
8. Ao contrário, a relativa atitude simpática em Atos para com os fariseus (diferente da do evangelho de Lucas) não se encaixa bem no período do reavivamento farisaico depois da reunião em c. 90 dos estudiosos de Jâmnia. Em conseqüência dessa reunião, uma fase de escalada do conflito com o cristianismo foi liderada pelos fariseus.
9. Alguns alegaram que o livro antedata a vinda de Pedro a Roma e também emprega uma linguagem que dá a entender que Pedro e João, assim como o próprio Paulo, ainda estavam vivos.
10. A preeminência dos "tementes a Deus" nas sinagogas em Atos parece indicar a situação anterior à Guerra Judaica.

---

⁴² *The book of Acts in the setting of hellenistic history*. Winona Lake: Eisenbrauns, 1990.

11. Os detalhes culturais insignificantes são difíceis de ser colocados com precisão, mas podem melhor representar o ambiente cultural da era romana dos imperadores Júlio e Cláudio.
12. Áreas de controvérsia em Atos pressupõem a importância do cenário judeu durante o período do templo.
13. Adolf Harnack alegou que a profecia colocada na boca de Paulo em Atos 20.25 (v. 20.38) pode ter sido contradita por acontecimentos posteriores. Se for o caso, ela supostamente foi escrita antes de os eventos ocorrerem.
14. A formulação primitiva da terminologia cristã é usada em Atos, que é compatível com o período primitivo. Harnack arrola títulos cristológicos, como, por exemplo, *Insous* e *ho Kurios*, que são usados livremente, enquanto *ho Christos* sempre designa "o Messias" em vez de nome próprio, e *Christos* é empregado de outro modo somente em combinações formalizadas.
15. Rackham chama atenção para o tom otimista de Atos, que não teria sido natural após o judaísmo ter sido destruído, e os cristãos martirizados nas perseguições de Nero no final dos anos 60 (Hemer, p. 376-82).
16. O final do livro de Atos. Lucas não continua a história de Paulo no final dos dois anos de Atos 28.30. "A menção deste período definido implica um ponto terminal, pelo menos iminente" (Hemer, p. 383). Ele acrescenta: "Pode-se argumentar simplesmente que Lucas tenha trazido a narrativa para o tempo da escrita, e a nota final foi acrescentada na conclusão dos dois anos" (ibid., 387).
17. As "imediações" de Atos 27 e 28: "Isso é o que chamamos de "imediações" dos últimos capítulos do livro, que são marcados num grau especial pela reprodução aparentemente irrefletida de detalhes insignificantes, característica que alcança o apogeu na narrativa da viagem de Atos 27 e 28 [...] As "imediações" vívidas desta passagem em particular podem ser fortemente contrastadas com o "caráter indireto" da parte anterior de Atos, onde presumimos que Lucas apoiou-se em fontes ou em reminiscências de outros e não pode controlar o contexto de sua narrativa" (ibid., 388-89).

Conhecimento local específico

Lucas manifesta uma ordem incrível de conhecimento de locais, nomes, costumes e circunstâncias, que são próprios de uma testemunha ocular contemporânea que registra o tempo e os acontecimentos. Atos 13-28, que cobre as viagens de Paulo, mostra particularmente o conhecimento íntimo das circunstâncias locais [...] Inúmeras coisas são confirmadas por pesquisa histórica e arqueológica. (Relacionamos de 25 a 43 da *Enciclopédia de apologética*, p. 92.)

1. Um cruzamento natural entre portos citados pelo nome correto (13.4,5). Monte Cássio, ao sul da Selêucia, fica dentro do campo de visão de Chipre. O *nome* do procônsul em 13.7 não pode ser confirmado, mas a *família* de Sérgio Paulo é atestada.
2. O nome correto do porto fluvial, Perge, para passagem de navio vindo de Chipre (13.13).
3. A localização correta de Licaônia (14.6).
4. A declinação incomum mas correta do nome Listra e a língua correta falada em Listra. Identificação correta de dois deuses associados com a cidade, Zeus e Hermes (14.12).
5. O porto correto, Atália, para o retorno dos viajantes (14.25).
6. A rota correta dos portões Cilicianos (16.1).
7. A forma correta do nome *Troas* (16.8).
8. A identificação correta de Filipos como uma colônia romana. Localização exata do rio Gangites perto de Filipos (16.13).
9. Associação de Tiatira com a tintura de roupas (16.14). Designações corretas dos títulos para os magistrados da colônia (16.20, 35, 36, 38).
10. Localizações corretas de onde os viajantes gastariam noites sucessivas em sua jornada (17.1).
11. A presença de uma sinagoga em Tessalônica (17.1), e o título correto *politarch* (oficiais da cidade) dos magistrados (17.6)
12. A explicação correta de que a viagem por mar é o meio mais conveniente de alcançar Atenas no verão com ventos orientais favoráveis (17.14).
13. A abundância de imagens em Atenas (17.16), e referência à sinagoga local (17.17).
14. A descrição do debate filosófico na *ágora* [praça principal] (17.17). Emprego correto de gíria ateniense, em 17.18,19, no epíteto referente a Paulo, *spermologos* ("tagarela"), e o nome correto do tribunal, Areópago. Descrição precisa do caráter ateniense (17.21). Identificação correta do altar ao "Deus desconhecido" (17.23). Reação lógica dos filósofos que negavam a ressurreição física (17.32). *Areopagita*, o título correto para um membro do tribunal (17.34; ARA).
15. Identificação correta da sinagoga de Corinto (18.14). Designação correta de Gálio como procônsul (18.12). O *bema* (tribuna) pode ainda ser visto no fórum de Corinto (18.16)

16. O culto de Ártemis dos Efésios (19.24, 27). O culto é bem atestado, e o teatro de Éfeso o lugar de encontro da cidade (19.29).
17. Título correto *grammateus* [escrivão da cidade] para o magistrado executivo principal e o título de honra adequado, *Neokoros* (19.35). Nome correto para identificar a deusa (19.37). Designação correta dos que ajudavam no tribunal (19.38). O uso do plural *anthupatoi* (procônsules)em 19.38 é provavelmente uma referência exata notável ao fato de que dois homens juntos exerciam as funções proconsulares naquela época.
18. O uso de uma designação étnica precisa, *beroiaios* e o termo étnico *asianos* (20.4).
19. A permanência constante de uma legião romana na fortaleza Antônia para reprimir os distúrbios nos tempos de festa (21.31). A escada usada pelos guardas (21.31, 35).
20. A identificação correta de Ananias como sumo sacerdote (23.2) e de Félix como governador (23.24).
21. Explicação do procedimento penal providencial (24.1-9).
22. Concordância com Josefo sobre o nome *Pórcio Festo* (24.27).
23. Observação sobre direito legal de apelo do cidadão romano (25.11). Fórmula legal *de quibus cognoscere volebam* (25.18). Forma característica de referência ao imperador (25.26).
24. Nome e lugar exatos dados para a ilha de Clauda (27.16). Manobra apropriada dos marinheiros na hora da tempestade (27.16-19). A décima quarta noite julgada pelos marinheiros experientes do Mediterrâneo uma hora apropriada para a viagem na tempestade (27.27). O termo próprio para esta parte do mar Adriático nessa época (27.27). O termo preciso, *bolisantes*, para lançar a sonda (27.28). Posição de provável abordagem de um navio encalhado devido a um vento oriental (27.39).
25. Título correto, *protos* (*tes nesou*) para um homem na posição de Públio, de liderança nas ilhas (28.7).

Conclusão[43]

A historicidade do livro de Atos dos apóstolos é confirmada por evidências incontáveis. Não há nada igual à quantidade de provas detalhadas em qualquer

---

[43]GEISLER, *Enciclopédia de apologética*, p.92.

outro livro da antigüidade. Isso não é apenas uma confirmação direta da fé cristã primitiva na morte e ressurreição de Cristo, mas também, indiretamente, do registro do evangelho, já que o autor de Atos (Lucas) também escreveu um evangelho detalhado. Esse evangelho é diretamente paralelo aos outros dois evangelhos sinóticos. A melhor evidência indica que esse material foi composto até 60 d.C., apenas 27 anos depois da morte de Jesus. Isso significa que foi escrito durante a vida de testemunhas dos eventos registrados (cf. Lucas 1.1-4). Isso não permite tempo para qualquer suposto desenvolvimento mitológico feito por pessoas que viveram depois dos acontecimentos. O historiador Sherwin-White observou que as composições de Heródoto nos ajudam a determinar a velocidade com que lendas se desenvolvem. Ele concluiu que

> os testes sugerem que até mesmo duas gerações são muito curtas para permi1tir que a tendência mitológica prevaleça sobre a precisão histórica da tradição oral (Sherwin-White, p. 190).

Julius Müller (1801-1878) desafiou teólogos da sua época a mostrar um exemplo sequer em que um evento histórico desenvolvesse muitos elementos mitológicos numa só geração (Müller, p.29). Não existe nenhum.

Tanto a autenticidade como a historicidade dos documentos do Novo Testamento estão firmemente estabelecidas hoje. *A natureza autêntica e a grande quantidade de evidências de manuscritos são esmagadoras, e ainda mais se comparadas aos textos clássicos da Antiguidade.* Além disso, muitos dos manuscritos originais datam de um período de 20 a 50 anos dos acontecimentos da vida de Jesus, isto é, dos *contemporâneos e das testemunhas oculares.*

A historicidade dessas narrativas contemporâneas da vida, ensino, morte e ressurreição de Cristo também está estabelecida sobre *base histórica firme*. Com respeito à exatidão dos relatórios das testemunhas oculares, há em geral apoio da história secular do primeiro século e, em particular, *os detalhes específicos das numerosas descobertas arqueológicas* da narrativa do Novo Testamento.

A integridade dos escritores do Novo Testamento parece estabelecer-se pela quantidade e pela natureza independente de suas testemunhas. Todavia, precisamos examinar o caráter dessas testemunhas também. Podemos ter um registro acurado da história, mas como sabemos que as testemunhas não estão mentindo?

OS AUTORES DO NOVO TESTAMENTO SÃO TESTEMUNHAS OCULARES CONFIÁVEIS?

Simon Greenleaf (1783-1853), o famoso professor de Direito da Harvard University, é considerado um dos docentes mais responsáveis por ajudar a Escola de Direito de Harvard a ganhar uma posição eminente entre as escolas de direito dos Estados Unidos.

Greenleaf produziu uma famosa obra intitulada *A treatise on the law of evidence* [*Tratado sobre a lei das evidências*], que ainda é considerado a maior autoridade sobre evidências em toda a literatura dos procedimentos legais. Em 1846, quando ainda professor de Direito em Harvard, Greenleaf escreveu um volume intitulado *An examination of the testimony of the four evangelists by the rules of evidence administered in the courts of justice* [*Um exame do testemunho dos quatro evangelistas pela regras de evidências administradas nos tribunais de justiça*].[44]

As regras de Simon Greenleaf para credibilidade

John Warwick Montgomery, no apêndice de sua obra *The law above the law* [*A lei acima da lei*],[45] resumiu os critérios de Simon Greenleaf para determinar a credibilidade dos testemunhos. Estes são os cinco principais pontos.

Primeiro, *a honestidade deles*. Uma pessoa normalmente fala a verdade quando não há nenhum motivo predominante ou persuasão para o contrário. Essa hipótese é aplicada nos tribunais de justiça, mesmo a testemunhas cuja integridade não seja totalmente isenta de suspeita. Portanto, é mais aplicável aos evangelistas, cujo testemunho foi contra todos os seus interesses mundanos. Eles desejavam morrer pelo seu testemunho (e muitos morreram).

Se Jesus não houvesse realmente ressuscitado dos mortos, e seus discípulos não tivessem conhecido esse fato com tanta certa quanto conheciam qualquer outro fato, ter-lhes-ia sido impossível persistir na afirmação das verdades que narraram. Ter persistido em falsidade tão grosseira depois de terem sabido tudo não era somente encontrar, pela vida, todos os males que um homem pode infligir de fora, mas também suportar as aguilhoadas de consciência de culpa interior, sem nenhuma esperança de paz futura, sem nenhum testemunho de uma boa consciência, sem esperança de honra nem de estima entre as pessoas e sem esperança de alegria nesta vida nem na vida por vir. Não há motivo plausível para crer que o testemunho deles era falso. É impossível ler os seus escritos e não sentir que estamos conversando com homens de santidade e de consciência terna, homens que agem debaixo da consciência permanente da presença e

---

[44] John Warwick MONTGOMERY, *The law above the law*, p. 191.
[45] Ibid.

da onisciência de Deus e de sua responsabilidade perante ele, homens que vivem no temor de Deus e andam nos seus caminhos.

Segundo, *a capacidade deles*. Devemos concordar que a capacidade de uma testemunha de falar a verdade depende das oportunidades que ela teve de observar o fato, da precisão de seus poderes de discernimento e da fidelidade de sua memória para reter os fatos que uma vez foram observados e conhecidos. Até que um oponente prove o contrário, deve-se sempre presumir que as pessoas são honestas e mentalmente sadias, e de grau de inteligência média e comum. Este não é apenas o juízo de mera caridade, é também a pressuposição uniforme do direito na terra. É uma suposição sempre permitida livre e plenamente para funcionar até que o fato seja conhecido de forma diferente pelo lado que nega a sua aplicabilidade ao caso particular em questão. Qualquer que seja a objeção contrária levantada, o ônus da prova é do oponente pelas regras comuns e ordinárias das evidências e pela lei e prática dos tribunais.

Mateus foi treinado por sua profissão a hábitos de investigação severa e escrutínio de suspeição. A profissão de Lucas exigia exatidão de observação e pesquisa igualmente minuciosas. Os outros dois evangelistas — isto foi bem observado — eram iletrados demais para forjar a história da vida de seu Mestre. Naturalmente, disto se presume que eles eram testemunhas oculares e/ou foram testemunhas oculares dos acontecimentos (questão tratada abaixo).

Terceiro, *o número e a coerência do testemunho deles*. As discrepâncias entre as narrativas dos diversos evangelistas, quando cuidadosamente examinadas, não são suficientes para invalidar o testemunho deles. Muitas contradições aparentes, debaixo de um escrutínio estreito, provam estar em concordância substancial, como já observamos.[46]

Quarto, *a concordância do testemunho com a experiência deles*. David Hume afirmou que a existência de leis naturais do curso uniforme da experiência humana é nosso único guia no raciocínio a respeito de matérias de fato; qualquer coisa contrária à experiência humana, ele pronunciou inaceitável. Sua observação contém esta falácia: exclui todo conhecimento derivado por inferência ou dedução dos fatos. Em outras palavras, o homem é limitado aos resultados de sua própria experiência sensória. (Já vimos as convicções de Hume).

Quinto, *a coincidência do testemunho deles com os fatos e circunstâncias colaterais e contemporâneos*. Tudo que o cristianismo pede dos inquiridores honestos so-

---

[46]Para um exame mais detalhado, v. *Manual popular de dúvidas, enigmas e "contradições" da Bíblia*, de Geisler e Howe.

bre este assunto é que sejam coerentes consigo mesmos, que tratem das evidências da fé como eles tratam das evidências de outras coisas e que examinem seus autores e testemunhas. As testemunhas devem ser comparadas com elas mesmas, uma com a outra, e com os fatos e as circunstâncias em torno, e o testemunho delas deve ser separado, como se fosse dado num tribunal junto à parte contrária, a testemunha sendo sujeita a rigorosos exames investigatórios. O resultado, acredita-se piamente, será a convicção firme da integridade, capacidade e verdade delas.[47]

Contemporâneos e testemunhas oculares

Embora muito da história antiga não tenha sido registrada por testemunhas oculares nem por contemporâneos, ela é, não obstante, considerada suficientemente confiável para nos informar a respeito dos principais acontecimentos que *foram* registrados. Por exemplo, o nosso conhecimento de Alexandre o Grande é baseado em biografias escritas no período de trezentos a quinhentos anos após sua morte. Ao contrário, no caso dos documentos do Novo Testamento que nos informam a respeito da morte e ressurreição de Cristo, até os críticos da Bíblia admitem que alguns deles datam do tempo de vida das testemunhas oculares e dos contemporâneos. Por exemplo,

1. A maioria dos críticos concorda que Paulo escreveu 1Coríntios por volta de 55-56 D.C. Nessa epístola, o apóstolo fala de mais de quinhentas testemunhas da ressurreição de Jesus Cristo — a maioria delas ainda estava viva (1Co 15.6).
2. Um importante historiador de Roma, Colin J. Hemer, estabeleceu que Atos [como mostrado anteriormente], confirmado como historicamente preciso em centenas de detalhes, foi escrito entre 60 e 62 d.C. Todavia, Atos 1.1 refere-se a um "livro anterior" [o evangelho de Lucas] que esse mesmo historiador cuidadoso escreveu. De fato, o evangelho de Lucas não somente alega ser historicamente exato, baseado em testemunhas oculares e evidências documentais (Lc 1.1-4), mas também verificou-se que na verdade é. Considere novamente este detalhe preciso de referência histórica confirmado como verdadeiro: "No décimo quinto ano do reinado de Tibério César, quando Pôncio Pilatos era governador da Judéia; Herodes, tetrarca da Galiléia; seu irmão Filipe, tetrarca da Ituréia e

---

[47]MONTGOMERY, The low above the low, p. 118-39.

Traconites; e Lisânias, tetrarca de Abilene; Anás e Caifás exerciam o sumo sacerdócio. Foi nesse ano que veio a palavra do Senhor a João, filho de Zacarias, no deserto" (Lc 3.1,2).
3. William F. Albright escreveu: "Podemos já dizer enfaticamente que não há mais nenhuma base sólida para datar livro nenhum do Novo Testamento depois de cerca de 80 d.C., duas gerações completas antes da data entre 130 e 150 d.C., estipuladas pelos críticos mais radicais do Novo Testamento hoje (*Recent discoveries in bible lands* [*Descobertas recentes nas terras bíblicas*]], p. 136). Em outro lugar Albright disse: "Na minha opinião, cada livro do Novo Testamento foi escrito por um judeu batizado entre os anos quarenta e oitenta do primeiro século (muito provavelmente entre os anos 50 e 75 d.C.)". [Toward a more conservative view [Por uma visão mais conservadora], *CT*, 18 de janeiro de 1993, p. 3).[48]
4. John A. T. Robinson, conhecido por sua atuação no lançamento do movimento da "morte de Deus", escreveu um livro revolucionário intitulado *Redating the New Testament* [*Redatando o Novo Testamento*], no qual postula datas revisadas para os livros do Novo Testamento mais antigas que até os eruditos mais conservadores jamais haviam postulado. Robinson situa Mateus entre 40 e 60, Marcos, cerca de 45 a 60, Lucas antes de 57 a 60, e João de antes de quarenta a 65. Isto significaria que um ou dois evangelhos pode ter sido escrito cerca de sete anos após a crucificação. No mínimo, eles todos foram compostos dentro do período de vida das testemunhas oculares e dos contemporâneos dos acontecimentos. Supondo a integridade básica e a precisão razoável dos escritores, isto colocaria a confiabilidade dos documentos do Novo Testamento além de qualquer dúvida razoável".[49]

Conclusão

Deve-se lembrar que muito pouco da literatura da época e do lugar dos evangelistas chegou até nós. As fontes colaterais e os meios de corroboração e explicação de seus escritos são proporcionalmente limitados. Os escritos e as obras de arte contemporâneos que chegaram até nós invariavelmente confirmam as narrativas deles, conciliam o que era aparentemente contraditório e

---

[48]GEISLER, *Enciclopédia apologética*, p. 641.
[49]Ibid.

suprem o que parecia defeituoso ou imperfeito. Para concluir, se nós tivéssemos acesso a mais coisas, todas as outras dificuldades e imperfeições acabariam.

Tivessem os evangelistas sido historiadores falsos, eles não se haveriam comprometido em tantos detalhes. Eles não teriam munido os inquiridores precavidos daquele período com instrumento tão eficaz para pô-los em descrédito perante o povo, nem teriam suprido tolamente, em cada página de sua narrativa, tanto material para serem inquiridos, o que infalivelmente os teria colocado em situação vergonhosa.

Há também uma naturalidade surpreendente nas personagens apresentadas pelos historiadores sacros, raramente (se alguma vez) encontrada nas obras de ficção, e provavelmente em nenhum outro lugar a ser recolhido de modo semelhante de alusões e expressões acidentais fragmentárias nos escritos de diferentes pessoas.

Há outras marcas internas de verdade nas narrativas dos evangelistas que precisam apenas ser mencionadas aqui, uma vez que foram tratadas plena e vigorosamente por escritores hábeis, cujas obras são conhecidas de todos. Entre essas marcas estão a nudez das narrativas — a ausência de qualquer ostentação pelos escritores de sua própria integridade, [a ausência] de toda ansiedade de serem acreditados ou de impressionar os outros com uma boa opinião a respeito de si mesmos ou de sua causa, [a ausência] de todas as marcas vontade, ou desejo de despertar perplexidade pela grandeza dos acontecimentos que registraram, e [ausência] de todas as aparências de propósito de exaltar o seu Mestre. Ao contrário, a mais perfeita indiferença da parte deles se eram acreditados ou não. Pelo contrário, a consciência evidente de que estão registrando acontecimentos bem conhecidos de todos, em sua própria época e lugar, e indubitavelmente para ser acreditados.

A simplicidade e a naturalidade deles não devem passar despercebidas quando declaram prontamente até o menosprezo a eles próprios. Sua disposição de fé em seu Mestre, a lentidão para aprender os ensinos de Jesus, a luta por preeminência, a inclinação para pedir que fizesse descer fogo do céu sobre os inimigos, a deserção deles de seu Senhor em sua hora de extremo perigo — estes e muitos outros incidentes que tendem diretamente para a própria desonra deles são, não obstante, postos com toda a integridade de caráter e sinceridade de verdade, como homens que escrevem com o mais profundo senso de responsabilidade perante Deus.[50]

---

[50] Montgomery, *The law above the law*, p. 138-9.

QUE SE PODE CONCLUIR A RESPEITO DOS DOCUMENTOS DO NOVO TESTAMENTO?

Você talvez não tivesse consciência da quantidade de evidências arrasadoras que sustentam a historicidade dos documentos do Novo Testamento. Se for esse o caso, talvez agora você possa apreciar o que C. S. Lewis, o grande erudito de Oxford e Cambridge, disse quando descreveu sua mudança de visão de mundo do ateísmo para o teísmo em geral e para o cristianismo em particular:

> No início de 1926, o mais empedernido dos ateus que jamais conheci sentou-se no quarto e, contra tudo o que eu dele esperava, observou que os indícios da historicidade dos Evangelhos eram de fato surpreendentemente bons. [...] "Chega até a parecer que aquilo realmente aconteceu". Para entender o impacto explosivo disso [de sua observação], o leitor precisaria conhecer o homem (que certamente desde então jamais demonstrou qualquer interesse pelo cristianismo). Se ele, o cético dos céticos, o durão dos durões, não estava — como eu ainda o diria — "seguro", então a que é que eu poderia recorrer? Será que não havia mesmo uma saída?
>
> O esquisito era que, antes de Deus fechar o cerco sobre mim, foi-me oferecido aquilo que hoje me parece um momento de escolha absolutamente livre [...] Eu podia abrir a porta ou deixá-la trancada [...] A escolha parecia ponderosa, mas era também estranhamente desprovida de emoção. Não eram desejos nem medos que me motivavam. Em certo sentido, nada me motivava. Escolhi abrir, tirar a carapaça, afrouxar as rédeas.[51]

Lewis descreveu as evidências a favor da confiabilidade histórica do Novo Testamento como um cerco de Deus a ele. Esse "cerco" *é chegar a termos intelectualmente honestos de quem a pessoa de Jesus Cristo realmente é*. Jesus estava especialmente preocupado em fazer que seus contemporâneos tivessem uma concepção exata dele. Cremos que essa é uma exigência justa: ninguém quer ser mal-entendido, e nenhuma pessoa intelectualmente honesta ia querer ter uma impressão falsa de quem alguém é. É essencial no caso de Jesus, que teve tanta influência na história do mundo, que qualquer mal-entendido fosse eliminado a todo custo. Considere quem esse Jesus da história realmente é, mas considere à luz da fonte primária — os documentos do Novo Testamento. Esses documentos dão um retrato preciso de Jesus Cristo que não pode ser apagado por nenhum investigador com credibilidade.

---

[51] *Surpreendido pela alegria*, p. 228.

Uma vez que a confiabilidade dos documentos do Novo Testamento e a integridade dos seus autores foram estabelecidas como historicamente confiáveis e aceitáveis, podemos concluir que temos um registro acurado dos acontecimentos e das reivindicações que Jesus Cristo fez a respeito de si e de outros. Podemos também examinar as evidências que ele deu para sustentar essas reivindicações, especificamente que ele era o Deus encarnado. Vamos fazer isso no capítulo a seguir.

Capítulo treze

A divindade de Jesus Cristo

"'E vocês? Quem vocês dizem que eu sou?'
'Tu és o Cristo, o Filho do Deus vivo'."
—Mateus 16.15,16

Quem é Jesus Cristo?

Por qualquer padrão que se estabeleça Jesus é uma das maiores figuras da história. Ele é o fundador da maior religião do mundo — o cristianismo —, que tem aproximadamente dois bilhões de seguidores. Quando se quer saber sobre a identidade de Jesus, só faz sentido ir diretamente à fonte primária, o Novo Testamento, e ler por nós mesmos o que ele disse. Já argumentamos em favor da confiabilidade histórica dos documentos do Novo Testamento e em favor da integridade dos seus autores; demonstramos que, nesse aspecto, temos um registro exato dos eventos. Podemos também examinar as evidências que dão suporte às declarações de Jesus Cristo a respeito de si mesmo e de outros — especificamente a de que Jesus era o Deus encarnado. Esta evidência inclui três componentes: 1) o cumprimento da sua profecia messiânica; 2) sua vida miraculosa e sem pecado; e 3) sua ressurreição dentre os mortos.

O cristianismo ortodoxo afirma que Jesus de Nazaré era Deus em carne humana, doutrina absolutamente essencial para a fé histórica. Se isso é verdade, então o cristianismo é singular e tem autoridade acima de todas as outras religiões, inclusive o judaísmo e o islamismo. Se não é verdade, então o cristianismo não difere em *espécie* dessas outras religiões, mas somente em *grau*. Vamos começar, portanto, com as declarações que Jesus fez a respeito de si, pois para saber a respeito de um determinado homem, faz todo o sentido 1) ir até ele e perguntar o que ele é, e 2) ir até os seus amigos mais chegados e perguntar-lhes o que ele disse a respeito de si próprio. (É essencialmente irrelevante considerar as opiniões atuais a respeito da identidade de Jesus, uma vez que quase tudo — se não tudo — que sabemos a respeito de Jesus é derivado diretamente dos próprios documentos primários, a saber, o Novo Testamento. Esta abordagem é justa e acadêmica na tentativa de responder à pergunta referente à identidade de Jesus Cristo.)

QUEM JESUS CRISTO AFIRMAVA SER?

Vamos começar a responder a essa pergunta resumindo o que já concluímos a respeito da natureza de Deus nos capítulos anteriores. Baseados nos primeiros princípios da lógica, da filosofia, da ciência e do direito, estabelecemos que Deus é o Ser não-causado, eterno, ilimitado e imutável que causou a existência de todas as coisas finitas. Como a Causa Primeira de tudo que existe, Deus é o único Ser verdadeiramente soberano e independente (livre). Além disso, Deus é um ser pessoal, tem inteligência, vontade, emoções e é um ser moral. Podemos dividir os atributos de Deus em duas categorias fundamentais: atributos transferíveis e intransferíveis.

Os atributos intransferíveis de Deus são aqueles que não podem ser concedidos a nenhum outro ser, são sua aseidade (auto-existência), soberania, infinidade, imutabilidade e eternidade. Somente Deus possui essas qualidades porque elas são essenciais à sua natureza (*o que* ele é — divino). Os anjos e os seres humanos não têm e não podem ter essas qualidades porque não são da essência de sua natureza.[1]

Agora vamos ao Novo Testamento e examinemos as declarações de Jesus para ver se ele direta ou indiretamente afirmou possuir algum desses atributos intransferíveis de Deus.[2]

1) No evangelho de João, Jesus refere-se a si mesmo como YHWH ("EU SOU"). O nome YHWH, "Iavé", era tão sagrado que os judeus devotos não o pronunciavam. Iavé é o EU SOU de Êxodo 3.14, o nome que Deus deu a si próprio — e anunciou aos judeus. *Ele somente é Deus.* Em João 8.56-59 Jesus

---

[1]Exemplos dos atributos transferíveis de Deus são sua bondade, justiça, seu amor e sua misericórdia. Também, como somos feitos à sua imagem, temos capacidades racionais, morais, volitivas e emocionais, entre outras.

[2]Vale a pena reservar tempo para ler os versículos a que nos referiremos a fim de entender o contexto em que eles aparecem.

afirmou ser esse Eu sou: "Eu lhes afirmo que antes de Abraão nascer, Eu Sou". Quando os judeus ouviram essa declaração, sentiram-se tão ultrajados que imediatamente "apanharam pedras para apedrejá-lo".

Jesus usou o nome Iavé outras vezes também: "Eu lhes disse que vocês morrerão em seus pecados. Se vocês não crerem que Eu Sou, de fato morrerão em seus pecados" (Jo 8.24). Jesus não somente alega ser o Eu Sou, mas também afirma que identificar incorretamente quem ele é resulta em morte eterna — separação de Deus para sempre.

2) Em João 18.4-6 uma vez mais encontramos Jesus afirmando o nome Eu Sou. Essa passagem é de interesse particular por causa da resposta do grupo que o procurava para prender. Jesus lhes perguntou: "'A quem vocês estão procurando?'" Eles replicaram: "'A Jesus de Nazaré'". Ele respondeu: "Eu Sou". Diante dessa resposta, eles "recuaram e caíram por terra". Em outra circunstância qualquer, esta seria uma reação muito estranha, contudo, o poder de Deus se manifestou nessas palavras de Jesus que revelaram a sua identidade — Iavé.

3) Em João 17.3-5 — Jesus novamente enfatiza a ligação entre conhecer a sua verdadeira identidade e ser salvo das trevas eternas. Em um de seus momentos mais íntimos de conversa com seu Pai, Jesus disse: "'Esta é a vida eterna: que te conheçam, único Deus verdadeiro, e a Jesus Cristo, a quem enviaste'". De acordo com as palavras de Jesus, conhecê-lo é conhecer a Deus, e em João 14.9 ele disse que vê-lo era ver a Deus: "'Quem me vê, vê o meu Pai'". Na verdade, ele não somente asseverou que para conhecer Deus, é necessário conhecê-lo também, e para ver Deus é necessário olhar atentamente para Jesus, mas ele também afirmou que qualquer pessoa que quiser começar um relacionamento com Deus precisa fazê-lo por meio dele: "'Eu sou o caminho, a verdade e a vida. Ninguém vem ao Pai, a não ser por mim. Se vocês realmente me conhecessem, conheceriam também o meu Pai. Já agora vocês o conhecem e o têm visto'" (Jo 14.6,7).

4) Jesus também declarou que deveria ser honrado do mesmo modo que seu Pai é honrado (adorado): "para que todos honrem o Filho como honram o Pai. Aquele que não honra o Filho, também não honra o Pai que o enviou" (Jo 5.23). O Pai é Deus e é adorado como Senhor do universo. Quando um dos discípulos de Jesus o adorou como Senhor e Deus, Jesus não o castigou por ele estar enganado. Na verdade, ele não apenas aceitou esses títulos, mas também elogiou os outros que creram nele sem o ter visto em carne. "Disse-lhe Tomé: 'Senhor meu e Deus meu' Então Jesus lhe disse: 'Porque me viu, você creu? Felizes os que não viram e creram'" (Jo 20.28,29).

5) Em João 17.5 Jesus afirmou compartilhar a glória de Deus desde a eternidade. Todavia, em Isaías 42.8, Iavé disse: "Não darei a outro a minha glória". *Jesus declarou ser Deus.*

6) Há muitas outras passagens, além destas, onde Jesus se refere a si mesmo como Deus com os vários títulos que, no Antigo Testamento, são aplicados somente a Deus. Relacionamos alguns deles abaixo:

- Jesus disse: "Eu sou o Bom Pastor" (Jo 10.11); o Antigo Testamento declarou: "Iavé é o meu pastor" (Sl 23.1).
- Jesus declarou ser juiz de todos os homens e de todas as nações (Jo 5.27; Mt 25.31); o profeta Joel, citando Iavé, escreveu: "pois ali me assentarei para julgar todas as nações vizinhas" (Jl 3.12).
- Jesus disse: "Eu sou a luz do mundo" (Jo 8.12); o Antigo Testamento proclamou: "Iavé será a sua luz para sempre" (Is 60.19) e "Iavé é a minha luz" (Sl 27.1).
- Jesus afirmou que podia perdoar pecados (Mc 2.5), e os judeus reagiram a ele, dizendo: "Quem pode perdoar pecados, a não ser somente Deus?" (Mc 2.7). Jesus então provou sua autoridade pela cura miraculosa (Mc 2.10-12); contudo, Jeremias 31.34 afirma que "Porque eu [Deus] lhes perdoarei".
- Jesus declarou ser o doador da vida (Jo 5.21-23); Somente Deus dá vida (1 Sm 2.6; Dt 32.39).
- Finalmente, Jesus disse: "Eu e o Pai somos um" (Jo 10.30). O termo *um* refere-se à essência ou natureza do Ser divino.

As declarações de divindade que Jesus fez aos judeus monoteístas de seu tempo eram auto-evidentes. Os judeus sabiam muito bem que *nenhum mero homem* devia reivindicar a mesma honra e os mesmos títulos devidos somente a Deus. Eles reagiram com violência tentando cada vez mais fortemente matar Jesus porque "não somente estava violando o sábado, mas também estava dizendo que Deus era o seu próprio Pai, igualando-se a Deus" (Jo 5.18). Jesus confrontou o coração deles, dizendo: "'Eu lhes demonstrei muitas boas obras da parte do Pai. Por qual delas vocês querem me apedrejar?' Responderam os judeus: 'Não vamos apedrejá-lo por nenhuma boa obra, mas pela blasfêmia, porque *você é um simples homem e se apresenta como Deus*" (Jo 10.32,33; grifo do autor). Os judeus, e a liderança em particular, ficaram ultrajados quando Jesus lhes falou a respeito de sua verdadeira identidade. C. S. Lewis disse:

Vem então o grande impacto. Dentre esses judeus surge um homem que anda por toda a parte falando como se fosse Deus. Atribui a si o direito de perdoar pecados. Diz que sempre existiu. Afirma que virá julgar o mundo no fim dos tempos. Bem, deixemos isto mais claro. Entre os panteístas e hindus, qualquer um pode dizer que é uma parte de Deus, ou que é *um* com Deus: não haveria nada de muito surpreendente nisso. Mas este homem, sendo judeu, não poderia estr se referindo a essa espécie de Deus. Deus, na linguagem dos judeus, era o Ser à parte do mundo, o Ser que fez o mundo e que é infinitamente diferente de tudo o mais. Quando tivermos compreendido isso, veremos que o que esse homem disse foi simplesmente a coisa mais surpreendente jamais proferida por lábios humanos.[3]

O Antigo Testamento proíbe adoração a qualquer um ou a qualquer coisa exceto Deus (Êx 20.1-4; Dt 5.6-8); o Novo Testamento concorda (At 14.15; Ap 22.8,9). Todavia, Jesus aceitou adoração em nove ocasiões registradas, sem jamais repreender esses adoradores, como documentam as seguintes passagens:

- Um leproso curado adorou Jesus (Mt 8.2).
- Um dirigente da sinagoga ajoelhou-se perante ele (Mt 9.18).
- Os discípulos o adoraram (Mt 14.33).
- Uma mulher cananéia ajoelhou-se diante dele (Mt 15.25).
- A mãe de Tiago e João adorou-o (Mt 20.20).
- Um endemoninhado geraseno prostrou-se diante dele (Mc 5.6).
- Um cego que foi curado o adorou (Jo 9.38).
- Novamente, todos os discípulos o adoraram (Mt 28.17).
- Tomé literalmente chamou-o de "Senhor meu e Deus meu" (Jo 20.28).

QUE OS APÓSTOLOS DIZIAM A RESPEITO DE JESUS CRISTO?

Aqueles que eram os mais íntimos de Jesus, os apóstolos, aceitaram suas declarações e registraram as próprias opiniões a respeito da identidade dele. Vejamos algumas delas abaixo:

E lhe chamarão Emanuel, que significa "Deus conosco" (Mt 1.23).

"No princípio era aquele que é a Palavra. Ele estava com Deus, e era Deus [...] Aquele que é a Palavra tornou-se carne e viveu entre nós. Vimos a sua glória, glória como do Unigênito vindo do Pai, cheio de graça e de

---

[3] *Cristianismo puro e simples*, p. 28.

verdade [...] Ninguém jamais viu a Deus, mas o Deus Unigênito, que está junto do Pai, o tornou conhecido" (Jo 1.1,14,18).

Disse-lhe Tomé: "Senhor meu e Deus meu!" (Jo 20.28).

Pois em Cristo habita corporalmente toda a plenitude da divindade" (Cl 2.9).

Enquanto aguardamos a bendita esperança: a gloriosa manifestação de nosso grande Deus e Salvador, Jesus Cristo (Tt 2.13).

Deus nosso Salvador (Tt 1.3; 2.10; cf. 2Pe 1.1; Lc 1.47; 1Tm 4.10).

O Filho é o resplendor da glória de Deus e a expressão exata do seu ser (Hb 1.3)

Ele é antes de todas as coisas, e nele [Jesus Cristo] tudo subsiste (Cl 1.17).

Pois foi do agrado de Deus que nele [Jesus Cristo] habitasse toda a plenitude (Cl 1.19).

Pois nele foram criadas todas as coisas [...] por ele e para ele (Cl 1.16; cf. Jo 1.3).

Os outros autores do Novo Testamento concordam com a divindade de Jesus Cristo e testificam dela. Comparando o Antigo e o Novo Testamentos, fica muito claro que os nomes e atributos de Deus foram dados a Jesus, identificando-o como Deus. Considere os versículos seguintes (grifo do autor).

Antigo Testamento

- Isaías 40.25 — "Com quem vocês vão me comparar?, *pergunta o Santo* [Deus]".
- Isaías 42.8 — "Eu sou o SENHOR [Iavé] [...] *Não darei a outro a minha glória*".
- Êxodo 20.3 — [Falou o Senhor e disse] *"Não terás outros deuses diante de mim"*.
- Êxodo 20.5 — [Deus disse] *"Não te prostrarás* diante deles, *nem lhes prestarás culto"*.

Novo Testamento

- Lucas 4.34 — Os demônios confessaram que Jesus é "o Santo de Deus".
- Apocalipse 15.4 — O cântico do Cordeiro [Jesus] afirma: *"pois tu somente és santo"*.
- João 5.23 — Jesus disse que todas as pessoas devem *"honrar o Filho* como honram o Pai."
- João 17.5 — Jesus orou: "Pai, glorifica-me junto a ti, *com a glória que eu tinha contigo* antes que o mundo existisse".

- Hebreus 1.6 — "Todos os anjos de Deus *o* [Jesus Cristo] *adorem*".
- Apocalipse 5.12-14 — "Digno é o Cordeiro que foi morto de receber poder, riqueza, sabedoria, força, honra, glória e louvor [...] *e ao Cordeiro sejam o louvor, a honra, e a glória e o poder* para todo o sempre".

A tabela abaixo é oferecida como suplemento aos fatos conhecidos e já mencionados referentes à divindade de Jesus Cristo. Como se sabe, os títulos e atributos intransferíveis são usados para descrever a natureza de Jesus Cristo, e visto que somente Deus tem essas qualidades, essenciais da natureza divina, podemos corretamente concluir que Jesus é Deus. Uma tabela exaustiva pode ser encontrada no livro *Jesus: uma defesa bíblica de sua divindade*, de Josh McDowell e Bart Larson.[4]

Título/Atributo	Usado por Iavé	Usado por Jesus
YHWH (Eu Sou)	Êxodo 3.14 Deuteronômio 32.39 Isaías 43.10	João 8.24 João 8.58 João 18.5
Doador da Vida	Gênesis 2.7 Deuteronômio 32.39 1Samuel 2.6	João 5.21 João 10.28 João 11.25
Perdoador de pecados	Êxodo 34.6,7 Neemias 9.17 Daniel 9.9	Marcos 2.1-12 Atos 26.18 Colossenses 2.13
Onipresente	Salmos 139.7-12 Provérbios 15.3	Mateus 18.20 Mateus 28.20
Onisciente	1Reis 8.39 Jeremias 17.9,10,16	Mateus 11.27 Lucas 5.4-6 João 2.25; 16.30 João 21.27 Atos 1.24
Onipotente	Isaías 40.10-31 Isaías 45.5-13,18	Mateus 28.18 Marcos 1.29-34 João 10.18
Preexistente	Gênesis 1.1	João 1.15,30 João 3.13, 31,32 João 6.62; 16.28 João 17.5
Eterno	Salmos 102.26,27 Habacuque 3.6	Isaías 9.6 Miquéias 5.2 João 8.58
Imutável	Números 23.19	Hebreus 13.8

---

[4] P. 60-2.

Comparando os títulos e atributos conferidos a Deus e a Jesus, a conclusão mais lógica é que Jesus tem natureza divina — a natureza de Deus. Isso é coerente com as afirmações explícitas de Jesus, testemunhadas por seus discípulos, com as declarações historicamente verificadas de outros autores do Novo Testamento e, de maneira correspondente, têm sido sustentadas como verdadeiras por toda a história do cristianismo ortodoxo. É fato: Jesus afirmou ser Deus. Mas em seguida Jesus perguntou aos seus ouvintes — e pergunta a cada um de nós — o que talvez seja a questão suprema: "Quem vocês dizem que eu sou?".

E você — quem você diz que Jesus Cristo é?

Eis uma lista de opções possíveis com respeito à verdadeira identidade da natureza e da pessoa de Jesus Cristo.

1) Jesus era apenas Deus (somente uma natureza divina infinita)
2) Jesus era apenas homem (somente uma natureza humana finita).
3) Jesus era apenas um anjo (somente uma natureza angelical finita).
4) Jesus era um homem-anjo (tanto natureza angelical finita como humana finita)
5) Jesus era e é Deus encarnado (com ambas as naturezas, a humana finita e a divina infinita).

Opção 1 — Jesus era apenas Deus (somente uma natureza divina infinita)

Jesus nasceu de mãe humana (Gl 4.4). Cresceu como qualquer outro ser humano (Lc 2.52). Tinha fome (Mt 4.4) e tinha sede (Jo 19.28). Sentia cansaço e precisava de descanso (Jo 4.6). Ficava triste e chorava (Jo 11.33-35). Sofria (Jo 19.1), morreu (Jo 19.33), e foi sepultado (Jo 19.40-42). Ele era humano em todos os aspectos que somos, todavia era sem pecado (Hb 4.15). Por essas razões, vamos desconsiderar a opção 1.

Opção 2 — Jesus era apenas um homem (somente uma natureza humana finita)

Está muito claro que Jesus declarou ser mais do que meramente um homem. Como se disse anteriormente, Jesus afirmava existir antes de Abraão (Jo 8.58) e antes da criação do tempo e do universo. Ele disse diretamente: "E agora, Pai, glorifica-me junto a ti, com a glória que eu tinha contigo antes que o mundo existisse" (Jo 17.5). Portanto, a opção 2 também deve ser eliminada.

Opção 3 — Jesus era apenas um anjo (somente uma natureza angelical finita)

Algumas pessoas crêem que Jesus era um anjo. A citação a seguir fornece a base por que as Testemunhas de Jeová, por exemplo, insistem em que Jesus era de fato Miguel, o arcanjo:

> Em 1 Tessalonicenses 4:16 [...] a ordem de Jesus Cristo para a ressurreição começar é descrita como "a voz do arcanjo", e Judas 9 diz que o arcanjo é Miguel. Seria apropriado assemelhar a chamada dominante dada por Jesus com a de alguém inferior a ele em autoridade? É, portanto, razoável que o arcanjo Miguel seja Jesus Cristo.[5]

Em primeiro lugar, o texto inteiro de 1Tessalonicenses 4.16 não é citado. O versículo todo diz: "Pois, dada a ordem, com a voz do arcanjo e o ressoar da trombeta de Deus, o próprio Senhor descerá dos céus, e os mortos em Cristo ressuscitarão primeiro". Para ser coerente com seu método interpretativo, as Testemunhas de Jeová deveriam também concluir que Jesus é uma trombeta, pois o texto diz que Jesus, o Senhor, virá "com" a voz do arcanjo Miguel e "com" a voz da trombeta de Deus. Se a Torre de Vigia está correta e Jesus virá "como" (e não "com") o arcanjo, então ele também deve vir "como" (e não "com") a trombeta.[6]

Em segundo lugar, na citação acima, observe como a Torre de Vigia se refere à sua conclusão como "razoável". As Testemunhas de Jeová crêem verdadeiramente que *não é razoável* concluir que Deus pode tornar-se homem. Mas crêem que é *razoável* um anjo tornar-se homem. Entretanto, se Miguel de fato tivesse assumido natureza humana, e Jesus fosse realmente um anjo, então como é que ele nasceu de uma virgem? Também, se Jesus era apenas um anjo, ele teve muitas ocasiões para corrigir os judeus com relação a sua identidade. Por exemplo, em João 10.33, Jesus perguntou aos judeus por que eles queriam apedrejá-lo, e eles disseram: "... por blasfêmia, porque você é um simples homem e se apresenta como Deus". Jesus podia facilmente ter sido direto com eles e dito que ele não era Deus, mas, sim, um anjo, pois em toda ocasião nas Escrituras onde se oferece adoração a um anjo, ele a recusa.

Além do mais, no julgamento perante o Sinédrio, o sumo sacerdote disse a Jesus: "Exijo que você jure pelo Deus vivo; se você é o Cristo, o Filho de

---

[5] *Raciocínio à base das Escrituras*, 219.
[6] Ao tratar da posição das Testemunhas de Jeová em particular, estaremos tratando de qualquer visão que identifique Jesus como meramente um ser angelical.

Deus, diga-nos [...] Mas eu digo a todos vós: chegará o dia em que vereis o Filho do homem assentado à direita do Poderoso e vindo sobre as nuvens do céu" (Mt 26.63,64). Nessa passagem Jesus declara sob juramento ser o Messias, o Filho de Deus. Sua referência futura a si como o Filho do Homem sentado à direita do Todo-poderoso é significativa por duas razões: primeira, a Torre de Vigia ensina que, quando Jesus usou o título "Filho do Homem", ele estava-se referindo ao seu estado humano ou terreno. Mas, quando Jesus se refere a Daniel 7.13 (vindo nas nuvens) e o aplica a si, ele estava afirmando ser o Filho de Deus, desautorizando a interpretação da Torre de Vigia. Segunda, as Testemunhas de Jeová crêem que, quando Jesus (o Filho do Homem) morreu, sua morte foi o fim da vida humana de Jesus. Por exemplo, citamos a Torre de Vigia:

> Então, que aconteceu ao corpo carnal de Jesus? Não encontraram os discípulos o seu túmulo vazio? Sim, porque Deus removeu o corpo de Jesus. Por que fez Deus isso? Cumpriu-se o que havia sido escrito na Bíblia. (Salmo 16:10; Atos 2:31) Por isso, Jeová achou bom remover o corpo de Jesus, assim como fizera antes com o corpo de Moisés. (Deuteronômio 34:5, 6) Também, se o corpo tivesse ficado no túmulo, os discípulos de Jesus não poderiam ter entendido que ele havia sido ressuscitado, visto que naquela época não entendiam plenamente as coisas espirituais.[7]

Se o Filho do Homem, Jesus, tivesse permanecido morto, e se Deus tivesse escondido seu corpo, por que Jesus teria dito que haveria de retornar? Mateus 26.63,64 faz sentido somente se Jesus ressurgiu dos mortos e retornou como homem ressuscitado. Além disso, e ainda mais importante, observe que, quando Jesus disse que retornaria, ele disse que se assentaria à direita do "Poderoso". Porém, a Torre de Vigia faz uma distinção importante entre os títulos "*Poderoso*" [ou Forte] e "*Todo-Poderoso*". Elas acreditam que Jesus, como o anjo Miguel, é *Poderoso* e que Deus é o *Todo-poderoso*:

> Devido à singularidade da sua posição em relação a Jeová, Jesus é mencionado em João 1:18 (*NM*) como "o deus unigênito". [...] Isaías 9:6 (*ALA*) também descreve profeticamente Jesus como "Deus Forte", mas não como o Deus Todo-poderoso. Tudo isso está em harmonia com o fato de Jesus ser descrito em João 1:1 como "um deus", ou "divino"...[8]

---

[7] *Poderá viver para sempre no paraíso na terra*, p. 144.
[8] *Raciocínios à base das Escrituras*, p. 214 (grifo do autor).

Se Mateus 26.63,64 está realmente se referindo a Miguel como o Poderoso, como Jesus pôde afirmar que no futuro estaria assentado à direita do Poderoso? A Torre de Vigia afirma que Jesus é Miguel. Se o Poderoso *é* Miguel (e, portanto, Jesus) em vez de o Pai, Jesus não estaria dizendo em Mateus 26.63,64 que seria visto assentado a sua própria mão direita? É claro que Jesus só pode estar-se referindo a si mesmo como o Filho de Deus ressuscitado, que estaria sentado à direita (posição de poder) de Deus Pai. Podemos derrubar a opção 3: Jesus não era um anjo.

Opção 4 — Jesus era um homem-anjo (tinha tanto a natureza angelical finita como a natureza humana finita)

Primeiro e mais importante, deve-se observar que Jesus se referiu a si mesmo como Deus e nunca como um anjo. Na verdade, ele criou todos os anjos (Cl 1.15,16) e todos os anjos o adoram (Hb 1.6). Segundo, o Novo Testamento nega enfaticamente que Jesus era um anjo. Considere Hebreus 1.3-14:

> [v.3] O Filho é o resplendor da glória de Deus e a expressão exata do seu ser, sustentando todas as coisas por sua palavra poderosa. Depois de ter realizado a purificação dos pecados, ele se assentou à direita da Majestade nas alturas, [v.4] tornando-se tão superior aos anjos quanto o nome que herdou é superior ao deles. [v.5] Pois a qual dos anjos Deus alguma vez disse: "Tu és meu Filho; eu hoje te gerei"? E outra vez: "Eu serei seu Pai, e ele será meu Filho"?
>
> [v. 6] E ainda, quando Deus introduz o Primogênito no mundo, diz: "Todos os anjos de Deus o adorem". [v.7] Quanto aos anjos, ele diz: "Ele faz dos seus anjos ventos, e dos seus servos clarões reluzentes".
>
> [v.8] Mas a respeito do Filho, diz: "O teu trono, ó Deus, subsiste para todo o sempre; cetro de eqüidade é o cetro do teu reino. [v.9] Amas a justiça e odeias a iniqüidade; por isso Deus, o teu Deus, escolheu-te dentre os teus companheiros, ungindo-te com óleo de alegria,"
>
> [v.10] E também diz: "No princípio, Senhor firmaste os fundamentos da terra, e os céus são obras das tuas mãos. [v.11] Eles perecerão, mas tu permanecerás; envelhecerão como vestimentas. [v.12] Tu os enrolarás como um manto, como roupas eles serão trocados. Mas tu permaneces o mesmo, e os teus dias jamais terão fim".
>
> [v.13] A qual dos anjos Deus alguma vez disse: "Senta-te à minha direita, até que eu faça dos teus inimigos um estrado para os teus pés." [v.14] Os

anjos não são, todos eles, espíritos ministradores enviados para servir aqueles que hão de herdar a salvação?

A carta aos Hebreus corrige o pensamento defeituoso a respeito da identidade de Jesus e declara nitidamente a natureza e a pessoa de Cristo como superior. Se Jesus era anjo e homem, então esse texto deveria refletir as duas pessoas — Miguel e Jesus, mas isso não acontece.

O apóstolo Paulo afirma em Romanos 1.3 e 4 que "acerca de seu [de Deus] Filho, que, como homem, era descendente de Davi [natureza humana] e que mediante o Espírito de santidade foi declarado Filho de Deus [natureza divina] com poder, pela sua ressurreição dentre os mortos: Jesus Cristo nosso Senhor". O que esses títulos significam para a Torre de Vigia? As Testemunhas de Jeová acreditam que "a evidência indica que o Filho de Deus, antes de vir à terra, era conhecido como Miguel, e também é conhecido por esse nome desde que retornou ao céu, onde reside como o glorificado Filho espiritual de Deus".[9] Se esse é o caso, então por que Filipenses 2.9-11 nos diz que após sua morte na cruz, Deus exaltou Jesus ao lugar mais alto e "e lhe deu o nome que está acima de todo nome, para que ao nome de Jesus [não de Miguel] se dobre todo joelho, nos céus, na terra e debaixo da terra, e toda língua confesse que Jesus Cristo é o Senhor, para a glória de Deus Pai"?

De volta a Hebreus 1.6-8, embora o texto afirme expressamente que Jesus deve ser adorado por "todos os anjos de Deus", incluindo Miguel, a Torre de Vigia ensina que, quando Miguel foi trazido ao mundo como homem, o "demais" anjos prestaram-lhe homenagem. Essa qualificação não está no texto. Se essa visão *fosse* correta, a oposição do versículo oito — "mas a respeito do Filho, diz: "O teu trono, ó Deus [...]" — pareceria indicar que Miguel está sendo chamado de Deus. *Todavia, não é isso o que a Torre de Vigia ensina.* Por isso, a fim de explicar o dilema, essa sociedade diz que esse versículo deve ser traduzido por "Deus é o teu trono" em vez de "teu trono, ó Deus". Bem, é possível traduzir o versículo dessa maneira, dependendo do contexto da passagem. Mas *o contexto é claramente contra essa tradução, uma vez que atribui divindade a Cristo* (Hb 1.2,3, 8). Ademais, consideremos o que a Torre de Vigia ensina à luz de Mateus 22.41-45:

> Estando os fariseus reunidos, Jesus lhes perguntou: "O que vocês pensam a respeito do Cristo? De quem ele é filho?". "É filho de Davi", respon-

---

[9] Ibid., p. 219.

deram eles. Ele lhes disse: "Então, como é que Davi, falando pelo Espírito, o chama 'Senhor'? Pois ele afirma: 'O Senhor disse ao meu Senhor? Senta-te à minha direita, até que eu ponha os teus inimigos debaixo de teus pés'. Se, pois, Davi o chama 'Senhor', como pode ser ele seu filho?" Ninguém conseguia responder-lhe uma palavra; e daquele dia em diante, ninguém jamais se atreveu a lhe fazer perguntas.

O argumento de Jesus silenciou seus críticos, porque para Davi chamar seu próprio filho (descendente) Senhor, o filho de Davi tinha de ser mais do que apenas um homem. A Torre de Vigia concordaria dizendo que Miguel é aquele a quem Davi se referiu como Senhor, porque um anjo é maior do que um homem. Suponha que eles estejam corretos — que Davi está-se referindo a Miguel, não a Jesus. Ao mesmo tempo, as Testemunhas de Jeová afirmam que Deus jamais se referiria a um anjo como "Senhor" ("O SENHOR [*Iavé* ou *Jeová*] disse ao meu Senhor" [*Adonai*]), e nós concordamos sinceramente com elas.

Seguindo essa linha de raciocínio, a Torre de Vigia deveria também concordar que Jesus é Senhor tanto de anjos como de homens, conforme Hebreus 1.10: "E [ele — Iavé-Deus] também diz: "No princípio, Senhor, [Jesus] firmaste os fundamentos da terra, e os céus são obras das tuas mãos". Ora, uma coisa é um homem chamar outro homem de "Senhor", ou um homem chamar um anjo de "Senhor", mas desde quando Iavé se refere a um anjo ou a um homem como "Senhor"? A resposta se ajusta perfeitamente à posição ortodoxa do cristianismo: a primeira pessoa do Deus trino e uno, o Pai, só pode estar se referindo logicamente à segunda pessoa do Deus trino e uno, Jesus seu filho, que pode com propriedade ser chamado "Senhor" porque ambos compartilham da mesma natureza divina. Está claro que podemos descartar a opção 4.

Deus existe como três pessoas divinas. Se Jesus é uma dessas três pessoas, então Jesus deve ter tanto a vontade divina como a humana. Faz sentido, portanto, Jesus referir-se a si mesmo no singular, uma vez que sua natureza dual não implica pessoas separadas. Logo, apenas duas vontades estão interagindo — a vontade humana de Cristo e a vontade divina de Deus. Por exemplo, quando Jesus estava orando a seu Pai, ele disse: "Contudo, não seja como eu quero, mas sim como tu queres" (Mt 26.39). Jesus é uma pessoa com duas vontades, cada uma operando através de uma natureza — a humana e a divina. Sua oração reflete a vontade humana, não a divina. Este ponto nos leva à opção 5.

Opção 5 — Jesus era e é Deus encarnado (com ambas as naturezas, a humana finita e a divina infinita)

O cristianismo ortodoxo sustenta a crença que Jesus, o "Filho de Deus", assumiu natureza humana finita e se tornou homem — o Deus encarnado. Textos como Filipenses 2.5-8 fazem mais sentido quando os entendemos no contexto da união das duas naturezas encontradas na única pessoa, Jesus Cristo. A Bíblia declara claramente:

> [v.5] Seja a atitude de vocês a mesma de Cristo Jesus, [v.6] que embora sendo Deus, não considerou que o ser igual a Deus era algo a que devia apegar-se; [v.7] mas esvaziou-se a si mesmo, vindo a ser servo, tornando-se semelhante aos homens. [v.8] E, sendo encontrado em forma humana, humilhou-se a si mesmo e foi obediente até a morte, e morte de cruz!

Observe que esse texto não diz que Deus se tornou homem, i.e., que o infinito se tornou finito. *Seria uma contradição lógica dizer que o infinito e o finito existem na mesma natureza.* Vamos examinar esse mistério logo adiante, mas por ora é importante saber que esta doutrina não é uma contradição. Podemos entender que esse texto diz que "Jesus Cristo, o eterno Filho de Deus, *retendo todos os seus atributos divinos*, assumiu para si o padrão de conduta volitivo humano quando assumiu para si mesmo todos os atributos essenciais da natureza humana".[10] Esse entendimento das duas naturezas de uma pessoa, Jesus, nos conduz à nossa próxima pergunta.

Como Jesus Cristo pode ser tanto Deus quanto homem?

O Novo Testamento mostra Jesus claramente como uma pessoa que tem duas naturezas, a humana e a divina. Um olhar apressado nessa verdade pode causar o mal-entendido de que a expressão freqüentemente mencionada — "Deus se tornou homem" — signifique que o infinito se tornou finito. Isso não é uma descrição tecnicamente precisa da encarnação. Não há problema em verbalizar a encarnação dessa maneira entre crentes que pensam da mesma maneira — contanto que o significado seja perfeitamente entendido pelo locutor e pelos ouvintes. Entretanto, a encarnação deve ser corretamente entendida da seguinte forma: "Jesus, o Deus Filho, existindo como a segunda pessoa do Deus trino e uno, *uniu* sua natureza divina a uma natureza humana e por meio dela veio

---

[10] James Oliver Buswell, Jr., *A systematic theology of the Christian religion*, vol. 2, p. 54.

ao mundo". Quer dizer, ele não parou de ser Deus quando adicionou humanidade a si. Normalmente, a reação imediata a essa declaração da verdade é: "Como isso é possível?".

Como Atanásio nos ensinou, *na encarnação não houve nenhuma subtração de deidade, mas adição de humanidade*. Para explicar melhor, vamos considerar primeiro a evidência da Palavra de Deus, que revela Deus existindo como uma espécie diferente de Ser — um Deus com mais de uma pessoa por natureza. Nós seres humanos temos uma pessoa por natureza. Nesse aspecto, podemos dizer que os seres humanos são "seres unidimensionais". É perigoso crer que Deus deve ser igual a nós em nosso ser — que ele tem limitações humanas. Em Marcos 12.28-30 lemos:

> [v.28] Um dos mestres da lei aproximou-se e os ouviu discutindo. Notando que Jesus lhes dera uma boa resposta, perguntou-lhe: "De todos os mandamentos, qual é o mais importante?" [v.29] Respondeu Jesus: "O mais importante é este: 'Ouve, ó Israel, o Senhor o nosso Deus, o Senhor é o único Senhor. [v.30] Ame o Senhor, o seu Deus, de todo o seu coração, de toda a sua alma, de todo o seu entendimento e de todas as suas forças'".

Jesus responde a essa pergunta com um versículo do Antigo Testamento conhecido pelos judeus como o *shema*. É uma citação direta de Deuteronômio 6.4, que literalmente diz: Iavé, nosso Deus, Iavé é um". O que não fica claro em nossa língua é o uso específico da palavra *um*. Para a mente de um judeu, *esse* termo *um* se refere a uma unidade *plural*, e o uso que Jesus fez dele é extremamente estratégico. Permita-nos explicar sua importância.

Na língua hebraica há dois termos que são traduzidos em nossa língua como a palavra *um*. O primeiro é a palavra *yachid*, que denota *singularidade exclusiva*. O segundo é a palavra *echad*, que denota *unidade plural*. A pergunta essencial é: "Qual desses termos é usado no *shema*?". A resposta é *echad*. Portanto, se traduzirmos Deuteronômio 6.4 para o português com mais clareza, pode-se ler: "Iavé, nosso Deus, Iavé é uma pluralidade dentro de uma unidade indivisível". Qualquer pessoa pode facilmente verificar isso procurando essas palavras numa concordância exaustiva/dicionário (o de *Strong* [em inglês], por exemplo).

Outras referências nos ajudam a entender um pouco melhor o emprego de *echad*. Por exemplo, na conhecida passagem citada nos casamentos, o termo plural *echad* é usado para designar a unidade da relação marido/mulher. Em Gênesis 2.24 lemos que "eles se tornarão uma [*echad*] só carne".

Em Números 13.23, *echad* é usado para designar mais que duas como uma unidade. Quando Moisés enviou um grupo de homens para explorar a terra de Canaã, eles retornaram com alguns frutos. O cacho de uvas que eles trouxeram era tão grande que precisava de dois homens para carregar "um" cacho. O texto diz: "Cortaram um ramo do qual pendia um único [*echad*] cacho de uvas". Aqui temos um grupo de uvas referido como um cacho único, mas como uma unidade plural também.

Estamos começando a entender a importância de Jesus ter incluído o como parte do maior mandamento. *A lei de Deus é baseada na natureza de Deus.* Por essa *shema* razão, para entender o verdadeiro significado da lei de Deus, a verdadeira natureza de Deus também deve ser entendida. A lei se preocupa principalmente com a harmonia relacional, isto é, a verdadeira unidade dentro da diversidade de uma comunidade. A pluralidade e a unidade de Deus são tanto o padrão quanto o exemplo primário dessa verdade. Portanto, cremos que não é por acidente que a passagem imediatamente seguinte a essa de Marcos 12 é o texto em que Jesus pergunta aos mestres da lei a respeito da identidade do Cristo. Mais uma vez:

> [v.35] "Como os mestres da lei dizem que o Cristo é filho de Davi?" [v.36] O próprio Davi, falando pelo Espírito Santo, disse: "O Senhor disse ao meu Senhor: Senta-te à minha direita até que eu ponha os teus inimigos debaixo de teus pés'. [v.37] O próprio Davi o chama 'Senhor'. Como pode, então, ser ele seu filho?"

Depois de considerar a pessoa e a natureza de Jesus, temos uma compreensão melhor da questão que ele estava levantando nessa pergunta. Lembre-se de que os judeus queriam matá-lo não pelos milagres que ele estava fazendo, mas por causa de *quem ele afirmava ser*! As declarações que Jesus fez aos judeus monoteístas eram auto-evidentes naquela sociedade: este homem estava "fazendo-se a si mesmo igual a Deus" (Jo 5.18).

No que se refere à Bíblia, há evidências mais que suficientes para concluir que a natureza fundamental de Deus é descrita nas Escrituras como uma unidade plural. Quanto à teologia, falar da natureza ou essência de Deus é falar a respeito de *que* espécie de Ser Deus é, enquanto falar da personalidade de Deus é falar a respeito de *quem* Deus é. Podemos agora concluir sobre *o que* Deus é: ele é uma pluralidade dentro da unidade. Isto é, ele tem uma natureza divina (o quê) compartilhada pelas três pessoas (*quem*) — o Pai (quem[1]), o Filho (quem²), e o Espírito Santo (quem³).¹¹ Pode-se também dizer que Deus é uma unidade divina que consiste de uma pluralidade de pessoas. A *identidade* desse Ser tripessoal é composta de uma relação interna que contém três pessoas individuais distintas: o Pai, o Filho e o Espírito Santo.

Considere a ilustração. Agora pode ficar um pouco mais claro que o *quê* infinito (Deus) não se tornou um *quê* finito (homem); ao contrário, Deus o Filho (quem²), tendo uma natureza infinita (quê¹), acrescentou-se e assumiu uma natureza finita — um *quê* finito (quê²). Não há três deuses (três *quês*) — há somente um Deus (quê¹) e três pessoas (três *quem*) que possuem essa única natureza divina. Foi somente a segunda pessoa, Jesus (quem²), que compartilha a natureza divina (quê¹), que assumiu uma segunda natureza, a natureza humana (quê²).

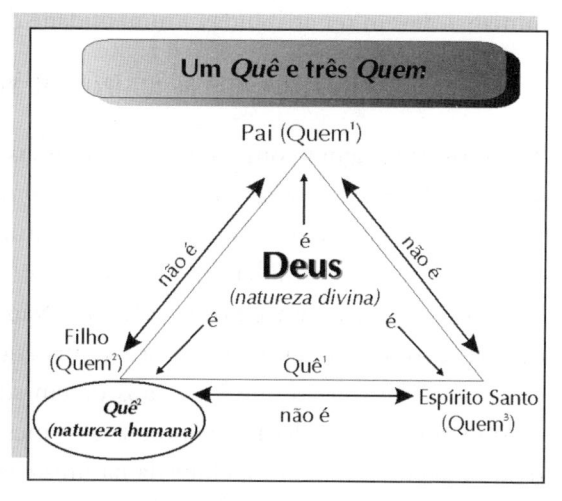

Um *Quê* e três *Quem*:

Pai (Quem¹)
Filho (Quem²)
Espírito Santo (Quem³)
Deus (natureza divina)
Quê¹
Quê² (natureza humana)
não é / é / não é / é / é / não é

Conseqüentemente, Jesus, Deus-Filho, veio à terra assumindo a natureza humana. A união das naturezas divina e humana na única pessoa de Jesus Cristo é chamada de *união hipostática*. Ela foi definida no Concílio de Calcedônia, em 451 d.C., e afirma a unidade pessoal assim como as duas naturezas do Filho de Deus. Essa verdade é um mistério divino, revelado nas Sagradas Escrituras. Comentando sobre as duas naturezas de Jesus Cristo, um autor disse:

> A doutrina simplesmente é que nosso Senhor Jesus Cristo como o eterno Filho de Deus reteve o complexo total dos atributos divinos, e sempre e em todas as circunstâncias comportou-se de maneira perfeitamente coerente com seus atributos divinos. Ele assumiu um complexo de atributos humanos essenciais e, durante "os dias da sua carne" (Hb 5.7) sempre e em todas as

---

[11] Anteriormente observamos que as três características essenciais denotam pessoalidade: intelecto, emoções e livre arbítrio. O Espírito Santo é a terceira pessoa da divindade. Ele tem intelecto (1Co 2.10,11 — o Espírito conhece e revela); tem emoções (Ef 4.30 — não entristeçam o Espírito Santo de Deus); e tem livre-arbítrio (1Co 12.11 — o Espírito dá dons como lhe apraz).

circunstâncias comportou-se de maneira perfeitamente coerente com sua natureza humana sem pecado.[12]

Conseqüentemente, quando lemos no Novo Testamento que Jesus teve fome, sede, cansou-se, sofreu na carne, e morreu, tudo isso se refere às características humanas de Jesus, não às divinas. Essa idéia da divindade de Jesus Cristo era a posição dominante da igreja cristã primitiva — a saber, que as características humanas devem ser atribuídas à humanidade de Cristo, não a sua divindade.

HÁ ALGUM MEIO DE ILUSTRAR ESSE MISTÉRIO DIVINO?

Podemos dizer agora com confiança que Jesus Cristo tem duas naturezas; o mistério não é esse. *O mistério está em entender como as duas naturezas de Cristo se relacionam*. Foi-nos revelado que as duas naturezas de Cristo estão em perfeita união. Contudo, a Bíblia não nos oferece conhecimento *exaustivo* dessa verdade, mas apenas o conhecimento *suficiente*. Não há nenhuma ilustração perfeita que capte completamente e ilumina esse mistério; o melhor que podemos fazer é pensar na ilustração que Deus nos dá em sua Palavra. Deus refere-se a si mesmo como luz, e Jesus chamou-se a si mesmo de luz do mundo. Talvez tendo um entendimento melhor da natureza da luz, possamos também compreender melhor esse mistério divino.

Depois de muitos anos de estudo e de experiências com a luz, os cientistas aprenderam que ela tem aparentemente duas naturezas mutuamente excludentes: comporta-se como uma partícula *e* como uma onda. A natureza de partícula da luz manifesta-se em unidades de energia chamadas *fótons*, que são diferentes das partículas da matéria por não terem massa e sempre se moverem em velocidade constante de cerca de 300 000 quilômetros por segundo (a velocidade da luz). Ao mesmo tempo, a natureza ondulatória se manifesta quando a luz difrata ou se curva num canto (de um objeto). As ondas

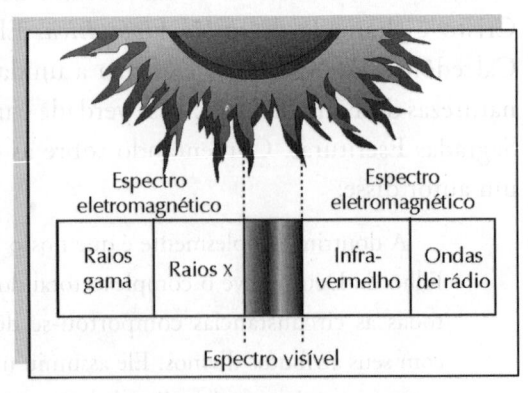

Espectro eletromagnético		Espectro eletromagnético	
Raios gama	Raios X	Infra-vermelho	Ondas de rádio

Espectro visível

---

[12]James Oliver BUSWELL, Jr., *A systematic theology of the Christian religion*, vol. 2, p. 54.

associadas com a luz são chamadas ondas *eletromagnéticas* porque consistem de campos elétrico e magnético alternantes.

Essa natureza dual da luz parece ser mutuamente excludente — uma contradição —, mas na realidade não é. Se os físicos afirmassem que a natureza ondulatória da luz *é* a natureza de partícula da luz, então *isso* seria uma contradição. Mas eles não dizem isso. Além do mais, os físicos não declaram que a luz tem natureza de partícula em alguns dias da semana e tem natureza ondulatória nos outros dias (naturezas diferentes em tempos diferentes). O que os físicos com efeito sustentam é que *a luz tem uma natureza dual* — uma natureza ondulatória e uma natureza de partícula *ao mesmo tempo*. O problema para os físicos não é a luz ter natureza dual; *o mistério está em entender como as duas naturezas da luz se relacionam entre si*. Esse é o mesmo tipo de mistério que existe na relação entre as duas naturezas de Jesus Cristo. Vamos considerar abordando o mistério da natureza dual da luz vista da perspectiva privilegiada das leis da física. Fazendo isso, vamos analisar como as leis "superiores" se relacionam com as leis "inferiores".

Einstein dedicou os últimos 25 anos de sua vida esforçando-se para formular a *teoria do campo unificado*. O esforço de Einstein foi considerado uma tentativa valiosa de descobrir uma lei superior da física que subsume as quatro leis básicas (inferiores) da física — as forças nuclear forte, nuclear fraca, eletromagnética e gravitacional. Os físicos acreditam que esse único campo de força unificado descreveria todas as forças fundamentais do universo espaço-tempo completamente em termos de campos. Essa superforça, descrita por uma lei superior, não violaria as leis inferiores da física, mas forneceria a informação que falta para explicar como as leis inferiores se relacionam de modo unificante.

Uma das conseqüências prováveis da descoberta dessa superforça seria dar aos físicos melhor compreensão de como as duas naturezas da luz se relacionam. As leis superiores da física transcenderiam e uniriam as leis inferiores, inclusive as partículas e ondas da física. Por exemplo, as duas leis que operam no fenômeno do vôo são as leis da aerodinâmica e da gravidade. Todavia, a lei superior, a da aerodinâmica, não *viola* ou *nega* a lei inferior da gravidade — ao contrário, ela *transcende* a lei da gravidade. Por exemplo, quando um avião está a 9 mil metros, a gravidade não é violada, nem deixa de existir; ela está em plena operação com a lei superior da aerodinâmica em funcionamento. Na verdade, foi pelo entendimento da lei inferior (gravidade) que os cientistas e engenheiros vieram a descobrir a lei superior (aerodinâmica).

De modo semelhante, somos ensinados que é pelo estudo e entendimento dos mandamentos de Deus que somos conduzidos a Cristo. A Palavra de Deus também nos diz que as leis inferiores (os mandamentos) foram encarregadas de nos conduzir à lei superior de Cristo (Gl 3.24). Se não fosse pelo conhecimento das leis inferiores de Deus, nunca reconheceríamos a nossa natureza pecaminosa nem reconheceríamos a necessidade de uma lei superior de vida (Rm 7.7). Da mesma forma que a gravidade nos segura na terra e a aerodinâmica nos liberta para voar, as leis inferiores de Deus nos prendem na morte e a lei superior do Espírito de vida nos liberta da lei do pecado e da morte (Rm 8.2).

É possível que os físicos nunca venham a descobrir a lei superior que explica a natureza dual da luz, mas por sua motivação para descobrir, eles encontraram, e muito provavelmente continuarão a encontrar, muitos outros tesouros. É freqüente durante a busca de um determinado conhecimento, se fazerem outras descobertas vitais — a própria busca é uma rica fonte de iluminação. Todavia, essa iluminação poderia jamais ter sido possível se não fosse pelo mistério da natureza dual da luz. Semelhantemente, o estudo da natureza dual de Jesus Cristo pode levar (e freqüentemente leva) a um relacionamento mais profundo e mais rico com Deus por intermédio de sua Palavra e de seu Espírito.

Em *Alleged discrepancies of the Bible* [*Supostas discrepâncias da Bíblia*], John Haley discute algumas razões por que Deus incluiu os mistérios e as aparentes discrepâncias em sua Palavra. Haley dá a entender que Deus as incluiu de propósito e "sem dúvida pretendia que fossem um estímulo ao intelecto humano, provocativas de esforço mental" e "servissem para despertar a curiosidade e apelar para o amor à novidade".[13] Talvez jamais resolvamos o mistério; por isso, repetimos, pode ser que o Autor da vida nunca quis que ele fosse resolvido.

Como Jesus Cristo provou sua afirmação de ser Deus?

Uma coisa é afirmar ser Deus; outra coisa é comprovar essa afirmação. Jesus ofereceu pelo menos três linhas de evidência para dar sustentação a sua alegação de ser o Filho de Deus (Senhor) e o Filho do Homem (Salvador). As três provas são

1) Seu cumprimento das profecias do Antigo Testamento
2) Sua vida sem pecado e seus atos miraculosos
3) Sua ressurreição dentre os mortos

---

[13]Springdale, Pa.: Whitaker, p. 30.

Os milagres associados com a declaração de Cristo de ser Deus são atos de Deus que o confirmam como Filho de Deus. A convergência desses três grandes acontecimentos miraculosos (profecia cumprida, vida sem pecado/atos miraculosos e ressurreição) leva imediatamente à conclusão de que Jesus Cristo é quem ele alega ser: o Filho único de Deus. O que segue é dado como evidências que sustentam as afirmações de Jesus Cristo.[14]

O cumprimento das profecias do Antigo Testamento

As predições do Antigo Testamento a respeito de Cristo foram feitas centenas de anos antes do seu nascimento. Mesmo o crítico mais liberal do Antigo Testamento admite que o término dos livros proféticos é cerca de quatro séculos antes de Cristo, e o livro de Daniel por volta de 165 a.C. E quando há dezenas dessas profecias convergindo para o tempo de vida de um homem, isso se torna nada mais nada menos que miraculoso. Considere as seguintes amostras:

1. O Cristo (Messias) nascerá de uma mulher (Gn 3.15)
2. Ele nascerá de uma virgem (Is 7.14)
3. Ele será da semente de Abraão (Gn 12.1-3; 22.18)
4. Ele será da tribo de Judá (Gn 49.10; Lc 3.23, 33)
5. Ele será da casa de Davi (2Sm 7.12; Mt 1.1)
6. Seu local de nascimento será Belém (Mq 5.2; Mt 2.1)
7. Ele será ungido com o Espírito Santo (Is 11.2; Mt 3.16,17)
8. Ele será anunciado por um mensageiro de Deus (Is 40.3; Mt 3.1,2)
9. Ele realizará milagres (Is 35.5,6; Mt 9.35)
10. Ele purificará o templo (Ml 3.1; Mt 21.12)
11. Ele será rejeitado pelos seus (Sl 118.22; 1Pe 2.7)
12. Ele morrerá cerca de 483 anos após 444 a.C. (Dn 9.24)
13. Ele terá morte humilhante (Sl 22; Is 53; Mt 27), que implica:
    a. Rejeição da parte de Israel (Is 53.3; Jo 1.10,11; 7.5, 48)
    b. Silêncio perante os seus acusadores (Is53.7; Mt 27.12-19)
    c. Humilhação — será escarnecido (Sl 22.7,8; Mt 27.31)
    d. Terá as mãos e os pés perfurados (Sl 22.16; Jo 20.25)
    e. Será crucificado com ladrões (Is 53.12; Lc 23.33)
    f. Orar por seus acusadores (Is 53.12; Lc 23.34)
    g. Perfuração do seu lado (Zc 12.10; Jo 19.34)

---

[14]Esta seção é baseada na obra anterior de Norman Geisler, *Christian apologetics*, p. 339-51.

h. Será sepultado na tumba de um homem rico (Is 53.9; Mt 27.57-60)
i. Lançarão sortes sobre suas vestes (Sl 22.18; Jo 19.23,24).
14. Ele ressuscitará dos mortos (Sl 16.10; Mc 16.6; At 2.31)
15. Ele ascenderá ao céu (Sl 68.18; At 1.9)
16. Ele se sentará à direita de Deus (Sl 110.1; Hb 1.3).

Todas essas e muitas outras profecias (cerca de duas centenas) se cumpriram na pessoa de Jesus de Nazaré, que alegava ser o Messias dos judeus — "o Cristo, o Filho de Deus" (Mt 26.63,64). Na verdade, ele alegava ser o tema central de todo o Antigo Testamento, dizendo a dois de seus discípulos: "'Como vocês custam a entender e como demoram a crer em tudo o que os profetas falaram! Não devia o Cristo sofrer estas coisas, para entrar na sua glória?' *E começando por Moisés e todos os profetas, explicou-lhes o que constava a respeito dele em todas as Escrituras*" (Lc 24.25-27, grifo do autor).

Já se argumentou que videntes fizeram predições como as da Bíblia. Entretanto,

> ... um dos testes dos profetas era se eles proclamavam predições que não aconteciam (Dt 18.22). Aqueles cujas profecias falhavam eram apedrejados (18.20) — uma prática que sem dúvida detinha qualquer pessoa que não tivesse certeza absoluta de que suas mensagens eram de Deus. Entre centenas de profecias, os profetas bíblicos jamais erraram. Um estudo das profecias feitas por médiuns em 1975 e observadas até 1981 demonstrou que, das 72 predições, apenas 6 se cumpriram de alguma forma. Duas delas eram vagas e duas outras eram pouco surpreendentes — os Estados Unidos e a Rússia continuariam sendo superpotências e não haveria guerras mundiais. *The People's Almanac* (1976) fez uma pesquisa das predições de 24 dos maiores médiuns. Os resultados: Do total de 72 predições, 66 (92%) estavam totalmente erradas (Kole, p. 69). A média de precisão de 8% poderia facilmente ser explicada pelo acaso e conhecimento geral das circunstâncias. Em 1993 os médiuns erraram todas as principais notícias inesperadas, inclusive a aposentadoria de Michael Jordan, as enchentes nos Estados Unidos e o tratado de paz entre Israel e a OLP. Entre as profecias falsas havia uma de que a Rainha da Inglaterra se tornaria freira e de que Kathy Lee Gifford substituiria Jay Leno como apresentadora do programa de TV americano *The Tonight Show* (*Charlotte Observer*, 30/12/93).[15]

---

[15]Norman L. GEISLER, *Enciclopédia de apologética*, p. 724.

Sua vida sem pecado e os seus atos miraculosos

Simplesmente viver uma vida sem pecado, por mais difícil que possa ser, não seria necessariamente prova de que alguém é Deus. Mas se alguém além de alegar ser Deus também apresenta uma vida sem pecado como evidência, a questão é totalmente diferente. Se um homem vive uma vida impecável e oferece como verdade a respeito de si mesmo que ele é Deus encarnado, sua alegação deve pelo menos ser considerada com seriedade. Naturalmente, se alguém afirmasse ser Deus e não vivesse uma vida sem pecado, isso seria prova de que essa pessoa não era Deus.

Alguns indivíduos se atrevem a declarar que possuem perfeição, mas pouca gente os leva a sério, principalmente os que os conhecem melhor. Com Jesus é totalmente diferente. Os que o conheciam melhor tiveram a melhor idéia dele. Um dos testemunhos mais significativos a respeito do caráter de um homem vem daqueles que lhe são mais próximos. Dos lábios dos amigos mais chegados e dos discípulos de Jesus, que viveram com ele por vários anos, até o final de sua vida, vieram testemunhos ardentes:

- Pedro — "Cordeiro sem mancha e sem defeito" (1Pe 1.19)
- Pedro — "Nenhum engano foi encontrado em sua boca" (1Pe 2.22)
- Paulo — Aquele "que não conheceu pecado" (2Co 5.21)
- Autor de Hebreus — "... porém sem pecado" (Hb 4.15)
- João — "ele é puro" (1Jo 3.3)
- Jesus — "Qual de vocês pode me acusar de algum pecado?" (Jo 8.46) (Ele fez essa pergunta àqueles que *procuravam uma razão* para acusá-lo.)

A vida de Jesus não foi somente sem pecado, mas também foi miraculosa desde o início:

- Ele nasceu de uma virgem (Mt 1.21; Lc 1.27)
- Transformou água em vinho (Jo 2.7)
- Andou por sobre as águas (Mt 14.25)
- Multiplicou pães (Jo 6.11)
- Abriu os olhos aos cegos (Jo 9.7)
- Fez o coxo andar (Mc 2.3)
- Expulsou demônios (Mc 1.34)
- Curou multidões de todas as espécies de doenças (Mt 9.35)
- Ressuscitou mortos (Jo 11.43,44)
- Sabia o que os homens pensavam no íntimo (Jo 2.25).

Quando Jesus foi questionado se era o Messias, ele ofereceu seus milagres como evidência, dizendo: "Voltem e anunciem a João o que vocês estão ouvindo e vendo: os cegos vêem, os mancos andam, os leprosos são purificados, os surdos ouvem, os mortos são ressuscitados" (Mt 11.4,5). Milagres como esses eram recebidos pelos judeus dos dias de Jesus como um sinal evidente do favor divino da pessoa que os realizou. Os milagres messiânicos eram prova de que o realizador era o Messias (Iss 35.5,6).

Os judeus sabiam que Jesus havia realizado milagres; eles perguntaram: "Como pode um pecador fazer tais sinais miraculosos?" (Jo 9.16). Um dos líderes judeus, Nicodemos, declarou bem a posição judaica quando reconheceu Jesus: "Mestre, sabemos que ensinas da parte de Deus, pois ninguém pode realizar os sinais miraculosos que estás fazendo, se Deus não estiver com ele" (Jo 3.2). Pedro proclamou: "Israelitas, ouçam estas palavras: Jesus de Nazaré foi aprovado por Deus diante de vocês por meio de milagres, maravilhas e sinais que Deus fez entre vocês por intermédio dele, como vocês mesmos sabem" (At 2.22). O autor de Hebreus afirmou: "Esta salvação, primeiramente anunciada pelo Senhor, foi-nos confirmada pelos que a ouviram. Deus também deu testemunho dela por meio de sinais, maravilhas, diversos milagres e dons do Espírito Santo distribuídos de acordo com a sua vontade" (Hb 2.3,4).

A pessoa de Deus autentica a mensagem de Deus por meio daquele que realiza o ato. E no caso de Jesus Cristo, a mensagem era, e ainda é, "Eu sou Deus; aqui estão os atos de Deus como prova". De todos os atos, o ato mais crítico de Deus foi a ressurreição de Jesus dentre os mortos.

Sua ressurreição dentre os mortos

Esse é verdadeiramente o maior de todos os milagres. O fato de tanto o Antigo Testamento como Jesus terem predito que ele ressuscitaria dentre os mortos torna o milagre muito mais poderoso. Considere os seguintes versículos:

1. "Porque tu não me abandonarás no sepulcro, nem permitirás que o teu santo sofra decomposição" (Sl 16.10)
2. O Messias virá e morrerá (Is 53; Sl 22)
3. O Messias terá reinado político duradouro de Jerusalém (Is 9.6; Dn 2.44) (Para o Messias morrer, depois reinar, ele terá de ressuscitar dos mortos).
4. "Destruam este templo [o corpo de Jesus], e eu o levantarei em três dias" (Jo 2.19-21).

5. "Pois assim como Jonas esteve três dias e três noites no ventre de um grande peixe, assim o filho do homem ficará três dias e três noites no coração da terra" (Mt 12.40).
6. "É necessário que o Filho do homem sofra muitas coisas [...] seja morto e ressuscite no terceiro dia" (Lc 9.22).
7. "Ninguém a tira de mim [minha vida], mas eu a dou por minha espontânea vontade. Tenho autoridade para dá-la e para retomá-la..." (Jo 10.18).

As evidências estão aí para ser acreditadas, mas como Jesus disse: "Se não ouvem a Moisés e aos profetas, tampouco se deixarão convencer, ainda que ressuscite alguém dentre os mortos" (Lc 16.31). Josh McDowell levanta uma questão acerca da fidedignidade da narrativa da ressurreição de Jesus Cristo por uma testemunha ocular. Diz:

> Confio no testemunho dos apóstolos porque, dos doze, onze tiveram morte de mártir, por causa de dois fatos: a ressurreição de Cristo e sua crença nele como Filho de Deus. Eles foram torturados e flagelados, e, por fim, tiveram que enfrentar a morte por métodos de execução dentre os mais cruéis então conhecidos [...]
>
> A resposta que geralmente recebo em rebatida é a seguinte: "Ora, muitas pessoas já morreram por causa de uma mentira; o que isto prova?".
>
> Sim, muitas pessoas já morreram por causa de mentiras, mas eles pensavam tratar-se de uma verdade. Ora, se a ressurreição de Jesus não ocorreu (isto é, se é falsa), os discípulos sabiam disso. Não sei como poderiam estar enganados a esse respeito. Portanto, estes onze homens não somente morreram em defesa de uma mentira — e aqui é que está o X da questão — mas eles sabiam que era mentira. Seria difícil [se foi uma mentira] encontrar onze pessoas, na História, que estivessem dispostas a morrer em defesa de uma mentira, sabendo que era mentira.[16]

Considere também os outros mártires da igreja cristã primitiva. Paulo, que promovia a execução dos cristãos antes de seu encontro com o Senhor ressuscitado e sua subseqüente conversão ao cristianismo, declarou que houve mais de quinhentas testemunhas da ressurreição de Jesus Cristo (1Co 15.6). Com números semelhantes a esses em mente, as possibilidades de a ressurreição não ter

---

[16] *Mais que um carpinteiro*, p. 60-1.

acontecido são altamente improváveis, se não impossíveis. Podem-se encontrar pessoas através da história que morreram por aquilo que acreditavam ser a verdade, mas dificilmente se encontrariam mais de quinhentas pessoas que estivessem desejosas de morrer por algo que sabiam ser falso.

Com base na confiabilidade histórica do Novo Testamento, portanto, podemos estar certos de que possuímos a essência dos ensinos de Jesus Cristo a respeito de si próprio. Os títulos da divindade que ele aplicou a si mesmo e a adoração que ele aceitou, assim como as outras declarações que fez, conduzem o pesquisador sincero a concluir que Jesus pensava em si mesmo como o Deus encarnado em forma humana. Além disso, um exame das convicções de seus discípulos a respeito dele revela que eles também ensinavam que ele era igual a Deus e idêntico a ele. Mais uma vez, as evidências oferecidas por Jesus para comprovar sua alegação de ser Deus se cruzam com três grandes acontecimentos miraculosos: seu cumprimento das profecias feitas centenas de anos antes do seu nascimento, sua vida sem pecado e cheia de milagres, e sua ressurreição corporal triunfante da sepultura. Jesus Cristo é quem alega ser: o único Filho de Deus.

"E você? O que você pensa a respeito de Cristo? De quem ele é filho?" Se alguém ainda não estava convencido das declarações que Jesus fez a respeito de si mesmo, ou das declarações dos seus discípulos a respeito dele, essa pessoa teria de considerar as alternativas. Algumas afirmações seriam simplesmente insanas se Jesus não fosse Deus. Por exemplo, considere a alegação dele de perdoar pecados, em Marcos 2.1-12. Um paralítico foi trazido a Jesus por seus amigos — um homem que Jesus tinha visto antes, deitado num leito, totalmente paralisado —, e a primeira coisa que Jesus lhe disse foi: "Filho, os teus pecados são perdoados". Os líderes religiosos reagiram dizendo: "Por que esse homem fala assim? Está blasfemando! Quem pode perdoar pecados, a não ser somente Deus?". Observe também como Jesus sabia o que eles estavam pensando: "Jesus percebeu logo em seu espírito que era isso que eles estavam pensando e lhes disse: 'Por que vocês estão remoendo essas coisas no seu coração? Que é mais fácil dizer ao paralítico: Os seus pecados estão perdoados, ou : Levante-se, pegue a sua cama e ande? Mas para que vocês saibam que o Filho do homem tem na terra autoridade para perdoar pecados...'" Com essa declaração Jesus curou o paralítico, ele levantou-se, tomou sua cama e foi embora à vista de todos. Novamente Jesus comprovou a declaração que fez de sua divindade com um ato de Deus confirmando-o como o Filho de Deus.

No seu livro *Cristianismo puro e simples*, C. S. Lewis desafiou seus leitores a examinar essa afirmação particular de Jesus. A citação seguinte é longa, mas vale a pena ler, porque contém alguns dos mais admiráveis pensamentos de Lewis a respeito da alegação de Jesus de perdoar pecados. Diz ele:

> Uma das suas reivindicações tende a passar despercebida porque já a ouvimos tantas vezes que não conseguimos mais ver a sua importância. Refiro-me ao poder de perdoar os pecados, qualquer pecado, poder que ele a si reivindicou. A não ser Deus, isso, para quem fala, é tão absurdo que chega a ser cômico. Todos nós podemos entender que um homem perdoe as ofensas que recebe. Pisam em meu pé e eu perdôo, roubam meu dinheiro e eu perdôo. Mas o que pensaríamos de alguém que, não tendo sido roubado nem pisado, anunciasse que nos perdoa por termos pisado nos pés dos outros e roubado o dinheiro dos outros? O mínimo que poderíamos fazer seria chamar de petulância obtusa a conduta de quem assim procedesse. Entretanto, foi isso que Jesus fez. Ele disse a muitas pessoas que os pecados delas estavam perdoados, sem nunca consultar os que tinham sido prejudicados por esses pecados. Agia sem hesitação como se fosse a parte mais interessada, a pessoa mais ofendida em todas as ofensas. Isso só tem sentido se ele realmente era o Deus cujas leis são quebradas e cujo amor é ferido em cada pecado. Na boca de qualquer outra pessoa que não fosse Deus, essas palavras seriam para mim consideradas como uma tolice e vaidade jamais igualadas por qualquer outra personagem da História.
>
> No entanto, mesmo os seus inimigos (e isso é a coisa mais estranha e mais significativa), quando lêem o Evangelho, não têm normalmente a impressão de tolice e vanglória. Muito menos a têm os leitores imparciais. Cristo diz ser "humilde e manso" e acreditamos; não nos damos em conta que se ele fosse só humano, a humildade e a mansidão seriam as características que menos descreveriam algumas de suas afirmações.
>
> Estou procurando evitar que se diga a coisa mais tola que muita gente diz por aí, a respeito de Cristo: "Estou pronto para aceitar que Jesus foi um grande mestre de moral, mas não aceito a sua prerrogativa de ser Deus". Eis aí precisamente o que não podemos dizer. Um homem que fosse só homem, e dissesse as coisas que Jesus disse, não seria um grande mestre de moral: seria ou um lunático, em pé de igualdade com quem diz ser um ovo cozido, ou então seria o Demônio. Cada um de nós tem que optar por uma das alternativas possíveis. Ou este homem era, e é, Filho de Deus, ou então foi

um louco, ou algo pior. Podemos contra-argumentá-lo taxando-o de louco, ou cuspir nele e matá-lo como um demônio; ou podemos cair a seus pés e chamá-lo de Senhor e Deus. Mas não venhamos com nenhuma bobagem paternalista sobre ser Ele um grande mestre humano. Ele não nos deu esta escolha. Nem nunca pretendeu.[17]

---

[17]P. 28-9.

Capítulo quatorze

A ética e a moral

Todos os homens igualmente estão condenados, não por códigos de ética alheios, mas por seus próprios, e todos os homens, portanto, têm consciência da culpa.

—C. S. Lewis

Que são ética e moral?

As palavras *ética* e *moral* são comumente usadas de modo intercambiável. Quando empregamos a palavra *ética*, estamos nos referindo a um conjunto fixo de leis (morais) pelo qual se pode avaliar a conduta humana.

Definir ética desse modo nos dá uma base para fazer julgamentos *morais*. A ética pode ser entendida como os padrões, as leis ou prescrições que os indivíduos são obrigados a obedecer. Para dizer de outra maneira, podemos entender a ética como um conjunto de padrões (o que deve ser) pelo qual se *avalia* a conduta humana e julga como moralmente certa ou moralmente errada. O termo *costumes* é indicativo da espécie de conduta com a qual uma pessoa se compromete — seja boa ou má. Sem as *leis* morais (ética) não faz sentido falar de *avaliações* morais.

MORAL (o que deve ser)	COSTUMES (o que é)
Prescrição	Descrição
A lei	A vida
O padrão	A conduta

Deve-se notar que sem nenhum padrão ético, os julgamentos morais não seriam possíveis. Além disso, se Deus não existisse, e as únicas leis objetivas do universo fossem as leis da física e da química, os julgamentos morais seriam absurdos. Não estamos dizendo que os ateus e naturalistas não possam fazer julgamento moral; o que estamos dizendo é que eles não têm *base* real para os seus julgamentos. C. S. Lewis descreve como a vida seria se toda conduta fosse reduzida à obediência às leis da natureza:

> ... e o naturalismo estiver correto, "devo" seria a mesma espécie de declaração que "sinto calor" ou "estou me sentindo mal". Na vida rela, quando o homem diz "devo", podemos responder: "Sim. Você está certo. É isso que se deve fazer", ou então, "Não. Acho que está enganado". Mas num mundo de naturalistas (se estes realmente aplicassem a sua filosofia fora da escola) a única resposta sensata seria: "Oh, você está?" Todos os julgamentos morais seriam declarações relativas aos sentimentos do interlocutor, tomados por ele como sendo declarações sobre outra coisa (a qualidade moral real dos atos) que não existe.[1]

Em outras palavras, se todos os julgamentos morais são reduzidos a descrições *daquilo que é*, então não há base lógica para oferecer *prescrições para o que deve ser*. As leis da natureza simplesmente descrevem o que é — no sentido mais estrito elas são meras descrições do modo que as coisas funcionam. Lewis desenvolve essa idéia de um modo que capta a nossa questão principal.

Leis da natureza (Descrições)	Natureza humana (Prescrições)
O que é (fatos)	O que deve ser (valores)

Quando afirmamos que uma pedra ao cair obedece sempre a lei da gravidade, não é o mesmo que dizer que a lei exprime apenas "aquilo que as pedras sempre fazem?" Ou será que você pensa que, ao deixar no ar uma pedra, ela imediatamente se lembra de que está sob as ordens de cair... Simplesmente o que você quer dizer é que ela, de fato, cai. Em outras palavras, não se pode estar certo de que existe algo além dos fatos, alguma lei em relação à qual os fatos devam ocorrer, distinta dos próprios fatos. As leis da natureza, da maneira como são aplicadas a pedras e árvores, só podem significar "o que a natureza, de fato, faz". Mas quando se considera a Lei da Natureza Humana, a Lei do

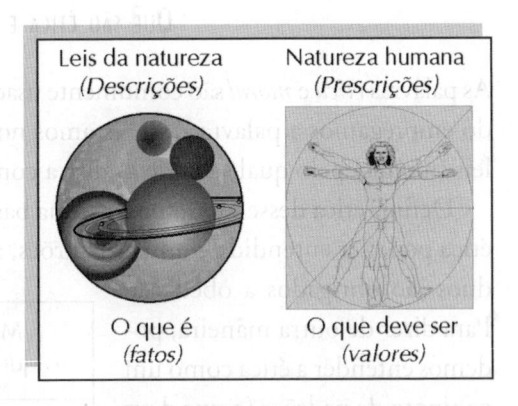

---

[1]*Milagres*, p. 36.

Comportamento Correto, a coisa muda. Esta lei certamente não significa "o que os seres humanos de fato fazem", pois como já disse anteriormente, a maioria não obedece mesmo a esta lei, e ninguém a cumpre perfeitamente. A Lei da Natureza Humana nos diz o que os homens devem fazer e não fazem. Isto é, quando se trata de homens, algum outro fator se faz presente acima e além dos atos por eles realmente praticados. Existem os fatos (como os homens, de fato, procedem), e existe algo mais (como eles deveriam proceder).[2]

A distinção entre "o que é" e "o que deve ser" é uma diferença essencial entre o fato da conduta humana (costume) e a lei da natureza humana ou lei natural (moral). Sem essa diferenciação, "o que se deve ser" simplesmente se reduz ao "que é", e a distinção entre costumes e moral desaparece. Conseqüentemente, as ações morais não são mais matéria da ética. Passam a ser matéria daquilo que é a conduta socialmente aceitável; o *étnico* define a ética — a sociedade determina o que é moralmente correto.

Pretendemos mostrar que a convicção na moralidade subjetiva ou étnica leva por meios lógicos a uma concepção auto-anulável e à destruição de todos os valores. Porém, antes disso, precisamos rever brevemente nossa posição com respeito às conclusões que tiramos do nosso conhecimento dos primeiros princípios.

EXISTEM LEIS MORAIS ABSOLUTAS?

Disciplina acadêmica	Conclusões dos primeiros princípios
Lógica (LNC)	As leis da lógica devem ser de natureza objetiva e universal. A razão objetiva é pré-condição necessária para a verdade e para a base acadêmica de todos os campos do conhecimento.
Filosofia (ponto fixo)	A verdade (conhecimento da realidade) é descoberta pela razão. Uma afirmação que corresponde à realidade é verdadeira. A realidade deve ser imutável, o ponto de referência que torna válida a investigação filosófica.
Ciência (causalidade, segunda lei)	A razão objetiva (as leis da lógica) e o princípio da causalidade são pré-condições necessárias para a ciência. A 2.ª lei da termodinâmica detém a posição suprema e demonstra a credibilidade de propor uma Causa Primeira infinitamente poderosa e inteligente.
Direito (padrão universal)	Somente pessoas têm direitos naturais e inalienáveis. Os direitos humanos não se baseiam nos ditames arbitrários de nenhum governo. Além disso, a justiça requer uma lei (padrão) moral objetiva e universal que transcenda as leis da sociedade.

[2]*Cristianismo puro e simples*, p. 9-10.

Já estabelecemos a credibilidade da lei natural, ou o que Lewis chamou de "a Lei da Natureza Humana". Agora queremos observar um pouco mais profundamente o mesmo tópico de uma perspectiva pessoal. A tabela acima fornece um resumo das conclusões que retiramos dos primeiros princípios apresentados em capítulos anteriores. À luz do que já se afirmou, queremos trazer a questão das leis morais universais para o nível individual e discutir a existência de obrigações éticas pessoais. As pessoas normalmente concordam que os nazistas estavam moralmente errados e foram culpados de cometer "crimes contra a humanidade". Contudo, esses mesmos indivíduos podem facilmente mudar de posição e discordar da existência de leis morais e objetivas e obrigatórias. O principal argumento desses indivíduos quase sempre se baseia na convicção de que a ética é subjetiva e pessoal.

Também deixamos clara a validade dos absolutos morais e as conseqüências de negá-los. Concluímos que o julgamento de Nuremberg foi baseado em verdades auto-evidentes e absolutos morais como os demonstrados na Declaração de Independência dos Estados Unidos. Como vimos, demonstrou-se em Nuremberg e Berlim que esses absolutos morais existem como base das leis civis para todos os governos. Além do mais, cada ser humano — por meio de sua consciência — é considerado responsável por violar essas leis morais. Bem no final do capítulo 10 incluímos esta citação de C. S. Lewis:

> Estes são, portanto, os dois pontos que queria estabelecer. Primeiro: que os seres humanos, em todo o mundo, sabem que devem comportar-se duma certa maneira, e que não podem livrar-se dessa situação. Segundo: que eles na realidade não se comportam daquela maneira. Conhecem a Lei da Natureza, e a infringem. Estes dois são a base de toda a reflexão quanto a nós mesmos e quanto ao universo em que vivemos.[3]

Lewis cria que todos os indivíduos têm consciência de uma lei moral impingida que devem guardar mas, na verdade, não podem guardar e não podem se livrar dela. Disse também que esses dois fatos são o fundamento de todo pensamento claro e posteriormente acrescentou: "Sendo esses dois fatos a base, convém firmá-la muito bem...".[4] Já firmamos esse fundamento com referência a mostrar que a lei moral não é apenas uma questão de convenção social — como o sistema educacional. Como Lewis assinalou, o fato de aprendermos

---

[3] *Cristianismo puro e simples*, p. 4.
[4] Ibid., p. 5.

algo com nossos pais ou professores não significa que isso necessariamente seja meramente uma invenção humana. Da mesma maneira que as leis básicas da lógica ou da física são ensinadas por professores nas diferentes culturas, e não mudam de uma cultura para outra, também acontece com a lei moral universal. Pode-se perceber facilmente isso nos julgamentos morais: Quando julgamos ações como moralmente certas ou moralmente erradas, como no caso dos nazistas, na verdade, estamos avaliando-as com base na lei moral. Portanto, leis morais universais necessariamente existem.

Já mostramos que se as leis morais não pudessem ser descobertas, não haveria sentido tentar fazer julgamentos morais e não haveria o que se chama de progresso moral. Progresso moral significa que alguma mudança está ocorrendo, e essa mudança é em direção a — e não se apartando de — um estado melhor de moralidade real. Se isso não fosse verdade, não haveria sentido dizer que algumas ideologias morais são melhores que outras. Somente usando um padrão moral somos capazes de dizer que algumas idéias morais estão de acordo com esse padrão moral e são, portanto, melhores que outras idéias morais.

Basear todos os julgamentos numa convenção social é apenas uma tentativa (dentre muitas) de eliminar a crença nos valores objetivos. Duas outras concepções populares tentam reduzir a ética aos instintos humanos ou às emoções humanas. Lewis escreveu uma réplica a essas duas, e seus argumentos contra os instintos e emoções podem ser encontrados nos seus livros *Cristianismo puro e simples* e *The abolition of man* [*A anulação do homem*], respectivamente. Em vez de tentar melhorar os argumentos apresentados por um grande pensador como Lewis, resumimos sua reação à concepção que contempla os instintos e emoções humanos abaixo.

A ÉTICA NÃO É APENAS INSTINTO HUMANO?

Antes de responder a essa concepção de ética, devemos deixar claro o que se quer dizer com instinto humano. O *Dicionário Houaiss* define instinto como "padrão inato, não aprendido, de comportamento, comum aos membros de uma espécie animal". Para a psicanálise, o instinto ou pulsão de autoconservação é "um conjunto de necessidades (p. ex., fome, sede, atividade muscular etc.) ligadas à fisiologia necessária à conservação da vida".[5] Esse entendimento dos instintos humanos é o mesmo que lei moral? Não! Lewis de fato insinua que às

---

[5] Antonio HOUAISS e Mauro de Salles VILLAR, Rio de Janeiro: Objetiva, 2001.

vezes sentimos desejo de ajudar outra pessoa, e esse desejo pode, sem dúvida, ser devido ao ímpeto ou instinto de preservar a raça humana — instinto de grupo. Mas também observou a seguinte distinção crítica entre ter *o desejo de ajudar* alguém e *sentir que devemos ajudar*, ajudando ou não.

> Por exemplo, se você ouvir um grito de socorro de um homem em perigo, provavelmente sentirá dois desejos: um, o de prestar socorro (devido ao instituo gregário); outro, o de se esquivar do perigo (devido ao instinto de conservação). Mas dentro de você, além destes dois impulsos, haverá uma terceira coisa que lhe dirá que o impulso de socorrer *deve ser* seguido e que o de evadir-se deve ser reprimido. Ora, isso que julga os dois instintos, o que decide qual dos dois deve ser seguido, não pode ser nenhum deles. É como se você dissesse que a página de música, que lhe manda tocar, num determinado momento, uma certa nota no piano, é ela mesma uma das notas do teclado. A Lei Moral nos diz o que devemos tocar; os nossos instintos são simplesmente as teclas.[6]

Lewis prossegue explicando a dificuldade que experimentamos quando dois instintos estão em conflito. Quando isso acontece, e não há nada em nossa mente, exceto os dois impulsos conflitantes, o mais forte dos dois deve certamente prevalecer. É precisamente nesse momento de luta entre os dois ímpetos que ficamos mais conscientes da lei moral, porque ela normalmente parece nos dizer para escolher o mais fraco dos dois instintos. Com respeito à ilustração de Lewis, provavelmente vamos querer ficar a salvo (autopreservação) muito mais do que ajudar a pessoa em perigo (instinto de grupo). Todavia, a lei moral nos diz para ajudá-lo. Além disso, Lewis observou que a lei moral freqüentemente nos diz para procurar deixar o impulso certo mais forte do que ele é naturalmente:

Lei moral:
O tom que deve ser tocado

Conduta

Instintos

"A Lei Moral não é nenhum instinto nem nenhum conjunto de instintos; é algo que produz uma espécie de tom dirigindo os instintos."

> Em geral temos a sensação de que é nosso dever estimular o instinto de grupo, despertando nossa imaginação e estimulando nossa compaixão, etc.,

---

[6]*Cristianismo puro e simples*, p. 5 (grifo do autor).

de forma que tenhamos força suficiente para fazer a coisa certa. Mas obviamente não estamos agindo *partindo do* instinto quando começamos a tornar um instinto mais forte do que ele é. A coisa que lhe diz: "Seu instinto de grupo está adormecido. Desperte-o!", não pode *ser* o instinto de grupo. A coisa que lhe diz que nota no piano precisa ser tocada mais alto não pode ser a própria nota [...] Estritamente falando, não existe o que chamam de bons impulsos ou maus impulsos. Pense novamente no piano. Ele não tem dois tipos de notas, as notas "certas" e as notas "erradas". Cada nota pode ser certa numa hora e errada noutra. A Lei Moral não é nada do tipo instinto ou conjunto de instintos: ela é algo que faz uma espécie de tom (o tom que chamamos bondade ou conduta correta).[7]

Lewis argumentou que a lei moral não é meramente mais um de nossos instintos. Se fosse, deveríamos ser capazes de chamar um desses instintos de "bom". Mas esse não é o caso. Não há instintos que a lei moral não possa nos dizer algumas vezes para suprimir nem que não possa às vezes dizer-nos para incentivar. Lewis também ressaltou o perigo de estabelecer um dos impulsos da natureza humana como aquilo que "deve" ser seguido a todo custo. Demonstramos que a história confirmou isso, por exemplo, no instinto de "sobrevivência dos mais adaptados", que Hitler incorporou ao dogma nazista e causou muita agressão. O que veio na seqüência lógica foi o genocídio. Concluímos, portanto, que a moralidade é mais do que simples instinto humano. E por que a moral e a ética não podem ser um produto da psique humana?

A ÉTICA NÃO É APENAS QUESTÃO DE MANIFESTAÇÃO DOS SENTIMENTOS DO INDIVÍDUO?

A resposta a essa pergunta é muito longa, de forma que lhe pedimos por favor seguir os argumentos apresentados de forma cuidadosa. A extensão desta resposta é necessária diante da crença popular na ética subjetiva e a ênfase que psicologia e a sociologia contemporâneas dão às emoções e aos sentimentos sobre a responsabilidade moral. Não estamos condenando a psicologia e a sociologia em geral, pois elas têm certamente feito contribuições positivas para o entendimento da natureza humana e das ações sociais. Contudo, na maior parte, essas contribuições positivas têm sido sobreestimadas pelo dano que causaram a nossa compreensão coletiva da ética e da responsabilidade moral — juntamente com o conhecimento devido da natureza humana. O perigo ocorre

---

[7] Ibid.

quando os indivíduos de uma sociedade abraçam uma visão errônea da natureza humana e descartam a ética como puramente emocional. Quando isso acontece, é apenas questão de tempo para que a sociedade comece a colher os amargos frutos das convicções que semeou. Pretendemos mostrar que esse é exatamente o caso nos Estados Unidos.

Na citação a seguir, Solomon Schimmel, autor de *The seven deadly sins* [*Os sete pecados capitais*], dá um panorama conciso da ênfase que a psicologia contemporânea dá aos sentimentos:

> A psicanálise transfere o fardo da *responsabilidade moral* do adulto para seus pais e as experiências da infância. Reconhece *o poder da luxúria*, mas vê maior perigo psicológico do controle excessivo em vez da falta de controle dela. A terapia behaviorista concentra-se no que fazemos, não se deveríamos fazer ou não [...] A terapia adleriana ou individual, valoriza *o poder do orgulho* [...] Todavia, por causa de sua preocupação em superar os sentimentos de inferioridade ela pode errar para o lado do orgulho e deixar de prezar o valor da humildade [...] A terapia gestáltica se concentra no presente em vez de reprisar o passado ou se preocupar com o futuro. *Sua preocupação principal é como nos sentimos em vez de o que pensamos. Também estimula expressar abertamente os sentimentos, particularmente a ira e o ressentimento.* Nesses aspectos a *gestalt* está em desacordo com muito da abordagem tradicional moral ao tratar de nossos problemas emocionais e falhas de caráter [...]. A terapia emotivo-racional e outras terapias cognitivas [...] dizem *que nossos sentimentos de culpa e vergonha são basicamente os nossos próprios feitos*, as conseqüências de nossos pensamentos distorcidos e irracionalidade; devemos aprender a nos livrar deles.[8]

Essa é a história da psicologia contemporânea, mas o apelo à ética subjetiva não é recente: C. S. Lewis escreveu uma crítica em 1943 (*The abolition of man* [*Anulação do homem*]). Nesse livro Lewis examinou uma publicação escrita por dois autores que tentaram reduzir todas as declarações de valor objetivo a asserções acerca do estado emocional ou dos sentimentos subjetivos do locutor. Por respeito profissional aos autores, Lewis manteve em segredo o nome deles e o título do livro. Usou um título fictício — *The green book* [*O livro verde*] — e identificou os autores por nomes imaginários — Gaius e Titius. Lewis sentiu necessidade de responder ao *The green Book* porque se pretendia usá-lo como

---

[8] P. 7-8 (grifo do autor).

livro-texto nos cursos superiores para ensinar a arte da redação na língua inglesa, mas estava ensinando muito mais! Lewis advertiu que "o verdadeiro poder de Gaius e Titius se deve ao fato de estar lidando com um menino: um menino que pensa que está 'fazendo' a sua 'preparação em inglês' e não tem nenhuma noção de que ética, teologia e política estão todas em jogo".[9]

Lewis explicou que os alunos que usavam *The green book* em aula não estavam recebendo uma lição de teoria em si, mas estavam sendo expostos à hipótese básica dos autores. Essa hipótese era sua convicção de que todas as declarações de valor são subjetivas, sem importância e "nada além" da projeção dos próprios sentimentos de um indivíduo. Lewis viu o perigo iminente nos estudantes em sala de aula, que assimilariam a hipótese dos autores ao próprio modo de pensar deles e em última análise seriam influenciados por ela. Escreveu: "Uma hipótese que, dez anos depois, sua origem esquecida e sua presença inconsciente, o condicionará a tomar um dos lados da polêmica, que ele nunca reconheceu como polêmica".[10] Lewis citou um exemplo de uma das lições em *The green book* e como ela ia além da matéria de redação em língua inglesa. Disse: "Isto é a lição deles de inglês, embora de inglês eles não tenham aprendido nada. Outro pouco da herança humana lhes foi tirado silenciosamente antes que ficassem maduros bastante para entender".[11]

Lewis assinalou a responsabilidade séria que os educadores têm com respeito ao ensino da visão correta de ética: "Aristóteles diz que o alvo da educação é fazer o aluno gostar e desgostar *do que ele deve*. Quando a idade para o pensamento reflexivo chega, o aluno que foi treinado nas 'afeições ordenadas' ou nos 'sentimentos justos' facilmente encontrará *os primeiros princípios da Ética*: mas para o homem corrupto eles jamais serão visíveis, e ele não pode fazer progresso algum na ciência. Platão, antes dele, havia dito a mesma coisa".[12] Lewis chamou a concepção correta de ética de "a doutrina do valor objetivo, definindo-a como

> ... a crença de que certas atitudes são realmente verdadeiras, e outras realmente falsas, para a espécie de coisa que o universo é e a espécie de coisas que nós somos [...] E porque nossas aprovações e reprovações são, desse modo, reconhecimentos valores objetivos ou respostas a ordem objetiva,

---

[9] P. 16.
[10] Ibid., p. 16-7.
[11] *The abolition of man*, p. 22.
[12] Ibid., p. 26 (grifo do autor).

portanto estados emocionais que podem estar em harmonia com a razão (quando sentimos gosto pelo que deve ser aprovado) ou em desarmonia com a razão (quando percebemos que o gosto é devido mas não podemos senti-lo). Nenhuma emoção é um julgamento: porque todas as emoções e sentimentos são alógicos. Mas podem ser razoáveis ou não-razoáveis à medida que se conformam à Razão ou deixam de se conformar com ela. O coração nunca toma o lugar da razão: mas pode, e deve, obedecê-la.[13]

Lewis observou que Gaius e Titius espalharam a sua visão de ética por todo *The Green Book*, e ele concluiu que pode ter sido a intenção deles conseguir que os estudantes que usaram o texto fizessem uma varredura nos valores tradicionais e começassem com um novo conjunto. Contudo, ele assinalou prontamente que esse novo conjunto de valores estava em outro mundo — o mundo da subjetividade pura. Esse é o mundo dos "fatos, sem resquício de valor, e o mundo dos sentimentos sem resquício de verdade ou falsidade, justiça ou injustiça".[14] Nessa espécie de mundo não pode haver conciliação nem harmonia entre a razão e o sentimento, entre a mente e o coração.

A conseqüência final de treinar jovens para crerem nessa dicotomia de fato/valor é muito séria. Quando levada acima da dimensão pessoal passa a ser a dicotomia do quê/quem. Em outras palavras, o que fazemos (nossa imagem pública) não tem de ser necessariamente associado com quem somos (nossa integridade pessoal). Na prática, funciona mais ou menos assim: contanto que sejamos bons no que fazemos (nossa profissão), não precisamos nos preocupar com o que somos (nosso caráter).

Logo, de acordo com essa dicotomia fato/valor, pode-se fazer tudo que se ache bom na profissão e tornar-se famoso e poderoso. Isso pode ser alcançado sem haver nenhuma preocupação real com o caráter do indivíduo e, portanto, colocar a busca do poder acima da busca do caráter. Não é preciso mencionar quanto essa dicotomia da "imagem pública/integridade pessoal" pode-se elevar, principalmente na esfera política. É certamente um episódio triste da sociedade norte-americana quando o mais alto posto da nação se torna o foco desse tipo de duplicidade. É ainda mais trágico quando o povo norte-americano se preocupa mais com o desempenho do trabalho de um representante eleito (o que ele faz) do que com sua integridade (o que ele realmente é).

---

[13]Ibid., 29-30.
[14]*The abolition of man*, p. 30.

A decadência moral não está restrita apenas à esfera política, tem alcançado proporções epidêmicas em todas as principais áreas. Um levantamento feito pela *Time* mostrou que o declínio da moralidade no mundo dos negócios, na arena política, na prática do direito e na profissão médica é conseqüência direta do orgulho pessoal. Na análise final, a revista *Time* diz que esses profissionais todos tenderam a "varrer as queixas éticas para debaixo do tapete" e que essa inclinação a evitar a integridade moral é conseqüência direta da *"obsessão protetora do eu e da imagem"*.[15]

Nossa sociedade não está somente acostumada a ter essa dicotomia da imagem pública/integridade pessoal — hipocrisia — como parte de nossa cultura, mas também está procurando meios de se aperfeiçoar nisso! Um livro recentemente publicado por dois autores tem o título *The 48 laws of power* [*As 48 leis do poder*]. A sobrecapa do livro traz um breve parágrafo descrevendo-o como "amoral, astuto, implacável e instrutivo [...] Uma síntese de pesquisa profunda nas filosofias de grandes pensadores como Maquiavel, Sun-tzo e Carl von Clausewitz, e os legados de estadistas, guerreiros, sedutores e homens do contra de todas as épocas, *The 48 laws of power* é um estudo conclusivo de poder e orientação essencial para a manipulação moderna [...] As 48 leis fornecem entendimento das estratégias usadas pelos outros, as táticas a evitar ou pelas quais viver".[16]

Fazendo justiça aos autores, eles procuraram escrever seu livro objetivamente observando e documentando o que é preciso para obter poder e mantê-lo. Um breve excerto do prefácio nos dá uma idéia daquilo por que muitos indivíduos de nossa sociedade estão lutando para obter e o que é preciso para conseguir o que querem. Os autores dizem:

> Ninguém quer menos poder, todos querem mais. No mundo atual, porém, é perigoso parecer que se está com fome demais de poder, ou mesmo manifestar o poder que se tem. É necessário parecer justo e decente. Por isso, precisamos ser sutis — nos portar adequadamente, mas espertos; democráticos, mas não honestos. Esse jogo de duplicidade constante lembra mais o poder dinâmico que existia no mundo de intrigas das cortes da antiga aristocracia. Ao longo de toda história, sempre se formou uma corte ao redor do indivíduo no poder — rei, rainha, imperador, guia. Os cortesãos que enchi-

---

[15] Ezra Bowen, Looking to its roots, *Time*, 15/5/1987, p. 26 (grifo do autor).
[16] Robert Greene e Joost Elffers, *The 48 laws of power*.

am essa corte viviam em posição particularmente delicada: tinham de servir aos seus senhores, mas se dessem a impressão de demonstrar afeição, se realizassem suas tarefas de maneira muito óbvia, os outros cortesãos em volta deles iam observar e agir contra eles. As tentativas de ganhar o favor dos senhores, portanto, tinha de ser sutil. E até os cortesãos habilidosos e capazes de tal sutileza ainda tinham de proteger-se de seus colegas, que a toda hora faziam intrigas para eliminá-los [...]

O cortesão bem-sucedido aprendia com o tempo a fazer todos os seus movimentos indiretamente. Se apunhalasse um oponente nas costas, era com luvas de veludo e com o mais doce sorriso nos lábios. Em vez de usar coação ou traição total, o perfeito cortesão realizava seu intento por meio de sedução, charme, engodo e estratégia sutil, sempre planejando diversos movimentos antecipadamente. A vida na corte era um jogo interminável que exigia constante vigilância e pensamento estratégico. Era uma guerra civilizada [...] A corte se imaginava como o pináculo de refinamento, mas por baixo de sua superfície brilhante havia um caldeirão de emoções tenebrosas — *ganância, inveja, luxúria e ódio* — fervilhando e espumando. Semelhantemente, nosso mundo atual imagina-se o pináculo da justiça, todavia as mesmas emoções feias ainda fervilham dentro de nós como sempre fizeram.[17]

A combinação de poder e orgulho é extremamente corrosiva para as qualidades interiores de caráter de uma pessoa. Essa duplicidade de status público e moral privada — essa avidez de poder aliada ao desejo de proteger a própria imagem — pode facilmente produzir o que C. S. Lewis chamou de "homens sem peito". Disse que, se os autores de *The green book* (e aqueles que sancionam e propagam a ética subjetiva) forem bem-sucedidos, os verdadeiros ideais que esperamos desenvolver e nutrir em nossa juventude não serão possíveis. Estas são qualidades há muito consideradas sinetes de integridade e virtude: coragem, fidelidade, fidedignidade, honra, etc. Lewis lamentou

O tempo todo — essa é a tragicomédia de nossa situação — continuamos a clamar por essas qualidades reais que julgamos impossíveis. Dificilmente se conseguirá abrir um periódico sem dar de frente com a afirmação de que a nossa civilização precisa de mais "impulso" ou dinamismo, ou auto-sacrifício, ou "criatividade". Com um tipo de simplicidade assustadora, removemos o órgão e exigimos a função. Fazemos homens sem peito e esperamos

---

[17] *The 48 laws of power* (grifo do autor).

deles virtude e empreendimento. Rimos da honra e ficamos chocados de encontrar traidores em nosso meio. Castramos e ordenamos os eunucos a ser frutuosos.[18]

Lewis em seguida nos leva para o pináculo de sua abordagem fazendo a seguinte pergunta: "Educadores como Gaius e Titius não vêem sua obra como um meio para um fim?". Ele insiste que sim e que o fim deles é precisamente a idéia que faz *The green book* e a filosofia da ética subjetiva auto-anulável.

> Eles escrevem para produzir determinados estados de mente na geração que se levanta, se não porque pensam que esses estados de mente são intrinsecamente justos ou bons, certamente porque os julgam o meio para algum estado de sociedade que consideram desejável [...] O ponto importante não é a natureza precisa do seu fim, mas o fato de que eles têm um fim [...] E esse fim deve ter um *valor real* aos olhos deles. Evitar chamá-lo "bom" e usar, em vez disso, predicados como "necessário" ou "progressivo" ou "eficiente" seria um subterfúgio. Eles poderiam ser forçados por argumento a responder as questões "necessário para quê?" "progressivo em direção a quê?" "efetuando o quê?"; como último recurso, teriam de admitir que um estado de coisas na opinião deles é bom para a própria causa. E dessa vez eles não poderiam sustentar que o "bom" descreve simplesmente *suas próprias emoções* em relação a isso. Pois o propósito total do livro deles é fazer o jovem leitor crer que vai compartilhar da aprovação deles, e isso seria uma incumbência de tolo ou de um vilão a menos que sustentassem que a aprovação deles é, de alguma maneira, válida ou correta [...]
>
> Muitos dos que "ridicularizam" os valores tradicionais ou (como eles diriam) "sentimentais" têm no fundo seus próprios valores, que acreditam ser imunes ao processo de deboche. Eles alegam estar cortando o crescimento parasitário da emoção, da sanção religiosa e dos tabus herdados, a fim de que os valores "reais" ou "básicos" possam emergir.[19]

Lewis concluiu sua revisão assinalando que das proposições acerca dos fatos isolados, não se pode tirar nenhuma conclusão prática referente aos valores. Em outras palavras, se aqueles que sustentam o tipo de filosofia defendida na obra *The green book* acreditassem que seu modo de pensar vai *preservar a sociedade* (oferecido como uma declaração do fato), então esse fato nunca pode levar

---

[18] *The abolition of man*, p. 35 (grifo do autor).
[19] *The abolition of man*, p. 40 (grifo do autor).

diretamente à conclusão de que a sociedade *deve ser preservada* (oferecido como uma declaração de valor). É impossível tirar conclusões prescritivas (o que deve ser — valores) de um conjunto de premissas puramente descritivas (o que é — fatos). No esforço de destruir todos os valores, os que subscrevem a moralidade subjetiva acabam destruindo a base para a própria visão juntamente com a dos valores objetivos. Lewis deu a entender que, se isso é o que os éticos da subjetividade desejam fazer, eles precisam ser intelectualmente honestos e retos. Ele desafiou-os a levar a sério a filosofia que defendem e "cair fora" completamente da lei moral, e entrarem num mundo onde não há valores:

> Muito bem: provavelmente descobriremos que podemos passar muito bem sem eles [os valores tradicionais]. Consideremos todas as idéias sobre o que *devemos* fazer simplesmente uma interessante sobrevivência psicológica: vamos deixar tudo isso de lado e começar a fazer o que gostamos. Decidamos por nós mesmos o que o homem deve ser e o façamos ser isso: não com base alguma de valores imaginados, mas porque queremos que ele seja assim. Tendo controlado o nosso ambiente, controlemos agora a nós próprios e escolhamos o nosso próprio destino. Essa é uma situação muito possível: e aqueles que a sustentam não podem ser acusados de autocontradição como os céticos vacilantes que ainda esperam encontrar valores "reais" quando ridicularizaram os [valores] tradicionais. Essa é a rejeição de todos os conceitos de valor.[20]

Lewis logo em seguida adverte seus leitores do perigo que se assoma resultante do desprezo da ética em bases puramente subjetivas. Diz que quando uma sociedade chega ao ponto de obliterar completamente os valores — aplicando com perfeição a psicologia e a tecnologia à humanidade — essa sociedade está perigosamente próxima do fim. Explica o que quer dizer lembrando seus leitores de que conquistamos muitas coisas na natureza, e as coisas que uma vez foram nossos senhores, agora se tornaram nossos servos. Lewis argumentou que os especialistas em ética da subjetividade estão tentando conquistar o pico final da natureza — a própria natureza humana — usando os instrumentos da eugenia, psicologia e educação:

> Eu estou apenas deixando claro o que a conquista da natureza por parte do Homem significa, e especialmente esse estágio final da conquista, que, tal-

[20] Ibid., p. 62-3.

vez, não esteja distante. O estágio final terá vindo quando o Homem, pela eugenia, pelo condicionamento pré-natal e pela educação e propaganda baseada em perfeita psicologia aplicada, tiver obtido o controle pleno de si próprio. A natureza *humana* será a última parte da Natureza a render-se ao Homem. A batalha será ganha [...] Mas quem exatamente a vencerá? Porque o poder do Homem de fazer de si o que lhe agrada significa, como vimos, *o poder de fazer aos outros homens o que lhes agrada*.[21]

Lewis referiu-se a essa conquista final da natureza humana como "a anulação do Homem". Ele "acertou na mosca" com a essa previsão. Pense no campo da eugenia e no advento da clonagem humana. Uma coisa parece certa: muitos não verão o clone humano como alguém que tem valor dado por Deus ou intrínseco.

Isso já é verdadeiro na pesquisa com embrião humano: em 1994, os pesquisadores Jerry Hall e Robert Stillman descartaram numerosos embriões humanos antes de clonar um deles com sucesso. Imagine as implicações para os pesquisadores de dois laboratórios (da Universidade do Texas e da Universidade de Bath, na Inglaterra) que criaram ratos e girinos sem cabeça:

> Os pesquisadores encontraram o gene que informa o embrião para produzir a cabeça e o anularam. Fizeram isso em mil embriões de rato, dos quais quatro nasceram [...] Por que entrar em pânico? Porque os seres humanos são os próximos. "É quase certamente possível produzir corpos humanos sem o prosencéfalo", disse o biólogo de Princeton, Lee Silver, ao *Sunday Times* de Londres. "Esses corpos humanos sem nada que lembre consciência não seriam considerados pessoas, e desse modo seria perfeitamente legal mantê-los 'vivos' como uma futura fonte de órgãos".[22]

Não é difícil imaginar ir a uma empresa especializada em "cultura de órgãos" e lá tomarem uma célula do seu braço a fim de fazer um clone seu. Depois, poderiam desenvolver dá célula um corpo inconsciente, que passaria a ser seu almoxarifado pessoal de partes sobressalentes perfeitamente adaptáveis. Como Aldous Huxley predisse em *Admirável mundo novo*, poderiam ser criados úteros artificiais para incubar crianças tenras. Isso ajudaria a manter os

---

[21]Ibid., p. 72 (grifo do autor).
[22]*Citizen*, Of headless mice... and men, (vol. 12, n.º 3. *Focus on the Family*, mar/1998), p. 9. Artigo de Charles Krauthammer, reimpresso com permissão do *Time*, 19/1/1998.

custos de produção e financeiros baixos, embora possa não ser fácil encontrar mulheres equilibradas que carreguem no ventre bebês sem cabeça até o nascimento deles. Organizações emergentes com o propósito de produzir partes humanas para reposição? Isso nos conduz exatamente ao que Lewis disse: "Porque o poder do Homem de fazer para si o que lhe agrada significa, como vimos, o poder de fazer para outros homens o que lhes agrada". Lembra ficção científica, mas em tese uma organização pode *clonar* um ser humano e *possuir* essa pessoa como possui qualquer outro item

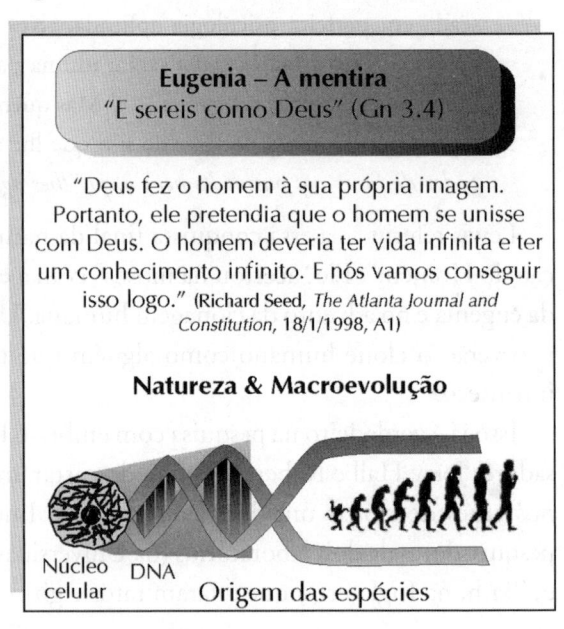

> **Eugenia – A mentira**
> "E sereis como Deus" (Gn 3.4)
>
> "Deus fez o homem à sua própria imagem. Portanto, ele pretendia que o homem se unisse com Deus. O homem deveria ter vida infinita e ter um conhecimento infinito. E nós vamos conseguir isso logo." (Richard Seed, *The Atlanta Journal and Constitution*, 18/1/1998, A1)
>
> **Natureza & Macroevolução**
>
> Núcleo celular — DNA — Origem das espécies

— e, portanto, tem "o poder de fazer de outros homens o que lhes agrada".

O fundamento legal já existe. Um jornalista do *Washington Post* relatou o seguinte:

> Numa decisão de 5 contra 4, em 1980, a Corte Suprema dos Estados Unidos [decidiu] que [...] coisas vivas podem ser patenteadas contanto que satisfaçam os critérios padrão para a patenteabilidade. Sete anos mais tarde, o departamento concedeu a primeira patente no caso de um animal — um rato geneticamente modificado — e desde então concedeu 79 outras patentes relativas a animais — entre eles alguns ratos, camundongos e coelhos, e uma para respectivamente, um pássaro, um peixe, um porco, uma cobaia, uma ovelha e o molusco abalone geneticamente modificados. Mais de 1 800 patentes também foram concedidas para genes e linhagens de células cultivadas, inclusive humanas, que os cientistas acreditam ter potencial médico.
>
> "Com a clonagem, Dolly [a ovelha], com tudo o que temos ouvido nos últimos anos, a ciência está progredindo e por isso essas questões ficaram conhecidas", disse O'Connor, agora diretor executivo do Instituto Americano de Engenharia Médica e Biológica, em Washington. "O que é preciso para ser humano? Uma linhagem de células? Um membro? Um ser humano

completo? Uma quimera [besta da mitologia grega]? Não temos uma definição do que é um ser humano para propósitos de patente."[23]

Essa é a conseqüência lógica e prática de abraçar a convicção de que todos os valores são subjetivos. Essa crença rejeita o conceito de que há um valor dado por Deus para cada vida humana.

Agora que indicamos o pensamento falacioso envolvido na ética puramente subjetiva e o perigo de rejeitar a crença nos valores objetivos, estamos prontos para mostrar as razões por que faz sentido, tanto teórica quanto praticamente, crer nas leis morais objetivas. Pretendemos mostrar que a visão objetiva dos valores é tanto logicamente coerente quanto existencialmente necessária para que a ética tenha significado pessoal e importância social. Apresentadas as evidências para a confiabilidade histórica do Novo Testamento e a questão da divindade de Jesus Cristo, agora nos voltamos para ele para saber o que ele pensa.

QUAL É O PRINCIPAL PRINCÍPIO ÉTICO DE JESUS?

Por ora esperamos que tenha ficado claro que os primeiros princípios não são conclusões encontradas no fim de um conjunto de premissas, mas, sim, as premissas das quais as conclusões são tiradas. Os primeiros princípios são axiomas dados, ou verdades auto-evidentes. Eles são tão razoáveis quanto outras premissas razoáveis — na verdade, tão obviamente razoáveis que não exigem nem admitem prova. Estão além da prova direta porque sabe-se que são verdadeiros com base em sua natureza inevitável e auto-evidentes. Também não podem ser refutados porque no esforço de refutar um princípio primeiro (dentro de qualquer campo de estudo), termina-se com afirmações auto-anuláveis — como C. S. Lewis assinalou com respeito à visão subjetiva da ética. Já demonstramos isso no caso da lógica, da verdade, da ciência, do direito, da justiça e do mal (v. cap. 1, 2, 4, 9, 10 e 11, respectivamente). Como Aristóteles disse, cada campo do conhecimento tem uma verdade auto-evidentes que forma a base que dá origem às outras verdades desse campo. Agora propomos que o princípio primeiro da ética não é de natureza diferente de nenhum dos outros primeiros princípios anteriormente examinados neste livro.

Depois de ter encerrado sua principal crítica ao *The green book*, Lewis justificou e explicou a necessidade dos primeiros princípios referentes à ética e aos valores. Considere novamente o seu argumento:

---

[23]Rick WEISS, Patent sought on making of part-human creatures scientist seeks to touch off ethics debate, *Washington Post*, 2/4/1998, A12.

Se nada é auto-evidentes, nada pode ser provado. Semelhantemente, se nada é obrigatório por si mesmo, nada é obrigatório [...] Nosso dever de fazer o bem a todos os homens é um axioma [princípio primeiro] da Razão Prática, e o nosso dever de fazer o bem aos nossos descendentes é uma dedução clara desse axioma [...] A Lei Natural ou Moralidade Tradicional ou os Primeiros princípios da Razão Prática ou os Primeiros Chavões, *não são* um entre uma série de sistemas de valor possíveis. *São a única fonte de todos os juízos de valor.* Se forem rejeitados, todos os valores são rejeitados. Se algum valor for mantido, eles são mantidos. O esforço de refutá-los e fazer surgir um novo sistema de valores em seu lugar é autocontraditório [...] Não se pode continuar "explicando" para sempre: vai-se descobrir que se explicou a própria explicação. Não se pode continuar "enxergando através" das coisas para sempre. O problema todo de ver através de algo é ver algo através dele. É bom que a janela seja transparente, porque a rua e o jardim são opacos. E se se enxergou através do jardim também? Não é bom tentar "enxergar através dos" primeiros princípios. Se se enxerga através de cada coisa, então tudo é transparente. Mas um mundo transparente é um mundo invisível. "Enxergar através" de todas as coisas é o mesmo que não enxergar.[24]

Uma declaração prescritiva ou julgamento é a declaração de que certas condutas "devem" ou "não devem" ser apresentadas. Esse tipo de declaração impõe uma prescrição (mandato ético) que pode ou não ser obedecida. Inúmeras teorias éticas foram propostas a respeito do que induz os indivíduos a se comportarem de certos modos e do que se entende como "bem moral". Essas teorias variam desde o amor próprio da ética egocêntrica de Ayn Rand ao amor altruísta da ética social de Eric Fromm. Podemos estudar como a conduta humana é economicamente determinada (Marx) ou como é socialmente determinada (Skinner). Podemos abraçar a idéia de que a ética humana é autodeterminadas (Sartre) ou que é geneticamente determinada (Huxley). As idéias são abundantes, mas não está no escopo deste trabalho examinar todas essas teorias éticas e criticar cada uma.[25] *Todas* essas teorias se classificam na mesma categoria geral do *The green book* (a *humanidade* é a base para a ética) e estão sujeitas à mesma crítica essencial. Portanto, uma vez que já argumentamos em favor da existência do Deus da Bíblia, da confiabilidade histórica do Novo Testamento e da credibilidade das alegações

---

[24] *The abolition of man*, p. 53-4, 56, 91 (grifo do autor).
[25] Para uma análise completa dessas opções éticas, v. Norman L. Geisler, *Ética: alternativas e questões contemporâneas*.

de Jesus Cristo, podemos agora lançar nosso foco sobre a visão cristã de ética. Essa posição será apresentada à luz da vida e dos ensinos de Jesus Cristo e dos autores do Novo Testamento.

Propomos que o primeiro preceito da ética cristã foi declarado por Jesus em Mateus 7.12: "Assim, em tudo, façam aos outros o que vocês querem que eles lhes façam; pois esta é a Lei e os Profetas". Jesus condensou todo o Antigo Testamento ("a Lei e os Profetas") numa prescrição ética concisa ou princípio primeiro. Para ver como isso se aplica na prática, volte o seu pensamento para nosso exemplo anterior a respeito de ajudar alguém em perigo. Imagine que estamos passando por uma casa em chamas e uma mulher ferida grita por socorro. Ela nos diz freneticamente que seu filhinho de seis meses ainda está dentro da casa em chamas, e nos suplica para tentar resgatá-lo. Provavelmente desejaríamos ficar em segurança (instinto de autopreservação) muito mais do que desejaríamos salvar o bebê (instinto de grupo). Todavia, a lei moral nos diz para ajudar a criança, mesmo assim. Essa terceira coisa que julga entre os dois instintos (autopreservação e instinto de grupo) e decide o que deve ser incentivado é coerente com o princípio primeiro da ética cristã — "façam aos outros o que vocês querem que eles lhes façam". Se um de nós fosse um dos pais dessa criança, não íamos querer que alguém a salvasse? Naturalmente que sim. Então, façamos o mesmo.

Que Jesus disse a respeito da bondade moral?

Quando Jesus ensinou sobre a questão da bondade moral, explicou especificamente que ela não deve residir no ato em si, mas na atitude do coração por detrás do ato. No exterior qualquer ação pode parecer moralmente boa. Mas de acordo com Jesus o verdadeiro estado de moralidade não é avaliado somente pelas atitudes exteriores das pessoas, mas pela condição interna do coração. Infelizmente, o indivíduo médio de hoje acredita que virtude moral é apenas uma questão de guardar um conjunto de leis e regulamentos — uma lista do que se deve e do que não se deve fazer. Por essa razão, vemos os ensinos de Jesus como atemporais e muito aplicáveis aos conceitos errôneos contemporâneos de ética. Portanto, vamos observar um pouco mais de perto a definição que Jesus deu de virtude moral quando proferiu o sermão do monte (Mt 5—7).

De acordo com Jesus, Deus está definitivamente interessado em desenvolver o nosso caráter e procurar internalizar os princípios morais de forma que a verdadeira medida da bondade moral esteja baseada no que somos (integridade pessoal), não apenas no que fazemos (controlar as nossas ações públicas).

Essa posição é conflitante com todos os que põem a própria imagem acima da integridade. No livro *The 48 laws of power* (citado há pouco) as leis 3, 4 e 5 foram formuladas para ajudar a manter a imagem pública. A saber, ajudar as pessoas a desenvolver técnicas inescrupulosas de conseguir e manter o poder ao mesmo tempo em que mantêm uma *aparência externa* de moralidade para lhes proteger a reputação (imagem pública). Os autores sugerem:

> Mantenha as pessoas desnorteadas e no escuro não revelando *a intenção por detrás de suas ações*. Se não tiverem nenhuma idéia do que você pretende, elas não poderão preparar nenhuma defesa. Leve-as bem longe no caminho errado, envolva-as numa cortina de fumaça e, quando perceberem suas intenções, será muito tarde [...] A reputação [imagem] é a pedra fundamental do poder. Somente por meio da reputação é possível intimidar e vencer; qualquer deslize, entretanto, o faz vulnerável, e você será atacado de todos os lados. Torne sua reputação inatacável. Esteja sempre alerta aos ataques potenciais e impeça-os antes que aconteçam. Enquanto isso, aprenda a destruir seus inimigos abrindo buracos na reputação deles. Depois se retire e deixe a opinião pública entrar em ação [...] *Tudo se julga pela aparência; o que não se vê não conta*.[26]

Compare esta última declaração com o que Jesus disse a respeito da hipocrisia dos líderes religiosos: "Tudo o que fazem é para serem vistos pelos homens [...] Ai de vós, mestres da lei e fariseus, hipócritas! Vocês são como sepulcros caiados: bonitos por fora, mas por dentro estão cheios de ossos e de todo tipo de imundície. Assim são vocês: por fora parecem justos ao povo, mas por dentro estão cheios de hipocrisia e maldade" (Mt 23.5,27,28). Essas duas posições são opostas, uma enfatiza a falta de dignidade da condição *moral interna* da humanidade e a outra, a de Jesus, enfatiza que o valor e a dignidade verdadeiros se encontram no interior — que não é visto pelos olhos humanos.

Jesus ensinou que a bondade moral não se mede apenas pela conduta, mas pela condição interior ou atitude do coração. O ato em si não faz o indivíduo moralmente bom ou virtuoso. O principal indicador da condição moral de alguém é a atitude de seu coração ou aquilo que está por detrás da ação; esse é o verdadeiro teste da virtude que ajuda a construir as qualidades de caráter internas do indivíduo. Se não fosse assim, poderíamos corretamente concluir (como muitos fazem) que Deus está interessado apenas em que obedeçamos a

---

[26]Greene e Elffers, *The 48 laws of power*, ix (grifo do autor).

um conjunto de mandatos (o que fazemos ou não fazemos), e não em nosso ser interior (o que somos).

A definição que Jesus dá de virtude moral está enraizada no verdadeiro amor. Afinal, Deus nos ama e se preocupa com a nossa verdadeira alegria ou plenitude última (que se encontra apenas nele). Isso se opõe à opinião comum de que as leis de Deus nos foram dadas para nos impedir de ter alegrias. Vamos explicar em mais detalhes por que as leis relacionais (os dez mandamentos) nos foram dadas para nossa alegria, mas somente no capítulo 15. Por ora, vamos dizer apenas que a verdadeira alegria e o significado supremo dependem da condição interna do indivíduo (quem somos), e não da imagem externa ou das posses (o que fazemos ou o que temos).

A atitude interna do coração foi a questão fundamental tratada por Jesus em Mateus de 5 a 7. Era preciso que ele lançasse as idéias fundamentais do que constitui a verdadeira virtude moral para que as pessoas pudessem compreender a necessidade que tinham da ajuda de Deus. Jesus prontamente mostrou às pessoas que elas estavam sendo enganadas pelas interpretações erradas de seus líderes, que criam que leis como "não matarás" e "não adulterarás" (Mt 5.21,27; Êx 20.13,14) se referiam às atitudes externas e a verdadeira virtude moral era apenas questão de obediência a essas leis — e desse modo *mostrar* ter atingido a bondade moral. Era necessário que ele corrigisse essa má aplicação das leis de Deus, inserindo-as num contexto relacional.

Jesus definiu a virtude moral mais profundamente quando disse: "Mas eu lhes digo que qualquer que se irar contra seu irmão estará sujeito a julgamento [...] Qualquer que olhar para uma mulher para desejá-la, já cometeu adultério com ela no seu coração" (Mt 5.22,28). Quem nunca abrigou ira ou amargura? Quem nunca abraçou a lascívia? Quem pode seguir esse padrão sem nenhuma ajuda sobrenatural? Se Jesus estava certo, de repente a idéia de obedecer a uma lei com a finalidade de mostrar aparência de bondade perdeu sua importância moral!

Jesus queria que entendêssemos que os dez mandamentos nos foram dados como prescrição para iniciar e manter relacionamentos adequados e sadios. Com isso queremos nos referir aos relacionamentos para os quais fomos designados: com Deus (a primeira tábua da lei) e com os outros (a segunda tábua da lei).[27] Esses mandamentos foram dados para remover o foco autocentrado que naturalmente temos e despertar um padrão ético centrado em Deus e nos

---

[27]Há duas tábuas da lei, e há visões diferentes acerca de como muitas leis estavam em cada tábua. Mas há concordância geral em que a primeira tábua refletia o dever para com Deus, e a segunda tábua refletia os deveres para com os outros seres humanos.

outros. Não que Deus não esteja interessado no que pensamos sobre nós mesmos, ao contrário, a verdadeira bondade moral requer uma visão correta de auto-estima e valor. Contudo, esse valor pode ser dado apenas por Deus e vem no contexto de um relacionamento sadio e amoroso com ele.

Quando Jesus traz de volta esse padrão, é de se perguntar: é muito difícil alcançá-lo? Em outras palavras, se é difícil manter o ódio e a lascívia sob controle, o que mais se espera de nós? Quando um especialista na lei testou Jesus com a pergunta: "'Mestre, qual é o maior mandamento da lei?'" Respondeu Jesus: "Ame o Senhor, o seu Deus de todo o seu coração, de toda a sua alma e de todo o seu entendimento. Este é o primeiro e maior mandamento. E o segundo é semelhante a ele: Ame o seu próximo como a si mesmo. Destes dois mandamentos dependem toda a Lei e os Profetas'" (Mt 22.34-40; Mc 12.28-31).

Esses dois mandamentos são princípios concomitantes. Para amar nosso próximo, deve haver um entendimento correto de quem somos e do que significa amar a nós mesmos. O conceito correto de amor-próprio (valorizar-se a si mesmo) só pode ser compreendido no contexto de uma relação amorosa e verdadeira com Deus. É o Criador quem nos dota de valor intrínseco e nos procura em amor. É esse relacionamento íntimo de amor que deve engolfar a totalidade de nosso ser, tanto interna como externamente — coração, alma, mente e forças. De acordo com Jesus, uma vez que nos envolvemos com Deus num relacionamento de amor, o amor se manifesta na maneira que valorizamos e tratamos os outros.

Se estivermos comprometidos num relacionamento puro e amoroso com Deus, não teremos necessidade de nada fora dele. E se confiamos que Deus nos satisfaz as necessidades, podemos amar os outros pondo suas necessidades em primeiro lugar. Jesus condensou toda a lei em apenas um princípio primeiro: "Assim, em tudo, façam aos outros o que vocês querem que eles lhes façam" (Mt 7.12). Essa renúncia total — esse amor ardente por Deus — é pré-requisito para amar o nosso próximo. É um amor perfeito e abnegado. *É a medida suprema de virtude moral, e é impossível mantê-lo sem Deus.* Quando as pessoas ouviram Jesus explicar sobre a espécie de padrão que Deus requer delas, muito provavelmente se perguntaram: "Que tipo de padrão é esse, e quem alguma vez conseguiu alcançá-lo?". Jesus — conhecendo-lhe o coração — não deu oportunidade para nenhum mal-entendido: "Portanto, sejam perfeitos como perfeito é o Pai celestial de vocês" (Mt 5.48).

Deus sabe que a natureza humana é corrupta e que é impossível sermos perfeitos. Jesus enfatizou isso no sermão do monte. É por isso que no final desse sermão — e imediatamente após o seu primeiro princípio de ética — Jesus disse: "Entrem pela porta estreita". A porta estreita a que se referiu era sua vida e sua relação com Deus, seu Pai. Em João 10.9, ele disse: "Eu sou a porta; quem entrar por mim será salvo". Jesus compreendia que esse primeiro princípio de ética é humanamente impossível de ser observado sem entrar num relacionamento amoroso com ele e compartilhar de sua vida e do seu poder. Para entender por que isso e o que se pode fazer, precisamos nos voltar para Jesus novamente para ouvir suas observações e orientações.

Quais são as observações de Jesus sobre a natureza humana?

Muita coisa mudou nos últimos dois mil anos, mas uma das coisas que permanece a mesma é a condição da natureza humana: fundamentalmente corrupta. Peter Kreeft observou que a civilização ocidental está necessitada de uma profunda análise médica. Mas ele não está se referindo a uma análise física do corpo.

> Com análise médica quero dizer não uma análise de nossas doenças físicas, como a pobreza a inanição, mas nossas doenças espirituais. É uma análise da alma, não do corpo; da psique, não do soma [corpo]. É uma psicanálise cultural, pois as civilizações, como os indivíduos, têm alma, e a alma, como o corpo, tem doenças. Muitos indivíduos estão sofrendo interiormente e procurando os médicos da alma porque toda a nossa civilização tem dores interiores [...] Não é preciso um moralista para perceber que algo não está funcionando numa civilização, como C. S. Lewis diz, "cuja rápida produção de alimento deixa metade dela em estado de inanição, cujos afrodisíacos a fazem impotente e cujos meios de poupar trabalho baniram o lazer da sua terra".
>
> Todos os filósofos práticos, isto é, os buscadores de sabedoria que pensam acerca do que fazer e como viver, dizem quatro coisas básicas, simplesmente porque a estrutura de nossa existência é de tal modo que há somente quatro coisas básicas a dizer, e quatro perguntas básicas para responder. Esses são os quatro passos de uma análise médica:
>
> 1. Observação dos sintomas
> 2. Diagnóstico da doença
> 3. Prognóstico de cura
> 4. Prescrição para o tratamento

Essa análise de quatro passos da condição espiritual humana está na tradição de todos os grandes sábios, os filósofos práticos.[28]

Em consonância com essa analogia médica, pretendemos demonstrar a análise que Jesus fez da condição moral da humanidade a fim de chegar à causa original da imoralidade humana. Quando Jesus esteve neste mundo, referiu-se a si mesmo como um médico moral, dizendo: "Não são os que têm saúde que precisam de médico, mas sim os doentes". Em seguida prosseguiu: "Pois eu não vim chamar justos, mas pecadores" (Mt 9.12,13). Em outra passagem explicou a diferença entre os dois: "Este é o julgamento: a luz veio ao mundo, mas os homens amaram as trevas, e não a luz, porque as suas obras eram más. Quem pratica o mal odeia a luz e não se aproxima da luz, temendo que as sua obras sejam manifestas. Mas quem pratica a verdade vem para a luz" (Jo 3.19-21). De acordo com Jesus, há somente duas espécies de pacientes: os que pensam que não são pacientes e não precisam de médico e os que enfrentam a verdade sobre sua doença moral e se encaminham para a luz (verdade) do médico a fim de ser curados. O primeiro grupo vive sob o manto da aparência exterior (imagem pública) para esconder sua imoralidade, o segundo tira o manto, dirigindo-se para a luz a fim de ter as trevas dissipadas e se verem como realmente são.

Destas duas passagens podemos notar pelo menos *seis observações principais que Jesus fez com respeito à natureza humana*. Primeira, Jesus declarou que todas as pessoas têm uma doença moral chamada pecado, que ele comparou às trevas (mal). Segunda, ele disse que só podia ajudar as pessoas que reconhecessem ter essa doença moral. Terceira, Jesus disse que, tendo ou não consciência, todas as pessoas reconhecem que estão em trevas e que amam as trevas porque as obras delas são más. Quarta, Jesus deixou claro que todos odeiam a luz porque a luz expõe seus atos maus. A quinta observação de Jesus afirma claramente que todas as pessoas têm a opção de sair das trevas e ir para a luz. Finalmente, Jesus disse que algumas pessoas resolvem admitir que têm a natureza moralmente depravada (pecaminosa) e decidem sair das trevas (mal) e caminhar para a luz (verdade) — essas são as pessoas que sabem que precisam de um médico moral.

Já mostramos que Deus é a base da verdade absoluta e é infinitamente poderoso, eterno e bom. Essas qualidades são essenciais de sua natureza, e ele não pode mudá-la — ele é um Ser perfeito. Essa perfeição levanta o problema

---

[28] *Back to virtue*, p. 37-8, 44.

de como seres imperfeitos como nós podem entrar num relacionamento amoroso com um Deus perfeito. Como pessoas com natureza de trevas (más) podem entrar na presença de um Ser que é luz perfeita (bondade moral) e se relacionar com ele? A dificuldade é que pela própria essência das diferenças básicas entre essas duas naturezas — uma de pura luz e outra de puras trevas — não há meio nenhum de coexistirem. Em outras palavras, sem que se mude algo na essência de uma das naturezas, não há esperança de nenhuma coexistência relacional. As pessoas que abraçam o mal (trevas) não podem entender a verdadeira bondade e a perfeição (luz) de Deus (Jo 1.5). Uma vez que Deus não pode mudar (Ml 3.6; Tg 1.17) e que nenhum vestígio sequer de trevas pode existir na luz pura, há uma grande questão que deve ser resolvida a fim de Deus e a humanidade coexistam num relacionamento amoroso. Essa explicação pode-nos ajudar a compreender o propósito por que Jesus afirmou ter nascido e como ele veio para oferecer a única solução para esse abismo fundamental entre Deus e a humanidade.

Não podemos nos esquecer de que Deus é também perfeitamente justo, e uma vez que não pode mudar, sua justiça requer punição pela violação de suas leis. Todavia, Deus é também amoroso e misericordioso e sabe que, sendo-nos impossível mudar nossa própria natureza (a impureza interna do coração humano), precisa haver uma solução que satisfaça todos os seus atributos. Ele deve encontrar um meio — por seu amor e sua misericórdia — de satisfazer também a parte justa de sua natureza. Uma vez que é justo, ele *deve* julgar os atos maus da humanidade e, uma vez que é amoroso e misericordioso, ele *deve* de algum modo nos oferecer perdão dos atos maus que praticamos. Jesus Cristo ofereceu-se como solução para esse problema. Para ter plena apreciação da resposta de Jesus a cada um de nós com respeito ao nosso relacionamento com Deus, precisamos nos deter um pouco mais no que ele disse acerca de nossa condição.

Qual o diagnóstico de Jesus sobre a condição da humanidade?

Já que vamos empregar os termos *consciência*, *pecado* e *culpa*, devemos garantir um entendimento básico do que essas palavras significam. Define-se *consciência* como o "processo de pensamento que distingue entre o que é moralmente bom ou mal, recomendando o bom, condenando o mal e assim sugerindo fazer o primeiro e evitar o último".[29] Estamos empregando essa palavra do mesmo

---

[29] W. E. Vine, *An expository dictionary of New Testament words*, p. 122.

modo que Paulo a usou quando disse de toda a humanidade que "as exigências da lei [moral] estão gravadas em seu coração. Disso dão testemunho também a sua consciência e os pensamentos deles, ora acusando-os, ora defendendo-os" (Rm 2.15). Portanto, as leis morais de Deus estão gravadas em cada coração humano, e a violação deliberada dessas leis é o que eu quero dizer com o termo *pecado*. *Culpa* é nossa consciência de que violamos uma ou mais das leis de Deus e, portanto, permanecemos condenados por Deus.

Se receber a devida atenção, essa vergonha ou culpa interna vai nos levar ao ponto em que reconhecemos a necessidade da ajuda de Deus. Mas esse aspecto da moralidade é quase sempre justificado ou mal entendido. Esse aspecto interno é chamado às vezes de *auto-estima* ou *auto-respeito*. Tem que ver com o senso correto de nos avaliar a nós mesmos e ficarmos seguros com quem somos — nossa identidade. O entendimento correto de si e a consciência de ser verdadeiramente valorizado podem trazer harmonia e paz interior profundas ao mais íntimo do ser. Em contrapartida, o entendimento errado de si ou o tipo errado de amor-próprio, aliado com a idéia de não ser valorizado, pode causar profundo dano psicológico e produzir confusão interior. Por isso, para amar nosso próximo como a nós mesmos, não devemos ouvir as mentiras da terapia emotivo-racional nem de outras terapias cognitivas, que dizem que "*nossos sentimentos de culpa e vergonha são basicamente os nossos próprios feitos*, conseqüência de nossos pensamentos distorcidos e nossa irracionalidade; devemos aprender a nos livrar deles".[30] Uma das coisas mais perigosas que podemos fazer é rejeitar os legítimos sentimentos de culpa e de vergonha. Com "legítimos", quero me referir aos sentimentos que são a conseqüência direta de violar um ou mais mandamentos de Deus.

De acordo com Jesus, a visão correta do eu e a relação harmoniosa com Deus conduzem a uma vida de integridade pelo desenvolvimento interior das virtudes. É essa força interior de caráter que nutre as relações corretas com os outros. Entretanto, a concepção incorreta do eu e a relação desarmônica com Deus levam a uma vida de corrupção pela tolerância dos maus hábitos. É nessa corrupção interna do eu que se nutrem os relacionamentos impróprios com os outros. Toda vez que preferimos a virtude aos maus hábitos ou vice-versa, estamos fazendo nosso coração um pouco diferente do que era antes. Quando tomamos essa verdade e a estendemos pelo período de uma vida, o que Peter Kreeft observou faz sentido. Ele cita o poeta Samuel Smiles:

---

[30]SCHIMMEL, *The seven deadly sins*, p. 7-8 (grifo do autor).

Semeie uma idéia e colherá um ato
Semeie um ato e colherá um hábito
Semeie um hábito e colherá um caráter,
Semeie um caráter e colherá um destino.[31]

Para nos livrar do destino que nos leva para longe de Deus, nas trevas, é necessário tratar da causa original de nossa imoralidade. Para encontrar a causa original de nossa decadência moral, devemos olhar para além de nossas ações ou conduta e dentro de nós próprios — os pensamentos de nossa mente e as atitudes de nosso coração. Jesus disse que a violação da lei moral de Deus não começa com uma ação imoral, mas sim com uma atitude imoral do coração. Podemos jamais cometer, por exemplo, nenhum assassinato nem adultério, mas se odiamos alguém ou temos um coração lascivo, a lei de Deus já foi violada, ainda que o ato não se consume. Em outras palavras, se odiamos o nosso próximo, já matamos o relacionamento com ele em nosso coração. Do mesmo modo, se continuamente temos desejo sexual por alguém, enxergamos essa pessoa como um objeto a ser possuído e usado em vez de a tratarmos como alguém com quem devemos construir uma relação saudável. Em ambos os casos o resultado final é a desvalorização do outro, o que constitui violação das leis morais e relacionais de Deus.

Pode-nos ser difícil imaginar por que Jesus chama o ódio e a lascívia de pecados e os põe no mesmo nível do assassinato e do adultério. Se as declarações de Jesus o deixam desconcertado, você não está sozinho. C. S. Lewis confessou que sempre ficou perplexo quando lia os autores cristãos que pareciam ser muito restritos num momento e muito abertos noutro. Disse:

> "Pois do interior do coração dos homens vêm os maus pensamentos, as imoralidades sexuais, os roubos, os homicídios, os adultérios..."

Semeie	Colha
Pensamento	atitude
Atitude	ação
Ação	conduta
Conduta	estilo de vida
Estilo de vida	caráter
Caráter	destino

Falam de simples pecados de pensamento como se fossem muito importantes e, depois, dos mais terríveis homicídios e traições como se bastasse

---
[31] *Back to virtue*, p. 169.

> apenas se arrepender e tudo seria perdoado. Mas cheguei à conclusão de que estão certos. *O que eles têm em mente é a marca que a ação deixa naquele diminuto eu central que ninguém vê nesta vida, mas que cada um de nós terá de sofrer, ou gozar para sempre.* Um homem pode estar numa posição tal que a sua fúria cause o derramamento de sangue de milhões; e outro, por mais que se enfureça, consegue apenas que riam dele. *Mas a pequena marca na alma pode ser a mesma em ambos.* Os dois fizeram algo a si mesmos que (a não ser que se arrependam), tornará mais difícil o domínio da ira na próxima vez em que forem tentados, e fará com que a ira seja pior quando nela caírem. Se ambos com seriedade se voltarem para Deus, terão toda a distorção existente no "eu" central completamente corrigida; se não quiserem, eles serão, no final, condenados. Não é a grandeza nem a pequeneza do ato externo o que realmente importa.[32]

As pessoas a quem Jesus se dirigia tinham rebaixado o padrão relacional da lei de Deus a um nível que o fez parecer moralmente bom no aspecto externo. Mas, como assinalou Lewis, é a marca da alma que realmente importa. Jesus aplicou o padrão à raiz de onde a imoralidade surge — do lado de dentro. Os líderes religiosos de seu tempo se recusavam a reconhecer a própria condição interna endurecida e aplicavam o padrão de Deus às atitudes exteriores na tentativa de parecerem moralmente bons aos outros. Esses líderes estavam ensinando às pessoas que essa justiça dizia respeito a guardar uma lista do que devia ser feito e o que não devia — regras e regulamentos externos. Tinham a aparência exterior bem polida e aos olhos humanos eles pareciam um exemplo de virtude moral. Na realidade, entretanto, tinham *rebaixado* o padrão verdadeiro de Deus, que exigia a atitude do coração, interna e de relacionamento puro. Pode-se imaginar quanto ficaram chocados, bem como a multidão, quando ouviram Jesus dizer: "Pois eu lhes digo que se a justiça de vocês não for muito superior à dos fariseus e mestres da lei, de modo nenhum entrarão no Reino dos céus" (Mt 5.20). No caso, eles estavam surdos demais para entender o ponto principal dessa afirmação. Jesus mais tarde os chamou de filhos do inferno, guias de cegos, tolos cegos, gananciosos, auto-indulgentes, cobras, raça de víboras, sepulcros caiados, limpos por fora mas podres por dentro e cheios de impiedade (Mt 23).

Jesus resumiu seu diagnóstico da causa original do pecado (manifesta pela culpa) numa declaração: "*Pois do coração* saem os maus pensamentos, os homi-

---

[32] *Cristianismo puro e simples*, p. 51 (grifo do autor).

cídios, os adultérios, as imoralidades sexuais, os roubos, os falsos testemunhos e as calúnias" (Mt 15.19, grifo acrescentado). Ele foi diretamente ao foco do problema da imoralidade e sabia que todas as pessoas entendiam sobre que ele estava falando — todas as pessoas encontram-se culpadas perante Deus. C. S. Lewis disse de maneira muito apropriada: "Todos os homens igualmente encontram-se condenados, não por um código de ética alheio a eles, mas pelos seus próprios, e todos os homens portanto têm consciência da culpa".[33]

O veredicto de Jesus foi até pior do que podemos imaginar, porque ele disse que nós também amamos as trevas (nosso pecado) e temos medo de ser expostos à luz (verdade). Alguns indivíduos se recusam a ouvir o testemunho mais interior da lei moral e endurecem o coração para aquilo que sabem ser a verdade. Por sua vez, outras pessoas procuram confessar que Jesus está certo e caminham em direção à luz para poderem viver pela verdade. Cada um de nós deve fazer uma escolha bem definida: trevas ou luz.

Qual o prognóstico de Jesus para a humanidade e o que ele prescreve?

Um prognóstico implica duas ações: a previsão do curso provável da doença do paciente e a prescrição ou seqüência de tratamento necessária para alcançar a recuperação. Jesus foi bem direto quanto aos resultados de tratar ou não tratar dessa doença moral chamada pecado. Advertiu que essa doença é terminal — se deixada sem tratamento o resultado é a morte. Ele não se referia à simples morte física, mas, sim, à morte relacional permanente com Deus — uma morte que dura para sempre. Na verdade, a morte relacional é realidade agora. Todos nós vivemos em estado de culpa e temos consciência de que permanecemos condenados por Deus por violar suas leis morais. Jesus disse que não veio ao mundo para nos condenar; já estamos condenados perante Deus (Jo 3.17,18). Pelo contrário, disse que veio para nos livrar de ter de pagar a penalidade devida por violar a lei moral de Deus. Jesus disse que toda a humanidade está condenada e essa vida terrena é como estar no corredor da morte. Estamos apenas aguardando a execução da sentença e que precisamos ser perdoados — libertos da morte — para ser livres (Jo 8.32).

Para entender o prognóstico e a prescrição de Jesus, é necessário gastar algum tempo no desenvolvimento de uma perspectiva biblicamente correta e experimentalmente sólida da condição da humanidade. A Bíblia nos diz que

---

[33] *The problem of pain*, p. 21.

fomos criados à imagem de Deus — i.e., somos seres racionais, psicológicos, volitivos e espirituais. A Bíblia também nos informa que os primeiros seres humanos criados (Adão e Eva) desobedeceram a Deus e romperam relação íntima com Deus. Por conseguinte, todo ser humano herdou o que a Bíblia chama de natureza pecaminosa (pecado original). Todos nós nascemos mortos na relação com Deus, e, portanto, nossas inclinações básicas são egoístas e más por nossa própria natureza. Em outras palavras, parece auto-evidentes que todos nós estamos comprometidos num conflito pessoal com o pecado e os maus hábitos desde o início de nossa vida, que se dá quando passamos a ter consciência do que é certo e do que é errado. Considere simplesmente o fato de que nenhum de nós precisa ensinar uma criança a desobedecer ou a ser egoísta, isso está na própria natureza dela.

Todos nós entendemos esse conflito interior e o que significa viver debaixo da pretensão de parecer ser o que na realidade não somos. A duplicidade produz uma luta interior intensa como observou um escritor:

> Todos nós estamos engajados pessoalmente em grau maior ou menor, numa contínua batalha contra o pecado e os maus hábitos, ainda que não pensemos em nossos conflitos com nossa natureza nesses termos. Embora nossa ira não faça da maioria de nós assassinos, nossa lascívia não nos torne violentadores e nossa avareza não nos faça totalmente criminosos, juntamente com a glutonaria, a arrogância e a preguiça, *em geral nos tornam miseráveis, a nós e também as que têm de conviver conosco.* Além disso, quando cedemos às nossas paixões baixas, aviltamos nossa humanidade. Nossa deficiência em viver o melhor que podemos moralmente é tão trágica quanto a infelicidade de nossas causas más [...] Cada pecado mortal alimenta fenômenos sociais perigosos: lascívia — pornografia; preguiça — indiferença à dor e ao sofrimento dos outros; avareza—abuso da confiança pública; e orgulho — discriminação.[34]

Se isso está certo — e cremos que há evidências suficientes para demonstrar que sim —, os pecados contra o próprio indivíduo não podem ser divorciados dos pecados contra o seu próximo. Aparentemente inocentes e aparentemente "sem vítima", os pecados têm conseqüências trágicas. Isto é verdade não somente para o indivíduo que comete o pecado, mas também para os que são afetados por esse pecado também. Com respeito aos sete pecados mortais men-

---

[34] SCHIMMEL, *The seven deadly sins*, p. 3-4 (grifo do autor).

cionados antes, já se disse que o pecado do orgulho está acima de todos. Solomon Schimmel explica que através dos séculos teólogos cristãos e escritores devotos classificaram o orgulho como "o mais mortal" dos sete pecados mortais. Ele cita o escritor medieval Gregório, o Grande, dizendo:

> Gregório não incluiu o orgulho entre os sete pecados cardeais, mas considera que ele produz os sete, que por sua vez produzem uma multidão de outros pecados. Não é difícil ver que o *orgulho* conduz a outros pecados. A pessoa arrogante, que tem uma imagem muito favorável de si, acredita que tem o direito de fazer o que seu coração deseja, seja na esfera social ou na material. Uma vez que espera deferência, essa pessoa fica facilmente *irada* quando não a recebe. Presumindo-se superior às outras, fica especialmente inclinada à *inveja*, que é uma reação às ameaças a sua auto-estima elevada. Por ser auto-satisfeita, a pessoa orgulhosa não se sente obrigada a agir na busca dos alvos espirituais e desse modo comete o pecado da *preguiça*. Convencida de que sua "eminência" é uma prerrogativa, facilmente pisa nos direitos dos outros, como freqüentemente fazem os *avarentos*, os *glutões* e os *lascivos*. Não é que o orgulho inevitavelmente leve a esses pecados, ou que todas as manifestações desses pecados sejam os efeitos do orgulho. Mas, uma vez que em geral é o caso, Gregório conferiu ao orgulho uma posição separada, designando-o pai e rei de todos os pecados.[35]

O orgulho é parte inerente da natureza humana e está constantemente em ação tentando nos pôr em primeiro lugar, não somente acima das outras pessoas, mas também acima de Deus. Quando isso acontece, retiramos Deus do cenário e colocamos a nós mesmos no centro do palco. Quando C. S. Lewis escreveu a respeito da singularidade da moral, referiu-se ao mais repugnante de todos os pecados: o orgulho.

> Agora vamos abordar aquela parte da moral cristã que se difere mais nitidamente das outras morais. Há um pecado do qual ninguém neste mundo escapa; um pecado que todos detestam nos outros, e do qual quase ninguém, exceto os cristãos, tem a consciência de que o comete. Sei de pessoas que admitem ter um gênio, que sabem que perdem a cabeça em se tratando de mulher ou de bebida, e que reconhecem até mesmo que são covardes. Mas esse pecado de que estou falando, acho que nunca encontrei ninguém,

---

[35] *The seven deadly sins*, p. 33-4.

não cristão, que admitisse tê-lo praticado. E, ao mesmo tempo, como é difícil encontrar pessoas (não cristãs) que demonstrem um mínimo de benevolência para com os que o cometem! Não há falta que torne a pessoa mais impopular, nem falta de que tenhamos menos consciência, em nós mesmos. E quanto mais tivermos essa falta em nós mesmos, tanto mais ela nos desagradará nos outros.

O pecado a que me refiro é o *orgulho* ou presunção; a virtude que lhe é oposta, na moral cristã, chama-se humildade. [...] De acordo com os mestres do Cristianismo, o pecado principal, o supremo mal, é o orgulho. [...] O orgulho conduz a todos os outros pecados: é o mais completo estado de alma anti-Deus [...]

Os cristãos têm razão: o orgulho tem sido a principal causa da miséria em todas as nações e todas as famílias desde que o mundo é mundo [...] Enquanto permanecermos orgulhosos, não podemos conhecer a Deus. Um orgulhoso está sempre olhando de cima para pessoas e coisas; e, é claro, quem está olhando para baixo não pode ver o que está acima de si mesmo [Deus].[36]

Desde a criação da humanidade e ao longo de toda a história registrada, os seres humanos de algum modo creram que, se pusessem a vida à parte de Deus e vivessem sem ele, isso lhes traria paz e felicidade última. Lewis comentou sobre esse esforço superficial e desesperado.

... desta tentativa sem esperança procede quase tudo o que chamamos de a história humana: dinheiro, pobreza, ambição, guerra, prostituição, classes, impérios, escravidão; é a longa e terrível história do homem na procura de algo que não seja Deus e que o faça feliz.

Esta tentativa falhará pela seguinte razão: Deus nos criou, inventou-nos como um homem inventa um mecanismo. Um automóvel que é feito para ser movido a gasolina não poderia andar bem com outro combustível. Pois bem, Deus projetou que a máquina humana se movesse à base de Deus mesmo. [...] Deus não pode dar felicidade e paz independentes de Si mesmo, porque não existem. Realmente, não existem isso.

Esta é a chave para a História. Gasta-se uma energia espantosa, constroem-se civilizações, idealizam-se excelentes instituições; mas toda vez alguma coisa sai errada. Alguma fatalidade dá o poder a indivíduos egoístas e cruéis

---

[36] *Cristianismo puro e simples*, p. 68-9.

e tudo acaba em miséria e ruína. De fato, a máquina não funciona. Parece dar a partida direitinho, chega a andar alguns metros, mas em~toa quebra. Estão tentando fazê-la funcionar com o combustível errado.[37]

Deus nos projetou para funcionar nele e deu a cada um de nós uma natureza moral — a consciência do certo e do errado — para nos ajudar a permanecer no caminho certo. Através de toda a história tem havido pessoas que procuram obedecer a essa consciência moral em vários graus. Todavia, como Lewis disse, "ninguém jamais conseguiu fazê-lo completamente". Deus também selecionou um grupo de pessoas e "despendeu vários séculos martelando em suas cabeças que tipo de Deus Ele é: um único Deus, um Deus que se interessa pelo correto comportamento. Este povo foram os judeus, e o Velho Testamento nos dá um relato de todo esse processo, feito com muito esforço e insistência".[38] Até o povo escolhido de Deus parecia não fazer as coisas de modo correto. Por isso, logo depois, vem Jesus Cristo, que diz: "Porque Deus tanto amou o mundo que deu o seu Filho Unigênito, para que todo o que nele crer não pereça, mas tenha a vida eterna" (Jo 3.16). Quando Jesus descreveu as trevas do coração humano e a necessidade de entrar na luz (verdade) e viver nela, ele se referia a si próprio: "Eu sou a luz do mundo. Quem me segue, nunca andará em trevas, mas terá a luz da vida" (Jo 8.12).

Seguir Jesus requer a morte do orgulho e do egocentrismo: "Se alguém quiser acompanhar-me, negue-se a si mesmo, tome diariamente a sua cruz e siga-me" (Lc 9.23). Enfrentar a verdade a respeito de nossa própria natureza egoísta traz a libertação verdadeira: Jesus prometeu: "E conhecerão a verdade, e a verdade os libertará" (Jo 8.32).

Jesus disse que ele nasceu por duas razões específicas. Primeira, veio a este mundo para "dar a sua vida em resgate por muitos" (Mt 20.28). Em outras palavras, ele veio para pagar a penalidade pelos nossos pecados, dos quais o orgulho ou egocentrismo é o primeiro, e se nós aceitarmos o seu pagamento pelos nossos pecados, podemos receber perdão de Deus e ser libertos do corredor da morte. Segunda, numa declaração vigorosa a Pilatos, Jesus disse: "De fato, por esta razão nasci e para isto vim ao mundo: para testemunhar da verdade. Todos os que são da verdade me ouvem" (Jo 18.37). Quando Jesus fala, ele fala a verdade, e aqueles que o ouvem são os que permanecem do lado da

---

[37] Ibid., p. 27-8.
[38] Ibid., p. 28.

verdade e caminham na luz. O Médico Moral falou e oferece a única cura — *ele próprio*.

A prescrição de Jesus para remediar a morte eterna (separação da relação com Deus para sempre) é a vida eterna. Uma vez que nascemos mortos do ponto de vista relacional com Deus ou espiritualmente mortos para com ele por causa de nossa natureza humana corrupta, somos completamente impotentes para fazer qualquer coisa a respeito desse problema. Há apenas uma cura que ajuda uma pessoa morta, e essa cura é a vida! Essa vida é a vida que somente Jesus pode dar. É a verdade que Jesus proclamou muitas vezes — a verdade de que ele é a única cura para a doença moral chamada pecado. O único meio de começar uma nova vida num relacionamento amoroso com Deus é o meio dele. É por isso que Jesus disse: "Eu sou o caminho, a verdade e a vida. Ninguém vem ao pai, a não ser por mim" (Jo 14.6).

Às vezes há somente um caminho que leva ao topo da montanha; às vezes há somente uma resposta a um problema; às vezes uma doença só tem uma cura. Esse é um desses casos. Jesus apresentou-se a si mesmo como a única cura para uma doença mortal e para um mundo moribundo; Jesus prescreveu a si mesmo como o remédio para ficar curado e, desse modo, ter vida eterna. A medicação para a vida eterna não nos custa nada, é um dom de Deus para nós, dado gratuitamente pelo favor de Deus. "Pois vocês são salvos pela graça, por meio da fé, e isto não vem de vocês, é dom de Deus; não por obras, para que ninguém se glorie" (Ef 2.8,9).

A natureza de Deus é imutável: ele é santo e justo, mas também é amoroso e misericordioso. Uma vez que ele não pode mudar a sua natureza, a sua justiça requer que seja paga a pena pelos pecados da humanidade. Jesus proveu esse pagamento no Calvário (1Pe 2.24; 3.18) num ato de amor perfeito e abnegado. Jesus, em graça e misericórdia, ofereceu-se a si mesmo como resgate por qualquer pessoa desejosa de segui-lo. Quando as pessoas decidem verdadeiramente seguir Jesus, elas são colocadas debaixo do "guarda-chuva" protetor de Jesus Cristo[39] e são protegidas da santidade e da justiça de Deus. A cura permanente que Jesus prescreveu para os seus pacientes deve ser aceita por um ato de fé da parte dessas pessoas.

Uma vez que se aceita o pagamento de Jesus, assegura-se o prognóstico favorável, e a cura se inicia. Eis a descrição de Deus desse processo: "Darei a vocês um coração novo e porei um espírito novo em vocês; tirarei de vocês o

---

[39] V. cap. 13 para entender a importância da divindade de Jesus Cristo.

coração de pedra e lhes darei um coração de carne. Porei o meu Espírito em vocês e os levarei a agirem segundo os meus decretos e a obedecerem fielmente às minhas leis [...] Porei minhas leis em sua mente e as escreverei em seu coração. Serei o seu Deus, e eles serão o meu povo" (Ez 36.26,27; Hb 8.10).

A bondade moral de Deus começa internamente com um novo coração capacitado pelo Espírito de Deus a seguir as suas leis, que são as prescrições éticas necessárias para o compromisso de uma relação correta e significativa (v. Rm 8.2-4). Se, porém, rejeita-se a cura permanente de Jesus, não se pode alcançar a verdadeira bondade moral, e aqueles que rejeitam Jesus devem enfrentar a santidade e a justiça de Deus sobre si mesmos.

Agora está completa a aplicação do teste metodológico às três cosmovisões examinadas neste trabalho no que dizem respeito à verdade, ao cosmos, a Deus (*Logos*), ao direito, ao mal e à ética.[40] As conclusões de nossa investigação demonstram que o ateísmo e o panteísmo não passam no teste da verdade.

	Ateísmo	Panteísmo	Teísmo
Verdade	Relativa. Não há absolutos	Relativa a este mundo	Verdade absoluta existe
Cosmos	Sempre existiu	Não é real, é ilusão	Realidade criada
Deus (Logos)	Não existe	Existe, mas é incognoscível	Existe, e é cognoscível
Lei	Relativa, determinada pela humanidade	Relativa a este mundo	Absoluta, objetiva e descoberta
Mal	Ignorância humana	Não é real – Ilusão	Coração egoísta
Ética	Criada pela humanidade, situacional	Relativa, transcende o bem e o mal	Absoluta, objetiva, prescrita

Conseqüentemente, quando procuramos responder à questão do significado, nos voltamos para a cosmovisão teísta, especificamente o teísmo cristão, que tem a verdadeira visão da realidade. Nos dois capítulos que se seguem, trataremos de que receber ou rejeitar Jesus como a cura permanente para o pecado trará conseqüências tanto nesta vida como na próxima.

---

[40] V. cap. 2 para rever o teste metodológico para as declarações de verdade das cosmovisões.

Capítulo quinze

O verdadeiro significado da vida e o céu

Uma vida sem exame não vale a pena ser vivida.

—Sócrates

O que dá sentido último à vida?[1]

Deus nos ama e se preocupa com nosso contentamento em relação ao encontro do significado definitivo, que começa nesta vida e culminando na vida seguinte. Entretanto, o significado definitivo não pode ser encontrado fora do próprio Deus. Como já estabelecemos, a realização definitiva não depende de fatos externos — o que fazemos ou o que temos; ao contrário, depende do estado interno de nosso ser — quem somos. No capítulo 14 citamos a analogia de C. S. Lewis do motor do carro que precisa funcionar com gasolina porque foi projetado para isso. Da mesma maneira, Deus nos projetou para funcionar nele próprio, e longe dele não pode haver nenhum significado definitivo — apenas estados temporários de realização superficial. Aceitar a cura permanente do pecado, oferecida por Jesus, e passar a ter a atuação de Deus no íntimo de nosso ser é dar o primeiro passo na jornada para encontrar a vida.

A jornada com Deus começa com a substituição do sistema de valores corrompido de nossa vida antiga por um novo conjunto de valores — o de Deus.

---

[1] Em resposta à pergunta levantada nos capítulos 15 e 16, incorporamos muitos pensamentos profundos dos escritos de C. S. Lewis. A maioria das citações foi tirada dos seus livros *Cristianismo puro e simples*, *The problem of pain* e *The great divorce*. Se você nunca leu essas obras, nós as recomendamos muito enfaticamente.

O primeiro passo é semelhante a passar por um portão, e já examinamos como e por que Jesus afirmou ser a Porta. Tendo entrado por essa porta, recebendo Jesus como a cura permanente da nossa decadência moral, podemos começar a ter verdadeira paz com Deus e a entrar numa relação de amor com ele. Deus nos projetou e criou, e conhece tanto os propósitos gerais como os específicos para a nossa vida. Ele revelará esses propósitos durante o processo permanente de transformação de nosso caráter.

Não importa o que fizemos ou o que nos fizeram, a prescrição de Deus para nós é perfeita porque tem um ingrediente fundamental conhecido como *redenção*. Redenção é a promessa de que "Deus age em todas as coisas para o bem daqueles que o amam, dos que foram chamados de acordo com o seu propósito" (Rm 8.28). O propósito para os amados de Deus e que o amam também é expresso claramente pelo próprio Deus. Ele chamou aqueles a quem ama para serem "conformes à imagem de seu Filho" (Rm 8.29). Toda aquele que é amado por ele e que o ama reciprocamente se torna igual a seu Filho, Jesus Cristo. Como Deus realiza esse propósito é coisa dele, mas os verdadeiros crentes podem estar certos de uma coisa: Deus vai fazer tudo para realizar, e ninguém neste planeta nem poder nenhum do reino espiritual o vai impedir!

Deus sempre tem a palavra final em tudo, o que é uma boa notícia para o crente genuíno. Ele é capaz até de tomar vidas desamparadas e redimi-las de seus sofrimentos a fim de realizar um bem maior. Precisamos apenas olhar para Jesus — sua vida, morte e ressurreição — para constatar isso. Um exame sincero dos ensinos, da vida e paixão de Jesus revela que ninguém pode frustrar os propósitos de Deus. Ele está no controle soberano de tudo — tanto de vivos como de mortos.

Do ponto de vista técnico, visto que Jesus é á única pessoa que viveu uma vida sem pecado (Jo 8.46), ele também é a única que experimentou verdadeiramente "o sofrimento inocente" nas mãos dos homens maus. Quando o grupo veio prender Jesus, Pedro (seu discípulo) tentou tomar o controle do destino de Jesus usando violência. Pedro pegou a espada e a usou na tentativa de exercer sua própria vontade sobre a vontade de Deus e os seus propósitos com relação a Jesus. Todavia, Jesus conhecia o plano que seu Pai tinha para sua vida e disse a Pedro: "Você acha que eu não posso pedir a meu Pai, e ele não colocaria imediatamente à minha disposição mais de doze legiões de anjos?" (Mt 26.53). Doze legiões de anjos é uma quantidade que varia entre 36 mil e 72 mil anjos — mais do que suficiente para lutar poderosamente! Contudo, Jesus resolveu não recorrer a seu Pai para resgatá-lo, mas confiou nos propósitos dele para sua vida em todas as circunstâncias, até na morte.

Jesus sabia que seu Pai o amava e era soberano sobre todas as coisas. Mesmo quando Pilatos tentou livrar Jesus de testemunhar e submetê-lo ao poder e autoridade de Roma respondendo a suas perguntas, Jesus recusou-se a ser manipulado. Quando Pilatos disse: "Não sabe que eu tenho autoridade para libertá-lo e para crucificá-lo? Jesus respondeu: 'Não terias nenhuma autoridade sobre mim, se esta não te fosse dada de cima'" (Jo 19.10,11).

Jesus nos ensina que Deus tem o controle definitivo mesmo quando as pessoas más cometem atos cruéis e injustos. As pessoas que exercem seu livre-arbítrio para agir de modo ímpio nunca serão capazes de interferir no plano de Deus. Por isso, todos os que verdadeiramente crêem em Deus e se submetem a ser parte dos seus propósitos jamais poderão ser despojados do significado da vida — não importa o que as pessoas más lhes façam. No capítulo 11 citamos um trecho de C. S. Lewis que afirma de maneira concisa o que estamos tentando dizer. Comentando sobre como Deus usa até o livre-arbítrio dos ímpios para cumprir seus propósitos, Lewis disse:

> A crucificação em si é o melhor, assim como o pior, de todos os acontecimentos históricos, mas o papel de Judas permanece simplesmente mau. Podemos aplicar isso primeiramente ao problema do sofrimento de outras pessoas. Um homem misericordioso deseja o bem de seu próximo e por isso faz "a vontade de Deus", cooperando conscientemente com "o bem simples". Um homem cruel oprime seu próximo e desse modo pratica o mal simples. Mas em fazendo esse mal, ele é usado por Deus, sem o seu próprio conhecimento ou consentimento, para produzir o bem complexo — de forma que o primeiro homem serve a Deus como filho, e o segundo, como ferramenta. Pois certamente se vai cumprir o propósito de Deus, independente de como se aja, mas faz muita diferença servir como Judas ou como João.[2]

A escolha depende de nós. Podemos estar intimamente envolvidos nos propósitos de Deus por vontade própria — como João. Ou podemos escolher agir segundo os nossos próprios propósitos nesta vida, os quais no final Deus usa para os seus próprios fins — como Judas. De qualquer modo, os propósitos de Deus *serão* cumpridos, a diferença tem a ver conosco apenas, será vivida por nós e decidida por nós. O tempo de decidir é agora, enquanto Deus nos dá a liberdade de escolher, pois quando tudo tiver sido dito e feito e chegarmos ao fim de nossa vida, ele terá a palavra final.

---

[2] *The problem of pain*, p. 111.

Para os incrédulos, se tiver sido encontrado algum sentido na vida, terminará na morte. Para os crentes, a morte é apenas a porta de entrada para o que Deus lhes tem planejado. A ressurreição de Cristo nos ensina que os propósitos definitivos de Deus não terminam com a morte, pois foi na morte e ressurreição de seu Filho que Deus demonstrou sua soberania e poder sobre a morte fazendo todas as coisas concorrerem para um bem maior — e agora todos podem ter a oportunidade de vida eterna. Essa esperança só se pode ter pela "obediência que vem pela fé" em Jesus Cristo (Rm 1.5). Se crermos em Jesus e reverentemente nos submetermos em obediência a Deus, ele não somente redimirá nossa vida das faltas e sofrimentos passados, mas também nos dará propósito e esperança no futuro — o verdadeiro sentido da vida. É exatamente isso que nos revela a Palavra de Deus:

> Durante os seus dias de vida na terra, Jesus ofereceu orações e súplicas, em alta voz e com lágrimas, àquele que o podia salvar da morte, sendo ouvido por causa da sua reverente submissão. Embora sendo Filho, *ele aprendeu a obedecer por meio daquilo que sofreu; e, uma vez aperfeiçoado, tornou-se a fonte da salvação eterna para todos os que lhe obedecem*" (Hb 5.7-9, grifo acrescentado).

O plano de Deus não era resgatar Jesus das mãos dos homens maus, mas, sim, resgatá-lo das mãos da morte em si! Derrotando a morte, Jesus nos tornou possível fazer o mesmo — submeter ao plano de Deus e abandonar-nos em seus braços amorosos. Jesus experimentou plenitude durante os dias de sua vida na terra enquanto obedeceu à vontade de seu Pai. Mas a culminação desse significado só foi alcançada depois de sua morte. A Bíblia diz que Jesus "pela alegria que lhe estava proposta, suportou a cruz, desprezando a vergonha, e assentou-se à direita do trono de Deus" (Hb 1.22).

O sentido último da vida se resume na relação definitiva com o Definitivo, uma relação de amor com o Deus que *é* amor (1Jo 4.16). Jesus disse: "Esta é a vida eterna: que te conheçam, o único Deus verdadeiro, e a Jesus Cristo, a quem enviaste" (Jo 17.3). O conhecimento de que Jesus falou não é apenas o conhecimento intelectual, mas o conhecimento proveniente de uma relação sólida com Deus por intermédio de Jesus Cristo. Esse conhecimento significa união íntima com Deus, união esta que produz vida eterna. A vida eterna não é quantidade ou duração de tempo, é qualidade de vida, compartilhada com Deus e vivida para Deus. *Uma vez que Deus é a realidade definitiva, ser amado por ele e amá-lo reciprocamente dá o significado definitivo a nossa vida, agora e para sempre.*

Por que não se pode encontrar o verdadeiro significado fora de Deus?

Conformar-se à imagem de Jesus Cristo (desenvolvimento do caráter nesta vida) certamente é um dos propósitos mais notáveis de Deus para cada crente. Com respeito a encontrar o significado definitivo, devemos considerar o que Tomás de Aquino chamou de *o princípio da finalidade*, que afirma que "todo agente age para um fim".[3] Em outras palavras, Deus criou-nos com um fim específico em mente, e esse fim tem a ver com sua glória e a nossa verdadeira felicidade. Sem Deus alcançaremos apenas estados temporários de realização superficial nesta vida. Em seu livro *Desiring God* [*Desejar a Deus*], John Piper declara:

> O anelo de ser feliz é uma experiência humana universal e é bom, não pecaminoso. Nunca devemos procurar negar nosso anelo de ser felizes nem resistir a ele, como se fosse um impulso ruim. Em vez disso, devemos procurar intensificar esse anelo e nutri-lo com o tudo que venha a proporcionar a satisfação mais profunda e duradoura. A felicidade mais profunda e duradoura se encontra somente em Deus. *A felicidade que encontramos em Deus alcança sua consumação quando é compartilhada com outros nos múltiplos modos do amor.* Na medida que tentamos abandonar a busca de nosso próprio prazer, deixamos de honrar a Deus e amar as pessoas. Ou, dizendo de modo positivo: *a busca do prazer é parte necessária de toda adoração e virtude.* [Conforme elaborado pelo *Breve Catecismo de Westminster*.]
> *O fim principal do homem é glorificar a Deus e alegrar-se nele para sempre.*[4]

Como pode o fim principal da humanidade ser dedicado a trazer glória a Deus? Ademais, como pode a glorificação de Deus trazer prazer ou felicidade?[5] Parece que é muito difícil encontrar o verdadeiro significado e alcançar a verdadeira felicidade numa sociedade livre como a nossa; uma sociedade que oferece bens e caminhos praticamente ilimitados para obter esses bens. Se é difícil ser feliz em nossa própria sociedade livre, que dizer das pessoas que têm negada a própria liberdade? O que aconteceria se nossa liberdade fosse tirada juntamente com nossa dignidade? Sem liberdade, sem família, sem posses e sem honra ou identidade. Sem nada disso, por que se importar com o significado da vida?

---

[3] Norman L. GEISLER, *Thomas Aquinas*: an evangelical appraisal, p. 74.
[4] P. 23 (grifo acrescentado).
[5] Ultrapassa o objetivo deste livro explicar o que significa ter prazer em conhecer e glorificar a Deus. Se você estiver interessado em se aprofundar nesse assunto, sugerimos *Conhecimento de Deus*, de J. I. Packer ou *Desiring God*, de John Piper.

Como Deus pode se decompor em fatores nas vidas que foram roubadas de todas as coisas importantes e significativas que este mundo tem para oferecer? Bem, por mais estranho que possa parecer, quanto mais "coisas" temos neste mundo, mais difícil se torna encontrar o verdadeiro significado e a verdadeira felicidade.

Viktor Frankl, um sobrevivente do Holocausto, escreveu sobre suas experiências de tentar encontrar o verdadeiro significado da vida. Falou a respeito de seus sofrimentos nas mãos dos nazistas e compartilhou com seus leitores o que significava ter sua liberdade, família e auto-respeito instantaneamente retirados. Frankl recordou que os nazistas ameaçavam seus prisioneiros e lhes privavam das últimas coisas de valor que este mundo tem para oferecer, até a dignidade humana deles. Um dia — no escuro da pré-alvorada e no amargo frio — Frankl foi obrigado a se juntar a um determinado grupo de trabalho. Quando ele e seus companheiros se dirigiam para o local de trabalho, Frankl se recorda pensando em sua esposa e no amor que tinham um pelo outro. Acompanhe esta citação atenciosamente para penetrar nas reflexões de Frankl. Enquanto se dirigiam para o lugar de trabalho naquele dia Frankl disse:

> Um pensamento traspassou-me: pela primeira vez na vida enxerguei a verdade como retratada por tantos poetas, proclamada como a sabedoria final por tantos pensadores. A verdade — que o amor é o alvo mais sublime e definitivo a que um homem pode aspirar. Então, eu compreendi o significado do segredo mais profundo que a poesia, o pensamento e a crença humanos têm de comunicar: *A salvação do homem é pelo amor e em amor.* Entendi como um homem a quem nada restava neste mundo ainda pode conhecer a bem-aventurança, mesmo que por breve momento, na contemplação de sua amada. Numa situação de desolação total, quando um homem não pode expressar-se numa ação positiva, quando sua única realização pode consistir no suportar de seus sofrimentos de modo correto — de modo honrado. Nessa condição, o homem pode, pela contemplação amorosa da imagem que ele carrega de sua amada, alcançar realização. Pela primeira vez em minha vida, fui capaz de entender o significado das palavras: "*os anjos estão perdidos na contemplação perpétua de uma glória infinita*" [...] Minha mente ainda se agarra à imagem de minha esposa. Um pensamento cruzou-me a mente: Eu nem sequer sabia se ela ainda estava viva. Eu sabia apenas uma coisa, que agora eu havia aprendido tão bem: *O amor vai muito além da pessoa física do amado. Encontra o seu significado mais profundo em seu ser espiritual, o seu ser mais íntimo.*

Noutra ocasião estávamos trabalhando numa trincheira. O cinzento crepúsculo da madrugada nos envolvia. O céu estava cinza, cinza estava a neve na luz pálida do alvorecer; cinzas estavam os farrapos que vestiam meus companheiros de prisão; e cinzentos estavam seus rostos. Eu estava de novo conversando silenciosamente com minha esposa, ou talvez estivesse lutando para encontrar *razão* para meus sofrimentos, para o meu morrer lento. Num último protesto violento contra o desespero da morte iminente, senti meu espírito romper o envoltório de melancolia. *Senti-o transcender aquele mundo sem esperança e sem sentido e, de algum lugar, ouvi um vitorioso "sim" em resposta à minha pergunta sobre a existência de um significado definitivo.* Naquele momento, uma luz brilhou numa casa de fazenda distante, que permaneceu no horizonte como se ali estivesse pintada, no meio da miséria e do alvorecer cinzento da Bavária. "*Et lux in tenebris lucet*" — e a luz brilhou nas trevas [...] *É essa liberdade espiritual — que não pode ser tirada — que torna a vida significativa e cheia de propósito* [...] Poucos dias depois da libertação [de Auschwitz], atravessei o campo, antes com prados floridos, por quilômetros e quilômetros, em direção ao mercado da cidade próxima ao campo. Cotovias voavam no céu, e eu pude ouvir-lhes o cântico jubiloso. Não havia ninguém a vista por quilômetros ao redor, não havia nada além do imenso céu e a vasta terra — então cai de joelhos [...] eu tinha apenas uma frase na mente — sempre a mesma: "*Clamei ao Senhor de minha apertada cela, e ele me respondeu*".

Dizíamos uns aos outros no campo que *não poderia haver alegria terrena que nos pudesse compensar por tudo que havíamos sofrido. Não esperávamos alegria — não era isso que nos dava coragem e dava significado para o nosso sofrimento, nossos sacrifícios e o nosso*

> **Pedi a Deus**
> (Carta anônima a Ann Landers)
>
> Eu pedi a Deus força para poder realizar.
> *Fui feito fraco para poder aprender a obedecer.*
> Eu pedi a Deus saúde para poder fazer coisas maiores.
> *Recebi enfermidade para poder fazer coisas melhores.*
> Eu pedi riquezas para poder ser feliz.
> *Recebi pobreza para poder ser sábio.*
> Eu pedi poder para poder ter o louvor dos homens.
> *Recebi fraqueza para poder sentir a necessidade de Deus.*
> Eu pedi tudo para poder desfrutar a vida.
> *Recebi vida para poder desfrutar tudo.*
> Não obtive nada que pedi, mas tudo o que eu esperava.
> Quase apesar de mim mesmo, minhas orações não pronunciadas foram respondidas.
> Dentre todos os homens, sou o mais ricamente abençoado.

morrer [...] Mas para cada um dos prisioneiros libertados, chega o dia em que, ao olhar para trás, para suas experiências do campo, não consegue entender como suportou tudo. Quando o dia de sua libertação finalmente chegou, quando tudo lhe parecia um belo sonho, assim também o dia vem em que todas as experiências do campo lhe parecem um pesadelo. O apogeu de todas as experiências, para o homem que volta ao lar depois de longo período de ausência, é a maravilhosa sensação de que, depois de tudo que sofreu, não há nada mais que precise temer — somente seu Deus.⁶

Que análise impressionante de como o sentido da vida não pode ser encontrado sem colocar Deus na equação! Indiretamente, os nazistas ajudaram Frankl a ver que Deus tem um conjunto melhor de valores, que não pode ser abraçado por nós até que entendamos por que têm mais significado que qualquer coisa que este mundo tem para oferecer. Um Deus eterno oferece valores eternos que transcendem as coisas deste mundo. Por isso, para deslocar nosso foco deste mundo e atraí-lo para ele e seus propósitos, ele às vezes tem de remover os obstáculos mundanos que bloqueiam nossa visão dele e daquilo que é verdadeiramente valioso ou significativo.

Com a perspectiva correta, os crentes verdadeiros podem encarar suas provações e seus sofrimentos como ferramentas que Deus usa para esculpir a imagem de seu Filho na vida deles. Da mesma maneira que Michelangelo, o artista da Renascença italiana, teve de desbastar o bloco de rocha para revelar a imagem de Davi, também Deus faz conosco.

Quando Deus olha para os crentes, ele vê a imagem incrustada de seu filho e começa a desbastar os pecados e as coisas insignificantes deste mundo para revelar essa imagem. Os crentes não devem concentrar-se no processo da escultura, mas no bem maior e nas virtudes que Deus tem em mente. A lembrança

---

⁶*Man's search for meaning*, p. 56-8, 60, 87, 111, 114-5 (grifo do autor). O livro foi publicado em português com o título *Em busca de sentido*.

de que, em última análise, somos feitos para o céu, e não para a terra, nos ajuda a diminuir as dores e os sofrimentos desta vida. C. S. Lewis disse:

> A visão cristã [deste mundo] é que os homens foram criados para estar num certo relacionamento com Deus (se estivermos em relação com ele, a relação correta de uns para com os outros se seguirá inevitavelmente). Cristo disse que é difícil para "o rico" entrar no reino dos céus,[7] referindo-se, sem dúvida, aos "ricos" no sentido comum. Mas eu penso que isso abrange os ricos em todos os sentidos — boa sorte, saúde, popularidade e todas as coisas que alguém quer ter. Todas essas coisas tendem — da mesma forma que o dinheiro — a tornar o indivíduo independente de Deus, porque se ele as tem, já é feliz e contente nesta vida. Não quer se voltar para nada mais e assim tenta descansar à sombra da felicidade como se ela pudesse durar para sempre. Mas Deus nos quer dar a felicidade real e eterna. Conseqüentemente, ele pode ter de tirar todas essas "riquezas" de nós: se não fizer isso, confiaremos nelas. Isso parece cruel, não é? Mas estou começando a perceber que o que as pessoas chamam de doutrinas cruéis são na verdade as mais suaves a longo prazo [...] Se pensarmos neste mundo como um lugar planejado simplesmente para a nossa felicidade, vamos achá-lo insuportável. Vamos pensar nele como local de treinamento e correção, e não será tão ruim. Desse modo, o que parece ser uma doutrina feia é uma doutrina que nos conforta e fortalece no final.[8]

Há duas finalidades últimas: agradar a Deus ou agradar a nós mesmos. Quando os crentes escolhem Deus em vez de seus próprios interesses, algo estranho começa a acontecer. Eles começam a valorizar as coisas que Deus valoriza e a desejar as coisas que ele deseja. Por essa razão, à medida que continuam a ter prazer em Deus, ele começa a realizar os desejos mais profundos deles. Isso é o que a Bíblia quer dizer quando declara: "Deleite-se no Senhor, e ele atenderá aos desejos do seu coração" (Sl 37.4). Quando Deus muda o coração dos crentes genuínos — e com ele muda os seus valores —, eles começam a desejar aquilo para o que foram destinados: o próprio Deus. Fazendo assim, também começam a conformar-se à imagem do Filho de Deus e exibem sua glória na vida deles. Desse modo, obtêm realmente o melhor tanto deste mundo como do céu. Como tão habilmente observou Lewis: "Quem almejar o

---

[7] Mt 19.23; Mc 10.23; Lc 18.24.
[8] *God in the dock*, p. 51-2.

céu, terá a Terra como acréscimo; quem almejar a Terra, não terá nem uma nem outra coisa".⁹

POR QUE NÃO SE PODE ENCONTRAR A VERDADEIRA ALEGRIA NESTE MUNDO?

Antes de responder a essa pergunta, precisamos investigar mais a fundo o que se quer dizer com conceito de felicidade. Em *Written on the Heart* [*Escrito no coração*], J. Budziszewski examina as várias definições de felicidade e observa que há basicamente quatro opiniões concorrentes. Ele usa o conhecimento de Aristóteles como filtro para separar a verdade do erro, revelando que Aristóteles procurava o grão da verdade misturado com o joio (erro) em cada definição de felicidade. Citando a avaliação de Aristóteles, diz:

> Há algum bem humano *mais elevado*? Se não há nenhum bem humano mais elevado — se procuramos literalmente todo bem por causa de algum outro —, podemos desistir de tentar dar ordem racional a nossa vida, porque somos como um *hamster* que corre sem parar na roda da gaiola, mas nunca chega a lugar algum. Se, contudo, há algum bem humano mais elevado, seria bom descobri-lo [...] O bem humano mais elevado teria duas qualidades. Primeira, os outros bens seriam procurados por causa dele; segunda, ele seria procurado por causa dele mesmo. O que conhecemos que se pareça com ele? Aristóteles assinala que quase todo o mundo, em todos os tempos e lugares, dá a mesma resposta a essa pergunta: felicidade [...]
>
> Aristóteles admite a idéia de que o maior bem humano é a felicidade. Mas imediatamente assinala que ela precisa de refinamento. A razão é que a opinião comum da raça humana não está de acordo a respeito do que é felicidade. Entretanto, o número de idéias concorrentes é pequeno:
>
> Definição 1: Felicidade é o *prazer*.
> Definição 2: Felicidade é a *honra*.
> Definição 3: Felicidade é a *virtude*, ou excelência.
> Definição 4: Felicidade é *o bem físico ou externo*, como a saúde e a riqueza [...]
>
> Aristóteles [...] considera que em cada uma das quatro opiniões possa haver um trigo de verdade misturado com o joio. Se puder separar os resíduos, poderá moer o trigo, transformá-lo em farinha e fazer o pão.
>
> *Definição 1*: A felicidade é o prazer. *Trigo*: Ninguém pode dizer que um homem é feliz se ele nunca experimentou prazer nenhum. *Joio*: Ainda, pode-

---
⁹*Cristianismo puro e simples*, p. 76.

mos realmente dizer que prazer é o *mesmo* que felicidade? A infelicidade no meio do prazer é uma experiência comum. Parece que, em última análise, a mera satisfação não é satisfatória. Não somente isso, o prazer vem e se vai. Por contraste pensamos na verdadeira felicidade como algo duradouro, algo que caracteriza uma vida toda. É evidente que o prazer não é a essência da felicidade, mas meramente algo que a acompanha ou um subproduto dela.

Definição 2: A felicidade é a honra. *Trigo*: Ninguém diz que um homem é feliz se nunca recebeu nenhuma honra por suas virtudes. *Joio*: Mas até aquele que busca honra admite que, ser honrado pelos outros por virtudes que ele sabe não possuir, seria uma experiência vazia. Por isso não deseja a honra por causa da própria honra, o que ele realmente quer é *merecer* a honra. Além disso, a honra depende daqueles que a conferem, e o que é conferido pode ser tirado. Mas, como dissemos acima, pensamos na verdadeira felicidade como algo duradouro, algo difícil de ser tirado.

Definição 3: A felicidade é a virtude, ou excelência. *Trigo*: Diferentemente do prazer, a virtude é duradoura e, diferente da honra, ela não pode ser tirada por outros. Não somente isso, vimos num exame mais cuidadoso que aquele que busca honra na verdade quer merecer a honra. Mas alguém *merece* honra por possuir virtudes. *Joio*: Imagine um homem perfeitamente virtuoso, mas, por algum erro terrível, é condenado à tortura por crimes que não cometeu. No meio da agonia, ele é feliz? Sócrates achava que sim, mas Aristóteles achava essa idéia absurda.

Definição 4: A felicidade são bens físicos e externos, como a saúde e a riqueza. *Trigo*: Não acabamos de admitir, no exemplo do homem virtuoso sob tortura, que a felicidade depende das condições externas? *Joio*: O exemplo do homem virtuoso sob tortura não prova que a virtude é desnecessária para a felicidade, prova apenas que a virtude é insuficiente para a felicidade.[10]

Mesmo combinando os grãos de verdade de Aristóteles, ainda temos falta de algum elemento para atingir a verdadeira felicidade porque todas as definições anteriores dependem de coisas temporais. Na verdade, essas definições de felicidade foram feitas em relação ao *maior bem humano*. Já mostramos que a verdadeira felicidade e o significado último da vida transcendem a humanidade e se ancoram num *bem maior* — Deus. Sem Deus, ficamos privados de significado e felicidade e não alcançamos o bem humano maior deste mundo.

---

[10] P. 19-21.

Sem Deus, a felicidade e o significado supremos sempre serão — em última instância — conceitos ilusórios. Todavia, se as pessoas olhassem para o lugar certo, o interior do próprio coração, saberiam que este mundo não oferece o que desejam verdadeiramente. C. S. Lewis define esse desejo como

> ... vislumbres torturantes, promessas nunca totalmente cumpridas, ecos que morrem do mesmo modo que chegam aos seus ouvidos [...] É a assinatura secreta de toda alma, o desejo incomunicável e irreconciliável, o que desejamos antes de encontrar nossa esposa, ou de fazer nossas amizades, ou de escolher a nossa profissão, e ainda haveremos de desejar até em nosso leito de morte, quando a mente não mais reconhece a esposa, ou o amigo, ou a profissão. Enquanto existimos, isso acontece. Se perdermos isso, perdemos tudo.[11]

A Bíblia diz que Deus pôs a eternidade no coração de todas as pessoas (Ec 3.11). No coração humano, há o desejo de importância eterna, de ter valor que transcende o mundo temporal. Há um anelo profundo dentro de cada um de nós de viver o tipo de vida que tudo que se faça ou diga, de alguma forma, terá conseqüências eternas. Entretanto, o desejo ardente de importância eterna jamais pode satisfazer-se dentro das limitações de um mundo temporal; somente o eterno (Deus) pode conceder significado eterno ao que é temporal (humanidade). Foi por isso que Davi disse: "Tu me farás conhecer a vereda da vida, a alegria plena da tua presença, eterno prazer à tua direita" (Sl 16.11). Como disse Lewis, "os prazeres terrenos nunca serviram para satisfazer [...] mas somente para estimular [...] dar a impressão da coisa real", e essa "coisa real" é a relação com o próprio Deus. Deus é quem deseja conceder-nos felicidade, e depende de nós aceitar sua oferta graciosa, entregue pessoalmente por seu Filho.

Que o futuro assegura para quem recebe Jesus?

Quando alguém recebe Jesus Cristo como seu Senhor e Salvador, Deus começa a trabalhar nessa vida com o alvo total de moldá-la para conformá-la à imagem de seu Filho. Em outras palavras, Deus a matricula em seu programa de desenvolvimento de caráter, usa tudo de sua vida, até pessoas e circunstâncias, para transformar seu mundo num "lugar de preparação e correção". O resto da vida

---
[11] *The problem of pain*, p. 146-7.

dessa pessoa neste mundo se transformará num campo de treinamento para ajudar a prepará-la para a eternidade que passará no céu. Com o passar do tempo, essa pessoa entende que os pecados que antes considerava satisfatórios, agora devem ser lançados longe, e as virtudes que achava tediosas, agora devem ser abraçadas. A notícia boa é que, pela primeira vez na vida dessa pessoa, Deus lhe dá o poder e o desejo de preferir as virtudes aos pecados. Essa preferência produzirá o tipo de caráter de que Jesus falou no sermão do monte.

Em Mateus 5.3-10, Jesus começou com a prescrição para neutralizar cada um dos sete pecados mortais. Os ingredientes são conhecidos como *bem-aventuranças*. Para cada um dos sete pecados mortais há uma bem-aventurança específica, que age como antídoto para neutralizar o veneno do pecado. Jesus chamou cada um dos medicamentos pelo nome, e nós pusemos (na tabela) ao lado de cada antídoto o pecado que vai ser combatido. Peter

Pecados (Sete pecados capitais)	Virtudes (Bem-aventuranças)
• Orgulho • Avareza • Inveja • Ira • Preguiça • Luxúria • Glutonaria	• Humildade de espírito • Misericórdia • Lamentação (pranto) • Mansidão e pacificação • Fome e sede de justiça • Pureza de coração • Suportar perseguição

Kreeft assevera que entendemos melhor as coisas comparando-as e explicou que há um paralelo bem próximo entre os pecados e as virtudes. Ele arrola os pecados (os sete mortais) e as virtudes (as bem-aventuranças) lado a lado, dizendo:

> O *orgulho* é auto-afirmação, egoísmo; a pobreza de espírito é *humildade*, abnegação. A avareza é a *ganância*, a força centrífuga que se apodera dos bens do mundo e os mantém para si; a *misericórdia* é a força centrípeta para dar, para compartilhar os bens do mundo com outras pessoas, mesmo os que não merecem. A *inveja* se incomoda com a felicidade dos outros; o *pranto* compartilha a infelicidade dos outros; a *ira* deseja o prejuízo e a destruição; a *mansidão* recusa-se a ferir e a pacificação evita a destruição; a *preguiça* recusa-se a exercer a vontade em direção ao bem, em direção ao ideal; *a fome e sede de justiça* fazem exatamente o contrário. A *luxúria* dissipa e divide a alma, desejando cada corpo atraente; a *pureza de coração* centraliza e unifica a alma, desejando Deus somente. A *glutonaria* precisa consumir uma quantidade desordenada de bens mundanos; *ser perseguido* é ser privado até das necessidades básicas.[12]

---

[12]*Back to virtue*, p. 92-3.

As bem-aventuranças delineiam o currículo que os crentes haverão de seguir pelo Espírito de Deus. Entretanto, as sete virtudes identificadas acima *não* são um fim em si mesmas. Deus quer integridade, não apenas ações ou virtudes corretas. Esta é uma distinção importante e deve ser reconhecida, pois não podemos concluir indevidamente que Deus está preocupado apenas com as ações certas, ou com a obediência a um conjunto de regras (o que fazemos), em vez do nosso caráter (quem somos). Se fosse assim, as coisas certas poderiam ser feitas pelas razões erradas, e poderíamos fazê-las de má-vontade ou com motivos egoístas. *Deus quer que nossas ações fluam de um coração puro.* C. S. Lewis confirma isso:

> ... quem persevera na prática de ações justas adquire finalmente uma certa qualidade de personalidade. É a essa qualidade, e não às ações individuais, a que nos referimos ao falar de uma "virtude". [...] A questão não é que Deus recusará a admissão em seu reino eterno de quem não tenha certas qualidades de caráter; a questão é que, para quem não tiver pelo menos os primórdios dessas qualidades no seu íntimo, não haverá então condições externas possíveis que lhe façam um "Céu"; isto é, que lhe façam *feliz com a profunda, forte e inabalável* espécie de felicidade que Deus quer proporcionar.[13]

O céu é o destino final daqueles que recebem Jesus Cristo em sua vida. Estes vão viver para sempre numa relação harmoniosa com Deus e todas as pessoas que verdadeiramente o amam. A Palavra de Deus nos diz que viver neste mundo é como ver "um reflexo obscuro no espelho", mas o céu é o lugar onde tudo se tornará nítido. Agora conhecemos apenas em parte, mas no céu seremos "plenamente conhecidos" (1Co 13.12).

Se você pode imaginar um mundo onde todos os habitantes sejam verdadeiramente humildes, abnegados, mansos, justos, misericordiosos, compassivos, puros de coração e em paz com Deus e com os outros, então você pode ter um vislumbre de como é o céu. O céu pode ser comparado a um lugar de perfeita harmonia — como ouvir uma orquestra maravilhosa. Os músicos (crentes) concentram-se exclusivamente no maestro (Jesus Cristo), e sua apresentação consiste de canções de amor sem fim a seu Deus (Ap 5.11-13). O céu é um lugar de alegria pura e regozijo em tudo o que Deus é e tudo o que ele fez por aqueles a quem ama, que o amam e creram em seu Filho, Jesus Cristo (Ap 7.9-

---

[13] *Cristianismo puro e simples*, p. 44 (grifo acrescentado).

12). O céu é um lugar onde não haverá mais dor nem sofrimento e toda lágrima será enxugada pelo próprio Deus (Ap 21.3-5). É um lugar onde não haverá mais noite nem trevas porque Deus será a luz que guia o seu povo (Ap 21.23,24). No céu não haverá mais mentiras, engano, promessas quebradas, desapontamentos, traições nem pecados porque não haverá mal no céu; o mal terá sido derrotado e eternamente isolado (Ap 21.27).

Todas as pessoas no céu terão o corpo adaptado, projetado para o ambiente celestial. Será o mesmo corpo físico que tinham na terra, mas ressuscitado e glorificado (1Co 15.39-49). Um dos significados da palavra *glorificado* é "perfeição manifesta" ou "completitude". Em outras palavras, os que entrarem no céu saberão o que significa ser plena ou completamente humano — mais humanos do que jamais poderiam imaginar aqui na terra. No céu haverá compatibilidade completa entre o natural e o espiritual.

Da mesma maneira que a Natureza e o Espírito se harmonizarão plenamente no céu, também se harmonizarão o corpo, a alma e o espírito glorificado de todos os crentes. No céu, os pecados não poderão mais impedir o florescimento das virtudes, e os crentes serão capazes de alcançar maturidade espiritual plena. Entretanto, Deus não quer que seu povo espere até chegar ao céu para experimentar crescimento espiritual. O processo de crescimento começa no momento que alguém recebe Jesus Cristo como Salvador pessoal e Senhor. É esse processo a caminho da integridade ou plenitude que é a parte importante da conquista do significado tanto desta vida como do porvir. Em contrapartida, aqueles que decidem rejeitar Jesus como Senhor e Salvador vão cultivar a decadência que já existe na vida deles. Com isso em mente, vamos dirigir nossa atenção para examinar os efeitos da decadência humana quando os indivíduos resolvem não invocar Deus para salvá-los dela.

QUAIS AS CONSEQÜÊNCIAS TEMPORAIS DE RECUSAR DEUS?

Quando as pessoas se recusam a reconhecer sua necessidade de Deus e se negam a seguir suas prescrições de como viver a vida, acabam vivendo (o que sempre acontece) um estilo de vida de autodestruição. Para entender como isso pode acontecer, vamos observar um homem que resolve ignorar as prescrições de Deus de como ser sexualmente realizado e decide procurar outros meios de alcançar essa realização. Vamos usar o exemplo da luxúria e da pornografia, uma vez que comumente se acredita que são problemas "particulares (privados)" e não causam "vítimas".

A vontade diretiva de Deus afirma expressamente que a realização sexual deve ocorrer no contexto do pacto de casamento. Além disso, em consonância com a análise que Jesus fez da causa original da imoralidade sexual, queremos mostrar como e por que a concepção de vida de uma pessoa pode levar (e freqüentemente leva) à conduta sexualmente imoral. Para ilustrar nossa pesquisa, usaremos a analogia de C. S. Lewis da "máquina humana" e de como Deus a projetou para funcionar dentro de certas especificações designadas. Quando um homem decide rejeitar os critérios indicados por Deus e operar com o combustível que ele próprio escolhe, será apenas questão de tempo para sua máquina humana começar a falhar.

Digamos que um homem escolha operar sua máquina humana com um combustível falsificado como a pornografia mais leve (nudez) para satisfazer o seu apetite sexual. Enquanto continua a consumir esse combustível falsificado, aparentemente se sente realizado e continua no hábito. Por um espaço de tempo relativamente curto, o material pornográfico parece funcionar para ele, mas no final ele descobre que o combustível perde a capacidade de satisfazê-lo verdadeiramente. O que esse homem não entende é que sua máquina humana na realidade começou a ficar menos eficiente (deteriorou-se moralmente) em conseqüência de ter sido forçada a operar com combustível falsificado. A impressão que ele tem é de que o combustível empregado (pornografia leve) não tem mais a energia necessária para mantê-lo funcionando. Na verdade, porém, o combustível que ele está usando não mudou: *ele próprio mudou*. Sua eficiência — sua condição moral — diminuiu, com o aumento proporcional da luxúria, e o resultado é a necessidade de um combustível ainda mais potente. Assim ele procura encontrar em outro lugar aquilo que satisfaça seu desejo crescente de prazer sexual.

Sua busca de um combustível mais potente o leva a esbarrar no mundo da pornografia mais pesada. Ele não a conhece ainda, mas como suas escolhas habituais aumentam, sua máquina humana vai começar o "ciclo decadente". Em outras palavras, como seu ciclo de luxúria/pornografia continua desenfreadamente, ele acaba afundando cada vez mais no hábito de procurar combustíveis mais potentes para satisfazer seus desejos sexuais aberrantes e cada vez mais crescentes. Esse homem pode começar a agir de maneira que jamais imaginara para encontrar o combustível aditivado que ele precisa (até formas ilegais de pornografia pesada) para satisfazer seus desejos ardentes aparentemente insaciáveis.

Ele pode até não realizá-los, mas a essa altura ele já caminhou para um estilo de vida que pode trazer conseqüências devastadoras. Tornou-se viciado e está sob o controle de um estilo de vida destruído moralmente e distante dos padrões sexuais. Em muitos aspectos, ele não é melhor do que o viciado em drogas. Além do mais, se não reconhecer sua dependência e não procurar auxílio, poderá correr grande risco, como um viciado em drogas, de tomar uma overdose. Permita-me explicar por que isso ocorre.

Existe um conjunto de evidências científicas que apóia a conclusão de que as atividades comportamentais podem, de fato, levar a uma alteração da química do cérebro humano. A conseqüência de algo como determinado tipo de hábito prolongado pode ser a mesma para o indivíduo que a do vício químico. As pesquisas continuam confirmando que as memórias de experiências que ocorreram nos momentos de excitação comportamental (inclusive excitação sexual) são difíceis de apagar e produzem uma espécie de "grilhão" ou "comportamento dependente" do que causou o estímulo. Num artigo de pesquisa sobre o vício, um analista do *Time* disse:

> O grau em que a aprendizagem e a memória sustentam o processo de dependência somente agora está sendo avaliado com precisão. Cada vez que um neurotransmissor como a dopamina banha uma sinapse, acreditam os cientistas, os circuitos que disparam os pensamentos e motivam as ações são gravados no cérebro [...] No nível puramente químico, toda experiência que os seres humanos acham agradáveis — seja ouvir música, abraçar a pessoa amada, ou saborear chocolate — equivale a pouco mais que uma explosão de dopamina no núcleo acumbente.[14]

As ações habituais relativas à conduta virtuosa ajudam a reforçar os bons hábitos. Igualmente, quanto mais um mau hábito é reforçado, mais profundamente é gravado nos circuitos do cérebro, o que resulta na dependência. A pesquisa sobre o vício e o sistema judicial criminal usa três termos básicos para designar o vício: hábito, tolerância e dependência. Um *hábito* é uma compulsão irresistível para fazer ou ter alguma coisa e chegar a quaisquer extremos para fazer ou obter o que se quer. Por exemplo, em relação à pornografia, primeiro há um estágio compulsivo em que o indivíduo fica amarrado a materiais obscenos e desenvolve o desejo de ver mais e mais até que o nível de tolerância seja alcançado. *Tolerância* é o termo usado para designar a resposta diminuída progressiva do indivíduo ao hábito ou à droga. Por conseguinte, esse indivíduo precisa fazer ou obter mais a mesma coisa para satisfazer-se, o que o obriga a

---

[14] Madaleine J. Nash, Addicted: why do people get hooked?, *Time*, 5/5/1997, p. 72.

aprofundar-se ainda mais no hábito. Para o usuário da pornografia, este é o estágio de escalada em que há a necessidade de material mais sórdido para obter o mesmo tipo de estímulo de antes. Finalmente, há a *dependência* psicológica e/ou física do hábito, que se torna necessário para o indivíduo funcionar normalmente. Ele precisa abastecer-se continuamente de material pornográfico para agir "normalmente".

Todavia, durante um período, também há efeitos decrescentes dos materiais sobre o usuário de pornografia. Este é o ciclo decadente inevitável a que nos referimos antes. O que era chocante e excitante passa a ser comum e aceitável nesse estágio, o que impulsiona o viciado a encontrar materiais mais estimulantes e mais moralmente depravados. Quando um indivíduo chega a esse ponto com pornografia, existe a possibilidade de que tente obter a satisfação necessária "pondo em prática" suas fantasias — o que era puramente imaginário agora se torna realidade desejada. O que era nudez agora se desenvolveu em toda a espécie de perversão sexual e, possivelmente, ofensas criminais daqueles que se viciaram em pornografia: crimes como estupro, abuso de crianças, pedofilia e outros horrores fabricados pela imaginação humana depravada — até o assassínio de suas vítimas na tentativa de não ser identificado por elas.

Ted Bundy é um exemplo triste e sério de como a pornografia pode ser viciante e mortal. Bundy era um jovem promissor estudante de direito que começou raptando mulheres em campus universitários. Depois de usá-las para satisfazer seus desejos pervertidos, ele as matava. Matou 28 mulheres antes de ser pego. Sua última vítima era uma garotinha de apenas doze anos. Depois de preso, foi sentenciado e acabou indo para o corredor da morte, onde passou dez longos anos. Apenas dois dias antes de sua execução, pediu uma entrevista exclusiva com o dr. James Dobson. Nessa entrevista Dobson inquiriu Bundy, procurando saber a causa original de sua doença moral, e perguntou: "Como aconteceu? Onde isso tudo começou?". Bundy se reportou a sua infância e explicou como ficou viciado em pornografia leve e depois, pornografia pesada. Bundy explicou: "A pornografia simplesmente pode levar muito longe. Eu alcancei o ponto crítico". E explicou o que queria dizer com "ponto crítico". Disse que precisava "mais" do que livros e fotos e mais do que uma relação sexual "normal". A pornografia foi o caminho que o levou a matar 28 mulheres, ser preso e ao fim de sua própria vida.[15]

---

[15] James DOBSON, *Life on the edge*, videocassete.

Bundy não é um caso isolado. Os autores do livro *Journey into darkness* [*Viagem à escuridão*] documentam vários casos de crimes sexuais. Ao descrever a completa inutilidade da reabilitação de predadores sexuais, os autores usam a analogia de fazer um bolo com mãos sujas, cheias de graxa. À medida que o padeiro mistura os ingredientes, a graxa se torna parte do bolo, misturada aos outros ingredientes. O bolo seria muito bom se houvesse algum modo de retirar a graxa da mistura. Falando a respeito dos assassinos seriais, os autores dizem:

> O fato é que na grande maioria dos casos, os ímpetos, os desejos e os distúrbios de caráter que os machucam e matam homens, mulheres e crianças inocentes estão tão profundamente arraigados na receita da composição deles que não há jeito de retirar a graxa. O caso do autor Jack Henry Abbot é apenas um exemplo dentre muitos. Lembro-me de uma história específica e dolorida que ajuda. No começo dos anos 1990, um matador e molestador de crianças que fugira da prisão foi destaque no programa de televisão America's most wanted [Os mais procurados da América]. Aconteceu de esse indivíduo assistir ao programa. Percebeu que outros que o conheciam na sua identidade assumida sem dúvida também o tinham visto e o denunciariam; ele seria preso novamente e estaria frito. Sabendo disso e também que o tempo restante de liberdade seria curto, ele saiu de casa, aprontou seu carro e raptou, molestou e matou outra criança antes de a polícia o capturar. Ele sabia que ia voltar para prisão definitivamente, onde não teria acesso a nenhuma criança, por isso achou melhor fazer algo enquanto tinha oportunidade.[16]

CONSEQÜÊNCIAS BÁSICAS DE RECUSAR DEUS E IGNORAR SUA LEI MORAL

Como vimos, a causa original dos desvios de caráter (corrupção moral) mencionados acima está diretamente associada à recusa do indivíduo de reconhecer e agir com base no que é moralmente certo e rejeitar o que é moralmente errado. Fica cada vez mais difícil para esse indivíduo obter ajuda para seu distúrbio de caráter por causa da depravação moral aumentada. O progresso da decadência moral está associado com níveis mais altos de insensibilidade na consciência desse indivíduo. Por exemplo, durante o processo de deterioração moral na vida da pessoa que usa a pornografia, a seqüência sentir-pensar-e-fazer ocorre com intervenção cada vez menor do mecanismo inibitório

---

[16] John DOUGLAS e Mark OLSHAKER, p. 362-3.

da consciência de culpa. A Bíblia chama essa condição de "consciência cauterizada" (1Tm 4.2).

Quando uma pessoa sofre queimadura grave, o corpo forma cicatrizes no local. Em conseqüência, há uma espécie de entorpecimento no nível de sensibilidade. De maneira semelhante, a violação habitual (queima) da consciência (ignorando ou desobedecendo a lei moral) e a supressão da culpa associada, finalmente resultará no declínio da sensibilidade ao mal. Aplique essa idéia a qualquer forma de mal e, no devido tempo, as pessoas perderão a capacidade de distinguir o certo do errado. A Bíblia afirma que as pessoas que alcançam essa condição se tornaram "fúteis" no pensamento e declara que o coração delas se tornou "obscurecido" (Rm 1.21). Ao descrever essa condição imoral progressiva, C. S. Lewis disse:

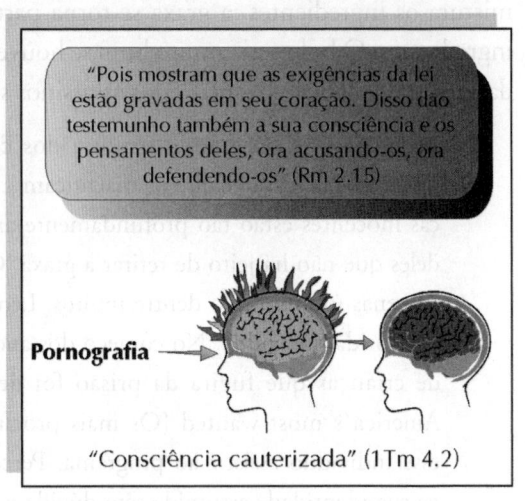

> Quem está no processo de se aperfeiçoar, cada vez mais compreende com maior clareza o mal que ainda existe em si. Quem está no processo inverso, cada vez menos percebe a sua própria maldade. Aquele que é moderadamente mau, sabe que não é muito bom; o que é inteiramente mau, acha-se muito bom. Isso é o que todo mundo vê, realmente. Sabemos o que é o sono quando estamos acordados, não enquanto dormimos. Só podemos ver os erros de aritmética quando o nosso cérebro está trabalhando corretamente; não podemos vê-los no momento em que estamos errando. Podemos entender a natureza da embriaguez quando estamos sóbrios, não quando estamos bêbados. As pessoas boas conhecem tanto o bem quanto o mal; as más não conhecem nenhum dos dois.[17]

Lewis apenas resumiu uma das conseqüências básicas de recusar Deus e ignorar sua lei moral. Outra conseqüência é o impacto sobre as outras pessoas: quando nos separamos de Deus e enfatizamos a realização de nossos desejos egoístas,

---

[17] *Cristianismo puro e simples*, p. 52.

não somente causamos danos a nós mesmos como também aos que estão ao redor de nós. Não existe pecado privado ou isolado. As decisões individuais e as atitudes das pessoas acabam afetando os membros da família e/ou os amigos — e finalmente a sociedade. Na verdade, os problemas que enfrentamos como nação podem ser rastreados e foram até o nível individual e as decisões egocêntricas que as pessoas tomam. Esse estado de existência egoísta não é somente a causa original da corrupção individual, mas também é responsável pela destruição de famílias, e agora levou a uma crise moral de âmbito nacional.

No capítulo 14, observamos que os "pecados privados" têm conseqüências públicas, e citamos um autor que diz que "cada pecado mortal abastece fenômenos sociais perigosos: luxúria—pornografia; glutonaria—abuso de substâncias; inveja—terrorismo; ira—violência; preguiça—indiferença à dor e ao sofrimento dos outros; avareza—abuso da confiança pública; e orgulho—discriminação".[18] Também dissemos que o orgulho, a atitude de colocar-se em primeiro lugar, i.e., egoísmo, é a causa original de todos os outros pecados. Agora queremos mostrar como uma nação pode ser, e tem sido, afetada por um individualismo característico ou egoísmo, que é a força motriz por detrás do pecado que chamamos de orgulho.

Há uma quantidade inacreditável de vaidade desenfreada em nossa cultura contemporânea que envolve todo o espectro social — desde os jovens estudantes, passando pelos profissionais de negócios e política, culminando no escritório do presidente dos Estados Unidos. Num artigo de fundo do *Newsweek*, certa vez, fez-se uma pesquisa entre o povo norte-americano para verificar o que se considerava a causa do declínio moral dos Estados Unidos. A revista informava que 76% dos adultos concordam que os Estados Unidos estão em decadência moral.[19] Esse artigo é apenas um entre muitos que documentam o tecido moral esgarçado dos Estados Unidos. Procurando isolar a causa original desse declínio, poucos anos antes, a revista *Time* fez algumas pesquisas investigativas. Os achados foram publicados numa edição intitulada "O que aconteceu à ética? Assaltados pela pobreza, por escândalos e pela hipocrisia, os Estados Unidos procuram sua conduta moral". Nessa edição, a *Time* entrevistou alguns dos principais especialistas em ética do país. O estudo deles os levou a identificar a causa original como uma "obsessão protecionista com o eu e com a imagem". O autor do artigo dizia:

---

[18] SCHIMMEL, *The seven deadly sins*, p. 3-4 (grifo acrescentado).
[19] *Newsweek*, 13/6/1994.

Numa recente pesquisa para a *Time*, dirigida por Yankelovich Clancy Shulman, mais de 90% dos entrevistados concordaram que a moral declinou porque os pais deixam de assumir a responsabilidade pelos filhos ou de imbuí-los de padrões morais decentes; 76% viram a falta de ética nos homens de negócio como fator contribuinte da queda dos padrões morais; e 74% censuraram publicamente a negligência dos líderes políticos em dar bom exemplo. Os advogados são freqüentemente vistos não como guardiões da lei, mas como manipuladores sofisticados que lucram violando regras. Até um membro do conselho de ética da Associação de Bares Americanos, com 313 000 associados, Lisa Milord, admite que todos os muitíssimos advogados "estão à procura de seus próprios interesses em vez da integridade do sistema legal [...]"

Os médicos, que perambulam pelos canteiros éticos com brotos recentes de uma tecnologia que lhes dá assustadores novos poderes sobre a vida e a morte, têm baixa estima de muitos que vêem neles caçadores de dinheiro que se servem a si mesmos. O dr. Richard Kusserow, inspetor geral do Departamento de Saúde e Serviços Humanitários dos Estados Unidos, declara que os conselhos de medicina, sem se preocupar com o bom nome da profissão, procuram varrer para debaixo do tapete as reclamações de caráter ético. "Eles protegem a incompetência uns dos outros, livrando-se da opinião pública", diz.

Essa obsessão protecionista do eu e da imagem, dizem os behavioristas, também permeia a vida familiar. Carlfred Broderick, professor de sociologia da Universidade do Sul da Califórnia, diz que a ênfase crescente no que ele chama "personalidade" — em oposição ao dever — tem ajudado a esgarçar o tecido das obrigações das famílias tradicionais [...] "Os direitos individuais exercem papel muito significativo", ele diz, "e é aí onde a tensão surge" nas famílias de hoje. Irene Goldenberg, professora de psicologia da Universidade da Califórnia, Los Angeles, conclui que o culto da personalidade produziu uma visão mais egoísta das "responsabilidades no casamento", inclusive a responsabilidade pelo divórcio. Goldenberg acrescenta que a consciência de compromisso diminuída se infiltrou nos filhos, removendo os velhos sentimentos de lealdade à família. Em conseqüência, diz ela, os filhos de hoje "estão cuidando de si mesmos primeiro".[20]

---

[20] Ezra BOWEN, Looking to its roots, *Time*, 25/5/1987, p. 26.

De acordo com alguns dos mais importantes especialistas em ética nos Estados Unidos, a decadência moral da cultura norte-americana remonta diretamente à família e à corrupção moral individual de cada membro. Analisando a causa original do declínio moral nacional, a *Time* retornou ao problema individual do egoísmo.

Concluindo, as conseqüências temporais que uma pessoa sofre por rejeitar Deus e viver uma vida egocêntrica são muitas; arrolaremos três. Primeira, há um preço a pagar individualmente à medida que sua vida desliza lentamente para as trevas e para longe da verdadeira luz da lei moral de Deus. Segunda, essa pessoa causará danos aos que se relacionam com ela — família e amigos. Terceira, a sociedade como um todo colherá os frutos amargos do egoísmo e do orgulho, que se manifestam de muitos modos, e são, em última instância, o fator subjacente do colapso moral da nação toda. Essas conseqüências temporais, em muitos aspectos, servem como indicação ou advertência do que será o estado eterno de vida sem Deus (inferno), que é o assunto do próximo capítulo.

CAPÍTULO DEZESSEIS

A VERDADEIRA MISÉRIA E O INFERNO

Acredito sinceramente que os condenados são, de certa forma, bem-sucedidos, rebeldes até o fim; que as portas do inferno estão trancadas do lado de dentro.
—C. S. LEWIS

QUAIS AS CONSEQÜÊNCIAS PERMANENTES DE RECUSAR DEUS?

A resposta simples e direta a essa pergunta foi dada por Jesus: "Eu lhes disse que vocês morrerão em seus pecados. Se vocês não crerem que Eu Sou, de fato morrerão em seus pecados" (Jo 8.24). Morrer em pecado é morrer para sempre separado do relacionamento de amor com Deus. Jesus perguntou aos líderes religiosos hipócritas que o rejeitavam: "Como vocês escaparão da condenação ao inferno?" (Mt 23.33). De acordo com Jesus, se não crermos nele, não somente morreremos a morte física, mas também a morte espiritual. A Bíblia refere-se a essa morte espiritual como a segunda morte (Ap 20.6,14), que resulta na separação eterna de Deus. O nome dessa separação eterna ou quarentena do mal para as pessoas que rejeitam Deus é *inferno*. O inferno não foi criado para os homens, mas para os anjos caídos — anjos que preferiram andar por seus próprios caminhos a obedecer ao Criador (Mt 25.41). Todos que rejeitam Deus, em última instância serão lançados para fora de sua presença e viverão para sempre em estado consciente de separação de Deus, no inferno.

Mas é justo que, só porque peca nesta vida, alguém passe a eternidade no inferno? Como a punição (condenação eterna) se relaciona com o crime (pecado nesta vida temporal)? Para valorizar plenamente a proclamação de Jesus, devemos considerar o tipo de Ser que Deus é (sua natureza divina) e o tipo de seres que somos (nossa natureza humana). Se Deus é justo e amoroso, então o inferno deve ser um lugar justo e amoroso.

Primeiro, o inferno é justo porque, ao longo de nossa vida, temos a escolha de não ir para lá. Deus nos deu evidências suficientes (como apresentamos neste livro) para optar por ele e viver com ele para sempre no céu, ou rejeitá-lo e viver sem ele para sempre no inferno. As pessoas que o rejeitam livremente escolhem viver sem ele para sempre.

Segundo, o amor de Deus exige que o inferno exista. Deus respeita as escolhas que as pessoas fazem ao rejeitar seu amor e, uma vez que o amor forçado é uma contradição, Deus não pode forçar seu amor a pessoas que não o desejam. O amor de Deus é sempre persuasivo, não coercitivo. Coagir alguém a um relacionamento seria em si mesmo um ato injusto, desamorável e mal, do qual Deus é incapaz. Jesus expressou essa verdade quando chorou por Jerusalém: "Jerusalém, Jerusalém, você, que mata os profetas e apedreja os que lhe são enviados! Quantas vezes eu quis reunir os seus filhos, como a galinha reúne os seus pintinhos debaixo das suas asas, *mas vocês não quiseram*" (Mt 23.37; grifo do autor).

Terceiro, o inferno é justo porque pune o mal. Uma vez que Deus é justo, ele deve julgar cada pessoa que pecou e violou sua lei moral. Os stalins e os hitlers do mundo, assim como toda a humanidade, devem ser trazidos à justiça, e Deus no final vê a justiça realizada. Por isso, é necessário existir um lugar de punição para os impenitentes (os que não desejam confessar sua culpa e pedir perdão) depois desta vida para manter a justiça de Deus.

Por que pessoas "decentes" vão para o inferno?

Alguns acham que o inferno é um lugar apropriado para pessoas como Stalin e Hitler, mas e as pessoas médias, que parecem ter um certo grau de vida decente? Primeiro, o que *nós* podemos chamar de decente e o que é decente aos olhos de *Deus* podem ser coisas totalmente diferentes. Quando Jesus denunciou as cidades que ignoraram os milagres que ele havia realizado, disse que o juízo sobre elas seria muito mais severo do que para as outras cidades. Por exemplo, ele disse que as pessoas de Cafarnaum sofreriam castigo muito mais grave que as pessoas de Sodoma (Mt 11.24). Pense nisto: Cafarnaum era culpada apenas de ignorar Jesus, enquanto os pecados de Sodoma estão associados com imoralidade sexual. Deus vê a indiferença para com ele como pecado "maior" que a imoralidade sexual. Isto não torna os pecados sexuais mais leves, eles são repulsivos aos olhos de Deus. Este exemplo simplesmente nos ajuda a ilustrar quanto podemos estar errados quando tentamos julgar níveis de pecado.

Deus julga de corretamente, e a gravidade dos pecados cometidos corresponde ao nível próprio de punição. Além disso, há outros textos na Bíblia que dão apoio à idéia de graus variados de pecado com níveis correspondentes de punição. Na verdade, Jesus disse a Pilatos que Judas era culpado de um "pecado maior" (Jo 19.11). A Bíblia também nos diz que cada pessoa será julgada de acordo com os seus atos (Rm 2.6; Ap 20.12) e que Deus é reto e justo quando julga (Sl 51.4*b*).

Segundo, uma vez que a lei moral se baseia na natureza de Deus, qualquer violação dessa lei é, na realidade, violação contra Deus somente (Sl 51.4*a*). Isso inclui todos os pecados — até os pecados contra nós próprios porque somos criados à imagem de Deus, e tudo o que é bom em nós é reflexo da imagem de Deus. Quando nos desvalorizamos ou desvalorizamos os outros, é o mesmo que desvalorizar a verdadeira imagem de Deus em nós e nos outros. Desse modo, se desfiguramos (pecamos contra) a imagem de Deus em nós ou em outra pessoa, em última instância pecamos contra Deus.

Terceiro, uma vez que Deus existe fora do tempo (é um Ser eterno) e nós existimos no tempo (somos seres temporais), os nossos pecados têm conseqüências eternas ainda que sejam cometidos no tempo. Da perspectiva de Deus, os nossos pecados estão diante dele por toda a eternidade. Portanto, as conseqüências da punição também devem ter ramificações eternas. Deus tem todo o tempo em um "estado de presente eterno"; ele age no tempo a partir da eternidade. Nossas ações, no entanto, se realizam no tempo, mas estão eternamente perante ele — pensar de outra maneira é pensar incorretamente acerca da natureza e das conseqüências do pecado. Uma linha de raciocínio errado é a que acredita na idéia de que o mero tempo cancela o pecado. Achar que o pecado passado não precisa de justificação porque o tempo passou é erro. No seu jeito claro, cândido e simplesmente profundo de pensar, C. S. Lewis argumentou:

> Ouvi outros, e a mim mesmo, recordando até com risos, as crueldades e as falsidades cometidas na infância como se elas não fossem preocupação do presente daquele que as narra. Mas o simples tempo não faz nada nem pelo fato em si nem pela culpa do pecado. A culpa é purificada não pelo tempo, mas pelo arrependimento e pelo sangue de Cristo [...] Todos os momentos estão presentes eternamente diante de Deus. Não é nem sequer possível que ao longo de alguma linha de sua eternidade multidimensional ele o veja eternamente arrancando as asas de uma mosca no maternal, eternamente contando vantagens [sendo insincero], mentindo e sendo concupiscente quando em idade escolar, eternamente naquele momento de covardia ou insolência

como um subalterno [oficial da marinha]? Pode ser que a salvação exista não no cancelamento desses momentos eternos, mas na humildade perfeita que suporta a vergonha para sempre [Cristo].[1]

Esse componente eterno das conseqüências do pecado levanta ainda outra verdade acerca da necessidade de haver uma cobertura eterna para os nossos pecados. Uma vez que da perspectiva de Deus os nossos pecados sempre existiram, tem de haver uma expiação (pagamento) que se estende pela eternidade. Se Jesus era verdadeiramente aquele que alegava ser — Deus encarnado —, sua obra expiatória na cruz também existe na esfera eterna. Em outras palavras, uma vez que Jesus tem duas naturezas, sua natureza divina existe na eternidade e age como um abrigo que no protege das conseqüências de nossos pecados perante Deus desde toda eternidade — passada, presente e futura. Por essa razão, a Bíblia diz que Jesus é o "Cordeiro que foi morto desde a criação do mundo" (Ap 13.8). Isto significa que, da perspectiva de Deus, ele tratou o mal e todas as injustiças — desde a eternidade. Para nós, entretanto, visto que somos criaturas temporais, ainda é preciso ver o fim e como Deus vai fazer todas as coisas certas. Toda mal existente *será* lançado para sempre no inferno, e as pessoas que estarão no inferno, voluntariamente escolheram estar ali. Considere a seguinte ilustração.

Suponhamos que um dia a NASA desenvolva uma espécie de cápsula protetora especial que permita aos astronautas realizar uma expedição a uma região muito próxima do sol. Isso vai permitir-lhes estudar a natureza do sol ao mesmo tempo em que permanecem protegidos do calor e da radiação letal do sol. Suponhamos também que a corrida espacial tenha alcançado um ponto em que um cidadão comum possa ter a oportunidade de acompanhar esses astronautas da expedição como observador. Um dia certo homem recebe uma ligação da NASA explicando que ele havia sido escolhido para uma jornada ao sol. Também o informam da cápsula especialmente projetada para protegê-lo do sol. Todavia, por alguma teimosa razão, esse cidadão se recusa a concordar em ficar nessa cápsula de proteção — a NASA não consegue convencê-lo a agir de outra forma — e ainda insiste em ir. Mas a NASA não pode permitir que ele vá, porque a natureza dele e a do sol não podem coexistir nessa proximidade. Portanto, visto que a NASA é responsável por ele, valoriza a vida dele, e respeita sua escolha, não pode permitir que ele viaje.

---

[1] *The problem of pain*, p. 61.

Igualmente, para que pessoas pecadoras possam coexistir em proximidade com Deus, necessitam ser protegidas da parte da natureza dele conhecida como *ira*. Falando de modo simples, a ira refere-se à característica da justa indignação de Deus com nossas violações voluntárias de suas leis. Do mesmo modo que a natureza do sol não pode ser mudada para que possamos existir nas proximidades dele, também a natureza de Deus não pode mudar. Uma vez que ele não pode alterar sua natureza, e deseja ter um relacionamento íntimo e amoroso conosco, sua solução para o problema de nossa natureza pecaminosa é Jesus Cristo.

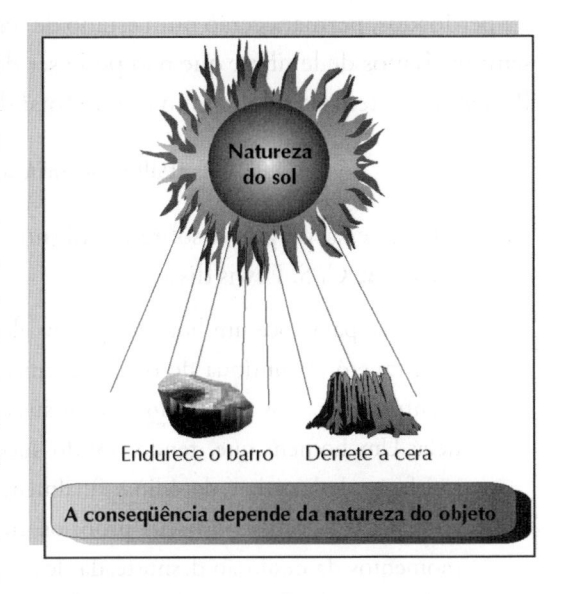

A cobertura de nossos pecados pela justiça imputada (creditada) de Deus, alcançada por meio do sangue derramado na cruz por seu Filho, age como um escudo eterno para proteger o verdadeiro cristão da ira de um Deus santo e terrível. Os atributos de Deus brilham em cada um de nós.

Contudo, da mesma maneira que o sol endurece o barro e derrete a cera, também alguns são derretidos e amaciados debaixo das verdades e dos atributos de Deus, enquanto outros ficam endurecidos para com ele. Estes são os que se recusam a aceitar a oferta graciosa de Deus, que é a cobertura eterna de seus pecados.

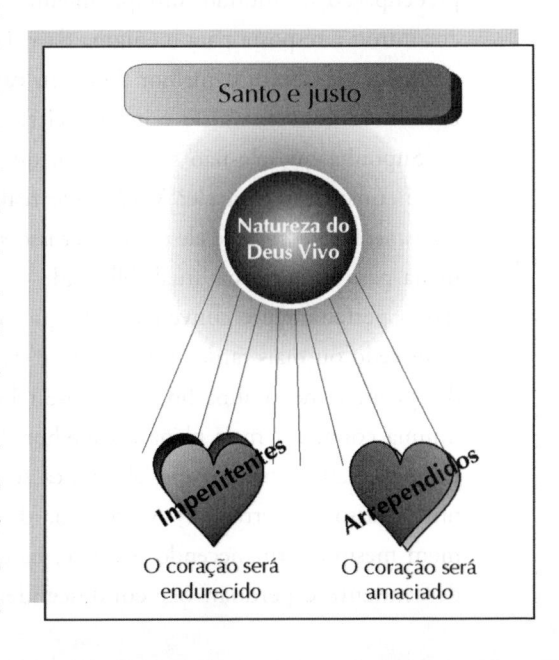

Para os que rejeitam a cobertura divina, não há meio pelo qual Deus lhes possa permitir coexistir em relacionamento com ele. Ele não pode forçar seu amor sobre eles e respeita a escolha deles. Quando o amor de Deus é rejeitado, os desprezadores ficam em estado de dívida eterna para com ele. Eles têm de pagar a própria pena pelos pecados que cometeram. Uma vez que se recusam a ser perdoados, permanecerão num estado de separação relacional de Deus para sempre. Temos de lembrar que não pode ser de outro jeito. Deus, justo juiz e Pai amoroso, tem de lidar com o estado final de rebelião dos impenitentes.

Por que alguém vai para o inferno?

Para concluir essa pergunta sobre o inferno e trazê-lo para o nível prático, considere o que C. S. Lewis disse:

> Descreva para você um homem que foi alçado para a riqueza e o poder por uma trajetória contínua de traição e crueldade, explorando para fins puramente egoístas os gestos nobres de suas vítimas, rindo da simplicidade delas. Um homem que, tendo obtido sucesso dessa forma, usou-o para a satisfação da luxúria e do ódio e finalmente parte o único farrapo de honra entre os ladrões traindo seus próprios cúmplices, zombando nos últimos momentos da desilusão desnorteada deles. Suponha além disso, que ele faça tudo isso, não (como gostaríamos de imaginar) atormentado pelo remorso nem por apreensão, mas comendo como um aluno do primário e dormindo como uma criancinha — alegre, um homem de face corada, sem nenhuma preocupação no mundo, intrepidamente confiante até o fim de que só ele encontrou a resposta para o enigma da vida: que Deus e o homem são tolos de quem ele obtém o melhor. Esse seu caminho de vida é completamente bem-sucedido, satisfatório e inatacável [...]
>
> Suponha que ele não se converta, que destino no mundo eterno você pode considerar para ele? Você pode realmente querer que esse homem, *permanecendo o que é* (e ele pode fazer isso se tem livre arbítrio) tenha confirmada para sempre sua atual felicidade — continue por toda a eternidade sendo perfeitamente convencido de que o seu riso está a favor dele? [...] Mais cedo ou mais tarde, a justiça deve ser declarada, a bandeira [da verdade] plantada nessa alma horrivelmente rebelde, mesmo que não resulte nenhuma conquista mais plena ou melhor. De certa forma, é melhor para a própria criatura, mesmo que ela nunca se torne boa, que se conheça como um fracasso, um erro [...] A exigência de que Deus deve perdoar esse homem mesmo permanecendo o que é, baseia-se na confusão entre ser condescendente e perdoar. Ser condescendente com o mal é simplesmente

ignorá-lo, tratá-lo como se fosse bom. Mas, para ser completo, o perdão precisa ser aceito assim como é oferecido: e um homem que não admite culpa não pode aceitar o perdão.

Acredito sinceramente que os condenados são, de certa forma, bem-sucedidos, rebeldes até o fim; que as portas do inferno estão trancadas *do lado de dentro* [...] No final, a resposta a todos os que se opõem à doutrina do inferno é a pergunta: "O que você está pedindo que Deus faça?". Limpar os pecados passados deles e, a todo custo, dar-lhes um novo começo, alisando cada dificuldade e oferecendo toda ajuda miraculosa? Mas ele fez isso no Calvário. Perdoá-los? Eles não serão perdoados. Para deixá-los sós? Ai deles, temo que Deus faça exatamente isso.[2]

Novamente, temos de entender que *todos os que vão para o inferno escolheram isso*. Preferiram passar a eternidade miserável no inferno a passar a eternidade plena de significado pela glorificação eterna de Deus. O céu é o lugar onde se encontra o significado último da vida pela adoração eterna daquele que é digno de adoração. Pode-se ter um antegozo desse significado supremo aqui e agora, nesta vida, recebendo Jesus Cristo como Salvador e Senhor. O contrário, rejeitar Deus e sua verdade nesta vida e escolher viver uma vida à parte dele, pode trazer algum significado temporário nesta vida, mas também o antegozo do inferno. A escolha final se resume a isto:

> Há somente duas espécies de pessoas no final: as que dizem a Deus: "Seja feita a tua vontade", e aquelas a quem Deus diz, no final: "Seja feita a tua vontade". Todos estas estão no inferno, pois o escolheram. Sem essa escolha pessoal não poderia haver inferno. Nenhuma alma que deseja séria e constantemente a alegria jamais a perderá. Os que procuram encontram. Aos que batem ser-lhes-á aberta [a porta].[3]

---

[2] *The problem of pain*, p.120-2, 127-8 (grifo do autor).
[3] C. S. Lewis, *The great divorce*, p. 72-3.

Apêndice

Respostas baseadas nos primeiros princípios a questões éticas

> *Deus, que nos deu a vida, deu-nos a liberdade. Podem as liberdades de uma nação permanecer garantidas quando removemos a convicção de que elas são dom de Deus? Na verdade, tremo por meu próprio país quando penso que Deus é justo e sua justiça não pode dormir para sempre.*
> —Thomas Jefferson

Antes de tentar responder às perguntas éticas a seguir, precisamos definir o contexto em que nossas respostas devem ser entendidas. Já argumentamos em favor da credibilidade do teísmo bíblico com base nos primeiros princípios acadêmicos apresentados nesta obra. Chegamos à conclusão geral de que um Ser (Deus) inteligente, não-causado, infinitamente poderoso e eterno existe. Além disso, já demonstramos que esse Deus é pessoal, amoroso, justo e misericordioso, e todos esses seus atributos são encontrados somente na Bíblia. Também apresentamos argumentos para o valor da vida humana dado por Deus, que servem como base para os direitos humanos. Isso segue logicamente da crença num Criador, e já lembramos os nossos leitores de que a crença num Criador e na criação é considerada uma verdade auto-evidente declarada nos documentos de fundação dos Estados Unidos da América, isto é, a Declaração de Independência.

Uma vez que argumentamos a favor da credibilidade de Deus como Criador e base para os direitos humanos e os valores da vida, todas as outras questões éticas devem ceder a esta verdade. Por isso, queremos dizer que, se há um Deus que nos deu vida e nos concedeu valor, nenhum ser humano tem o direito desvalorizar a vida humana nem de retirar os direitos humanos, principalmente o direito à vida.[1]

Sobre o aborto

Eis os argumentos a favor do aborto:

1. A mulher tem direito de privacidade sobre o próprio corpo.
2. Há situações terapêuticas em que o aborto é necessário para o "bem-estar" da mãe, inclusive a necessidade de amenizar a indignidade inseparável que a gravidez por estupro produz numa mulher.
3. Uma gravidez indesejada resulta em tornar a criança vulnerável à negligência e ao abuso.
4. É necessário compaixão com as mulheres cuja vida teoricamente pode ser ameaçada por abortos ilegais provocados com "agulhas de tricô infectadas".
5. Todo aborto é inerente e principalmente decisão médica.

Essas razões parecem ter mérito e até parecem constrangedoras. Contudo, a *única hipótese importante* incluída em todos esses motivos — hipótese em que a Suprema Corte dos Estados Unidos baseou sua decisão no caso *Roe* v. *Wade* — é que a criança não-nascida não é verdadeiramente uma pessoa humana, mas somente uma vida humana potencial ou pessoa em potencial. Se uma criança não-nascida não é uma pessoa ou um ser humano individual, mas meramente um tecido ou um apêndice desnecessário, então os argumentos a favor do aborto são convincentes. Se, todavia, a criança não-nascida é verdadeiramente uma pessoa, então todos esses argumentos (e outros semelhantes) não são nada mais que apelos emocionais sem justificação moral.

Quem argumentaria, por exemplo, — em bases semelhantes às dos que são pró-aborto — que Hitler tinha o direito de matar judeus porque eles eram deformados ou indesejáveis? Ou qual defensor do aborto insistiria que, uma vez que os judeus estavam sendo mortos de qualquer forma por facas enferrujadas, as leis deveriam assegurar-lhes morte higiênica por meio de instrumentos

---

[1] Para uma análise bíblica e filosófica mais completa dessas questões éticas, v. *Christian Ethics*: options and issues, de Norman L. Geisler. [A edição brasileira, *Ética*: alternativas e questões contemporâneas, não foi utilizada neste capítulo porque a versão adotada pelo autor não foi a publicada pela Zondevan Publishing House, que deu origem à edição brasileira, mas pela Baker Book.] V. tb., *Legislating morality*: Is it wise? Is it legal? Is it possíble?, de Norman L. Geisler e Frank S. Turek III.

esterilizados, tornaria aquela morte justificada? Certamente nenhum defensor razoável do aborto insistiria que a mãe da famosa cantora Ethel Waters tem o direito moral de matar sua filha anos depois de ela ter nascido porque a mãe ainda era perseguida pelas lembranças do estupro pelo qual Ethel foi concebida. Mas por que os defensores do aborto deveriam admitir que esses tipos de assassínios estão obviamente errados e, não obstante, insistirem ao mesmo tempo em que o aborto, *pelas mesmas razões*, não é errado? A base lógica toda é que eles não concedem à criança não-nascida o status de pessoa. Eles crêem que a proibição do assassinato não se aplica a esses casos.

Por outro lado, mesmo a decisão do caso *Roe* v. *Wade* admite que, se a idéia de pessoalidade é estabelecida, a tese apelante se desmorona porque o direito à vida do feto é, então, garantido pela emenda 14 da Constituição americana. Em última análise, apenas uma questão básica precisa ser resolvida, e essa questão não é legal nem médica — é moral. A pergunta essencial é: "A criança não nascida é uma pessoa?". Se sim, então *Roe* v. *Wade* está permitindo o assassinato. Neste caso, argumentar que o aborto é essencialmente uma decisão médica é tão ridículo quanto alegar que a pena de morte em cadeira elétrica é principalmente um problema de engenharia elétrica. Se estivermos lidando com um ser humano, seja na pena de morte, seja no aborto, então lhe tirar a vida intencionalmente é uma questão moral.

Se a criança não-nascida é uma pessoa, então a carnificina norte-americana de cerca de 1,5 milhão de bebês não-nascidos anualmente, mais de 4 000 por dia (cerca de uma criança cada vinte segundos), é uma questão moral importante — um holocausto americano. Stalin matou pelo menos 18 milhões de pessoas, e Hitler pelo menos 12 milhões. *Como nação, os Estados Unidos matam mais de 40 milhões de crianças não-nascidas nas câmaras de aborto (1973-até o presente). Isto é mais do que o genocídio de Hitler e Stalin combinados.* Há tantos elementos que cercam a questão do aborto que ele pode tornar-se um debate complexo e confuso. A fim de esclarecer alguns deles, vamos procurar responder a duas perguntas essenciais referentes ao aborto e aos direitos humanos.

O FETO É HUMANO OU NÃO-HUMANO?

Geneticamente a ciência tem demonstrado que a vida humana começa na concepção. Todas as características genéticas de um ser humano individual plenamente desenvolvido *estão realmente*, não *potencialmente*, presentes desde o momento da concepção. Os ginecologistas são, dessa forma, instados a considerar o feto como seu "segundo paciente". Na verdade, o artigo de capa da revista *Discover*, de fevereiro de 1991 (da seção "Notícias da revista da ciência") diz: "Cirurgia antes do nascimento: o desafio dos mais tenros *pacientes* da medicina".[2] A menos que os jornalistas da *Discover* tenham o hábito de se enganar com termos simples, a palavra *paciente* indica não somente uma vida humana, mas também o compromisso da parte do médico de assumir responsabilidade pelo bem-estar daquela vida. O dicionário *Houaiss* define a palavra *paciente* como "indivíduo que está sob cuidados médicos".[3]

Há poucos anos, o Instituto Nacional de Saúde (INS) dos Estados Unidos montou uma equipe para conseguir fundos federais para conceber embriões humanos em laboratório. O *The Wall Street Journal* relatou sobre a tarefa deles:

> Uma mesa redonda de 19 especialistas indicados pelo Instituto Nacional de Saúde recomendou um fundo federal para conceber embriões humanos em laboratório com o propósito de sujeitá-los a experimentos que os vão destruir [...] Criar, usar e destruir embriões humanos não pode ser inteiramente separado da questão do aborto [...] O INS prontamente reconhece que podemos responder à questão de quando a vida humana começa. *A ciência não nos deixa escolha: começa na concepção*. É-nos dito que o embrião, desde o começo, merece "*séria consideração moral*" [...] Os cientistas concordam que desde os primeiros momentos o embrião tem a capacidade de articular-se naquilo que todos reconhecem como ser humano.[4]

Biologicamente, a vida é um fluxo humano contínuo — em ponto nenhum ela pára e, depois, mais tarde abruptamente recomeça. A vida humana vai desde a concepção dos pais até a progênie, sem interrupção. Quando um espermatozóide humano se junta ao óvulo humano, o resultado é um zigoto humano separado: *um ser humano distinto*.

Por isso a pergunta de quando a vida humana começa não é realmente uma pergunta. Quando há 46 cromossomos presentes,[5] há uma vida humana; uma nova vida com um novo código genético. Não é o código da mãe, nem o código do pai. Com base unicamente em evidências genéticas, o feto deve ser reconhecido como uma vida *humana* individual, e assim é.

---

[2] Pat OHLENDOR-MOFFAT, Surgery before birth, p. 58-65 (grifo do autor).
[3] Antônio HOUAISS e Mauro de Salles VILLAR. Rio de Janeiro: Objetiva, 2001 (grifo do autor).
[4] Richard John NEUHAUS, Don't cross this threshold, A-20 (grifo do autor).
[5] Isso não significa dizer que os indivíduos com 45 ou 47 cromossomos não são humanos. Eles certamente são, exatamente como pessoas que têm quatro ou seis dedos em uma das mãos são seres humanos que têm um defeito singular.

O FETO É UMA PESSOA OU UMA NÃO-PESSOA?

Todos os seres humanos são pessoas? Essa foi uma questão dominante debatida no INS. A equipe especializada concordava que os embriões são vidas humanas; o debate era sobre se essas vidas humanas eram ou não pessoas. O *The Wall Street Journal* relatou:

> Tendo reconhecido que a vida humana está em jogo e que lhe deve ser dado respeito, a mesa redonda do INS tem a difícil tarefa de explicar por que é *moralmente certo* produzir vidas para usá-las em experimentos letais [...] *As perguntas críticas desta proposta não são estritamente científicas. São éticas e filosóficas.* A estrutura conceitual do cerne do raciocínio da mesa redonda especializada é a da "pessoalidade". Ela altera a pergunta de "Quando a vida humana começa?" para "Quando o ser humano se torna uma pessoa?" As pessoas, de acordo com esse construto, são "protegíveis". As não-pessoas ou as que são alguma coisa menos que pessoas "não são protegíveis". [...] *E como decidimos quais seres humanos são pessoas e quais não são?*[6]

Quem tem o direito de decidir quem é uma pessoa e quem não é, e baseado em quê? Se definirmos pessoalidade em termos de pureza genética, então deveremos ser logicamente coerentes e declarar que qualquer um em nossa sociedade com deformações genéticas, como, por exemplo, síndrome de Down, anemia crônica herdada e coisas semelhantes, deve também ser declarado não-pessoa. Se definirmos pessoalidade pela idade (número de meses), por que não excluir outros da sociedade humana por causa da idade, como os velhos, por exemplo? Igualmente, se pessoalidade se define em termos de tamanho, por que não excluir os anões ou os centros pró-basquetebol? Se a pessoalidade é definida em termos de local (fora do útero), porque não se podem discriminar seções de nossa sociedade em virtude de sua localização ("do outro lado dos trilhos" ou "do gueto")?

Se pessoalidade não é um dom que nos é concedido pelo nosso Criador e considerado concomitante com a vida humana, então depende de nós determinar quem é pessoa e quem não o é. Na verdade, é exatamente o que está sendo recomendado por instituições como a INS. Eles disseram:

> Na opinião da equipe especializada, *pessoalidade é uma condição social que nós, que somos certificados como pessoas, conferimos*. Nós decidimos quem

---

[6] Richard John NEUHAUS, Don't cross this threshold, A-20 (grifo do autor).

será e quem não será admitido no círculo daqueles que são reconhecidos como pessoas e, portanto, têm direito ao respeito e à proteção [...] A favor dessa idéia, a mesa redonda especializada cita um artigo do professor Robert Green de Dartmouth [...] O artigo assevera que não há "qualidades existentes fora" de qualquer ser humano que requeiram nosso respeito para com ele como pessoa [...] Pessoalidade é totalmente um "construto social". *Se alguém é jovem demais ou velho demais, retardado demais ou doente demais, inútil demais ou problemático demais para ter o direito à pessoalidade é determinado por uma "decisão nossa".*[7]

Não obstante, há somente duas opções a respeito da questão da pessoalidade. Os seres humanos são pessoas no momento da concepção — o momento em que eles se tornam seres humanos ou vidas humanas — ou os seres humanos se tornam pessoas em algum ponto posterior do tempo e por alguma razão outra à parte do fato de possuir uma natureza humana. Gastemos algum tempo para explorar a validade de cada opção e as conseqüências de conceder pessoalidade a alguém independentemente de esse indivíduo ter natureza humana. O resumo a seguir se esforça para analisar ambas as opiniões e esboçar as conseqüências associadas a cada posição.[8]

> Primeiro, o debate sobre a distinção entre pessoas e seres humanos pode ser legalmente irrelevante. Por exemplo, filhotes de águias e empresas são ambos protegidos pelo governo. Na verdade, a Suprema Corte dos Estados Unidos declarou unanimemente as empresas como pessoas abrangidas pela emenda 14 (no caso de *Santa Clara v. Sanford*, em 1886). Logo, mesmo se os não-nascidos fossem apenas pessoas potenciais, não haveria razão por que não devessem ser protegidos. Há boas razões por que eles devem ser protegidos, visto que somente pelo nascimento eles são capazes de se tornar pessoas adultas.
>
> Segundo, fazer distinção entre seres humanos e pessoas é arbitrário. Não há nenhuma base essencial para declarar seres humanos não-pessoas, mas apenas bases funcionais. Se se fazem distinções funcionais, isso é pura discriminação com base na capacidade, em vez de discernir com base na verdadeira natureza deles.

---

[7] Ibid. (grifo do autor)
[8] A maior parte desse resumo foi retirada da obra *Matters of life and death*, de Francis J. Beckwith e Norman L. Geisler, p. 84-6.

Terceiro, fazer distinção entre seres humanos e pessoas com bases funcionais justificaria matar crianças e adultos que perderam essas mesmas funções. Qualquer pessoa que sofre danos cerebrais ou perde a consciência ainda é uma pessoa que está temporariamente num estado comatoso. Aqueles que dormem ou que estão inconscientes são todos pessoas mesmo quando não estão atuando como tais.

Quarto, basear a pessoalidade na função confunde função com essência. A função é o resultado da essência, não o contrário. Não há diferença essencial entre um ser humano e uma pessoa humana, apenas diferença funcional. Por exemplo, ninguém duvida que seres humanos recém-nascidos têm menos capacidades do que bezerros recém-nascidos. Mas isso não nos convence de que tenham menos dignidade inerente.

Quinto, visto que não há concordância sobre quando a pessoalidade começa, [e] a decisão Roe situou-a no nascimento, todos os tipos de brutalidade podem ser justificados. Por exemplo, alguns dizem que a pessoalidade começa no ponto da autoconsciência, que não acontece antes do segundo ano após o nascimento. Se foi decidido que isso é verdade, justificaria a matança de qualquer criança até essa idade.

Essas são algumas razões por que não deve haver nenhuma discriminação baseada em diferenças funcionais entre ser humano e ser uma pessoa. Visto que não há diferença essencial entre a nossa humanidade e a nossa pessoalidade, resta somente raciocinar que todos os seres humanos são pessoas e devem ser protegidos pela emenda 14 da Constituição dos Estados Unidos. Ademais, uma vez que um dos motivos fundamentais por que indicamos juízes para a Suprema Corte e elegemos legisladores para fazerem leis se baseia na convicção de que eles estão entre as pessoas mais sábias de nossa terra, perguntamos: "Qual é a decisão mais sábia a tomar?". Se não podemos chegar a um acordo sobre se a vida humana e a pessoalidade são essencialmente a mesma coisa, então não seria mais sábio fazer leis que favoreçam a proteção da vida humana? Principalmente a vida humana que se supõe estar num dos lugares mais sagrados, protegidos e amados que possa existir: o ventre de sua mãe? Quando alguma vez é sábio tirar a vida humana com base na ignorância? Peter Kreeft ilustra o nosso ponto num diálogo imaginário, na Atenas contemporânea, entre um defensor do aborto chamado Herodes e Sócrates.

Herodes: Eles [os pró-vida] alegam saber o que de fato não sabem: que o feto é uma pessoa humana desde o momento da concepção.

Sócrates: E você? Você não declara saber o que não sabe?

Herodes: Não. Essa é minha vantagem e minha sabedoria. Não alego saber o que não sei. Eles sim. Eles são os dogmáticos. Os teólogos, filósofos e cientistas discutiram a respeito disso por muitos anos sem acordo. É dogmatismo claro alguém reivindicar certeza desse ponto polêmico [...] Simplesmente não sabemos quando o feto se torna uma pessoa humana. Qualquer um que declara saber é tolo porque alega saber o que não sabe.

Sócrates: Você não sabe se o feto é uma pessoa, certo?

Herodes: Certo.

Sócrates: E o seu trabalho aqui é matar fetos, certo?

Herodes: Sócrates, eu continuo chocado com a linguagem que você resolve usar. Eu aborto gravidez indesejada.

Sócrates: Matando fetos ou fazendo outra coisa qualquer?

Herodes: (Suspiro.) Matando fetos.

Sócrates: Sem saber se eles são pessoas ou não?

Herodes: Oh, bem...

Sócrates: Você disse instantes atrás que não sabia quando o feto se tornava uma pessoa. Você sabe agora?

Herodes: Não.

Sócrates: Então você mata fetos sem saber se eles são pessoas ou não?

Herodes: Se tem de ser colocado dessa forma.

Sócrates: Ora, o que você diria de um caçador que atira quando vê um movimento brusco nos arbustos, sem saber se é uma corça ou outro caçador? Você o chamaria de sábio ou tolo?

Herodes: Está dizendo que eu sou assassino?

Sócrates: Estou somente fazendo uma pergunta de cada vez. Devo repetir a pergunta?

Herodes: Não.

Sócrates: Então você vai respondê-la?

Herodes: (Suspiro) Tudo bem. Esse caçador é um tolo, Sócrates.

Sócrates: E por que ele é tolo?

Herodes: Você não dá sossego, não é?

Sócrates: Não. Você não diria que ele é tolo porque alega saber o que não sabe, isto é, que é só uma corça no arbusto, e não seu companheiro de caça?

Herodes: Suponho que sim.

Sócrates: Ou suponha que uma companhia fosse fumigar um prédio com um produto químico altamente tóxico para matar algumas pragas e você fosse responsável por evacuar o edifício primeiro. Se você não tivesse certeza de haver pessoas no edifício e mesmo assim desse ordem para fumigar, esse seu ato seria sábio ou tolo?

Herodes: Tolo, obviamente.

Sócrates: Por quê? Não é porque você estaria agindo como se soubesse algo que realmente não sabe, isto é, que não havia pessoas no edifício?

Herodes: Sim.

Sócrates: E agora, você, doutor. Você mata fetos — por quaisquer que sejam os meios, não importa; poderia ser com revólver ou veneno. E você diz que não sabe se eles são pessoas humanas. Isso não é agir como se você soubesse o que não sabe? Não é uma insensatez — na verdade, o cúmulo da insensatez, em vez de sabedoria?

Herodes: Eu suponho que você quer que eu diga mansamente: "Sim, de fato, Sócrates. Qualquer coisa que você diga é certa, Sócrates."

Sócrates: Você pode se defender desse argumento?

Herodes: Não.

Sócrates: Esse argumento o devorou como um tubarão, do mesmo modo que você devora os fetos.[9]

Cremos no que Sócrates, pela pena de Kreeft, expressou, isto é, que a sabedoria suplica que tratemos os bebês não-nascidos como pessoas. Já apresentamos a nossa base racional por que cremos que Deus capacitou cada pessoa humana com valor e por que os direitos humanos não dependem dos ditames arbitrários de nenhuma forma humana de governo, nem de suposições infundadas de nenhuma mesa redonda especializada, como a INS (v. caps. 9 e 10). Cremos que a argumentação apresentada é sólida e coerente com as três verdades básicas contidas na afirmação seguinte:

> Sustentamos estas Verdades como sendo auto-evidentes: que [1] *todos os homens são criados iguais*, e que são [2] *capacitados pelo seu Criador com certos direitos inalienáveis*, entre os quais estão a Vida, a Liberdade e a Busca da Felicidade. Que [3] *para assegurar esses direitos, os governos são instituídos* entre os homens.

Estas três verdades fundamentais são a pedra angular de nossa grande herança e fornecem o fundamento para o nosso governo. De acordo com essas "verdades auto-evidentes", os governos são instituídos para assegurar os direi-

---

[9] *The unaborted Socrates*, p. 69-72.

tos que já foram concedidos às pessoas humanas por seu Criador. Entre esses direitos estão o direito à vida, à liberdade e à busca da felicidade. O aborto nega às pessoas humanas os direitos mais fundamentais que elas têm. Desfrutamos as liberdades oferecidas neste país, mas não nos esqueçamos do custo dessa liberdade e do fundamento sobre o qual ela foi construída. Como vimos anteriormente, um jornalista observou:

> O curioso, e talvez tranqüilizador, é que alguns dos mais estudiosos especialistas em ética acham que os elementos para um consenso moral duradouro estão à mão — na Constituição e na Declaração de Independência, e a combinação deles com os direitos naturais de Locke e os direitos supremos de Calvino. "Está tudo aí, está tudo escrito", diz o filósofo Huntington Terrell. "Não temos de ser convertidos. É o que temos em comum." Terrell conclama a um movimento "em direção aos fundamentos", nos quais as pessoas possam colocar a vida: alinhados com os princípios fundadores do país.[10]

Vivemos num mundo cheio de países que não crêem em nossa forma de governo e ao contrário têm constituições ateístas/ou naturalistas que o provam. Além disso, esses países estabeleceram seus próprios critérios de determinar os direitos humanos baseados em suas constituições. Assim, as pessoas que discordam das "verdades auto-evidentes" conforme declaradas pelos nossos fundadores, são livres para deixar este país e encontrar outro que tenha constituição coerente com suas respectivas visões de mundo. Países em que "a pessoalidade é totalmente um 'construto social'. *Se alguém é jovem demais ou velho demais, retardado demais ou doente demais, inútil demais ou problemático demais para ter o direito à pessoalidade é determinado por uma 'decisão [da parte deles]*".[11]

No que nos diz respeito, ecoamos as palavras de Abraão Lincoln: "A Declaração [deu] liberdade, não somente para as pessoas deste país, mas esperança para todo o mundo. Foi isso que prometeu que no devido tempo os fardos seriam retirados dos ombros de todos os homens e todos teriam oportunidades iguais".[12]

Aprendemos algo, como nação, com a nossa própria história relativa ao que acontece quando os governos ou os líderes determinam quem é pessoa e quem não é? Não aprendemos nossa lição com tragédias como a escravidão, quando os tribunais decidiam que os negros não eram pessoas? A crença de que os

---

[10] Ezra Bowen, Looking to its roots (grifo do autor).
[11] Neuhaus, Don't cross this threshold, p. A-20 (grifo do autor).
[12] Adler, *Haves without have-nots*, p. 219-20.

judeus e outras minorias não eram considerados pessoas (o Holocausto na Alemanha nazista) não foi suficiente para nos ensinar o terreno perigoso em que estão pisando as equipes especializadas de instituições como a INS, entre outras? A História nos mostra que há um alto preço a pagar quando recusamos aprender com ela. "A desvantagem de os homens não conhecerem o passado é que eles não conhecem o presente. A história é uma colina ou um ponto elevado de vantagem. Apenas desse ponto os homens podem ver a cidade em que vivem ou a época em que estão vivendo."[13] Como sabiamente se disse: "Os que não podem recordar o passado estão condenados a repeti-lo".[14]

Sobre eutanásia

Logicamente, o aborto, o infanticídio e a eutanásia são questões inseparáveis. Todo argumento em favor do aborto é também argumento em favor do infanticídio e da eutanásia. Por exemplo, alguns bebês nascem com doenças de deficiência genética, como a síndrome de Turner (45 cromossomos) ou a síndrome de Down (47 cromossomos). O caso do Infante Doe de Indiana (1982) é um exemplo de que é legalmente permitido deixar recém-nascidos geneticamente inferiores morrer de inanição, mesmo quando outros casais tenham desejo de adotá-los. O prêmio Nobel dr. James Watson argumentou que nenhum recém-nascido deveria ser declarado humano sem passar por certos testes referentes a sua capacitação genética. Disse: "Se uma criança não fosse declarada viva até três dias depois do nascimento, então poderia permitir-se aos pais escolher [...] deixar o bebê morrer [...] e poupar muita miséria e sofrimento".[15]

Na outra extremidade do espectro está a eutanásia. Eutanásia não se refere a permitir que alguém morra com dignidade e não significa remover os meios mecânicos de adiar a experiência da morte. A eutanásia diz respeito à prontidão de algumas pessoas de matar direta ou indiretamente alguém que, se tratado devidamente, poderia continuar a viver. Falando francamente, é matar uma pessoa com base no fato de que estará melhor morta. Isso normalmente se esconde atrás de expressões enganosas como "matar por misericórdia".

---

[13]G. K. CHESTERTON (1874-1936). Autor inglês. *All I survey*, "On St. George revivified". *The Columbia Dictionary of Quotations* é licenciado pela Columbia University Press..

[14]George SANTAYANA (1863-1952). Filósofo e poeta norte-americano. *Life of reason*, "Reason in common sense", cap. 12 (1905-6). William L. Shirer usou esta citação como epígrafe em seu livro *The rise and fall of the third Reich*.

[15]J. C. & Bárbara WILKE, *Abortion*: questions and answers, p. 204.

A palavra *eutanásia* vem da língua grega: *eu* significa "bom" e *thanatos* significa "morte". O significado da palavra evoluiu do conceito de "boa morte". Agora se refere ao ato de dar fim à vida de outra pessoa, a pedido dessa pessoa, a fim de minimizar seu sofrimento. Apresenta-se em duas formas principais: 1) *eutanásia ativa*, causar a morte de uma pessoa por meio de ação direta, e 2) *eutanásia passiva*, acelerar a morte de uma pessoa removendo o equipamento (*e.g.*, respirador artificial) que dá suporte à vida, parando com os procedimentos médicos, com os medicamentos, etc., ou parando de alimentar e permitindo que a pessoa se desidrate ou morra de inanição.

O termo *suicídio assistido* é vagamente relacionado com a eutanásia. Refere-se normalmente à situação em que se dão à pessoa a informação e/ou os meios de cometer suicídio (*e.g.*, drogas, gás de monóxido de carbono) para ajudá-la a acabar com a própria vida sem assistência adicional. O termo *eutanásia passiva voluntária* (EPV) está-se tornando muito usado. Um escritor de fato propôs o emprego do infinitivo *to kevork*,[16] um verbo criado na língua inglesa, derivado do nome do dr. Jack Kevorkian, um médico do Michigan que promoveu a EPV e assistiu na morte de dezenas de pacientes.

Somos inflexivelmente contra a eutanásia pelas seguintes razões:

1. Ela é antiética
2. É inconstitucional
3. É facilmente corruptível
4. É prejudicial ao sistema de saúde
5. Ignora fatalmente os limites do prognóstico médico

É antiética. O Juramento de Hipócrates, que os médicos fazem desde os tempos antigos, diz "que em qualquer casa que se venha a entrar, será para o bem do doente da melhor forma possível, manter-se à distância de errar, de se corromper, e de tentar outros ao que é condenável. Que você exercerá sua arte unicamente para a cura de seus pacientes, e que não lhes dará droga, não praticará cirurgia alguma com propósito criminoso, mesmo se solicitado, menos ainda se for sugerido". É um fato lamentável da profissão médica quando aqueles que juram preservar a vida participam da destruição dela.

Tragicamente, o uso de injeções letais, embora ilegal, é uma "prática clandestina já estabelecida". Em 1997 a corte suprema dos Estados Unidos ouviu

---

[16]Martin LEVIN, Verdicts on verdicts about easeful death, *The Globe and Mail*, Toronto, 10/8/1996, p. D-9.

as justificativas de advogados que representavam médicos e pacientes terminais instando para que os juízes declarassem que a Constituição garante aos indivíduos o direito de ter seus próprios médicos ajudando-os a suicidar-se. O *The Wall Street Journal* noticiou:

> "Temos uma prática clandestina muito comum de médicos que aceleram a morte de pacientes terminais", declarou um advogado argumentando em favor de um novo direito constitucional. A juíza Ruth Bader Ginsburg em seguida perguntou ao Procurador Geral Walter Dellinger, que se opunha à proposição, se isso não significava que toda a batalha jurídica é "um combate simulado, porque o suicídio assistido pelo médico acontece para qualquer pessoa sofisticada o suficiente para querê-lo". "Nós olhamos, e não sabemos", respondeu o sr. Dellinger. "Não há evidência nenhuma", disse. O Departamento de Justiça não parecia muito duro. Sempre houve essa prática "clandestina". Em 1988, o *Journal of the American Medical Association* insurgiu-se com furor com um artigo chamado "Está acabado, Debbie". Um médico residente contou que aplicara uma injeção letal numa jovem que estava morrendo de câncer no ovário. Ele nunca havia visto a paciente antes de ter entrado no quarto dela no hospital nesse dia.[17]

Não devemos nos esquecer de que "os programas de eugenia maciça e eutanásia executados na Alemanha nazista exigiram o conluio de uma geração inteira de médicos alemães, o que os alistou numa violação em massa do princípio simples que subjaz ao juramento de Hipócrates: "Primeiro, não cause dano".[18]

É inconstitucional. Tanto a quinta como a décima quarta emendas da Constituição norte-americana, juntamente com a Declaração de Independência, garantem o direito à vida. Mas não há explicitamente nenhuma garantia constitucional que dê direito a tirar a vida, mesmo a própria vida.

É facilmente corruptível. Como foi observado no artigo acima, a prática da eutanásia já é comum, e sua legalização tem um risco muito alto de superexpandi-la e, conseqüentemente, corromper essa prática, o que resultaria em ainda mais danos sociais e pessoais. Uma vez que a eutanásia é aplicada a pacientes terminais adultos qualificados, ela se expandirá a adultos não-qualificados. A eutanásia voluntária finalmente dará lugar à eutanásia involuntária.

---

[17]Eugene H. METHVIN, A compassionate killing, 20/1/1997, p. A-14.
[18]Lous WINGERSON, *Unnatural selection*: the promise and the power of Human Gene Research. New York: Bantm, 1998, p. 170.

É prejudicial ao sistema de saúde. A eutanásia legalizada vai causar a erosão da confiança do paciente no sistema de saúde, porque em vez de o sistema vir a fazer o possível para aliviar-lhe o sofrimento, vai aliviá-los da própria vida. Sabedores de que o estado legalizou sua morte "por injeção letal", como podem os pacientes estar certos das intenções dos médicos? Isso é especificamente verdade se o paciente se tornar um fardo financeiro para o estado.

Ignora fatalmente os limites do prognóstico médico. Mais de um paciente já foi diagnosticado incorretamente como portador de doença terminal. Inúmeros pacientes que pensavam que não iam sobreviver, viveram. Muitos pacientes se recuperaram de comas prolongados, de doenças supostamente incuráveis e até de "morte cerebral". Dada a irreversibilidade da eutanásia, o benefício da dúvida deve ser para ajudar as pessoas a viver, não a morrer.

Em 26 de junho de 1997, a Suprema Corte regulamentou que a média dos norte-americanos não tem nenhum direito constitucional ao suicídio médico-assistido. A votação foi de 9 a 0, decisão unânime incomum. Por outro lado, a Corte deu a entender que não há nenhuma barreira constitucional que impeça um estado de fazer uma lei que permita o suicídio médico-assistido. O estado de Oregon fez exatamente isso. A batalha, portanto, deve ser travada estado por estado.

Alguns juízes discutiram a teoria do efeito dual. É uma situação em que o médico prescreve uma dose adequada de morfina ou outras drogas para controlar a dor, mesmo sabendo que isso vai encurtar a vida do paciente. Eles acharam que essa é uma conduta aceitável. Alguns expressaram preocupação concernente a alguma lei que venha a permitir o suicídio assistido. Estavam preocupados que essas leis pudessem ser usadas abusivamente e pudessem ser as primeiras de uma série de leis que gerassem um declive escorregadio na sociedade para provocar o suicídio assistido escancarado sem controle eficaz.

Cremos que os juízes que mostraram preocupação com o declive escorregadio estão certos: considere os paralelos horríveis entre a Alemanha nazista e os Estados Unidos no que se refere à progressão de atrocidades médicas e à desconsideração pela vida humana. Essa desvalorização levanta uma das perguntas mais importantes a responder: "Quem tem o direito de determinar se um ser humano (pessoa) tem o direito de viver?". Novamente somos trazidos de volta à mesma resposta: os direitos humanos não nos são concedidos por nenhum governo nem indivíduo, mas, sim, eles nos são dados pelo próprio Criador.

É a crença *no valor da vida humana dado por Deus* que responde às perguntas acerca do aborto, infanticídio e da eutanásia. Todavia, para todos os efeitos, como nação, removemos Deus do governo e das salas de aula. Pelo nosso exemplo ensinamos a nossos filhos que Deus não é necessário, e pelas práticas do aborto e da eutanásia ensinamos a nossos filhos que não valorizamos a vida humana. Na verdade, algumas pesquisas de opinião nos dizem que um dos maiores temores que as crianças norte-americanas têm é de ser vítimas da violência na escola. Devemos perceber que importa pouco *o que dizemos* para os nossos jovens nas salas de conferência ou nas salas de aula; *o que fazemos* é passado como legado a eles. É a nossa conduta coletiva, não nossas palavras superficiais, que ensina os jovens a valorizar a vida. É como Guy Doud, o Professor do Ano de 1986, disse:

> Prefiro ver um sermão a ouvir, qualquer dia;
> Prefiro que você vá comigo em vez de simplesmente indicar o caminho.
> Os olhos são alunos mais atentos que os ouvidos,
> Bons conselhos confundem, mas o exemplo é sempre claro.[19]

SOBRE QUESTÕES BIOMÉDICAS?

Entre as questões biomédicas éticas a ser tratadas estão a colheita de órgãos, o transplante de órgãos, a pesquisa com tecido fetal, as tecnologias de reprodução, congelamento de corpo humano e pesquisa genética. Uma vez que a abrangência deste trabalho é limitada, preferimos tratar do debate mais caloroso da eugenia (engenharia genética). Claro que este assunto está diretamente ligado à clonagem humana, que será criticada nesta seção. Por ora, estamos meramente dando alguma base histórica e apresentando a realidade de que a ciência da eugenia serviu como um dos objetivos essenciais (se não *o* objetivo) da Alemanha nazista. Além disso, queremos fazê-lo cientes do terreno perigoso em que os Estados Unidos estão pisando, e demonstrar que a ciência da eugenia está baseada diretamente na falsa convicção da macroevolução[20] e na proposição errônea de que temos o dever de engendrar uma raça geneticamente pura e superior.

Eugenia (do grego *eugenes* ou "bem-nascido") foi definida como um "estudo das maneiras de melhorar as condições físicas humanas procurando obter tipos válidos, sadios e belos. Ciência que se ocupa do aperfeiçoamento físico e mental da espécie humana".[21] Uma escritora associa corretamente a origem da

---

[19] *Molder of dreams*, p. 83.
[20] V. cap. 7.
[21] *Dicionário enciclopédico Opus*.

eugenia à teoria da macroevolução e mostra que outras organizações surgiram para espalhar a eugenia no solo americano. Diz ela:

> O termo eugenia foi cunhado em 1883 pelo matemático inglês Francis Galton, um primo de Charles Darwin. Ele a definiu como a ciência de melhorar a humanidade aumentando as probabilidades de que os "mais adaptados" produzam mais descendência que os "menos adaptados". Os especialistas em eugenia sentiram a obrigação de ajudar a evolução humana [...] A bíblia do movimento da eugenia popular era *The passing of the great race*, publicada em 1916. "As leis da natureza requerem a destruição dos incapacitados", escreveu seu autor, Madison Grant, "*e a vida humana é valiosa somente quando é útil para a comunidade ou a raça*" [...]
>
> A declaração missionária da Liga Americana de Controle de Nascimento [...] lamentou que "*os menos adaptados para continuar a raça estão aumentando mais rapidamente*" e os "fundos que deveriam ser usados para levantar o padrão de nossa civilização são desviados para a manutenção daqueles que nunca deveriam ter sido nascido".[22]

Margaret Sanger, a fundadora da Planned Parenthood [Paternidade Planejada], foi longe demais dizendo que "a coisa misericordiosa que uma família grande pode fazer por um de seus membros infantes é *matá-lo*".[23]

Expressões como "sobrevivência dos mais aptos" e "luta pela existência" começaram a ser usadas no final do século dezenove, quando as sociedades de eugenia foram criadas em todo o mundo para popularizar a ciência genética. O Ato de Restrição da Imigração nos Estados Unidos, de 1924, favorecia a imigração do norte da Europa e fazia grande restrição à entrada de pessoas de outras áreas referidas como 'biologicamente inferiores'. Entre 1907 e 1937, trinta e dois estados requereram esterilização de vários cidadãos tidos como indesejáveis: os doentes mentais, os deficientes físicos, os condenados por crimes sexuais, de drogas ou álcool, e outros vistos como "degenerados".

Por volta da década de 1920, vários livros-texto alemães incorporavam idéias de hereditariedade e higiene racial, e os professores alemães se tornaram participantes de movimentos internacionais de eugenia. O Instituto Kaiser Wilhelm de

---

22 Lois WINGERSON, *Unnatural selection*, p. 136, 138-9 (grifo do autor).
23 Cit. por Francis J. Beckwith, *Politically correct death*: answering the arguments for abortion rights (Grand Rapids: Baker, 1993), p. 174 (grifo do autor). Originariamente citado na obra *Woman and the new race* (New York: Brentano's, 1920), p. 63.

Antropologia, Hereditariedade e Eugenia foi fundado em 1927; por volta de 1933, uma lei de esterilização denominada "Eugenia a serviço do bem-estar público" designou esterilização compulsória "para evitar a descendência com defeitos hereditários" em casos de defeitos mentais congênitos, esquizofrenia, psicose maníaco-depressiva, epilepsia hereditária, e alcoolismo grave.[24]

Isso levou, por fim, ao período mais tenebroso da eugenia — quando a Alemanha nazista embarcou na "solução final" para "a questão dos judeus", ou o Holocausto. O programa de higiene racial nazista começou com esterilizações involuntárias e terminou com o genocídio. "A sobrevivência dos mais adaptados" foi incorporada na mentalidade nazista juntamente com o surgimento de Adolf Hitler e a "luta" para salvar a extenuada Alemanha. A "luta pela vida" tornou-se o tema do livro de Hitler — *Mein Kampf* [*Minha luta*], e em 1924, apenas 65 anos depois da publicação do livro *Origem das espécies*, Hitler escrevia:

> O mais forte deve dominar e não deve se unir ao mais fraco, o que significaria o sacrifício de sua própria natureza superior. Somente o fraco pode enxergar este princípio como cruel, e se assim faz, é meramente porque é de natureza mais fraca e mente mais estreita; pois se essa lei não dirigisse o processo da evolução, o desenvolvimento mais alto da vida orgânica não seria concebível de jeito algum [...] Se a Natureza não deseja que os indivíduos mais fracos se casem com os mais fortes, *deseja menos ainda que uma raça superior se misture com uma raça inferior*; porque nesse caso *todos os seus esforços, durante centenas de milhares de anos, de estabelecer um estágio superior evolutivo do ser, poderiam desse modo resultar inúteis*.[25]

A Alemanha nazista, influenciada pelo darwinismo social, decretou leis baseadas em hipóteses de que 1) precisava eliminar os "não-adaptados" e 2) a eugenia melhoraria o nível geral da eficiência industrial e pessoal na classe trabalhadora e finalmente produziria uma "raça ariana superior". Desde a Segunda Guerra Mundial, o interesse no tipo de eugenia popular da primeira

---

[24]Para mais informações sobre o pano de fundo histórico e situação atual da eugenia e do Projeto Genoma Humano, visite o *site* http://guweb.georgetown.edu/nrcbel/scopenotes, conhecido como "A sentinela da eugenia". O Projeto Genoma Humano é um empreendimento combinado de treze anos, coordenado pelo Departamento de Energia do Instituto Nacional de Saúde dos Estados Unidos. O projeto originalmente foi feito para durar 15 anos, mas os avanços tecnológicos rápidos aceleraram o término para 2003. Os alvos do projeto são *identificar* todos os 100 000 genes no DNA humano e *determinar* as seqüências das 3 000 000 000 de bases químicas que compõem o DNA humano, *armazenar* esta informação em banco de dados e *desenvolver* ferramentas para a análise dos dados.

[25]P. 239-40 (grifo do autor).

metade do século mudou. Utilizando a terapia genética, o teste genético e a triagem genética, e o aconselhamento genético, os cientistas e clínicos usam o conhecimento da doença herdada e de outros problemas genéticos para mudar (para melhor) as pessoas que podem ser assistidas. Ainda, levantam-se questões a respeito da moralidade de alterar os genes humanos, os limites dessas alterações e a prudência de agir quando não há cura disponível.

Basicamente, a eugenia se dedica à proposição de que todos são criados *desiguais* e "os mais altamente evoluídos" devem assumir o destino da humanidade, e os "menos evoluídos" devem ficar em suas mãos. A Segunda Grande Guerra viu o advento de Hitler e sua tentativa de controlar o reservatório de genes pela eugenia. Agora temos o conhecimento tecnológico para transformar a nossa sociedade numa raça geneticamente superior. Também agora compartilhamos o mesmo alvo dos nazistas, o que torna essa era perigosa para os Estados Unidos. Além disso, considere o fato de que as organizações, como a citada acima (INS), estão forçando arbitrariamente a redefinição de pessoalidade e, finalmente, com essa redefinição, o direito à vida também será sujeito à opinião humana. Quem dirá *basta*? E mesmo se a linha for traçada, onde será traçada e quem a traçará?

No *American Journal of Law and Medicine*, foi publicado um artigo que apresentava um modelo de proteção governamental para permitir que pais selecionem certos traços da sua descendência ao mesmo tempo em que impõem limites ao evento em que as características venham a causar dano à futura criança.[26] A verdade é que a eugenia espalhou-se firmemente na cultura ocidental durante todo o século vinte. Mesmo depois do embaraço da Alemanha, os especialistas em eugenia mantiveram a busca dos mesmos alvos que sempre buscaram — *os mesmos alvos que Hitler buscava*. Todavia a difusão da eugenia nos Estados Unidos depois da Segunda Grande Guerra não está bem estudada nem documentada.

Considere o fato de que *a filosofia da eugenia era então, e ainda é, perfeitamente enredada com os princípios da ciência da macroevolução* — mais notadamente a seleção natural e a sobrevivência dos mais adaptados. O "nacional-socialismo", disse o líder do partido nazista Rudolf Franz Ferdinand Hoess, num encontro de multidões em 1934, "não é nada senão a biologia aplicada".[27] Os cientistas na-

---

[26] Owen S. JONES, Reproductive autonomy and evolutionary biology: a regulatory framework for trait-selection technologies,19 (3), p. 187-231.
[27] Lois WINGERSON, *Unnatural selection*, p. 171.

zistas viam-se a si mesmos como "cultivadores de genes e de caracteres da raça".[28] Em princípio não somos culpados do mesmo pensamento? Não estamos assistindo à destruição dos não-adaptados pela ciência da eugenia?

Considere também o teste pré-natal. Qual é o propósito final e que espécie de mensagem os especialistas em eugenia estão passando aos indivíduos que têm as mesmas "deficiências" genéticas que eles e os pesquisadores geneticistas estão esperando eliminar? Ruth Ricker confrontou essa questão em março de 1995. Ela é uma mulher cândida e se expressa muito bem, mas muito baixinha. Ricker tem uma espécie hereditária de nanismo. Numa declaração pública, ela disse:

> Quais são as chances de que algumas gerações a frente vão ter menos anões saudáveis [...] *Preocupa-me o que o resto da sociedade considera normal e saudável*. Daqui a poucos anos, quando as pessoas comuns vão poder fazer uma triagem para isso, saiba que haverá uma espécie de lista de compras. Veremos uma quantidade cada vez menor [de anões] — e eu não me sinto necessariamente confortável com isso.[29]

Outro exemplo da mesma espécie de mensagem passada aos indivíduos com defeitos genéticos foi documentado pela mesma autora quando citou um projeto escolar de um menino.

> Na primavera de 1995 [...] [o menino de 15 anos] Blaine Deatherage-Newsom dirigiu uma pesquisa na Internet [...] Blaine colocou cinco questões: "Se tivéssemos tecnologia para eliminar as incapacidades da população, seria uma boa política pública fazer isso? Quais são os prós? Quais são os contra? Qual é a sua resposta? Por que você acha isso?".
>
> Blaine acrescentou que tem espinha bífida e hidrocefalia (acúmulo de fluído no cérebro), "por isso tenho meus próprios sentimentos e respostas a essas perguntas". [...] Os resultados da pesquisa de Blaine foram mesclados [...] Aquela incerteza gerou comentários interessantes. Algumas pessoas quiseram saber o que Blaine quis dizer com "eliminar" (se tinha pensado na engenharia genética) [...]. O que Blaine poderia fazer de tudo isso?
>
> "*Eu quero saber se as pessoas estão dizendo que acham que o mundo seria um lugar melhor sem mim*", escreveu. "Quero saber se as pessoas pensam simplesmente que a vida das pessoas com incapacidades é tão cheia de mi-

---

[28]Ibid.
[29]*Unnatural selection*, p. 46 (grifo do autor).

séria e sofrimento que acreditam que seria melhor se elas estivessem mortas [...] A maior parte do tempo eu estou muito feliz e gosto muito de minha vida." (Blaine passa a maior parte do seu dia numa cadeira de rodas, e muitas pessoas não conseguem entender o que ele diz em alta voz, passou por cirurgia onze vezes durante o tempo de sua pesquisa).[30]

A mensagem é bem audível e clara, até para um garoto de quinze anos entender: "O mundo será um lugar melhor sem você". A ciência da eugenia nos ensina que o valor da vida humana é diretamente proporcional à pureza genética dessa vida. Vamos nos concentrar nos princípios éticos que os defensores da eugenia e da clonagem humana usam para levar avante suas idéias em nossa resposta à clonagem humana. Por ora, queremos meramente responder ao pensamento falacioso implicado na idéia de que, de algum modo, a ciência deve assumir a responsabilidade de produzir uma raça superior. *Os que advogam a ciência da eugenia não são, em tese, diferentes dos nazistas.* Num livro chamado *Biomedical ethics: opposing viewpoints* [*Ética biomédica: pontos de vista opostos*], um dos autores, Rebecca Ryskind, citou de um artigo escrito pelo pesquisador nazista Joseph Sobran. Ela escreveu:

> Permanece o fato de que, como Joseph Sobran observou (numa coluna denominada "O Anjo da Escolha"), os pesquisadores nazistas compartilharam as mesmas premissas de alguns daqueles que acham que são o oposto dos nazistas. Escrevendo a respeito do dr. Joseph Mengele, o "anjo da morte" nazista, que passou os últimos anos de sua vida trabalhando como praticante de aborto, na Argentina, Sobran diz:
>
> Ele se via como progressista, e estava certo. Ele se havia libertado das sufocantes tradições morais e estava na vanguarda da mudança, procurando novas respostas científicas por meio de experimentos. Compartilhava do materialismo darwinista do seu tempo, que é ainda o nosso tempo, mesmo que a ala nazista tenha saído de moda. O aborto, o experimento fetal, a maternidade substituta, a engenharia genética — *ele teria sentido-se a vontade com esses novos desenvolvimentos. Na verdade, ele poderia com justiça considerar-se um pioneiro, uma vítima do progresso, que estava adiante de seu tempo.*

A "ciência assassina" dos nazistas não começou com Hitler nem começou do dia para a noite. Os programas de eugenia — que sempre se iniciaram em nome dos altos princípios humanitários — eram bem firmes na

---

[30] *Unnatural selection*, p. 54-6 (grifo do autor).

República de Weimar. *A Alemanha não surgiu como má do dia para a noite; o povo alemão simples acostumou-se lentamente à ruptura das proteções que separavam a ciência da atrocidade.*[31]

Conforme observado acima, a mentalidade darwiniana não pode ser divorciada do que aconteceu na Alemanha nazista, nem deve deixar de ser vista na atual situação nos Estados Unidos. O famoso evolucionista Julian S. Huxley afirmou que "à luz da biologia evolucionista o homem pode ver-se agora como o único agente de avanço evolutivo adicional neste planeta, e um dos poucos possíveis instrumentos de progresso na totalidade do universo".[32]

Respostas às expectativas exageradas de produzir uma raça superior com base no ideário darwinista já foram tratadas num livro anterior, do qual são tirados os seguintes excertos.

> Em primeiro lugar, não há nenhuma evidência real de que a presente raça tenha sido produzida por algum processo evolutivo naturalista. Tanto as Escrituras como as evidências cientificas indicam Deus como a causa da espécie humana.[33] Em segundo lugar, a ciência, com toda sua tecnologia e esplendor, não foi capaz de melhorar definitivamente nem sequer uma mosca de fruta. Temos um longo caminho a percorrer para "melhorar" o homem. Terceiro, mesmo se pudéssemos fazer mudanças permanentes na espécie humana, não há razões éticas por que devamos fazê-las. "Poder" não implica "dever", assim como "ser" não implica "dever". *Só porque podemos fazer algo não significa que devemos fazê-lo.* Capacidade não implica moralidade. Quarto, mesmo que fôssemos capazes de produzir de fato mudanças na espécie humana, como saberíamos que seriam melhores, e não meramente diferentes? *Por qual padrão os julgaríamos melhores?* Seria dar a questão como provada responder que "pelo padrão humano desejado".[34]

Obviamente, a questão que está sendo dada como provada é "padrão de quem?" *Quem* determina o que é um ser humano "melhor"? Os cientistas, organizações como o INS, o governo, ou a sociedade em geral? Quanto mais próximos chegamos de um ser humano clonado, mais advogamos os mesmos princípios morais básicos da Alemanha nazista. *Não há como escapar desta ver-*

---

[31] The use of fetal tissue would encourage abortion, p. 140-4 (grifo do autor).
[32] *Essays of a biologist*, p. 132.
[33] V. caps. 6 e 7.
[34] Norman L. GEISLER, *Christian Ethics*: options and issues, p. 178 (grifo do autor).

dade. Livrar-se dos indesejáveis da sociedade, indivíduos mais fracos ou menos adaptados, é o que os nazistas puseram como o seu alvo. Lembre-se das palavras de Blaine, o rapaz de 15 anos de idade: *"Quero saber se as pessoas estão dizendo que elas acham que o mundo seria um lugar melhor sem mim"*. Aqueles que advogam a eugenia com o alvo de "melhorar" a raça humana respondem à pergunta com um retumbante "sim"!

SOBRE A CLONAGEM HUMANA

Há anos os cientistas têm usado técnicas de clonagem para ajudar a produzir melhores colheitas e jardins, e os engenheiros genéticos têm trabalhado com a criação. As descobertas médicas que culminaram na Dolly (uma ovelha clonada de uma célula adulta) começaram por volta de meados do século xx. Usando a metodologia tipo-clonagem e a alteração de genes, os cientistas estão tentando criar novos órgãos, como fígado, rins e até talvez corações humanos. Essa espécie de pesquisa não é clonagem do ponto de vista técnico, mas para o público é considerada como se fosse.

O Projeto Genoma Humano, o esforço constante de identificar a localização de todos os genes no genoma humano, continua a identificar doenças genéticas. Onde e quando se atravessa o limite permanece a questão. O lugar onde a linha é traçada relaciona-se com a questão de onde os propósitos médicos terminam e onde a "melhora" genética começa; traçar essa linha demarcatória conduz-nos à nossa questão com relação à ética. Mesmo os cientistas céticos crêem que não importa o que, a técnica concernente à clonagem humana continuará em algum lugar no mundo. Afirmam que será somente uma questão de tempo para ocorrer. Todavia, poucas pessoas percebem que o sucesso de Dolly veio depois de 277 tentativas fracassadas. O que acontece com as tentativas sem sucesso na clonagem humana?

Argumentamos a favor da convicção de que Deus criou a humanidade e que a vida humana começa na concepção. Com base nisso, cremos nos direitos humanos dados por Deus e no valor da vida humana, protegido pela Constituição dos Estados Unidos. Uma coisa é certa agora: se se permite que a pesquisa de clonagem humana continue de maneira absoluta, *a vida criada pelos cientistas não será vista como portadora de valores humanos nem de direitos humanos dados por Deus* — na verdade, isto já está ocorrendo na pesquisa do embrião humano (como observamos anteriormente).

A recomendação da organização INS (Instituto Nacional da Saúde) a respeito de embriões e pessoalidade, e a prática corrente na pesquisa de embriões, nos conduz a outra questão crítica: "Se os embriões humanos não são considerados pessoas, então o que são?". Certamente são organismos vivos. Mas o que acontece se organismos vivos, embriões humanos particularmente, não são considerados pessoas e não possuem direitos humanos? Esta não é mais uma questão especulativa; ela tem sido tratada e continua a se aproximar perigosamente da idéia de vida humana como "coisa", não como "pessoa". Considere os seguintes excertos de um artigo do *Washington Post*, alguns dos quais já referidos anteriormente:

> Um cientista de Nova York requereu em silêncio uma patente do método de fazer criaturas parte humanas e parte animais numa atitude calculada para reacender o debate a respeito da moralidade de patentear formas de vida e engendrar seres humanos. O cientista, Stuart A. Newman, biólogo celular do Nova York Medical College, em Valhalla, disse que não criou essas criaturas e nunca pretende criar. Na verdade, disse ele, embora os híbridos possam ser extremamente úteis para a pesquisa médica, seu alvo é frear a tecnologia para que ela não seja usada por qualquer pessoa — e forçar o Departamento de Patentes e Marcas dos Estados Unidos e as cortes para reexaminar os 18 anos de história deste país de permitir patentes de criaturas vivas, que considera antiético e imoral.
>
> As patentes de seres humanos não são permitidas, mas os peritos em leis de patentes disseram que não há nada no código de patentes dos Estados Unidos que possa impedir alguém de receber a patente de uma criatura parcialmente humana. O departamento de patentes já concedeu diversas patentes de animais com componentes humanos menores — até ratos de laboratório engendrados com genes de câncer humano ou células do sistema imunológico humano. Mesmo que a patente não seja concedida a Newman, diversos peritos concordaram, a manobra poderia alcançar o seu alvo primário de forçar um debate nacional a respeito da comercialização da vida numa era em que genes, células, tecidos e órgãos estão sendo cada vez mais impulsionados para cruzar as barreiras entre as espécies e obscurecer a distinção entre os seres humanos e os animais não-humanos.
>
> "É um clássico declive escorregadio", disse Thomas Murray, diretor do Centro de Ética Biomédica da Case Western Reserve University. "Se colocamos um gene humano num animal, ou dois ou três, algumas pessoas podem ficar nervosas, mas ainda não se fez claramente uma pessoa. Mas quando se fala a respeito de grande porcentagem de células de seres humanos [...] isso

de fato é problemático. Portanto é preciso fazer aquelas questões muito difíceis acerca do que significa ser humano." [...] A política do departamento de patentes de não conceder patentes de seres humanos é baseada na emenda 13 da Constituição, que impede a escravidão. Mas o departamento nunca enfrentou a questão de "quanto humano" um animal teria de ser para ser considerado digno daquela proteção [...] Durante anos, o departamento de patentes presumiu que as coisas vivas não podiam ser patenteadas e concordou conceder patentes de algumas plantas e sementes somente depois de o Congresso ter aprovado leis específicas ordenando que se fizesse isso. O departamento rejeitou o primeiro pedido de patente relacionado a uma bactéria — projetada para digerir vazamento de óleo — em 1978. Numa votação de 5 a 4, em 1980, a Suprema Corte dos Estados Unidos vetou aquela decisão, dizendo que as coisas vivas podem ser patenteadas conquanto satisfaçam critérios-padrão de patenteabilidade. Sete anos mais tarde, o departamento concedeu a primeira patente no caso de um animal — um rato geneticamente modificado — e desde então concedeu 79 outras patentes de animais — entre eles alguns ratos, camundongos e coelhos, e uma para respectivamente, um pássaro, um peixe, um porco, uma cobaia, uma ovelha e o molusco abalone geneticamente modificados. Mais de 1 800 patentes também foram concedidas para genes e linhagens de células cultivadas, inclusive humanas, que os cientistas acreditam ter potencial médico.

"Com a clonagem de Dolly [a ovelha], com tudo o que temos ouvido nos últimos anos, a ciência está progredindo, e por isso essas questões ficaram conhecidas", disse O'Connor, agora diretor executivo do Instituto Americano de Engenharia Médica e Biológica, em Washington. "O que é preciso para ser humano? Uma linhagem de células? Um membro? Um ser humano completo? Uma quimera [besta da mitologia grega]? Não temos uma definição do que é um ser humano para propósitos de patente."[35]

Parece que voltamos para o mesmo argumento como aconteceu com o aborto e a eutanásia, mas com uma aplicação diferente. Em princípio, não há nenhuma diferença: estamos firmes nas mesmas bases argumentadas. Os direitos humanos são baseados no entendimento clássico da lei natural e no valor da vida humana dado por Deus.[36] À medida avança com o projeto de clonagem

---

[35]Rick WEISS, "Patent sought on making of part-human creatures scientist seeks to touch off ethics debate"
[36]V. caps. 9 e 10.

humana, fomenta-se a idéia de que alguns indivíduos podem ter domínio total sobre a existência de outros (soberania humana sobre a vida) ao ponto de programar-lhes a identidade biológica — selecionada de acordo com critérios arbitrários ou puramente utilitários (o fim justifica os meios). Esse conceito seletivo da vida humana terá, entre outras coisas, um pesado impacto cultural além da prática (numericamente limitada) da clonagem, visto que haverá convicção cada vez maior de que o valor humano não depende da identidade pessoal humana, mas apenas das qualidades biológicas que podem ser avaliadas e, portanto, selecionadas (o chamado princípio da qualidade de vida). Além disso, há a crença de que, uma vez que estamos tão avançados em tecnologia, existe alguma obrigação de orientar o futuro da macroevolução a fim de criar uma raça superior.

Não é exagero de nossa imaginação supor um país que financie um programa nacional, baseado no darwinismo social, semelhante ao da Alemanha nazista (que projete geneticamente seres humanos para maximizar certas características e alcançar superioridade genética). Uma vez desenvolvido "o ser humano perfeito", a clonagem de embrião pode ser empregada para fazer réplicas desse indivíduo e concebivelmente produzir um número ilimitado de clones. A mesma abordagem pode ser usada para criar geneticamente uma classe inferior para exploração: *e.g.*, indivíduos com inteligência subnormal e força acima do normal. Além disso, podem-se imaginar toda espécie de mal e situações horríveis, especialmente se o conhecimento tecnológico estiver nas mãos de líderes imorais.

Este é o estado de coisas com respeito à ciência da eugenia e da clonagem humana. Com isso vêm as questões éticas que estão tragicamente sendo deixadas para trás. Os princípios e idéias éticos primários que favorecem a clonagem humana são:

1. O princípio da qualidade de vida
2. Soberania humana sobre a vida
3. O dever de criar uma raça superior
4. A ética (utilitarista) de que o fim justifica os meios.

Agora vamos oferecer a nossa resposta a cada um desses princípios éticos no esforço de demonstrar por que eles não conseguem ser explicações racionais válidas para a eugenia e a clonagem humana.[37]

---

[37]Essas respostas são uma versão resumida de uma análise mais profunda feita no livro de Norman L. Geisler, *Christian Ethics*: options and issues, p. 173-92.

Princípio da qualidade de vida

O princípio da qualidade de vida é simplesmente outra forma de utilitarismo (o maior bem para um número maior). Mas deve-se perguntar: "O que 'qualidade de vida' significa?". Freqüentemente, é termo mal-definido, abrangente, usado para justificar ações que carecem de qualidade ética. Além do mais, quem decide o que significa "qualidade"? O paciente? O médico? Organizações especializadas? A sociedade? Como sabemos com certeza quais procedimentos produziriam essa "qualidade de vida" enganosa? Alguém teria de ser Deus a fim de conhecer todos os fatores necessários para predizer que o nosso remendo genético realmente melhoraria a raça. Poderia curar alguns problemas — e causar outros. A superioridade genética pode tornar uma pessoa arrogante, orgulhosa, gananciosa e violenta. Poderia levar a criar uma raça determinada a conquistar o mundo.

Soberania humana sobre a vida

Pensar que a humanidade exerce soberania sobre a vida é errôneo. Nós não criamos o código genético; simplesmente o descobrimos. Os esforços para duplicar a criação da vida a partir do zero falharam. Apesar de todos os avanços médicos, *a morte continua a provar-nos que não temos soberania sobre a vida.*

O dever de criar uma raça superior

Crer que temos esse dever é falacioso. As horrendas tentativas passadas deviam fazer-nos abandonar essa idéia. Uma vez mais, essa idéia presume que a superioridade genética é algo relacionado com o fazer uma humanidade melhor. Todavia, não há razão ética por que devamos fazer isso. Como dissemos anteriormente, "poder" não implica "dever", nem tampouco "ser" implica "dever". O fato de se *poder* fazer alguma coisa não significa que *devemos* fazê-la. Como C. S. Lewis disse: "Não há sentido algum falar a respeito de *tornar-se melhor* se melhor simplesmente significa *aquilo em que estamos nos transformando* — é como congratular-se consigo mesmo por chegar ao destino e *definir o destino como o lugar que você alcançou.*[38]

---

[38] *God in the dock*, p. 21.

A ética de que o fim justifica os meios

O único meio de saber que os fins justificam os meios é saber qual será o fim. Contudo, nós não sabemos o que vai acontecer. Por isso, os meios devem ter a sua própria justificação; o mesmo acontece com os fins. Nem todo alvo é bom, mesmo que a maioria da sociedade creia que seja. Deve-se mostrar que esse é o caso — e *que* implica um padrão. Muitos alemães criam que o alvo deles de fazer um mundo melhor justificava os meios que eles usavam. *Eles estavam errados*! Também, se fins bons ou melhores justificassem os meios, então logicamente teríamos de concordar com os nazistas. Alguém poderia imaginar todas as espécies de situações análogas para se livrar de todos os problemas médicos, psicológicos, sociais e políticos com base nessa ética.

Concluindo, à parte do valor da vida humana e dos direitos humanos concedidos por Deus, não vemos esperança alguma de impedir a ciência da eugenia e do alvo desejado de clonar seres humanos "geneticamente superiores". Impedir o projeto da clonagem humana é um dever moral que também deve ser traduzido para os termos culturais, sociais e legislativos. Precisamos ser capazes de distinguir entre o progresso da pesquisa científica e o surgimento do *nazismo científico*. Aqueles que advogam o "progresso" da eugenia afinal promovem a condição necessária para qualquer sociedade entrar em colapso: tratar seres humanos como um meio para outros fins.

Finalmente, queremos dizer que nunca devemos nos esquecer de que a negação da crença de que o valor da vida humana e dos direitos humanos dados por Deus cria novas formas de escravidão, discriminação e profundo sofrimento. Deus confiou o mundo criado à raça humana, dando-nos liberdade e inteligência. *Devemos estabelecer os limites para nossas ações aprendendo onde Deus estabeleceu os limites entre o bem e o mal.* O lugar para aprender onde os limites essenciais foram estabelecidos por Deus é a sua Palavra, a Bíblia. A principal diferença entre a vida como um dom de Deus e a crença de que a vida deve ser vista como um produto comercial deve ser assinalada novamente. A pesquisa científica perde sua dignidade, e, o país, em última análise, fracassa, quando a ciência se volta contra a vida humana e a desvaloriza.

Como nação, os Estados Unidos se esqueceram de que a vida humana e a liberdade são dons dados por Deus. Não se esqueça da advertência do autor da Declaração de Independência, Thomas Jefferson, que está gravada em mármore na parede nordeste do Memorial de Jefferson em Washington, D.C.:

Deus, que nos deu a vida, deu-nos a liberdade. Podem as liberdades de uma nação permanecer garantidas quando removemos a convicção de que elas são dom de Deus? Na verdade, tremo por meu país quando penso que Deus é justo e sua justiça não pode dormir para sempre.

Bibliografia

ADLER, Jerry. The Last Days of Auschwitz, *Newsweek*, 16 Jan.1995, 45.

ADLER, Mortimer J. *The great ideas*: a lexicon of western thought. New York: Macmillan, 1992.

_____. *Haves without have-nots*. New York: Macmillan, 1991.

_____. *How to think about God*. New York: Macmillan, 1980.

_____. *A second look in the rearview mirror*. New York: Macmillan, 1992.

_____. *Truth in religion*: the plurality of religions and unity of truth. New York: Macmillan, 1990.

ANNAS, George J. & GRODIN, Michael A. *The nazi doctors and the Nuremberg code*: human rights in human experimentation. New York, Oxford University Press, 1992.

ARCHER, Gleason L. *Enciclopédia de temas bíblicos*. 2. ed. São Paulo: Vida, 2002.

ASIMOV, Isaac. *Asimov's guide to science*. New York: Basic Books, 1972.

AUDI, Robert, org. *The Cambridge dictionary of philosophy*. Cambridge: Cambridge University Press, 1995.

BECKWITH, Francis J. & GEISLER, Norman L. *Matters of life and death*. Grand Rapids: Baker, 1991.

BEHE, Michael J. *A caixa preta de Darwin:* o desafio da bioquímica à teoria da evolução. Trad. Ruy Jungmann. Rio de Janeiro: J. Zahar, 1997.

_____. *Darwin's black box*: the biochemical challenge to evolution. New York: Free Press, 1996.

BENNETT Jr., William R. *Scientific and engineering problem solving with the computer*. Englewood Cliffs, Prentice Hall, 1976.

BLOOM, Allan David. *O declínio da cultura ocidental*: da crise da universidade à crise da sociedade. Trad. João Alves dos Santos. São Paulo, Best Seller, 1989.

_____. *The closing of the American mind*. New York: Sompm & Schuster, 1987.

BOWEN, Ezra. Looking to its roots, *Time*, 25 May 1987, 26-9.

BRUCE, F. F. *Merece confiança o Novo Testamento?* Trad. Waldyr Carvalho Luz. 2. ed. São Paulo: Vida Nova, 1990 (3.ª reimp., 1999).

BUDZISEWSKI, J. *Written on the heart*: the case for natural law. Downers Grove: InterVarsity Press, 1997.

BUSWELL, James Oliver Jr. *A systematic theology of the christian religion*. Grand Rapids: Zondervan, 1962.

CHESTERTON, G. K. *Ortodoxia*. São Paulo, LTR, 2001.

_____. *Othodoxy*. New York: Doubleday, 1959.

CLARK, Ronald W. *Einstein*: the life and times. New York: Avon Books, 1972.

COWEN, R. Repaired Hubble finds giant black hole, *Science News*, vol. 145, n.º 23, 4 June 1994, 356-8.

_____. New evidence of galactic black hole, *Science News*, vol. 147, n.º3, 21 Jan. 1995, 36.

DARWIN, Charles. *Origem das espécies*. Trad. Eugênio Amado. Belo Horizonte, Vila Rica, 1994. (Grandes obras da cultura universal, v. 7).

_____. *On the origin of species*. New York: NAL Penguin Inc., 1958.

DAVIES, Paul. *God and the new physics*. New York: Simon & Schuster, 1983.

_____. *Superforce*. New York: Simon & Schuster, 1984.

_____. *The cosmic blueprint*. New York: Simon & Schuster, 1988.

DAWKINS, Richard. *O relojoeiro cego*: a teoria da evolução contra o desígnio divino. São Paulo: Companhia das Letras, 2001).

_____. *The blind watchmaker*. New York: W. W. Norton & Company, 1987.

_____. *O gene egoísta*. Belo Horizonte/São Paulo: Itatiaia/Edusp, 1979.

_____. *The selfish gene*. Oxford University Press, 1976.

DENTON, Michael. *Evolution*: a theory in crisis Bethesda: Adler & Adler, 1986.

DOBSON, James. *Vivendo nos limites*. Trad. Victorino Carriço Filho. Campinas: United Press,1998.

_____. *Life on the edge*. Focus on the Family & Word Inc., 1992 e 1994, vedeocassete.

DOUD, Guy R. *Molder of dreams*. Colorado Springs: Focus on the Family, 1990.

DOUGLAS, John e OLSHAKER, Mark. *Journey Into Darkness*. New York: Simon & Schuster, 1997.

FEDERER, William J. *America's God and country encyclopedia of quotations*. Coppel: FAME Publishing, 1994.

FELSENTHAL, Edward. Man's genes made him kill, his lawyers claim. *The Wall Street Journal*, 15 Nov. 1994, B1.

FLEMING, Gerald. Engineers of death, *The New York Times*, 18 July 1993, E19.

FLETCHER, Joseph. *Situation ethics:* the new morality. Filadélfia: Westminster, 1966.

FOSTER, David. *The philosophical scientists.* New York: Dorset, 1985.

FRANKL, Victor. *The doctor and the soul*: introduction to logotherapy. New York: Knopf, 1982.

_____. *Em busca de sentido:* um psicólogo no campo de concentração. Trad. Walter O. Schlupp e Carlos C. Aveline. 10. ed. rev. São Leopoldo/ Petrópolis: Sinodal/ Vozes, 1999.

_____. *Man's search for meaning.* New York: Simon & Schuster, 1984.

GALLUP, George H. *Scared*: growing up in America. Harrisburg: Morehouse Publishing, 1996.

GEISLER, Norman L. *Enciclopédia de apologética.* Trad. Lailah Noronha. São Paulo: Vida, 2002.

_____. *Ética cristã*: alternativas e questões contemporâneas. Trad. Gordon Chown. São Paulo: Vida Nova, 1984 (impressão 1991).

_____. *Christian ethics* options and issues. Grand Rapids: Baker, 1989.

_____. *Christian apologetics.* Grand Rapids: Baker, 1976.

_____ & ANDERSON, J. Kerby. *Origin science*: a proposal for the creation-evolution controversy. Grand Rapids: Baker, 1987.

_____. *Is man the measure?* Grand Rapids: Baker, 1983.

_____. Norman L. *Miracles and modern thought.* Grand Rapids: Zondervan, 1982.

_____. *Philosophy of religion.* Grand Rapids: Zondervan, 1974.

_____. *Thomas Aquinas*: an evangelical appraisal. Grand Rapids, Baker, 1991.

_____, BROOKS, N. L. & R. M. *When skeptics ask*: a handbook on christian evidences. Grand Rapids: Baker, 1990.

_____ & HOWE, Thomas. *When critics ask*: a popular handbook on Bible difficulties. Grand Rapids: Baker, 1992.

_____. *Manual popular de dúvidas, enigmas e "contradições" da Bíblia.* Trad. Milton Azevedo Andrade. São Paulo: Mundo Cristão, 1999.

____ & Nix, William. *A general introduction to the Bible*. Chicago: Moody Press, 1982.

____. *Introdução bíblica*: como a Bíblia chegou até nós. Trad. Oswaldo Ramos. São Paulo: Vida, 1997.

____ & Turek III, Frank S. *Legislating morality*: Is it wise? Is it legal? Is it possible?. Minneapolis: Bethany House, 1998.

____ & Watkins, William D. *Worlds apart*: a handbook on worldviews. Grand Rapids: Baker, 1989.

Gibbons, Ann. Mitochondrial Eve: wounded, but not dead yet, *Science*, vol. 257, 14 Aug. 1992, 873.

Gish, Duane. *Evolução:* o desafio do registro fóssil. Trad. Eliane Mara Stevao, Maria J. de L. Stevao. Curitib: G. Stevao, 1990.

____. *Evolution: challenge of the fossil record*. El Cajon, Calif.: Creation-Life, 1985.

Gould, Stephen Jay. *A falsa medida do homem*. Trad. Valter Lellis Siqueira. São Paulo: Martins Fontes, 1991.

____. *The mismeasure of man*. New York: W. W. Norton & Co., 1981.

____. *Dedo mindinho e seus vizinhos*: ensaios de História Natural. Trad. Sérgio Flaksman. São Paulo: Companhia das Letras, 1993.

____. *Eight little piggies*: reflections in natural history. New York: W. W. Norton & Co., 1993.

____. Impeaching a self-appointed judge, *Scientific American*, July 1992, 120.

____. *The Panda's Thumb*. New York: W. W. Norton & Co., 1982.

____. The verdict on creationism, *The New York Times Magazine*, 19 July 1987, 32-4.

Greene, Robert e Joost Elffers, *As 48 leis do poder*. Trad. Talita M. Rodrigues. Rio de Janeiro: Rocco, 2000.

____. *The 48 laws of power*. New York: Penguin, 1998.

Guralink, David B., org. *Webster's New World Dictionary*: Second College Edition. New York: Simon & Schuster, 1980.

Hawking, Stephen W. *Uma breve história do tempo*: do *big-bang* aos buracos negros. Trad. Maria Helena Torres. São Paulo: Círculo do livro, 1989.

____. *A brief history of time*. New York: Bantam, 1988.

Heidegger, Martin. *An introduction to metaphysics*. New York: Anchor Books, 1961.

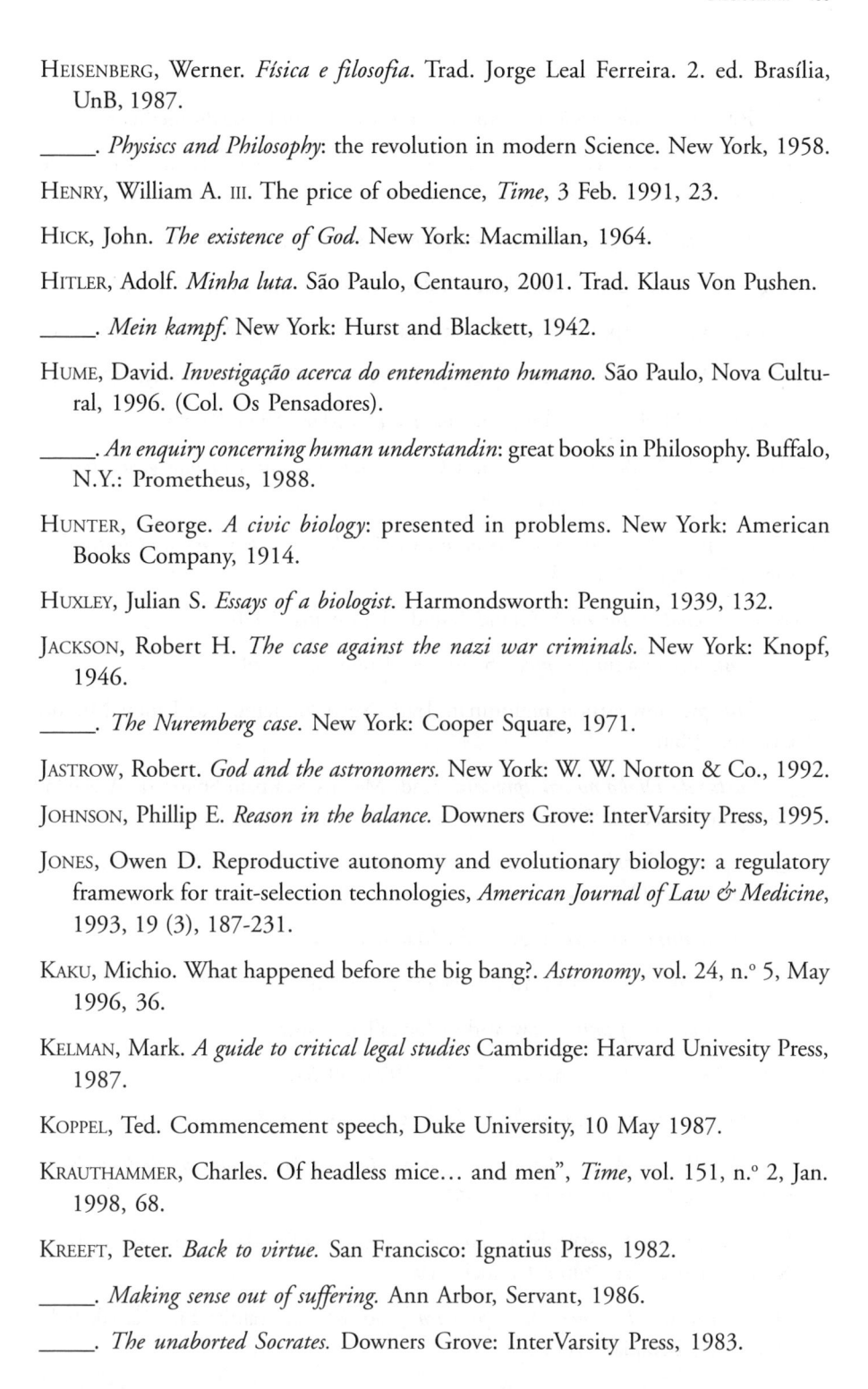

HEISENBERG, Werner. *Física e filosofia*. Trad. Jorge Leal Ferreira. 2. ed. Brasília, UnB, 1987.

_____. *Physiscs and Philosophy*: the revolution in modern Science. New York, 1958.

HENRY, William A. III. The price of obedience, *Time*, 3 Feb. 1991, 23.

HICK, John. *The existence of God*. New York: Macmillan, 1964.

HITLER, Adolf. *Minha luta*. São Paulo, Centauro, 2001. Trad. Klaus Von Pushen.

_____. *Mein kampf*. New York: Hurst and Blackett, 1942.

HUME, David. *Investigação acerca do entendimento humano*. São Paulo, Nova Cultural, 1996. (Col. Os Pensadores).

_____. *An enquiry concerning human understandin*: great books in Philosophy. Buffalo, N.Y.: Prometheus, 1988.

HUNTER, George. *A civic biology*: presented in problems. New York: American Books Company, 1914.

HUXLEY, Julian S. *Essays of a biologist*. Harmondsworth: Penguin, 1939, 132.

JACKSON, Robert H. *The case against the nazi war criminals*. New York: Knopf, 1946.

_____. *The Nuremberg case*. New York: Cooper Square, 1971.

JASTROW, Robert. *God and the astronomers*. New York: W. W. Norton & Co., 1992.

JOHNSON, Phillip E. *Reason in the balance*. Downers Grove: InterVarsity Press, 1995.

JONES, Owen D. Reproductive autonomy and evolutionary biology: a regulatory framework for trait-selection technologies, *American Journal of Law & Medicine*, 1993, 19 (3), 187-231.

KAKU, Michio. What happened before the big bang?. *Astronomy*, vol. 24, n.º 5, May 1996, 36.

KELMAN, Mark. *A guide to critical legal studies* Cambridge: Harvard Univesity Press, 1987.

KOPPEL, Ted. Commencement speech, Duke University, 10 May 1987.

KRAUTHAMMER, Charles. Of headless mice... and men", *Time*, vol. 151, n.º 2, Jan. 1998, 68.

KREEFT, Peter. *Back to virtue*. San Francisco: Ignatius Press, 1982.

_____. *Making sense out of suffering*. Ann Arbor, Servant, 1986.

_____. *The unaborted Socrates*. Downers Grove: InterVarsity Press, 1983.

_____. *Three philosophies of life.* San Francisco: Ignatius Press, 1989.

KURTZ, Paul. *Forbidden fruit:* the ethics of humanism. Buffalo: Prometheus, 1988.

KUSHNER, Harold S. *Quando coisas ruins acontecem a pessoas boas.* Trad. Francisco de Castro Azevedo. São Paulo, Círculo do Livro, 1984.

_____. *When bad things happen to good people.* New York: Avon Books, 1981.

LASOTA, Jean-Pierre. Unmasking black holes, *Scientific American*, May 1999, 42.

LEFF, Arthur Allen. Unspeakable ethics, unnatural law, *Duke law journal*, Dec. 1979, n.º 6.

LEMONICK, M. D. Echoes of the big bang, *Time*, vol. 139, n.º 18, 4 May, 1992, 62.

_____ & J. M. Nash. Unraveling univers, *Time*, 6 Mar., 1995, 77-84.

LESTER, Lane P. & BOHLIN, Raymond G. *The natural limits to biological change.* Grand Rapids: Zondervan, 1984.

LEVIN, Martin. Verdicts on verdicts about easeful death, *The Globe and Mail.* Toronto, 10 Aug. 1996, D-5.

LEWIS, C. S. *God in the dock.* Grand Rapids: Eerdmans, 1970.

_____. *Cristianismo puro e simples.* 5. ed. São Paulo: ABU, 1997.

_____. *Milagres:* um estudo preliminar. Trad. Neyd Siqueira. São Paulo: Mundo Cristão, 1984.

_____. *Cartas do Diabo ao seu aprendiz.* Trad. Mateus Sampaio Soares de Azevedo. Petrópolis, Vozes, 1996.

_____. *Surpreendido pela alegria.* Trad. Eduardo Pereira e Ferreira. São Paulo: Mundo Cristão, 1998.

_____. *The abolition of man.* New York, Macmillan, 1955.

_____. *The great divorce.* New York: Macmillan, 1946.

_____. *The problem of pain.* New York: Macmillan, 1962.

LILES, G. The fruit of an atheist, *MD*, Mar. 1994, 59-64.

MACARTHUR, John. *How to study the bible.* Chicago: Moody Press, 1982.

MARTIN, E., RUSE, M. & HOLMES, E., orgs. *Oxford Dictionary of Biology.* New York: Oxford University Press, 1996.

MCDOWELL, Josh & LARSON, Bart. *Jesus:* uma defesa bíblica de sua divindade. Trad. Neyd Siqueira. São Paulo: Candeia, 1994.

MCDOWELL, Josh. *Mais que um carpinteiro.* Trad. Myrian Talitha Lins. 2. ed. Belo Horizonte, Betânia, 1980.

McKeon, Richard., org. *The basic works of Aristotle*. New York, Random House, 1941.

Metzger, Bruce. *The text of the New Testament*. New York, Oxford University Press, 1964.

Methvin, Eugene H. A compassionate killing, *The Wall Street Journal*, 20 Jan. 1997, A14.

Montgomery, John Warwick. *History and Christianity* Minneapolis: Bethany House, 1964.

_____. *The law above the law*. Minneapolis: Bethany House, 1975.

Moreland, J. P. *Christianity and the nature of science* Grand Rapids: Baker, 1989.

_____. & Nielson, Kai. *Does God exist?* Nashville: Thomas Nelson, 1990.

Nash, J. Madeleine, When life exploded, *Time*, 4 Dec. 1995.

Nash, J. Madeleine. Addicted: why do people get hooked?, *Time*, 5 May 1997, 69-76.

Newman, Robert C. & Eckelmann, Hermand J. *Genesis one & the origin of the earth*. Downers Grove: InterVarsity Press, 1977.

Niebuhr, Reinhold, org. *Marx and Engels on religion*. New York: Schocken, 1964.

Nietzsche, Friedrich Wilhelm. *A gaia ciência*. Trad. Marcio Pugliesi, Edson Bini, Norberto de Paula Lima; intr. Geir Campos. Rio de Janeiro, Tecnoprint [1986?]. (Coleção Universidade de bolso).

Ohlendor-Moffat, Pat. Surgery before birth, *Discover*, vol. 12, n.º 2, Feb. 1991, 58-65.

Orgel, Leslie. *As origens da vida:* moléculas e seleção natural Trad. Helena Cristina Fontenele Arantes; rev. João Lucio Azevedo. Brasília, Universidade de Brasília, 1985. (Col. Pensamento cientifico, 14.).

_____. *The origin of life*. New York: Wiley, 1973.

Packer, J. I. *O conhecimento de Deus*. Trad. Cleide Wolf. 5. ed. São Paulo, Mundo Cristão, 1997.

Patterson, Colin. Evolutionism and creationism, discurso feito no American Museum of Natural History, New York, 5 Nov. 1981.

Peacock, Roy E. *A brief history of eternity*. Wheaton: Crossway, 1990.

Polkinghorne, John. *One world*. Londres: SPCK, 1986.

Robertson, Archibald T. *An introduction to the textual criticism of the New Testament*. Nashville: Broadman, 1925.

Ross, Hugh. *The fingerprint of God.* Orange: Promise Publishing, 1991.

_____. Searching for Adam. *Facts & Faith*, vol. 10, n.º 1 (1996), 4.

Russel, Bertrand. *Porque não sou cristão e outros ensaios sobre religião e assuntos correlatos.* Trad. Brenno Silveira. São Paulo, Exposição do Livro, 1960.

Ryskind, Rebecca. The use of fetal tissue would encourage abortion, cit. em *Biomedical ethics*, Terry O'Neill, org. San Diego, Greenhaven Press, 1994, 140-1.

Sagan, Carl. *Cosmos.* Trad. Angela do Nascimento Machado. 3. ed. Rio de Janeiro, F. Alves, 1982. xvi.

_____. *Cosmos.* New York: Random House, 1980.

Sanders, C. *Introduction to research in english literary history.* New York: Macmillan, 1952.

Sheler, Jeffery. Is the Bible true? Extraordinary insights from archaeology and history, *U.S. News & World Report*, 25 Oct. 1999, 50, 52, 58-9.

Schimmel, Solomon. *The seven deadly sins*: jewish, christian, and classical reflections on human psychology. New York: Oxford University Press, 1997.

Schroeder, Gerald. *The science of God.* New York: The Free Press, 1977.

Shreeve, James. Argument over a woman, *Discover*, Aug. 1990, 52-9.

Smoot, George. *Dobras no tempo.* Trad. Maria Ignez Duque Estrada. Rio de Janeiro, Rocco, 1995.

_____ & Davidson, Keay. *Wrinkles in Time.* New York: Avon Books, 1993.

Sociedade Torre de Vigia. *Raciocínios à base das Escrituras.* Cesário Lange, 1989.

_____. *Poderá viver para sempre no paraíso na terra.* Cesário Lange, 1989.

Stoner, Don. *A new look at an old earth.* Eugene: Harvest House, 1997.

Tierney, John, Linda Wright e Daren Springen. The search for Adam and Eve, *Newsweek*, 11 Jan. 1998, 46-51.

Vine, W. E. *An expository dictionary of New Testament words.* Nashville: Thomas Nelson, 1985.

Warfield, Benjamin B. *An introduction to the textual criticism of the New Testament.* Londres, n.p., 1886.

Weaver, Richard M. *Ideas have consequences.* Chicago: University of Chicago Press, 1948.

Weiss, Rick. Patent sought on making of part-human creatures scientist seeks to touch off ethics debate, *Washington Post*, 2 Apr. 1998, A12.

WESTCOTT B. F. & HORT, F. J. A, orgs. *The New Testament in the original greek*, 2. ed. New York: Macmillan, 1928.

WINGERSON, Lois. *Unnatural selection*: the promise and the power of human gene research. New York: Bantam Books, 1998.

WHITFIELD, L. Simon, SULSTON, John E. & GOODFELLOW, Peter N. Sequence variation of the human Y chromosome, *Nature*, vol. 378, n.º 6558, 14 Dec. 1995, 378-80.

WILDER-SMITH, A. E. *The natural sciences know nothing of evolution*. Costa Mesa: T.W.E.T., 1981.

WRIGHT, Robert. Infidelity: it may be in our genes. *Time*, 15 Aug. 1994, 46-56.

YOCKEY, Hubert P. *Information theory and molecular biology*. Cambridge: Cambridge University Press, 1992.

_____. Self-organization, origin-of-Life scenarios and information theory, *Journal of Theoretical Biology*, vol. 91, 1981, 13-31.